Heine von Alemann · Gerhard Kunz (Hrsg.)

René König

Heine von Alemann · Gerhard Kunz (Hrsg.)

René König

Gesamtverzeichnis der Schriften.
In der Spiegelung von Freunden, Schülern, Kollegen

Westdeutscher Verlag

Die Deutsche Bibliothek – CIP-Einheitsaufnahme

René König: Gesamtverzeichnis der Schriften: in der
Spiegelung von Freunden, Schülern, Kollegen / Heine von
Alemann; Gerhard Kunz (Hrsg.).
– Opladen: Westdt. Verl., 1992
ISBN 3-531-12395-5
NE: Alemann, Heine von [Hrsg.]

Der Westdeutsche Verlag ist ein Unternehmen der Verlagsgruppe Bertelsmann International.

Umschlaggestaltung: Horst Dieter Bürkle, Darmstadt
Druck und buchbinderische Verarbeitung: Langelüddecke, Braunschweig
Gedruckt auf säurefreiem Papier
Printed in Germany

ISBN 3-531-12395-5

Inhaltsübersicht

Vorwort 9

Teil I

Lebensdaten René Königs 11

Heine von Alemann: Leben im Werk. Stichworte zur
Bibliographie René Königs 17

Corinna Blümel: Eine soziologiegeschichtliche Spurensuche.
Arbeiten an der Bibliographie René Königs 26

Bibliographie der Veröffentlichungen René Königs
Von Corinna Blümel (unter Mitwirkung von Heine von Alemann)

Vorbemerkungen 31
Abkürzungen 32

I. Bücher

1. Autor
    a) Deutschsprachige Bücher (Nr. 1-22) 33
    b) Fremdsprachige Bücher (Nr. 23-36) 38

2. Herausgeber
    a) Deutschsprachige Bücher (Nr. 37-80) 39
    b) Fremdsprachige Bücher (Nr. 81-88) 45

II. Beiträge

1. Aufsätze in Sammelbänden, Handbüchern und Zeitschriften

    a) Deutschsprachige Aufsätze (Nr. 89-293) 47
    b) Fremdsprachige Aufsätze (Nr. 294-330) 71

2. Lexikon-Artikel (Nr. 331-351) 76

3. Rezensionen (Nr. 352-546) 79

4. Diverses
   a) Würdigungen und Nachrufe (Nr. 547-592) 98
   b) Vor- und Nachworte (Nr. 593-651) 101
   c) Tagungsberichte, Notizen, Vermischtes (Nr. 652-674) . 108

5. Journalistische Beiträge (Nr. 675-708) 110

6. Unveröffentlichte Manuskripte (Nr. 709-726) 113

III. Literarische Übersetzungen (Nr. 727-729) 115

Nachtrag (Nr. 730) 115

Namenregister 116
Sachregister 130

Teil II

Gerhard Kunz: René König erinnern! 147

Die Universität zu Köln erinnert

Anke Brunn: Europäer, Universalist, Humanist 155

Bernhard König: René König und die Universität zu Köln 158

Udo Koppelmann: Laudatio für René König zum
   85. Geburtstag 161

Edeltrud Meistermann: Miteinanderdenken und Zueinanderfinden   163

Willy Kraus: René Königs Afghanistan Mission   167

Peter Atteslander: Einer, der von außen kommt.
Festvortrag zum 85. Geburtstag René Königs   170

Schüler, Freunde, Kollegen erinnern[*]

Günter Albrecht: Begegnung mit René König oder:
Soziologie, die es (so) nicht mehr geben wird 181*

Heine von Alemann: "Quo vadis rex?"   189

Hans Benninghaus und *Nico Stehr*: Erkenntnis und Offenheit   . . .   195

Günter Büschges: Empirische Soziologie in praktischer Absicht   200

Hansjürgen Daheim: Institute "an" der Universität:
Deutung, Erinnerung, Geschichte 206*

Jürgen Friedrichs: Traditionen und Neubeginn 211*

Dieter Fröhlich: Ethnologie als Widerspruch?   214

Hans-Joachim Hoffmann-Nowotny: René König - aus Zürich . . .   218

Hans J. Hummell: Soziologie jenseits von Metaphysik
und Vorurteilen 222*

Gerhard Kunz: Soziologischer Moralist der offenen
Gesellschaft 229*

---

[*]   Mit einem Sternchen gekennzeichnete Beiträge wurden auf dem Symposium "Ereignisse und Wirkungen. René König in der Erinnerung seiner Schüler, Studenten und Kollegen" am 5. Juli 1991 vorgetragen.

M. Rainer Lepsius: Frische Luft durch geöffnete Fenster.
René König 1951 und später 238

Günther Lüschen: René Königs Altruismus 242*

Friedhelm Neidhardt: Erfahrungen mit R. K. 247

Horst Reimann: Re-Iteration: René König, Sizilien und wir 249

Heinz Sahner: Einige Anmerkungen zur "Kölner Schule" 254*

Erwin K. Scheuch: ..., daß Wissenschaft Spaß macht.
René König zum 85. Geburtstag 258*

Wolfgang Sodeur: Zielsetzungen bei der Drittmittelforschung
im Widerstreit 261

Hans Peter Thurn: René König und die Kunst. Eine Skizze 266

Johannes Weiß: Gehört René König zur "Kölner Schule"? 274

Ernest Zahn: Zwischen Zürich und Amsterdam:
René König und mein eigener Weg 278

Rolf Ziegler: Nachdenken über "K-Faktor 1" 284*

Autorenverzeichnis 288

Vorwort

René König wird in diesem Buch aus zwei Perspektiven heraus porträtiert. Im Schriftenverzeichnis kommt er, vermittelt durch die umfangreiche Liste seiner Veröffentlichungen, zunächst selbst zu Wort. In den "Spiegelungen" beschreiben Freunde, Schüler und Kollegen ihre Beziehung zu René König und stellen dar, wie sie selbst durch ihn beeinflußt worden sind.

I. René König hat die Soziologie frühzeitig als Gegenwartswissenschaft konzipiert; sie sollte ebenso wirklichkeitsorientiert wie zukunftsgerichtet sein und dem gesellschaftlichen Neuaufbau dienen. Die wichtigsten Aufsätze zur Begründung dieses Programms hat er bereits während seiner Emigration in der Schweiz geschrieben. 1949 nach Deutschland zurückgekehrt, hat er die Entstehung der Bundesrepublik aktiv und kritisch begleitet. Er hat der Soziologie in Deutschland zu internationalen Verbindungen und neuer Reputation verholfen, als Präsident der Internationalen Gesellschaft für Soziologie und durch zahlreiche Gastprofessuren im Ausland. Seine persönliche Verbundenheit mit vielen europäischen und außereuropäischen Ländern und Kulturen machte ihn zum Weltbürger, der nationalstaatliche Grenzen aufschließen wollte.

René Königs Lebenswerk ist breit gefächert. In seinen Schriften nimmt die Soziologie den umfangreichsten Raum ein, seine Veröffentlichungen zeigen ihn aber darüber hinaus als literarischen Übersetzer, Journalisten, fachlichen Berater und Schriftsteller. Das hier vorgelegte Gesamtverzeichnis seiner Schriften dokumentiert vollständig das veröffentlichte Werk René Königs. Dem Interessenten an René Königs Schaffen wird hiermit die ganze Breite des Werks mit genauen Quellenangaben und vielen Querverweisen sichtbar gemacht; der kognitive Ertrag seines Werks kann daraus rekonstruiert werden. Zwei kurze Kommentare zur Bibliographie sowie ein Namen- und ein Sachregister sollen den zukünftigen Umgang mit dem Werk erleichtern.

II. Köln war René Königs wichtigster Wirkungsort. 1949 wurde er an die Wirtschafts- und Sozialwissenschaftliche Fakultät der Universität zu Köln berufen; bis weit über die Emeritierung im Jahre 1974 hinaus (als Mitherausgeber der Kölner Zeitschrift für Soziologie und Sozialpsychologie war er noch bis 1985 aktiv) entwickelte er Köln zu einem der wichtigsten Zentren der bundesdeutschen Soziologie und wirkte mithin weit über diesen Standort hinaus. In Köln hat er seit 1953 auch mit seiner Familie gelebt - bis zu seinem Tode am 21. März 1992.

Am 85. Geburtstag René Königs, dem 5. Juli 1991, wurden in Köln zwei Veranstaltungen zu seinen Ehren ausgerichtet. In einer akademischen Feier,

an der René König mit seiner Frau Irmgard teilnahm, würdigten die Wirt-
schafts- und Sozialwissenschaftliche Fakultät, der Rektor der Universität zu
Köln und die Wissenschaftsministerin des Landes Nordrhein-Westfalen die
Lebensleistungen des Kölner Soziologen; in drei weiteren Vorträgen wurden
Aspekte seines Wirkens vorgestellt.

Das am gleichen Tag stattfindende Symposium stand unter der Überschrift:
"Ereignisse und Wirkungen - René König aus der Erinnerung seiner Freunde,
Schüler und Kollegen". In neun Vorträgen wurden die Leistungen Königs bei
der Wiederbegründung der Soziologie in der Bundesrepublik und beim Aufbau
der empirischen Sozialforschung in Köln gewürdigt.

Im zweiten Teil dieses Buches werden alle Vorträge dieser beiden Veranstaltungen veröffentlicht; zusätzlich wurden weitere Schüler, Freunde und
Kollegen Königs eingeladen, die Entwicklung der Soziologie in Köln und die
Bedeutung René Königs für die Soziologie aus ihrer persönlichen Sicht
darzustellen.

Die hier zusammengestellten Beiträge spiegeln Bedeutung und Wirkungen
der von René König geprägten Soziologie. Sie geben einen Eindruck von der
Bandbreite und den Spannungsverhältnissen jener fachlichen Strömung, die
vielfach als "Kölner Schule" der empirischen Sozialforschung beschrieben
wird.

René König hat Wege zu einer neuen Berufsmoral der Intellektuellen
gewiesen und mehreren akademischen Nachkriegsgenerationen Kriterien der
soziologischen Orientierung vermittelt.   Fachliche Ideen, gesellschafts-
bezogenes Handeln und moralische Haltungen sind bei ihm auf der Grundlage
eines mit Entschiedenheit vertretenen Humanismus eng miteinander ver-
flochten. Diese Zusammenhänge in ihrer unverwechselbaren Eigenart vertieft
darzustellen und damit symbolisch auf Dauer zu stellen, weist als Aufgabe
über das weit hinaus, was mit diesem Buch geleistet werden kann.

Das Programm einer Gegenwartswissenschaft, die wirklichkeitsorientiert und
zukunftsgerichtet arbeitet, erscheint uns weiterhin als fruchtbar. Wir veröffentlichen dies Buch in der Absicht: *Erinnern an René König!* Viele Aspekte
seines Wirkens und seines hier dokumentierten Werks sind noch zu entdecken.
Dazu ist dies Buch erst ein Schritt.

Köln, den 15. April 1992   *Die Herausgeber*

Teil I

Lebensdaten

5. 7. 1906   Geburt in Magdeburg (Vater: Dipl.-Ing. Gustav König; Mutter Marguerite König, geb. Godefroy LeBoeuf)

1910   Aufenthalt der Familie in Italien (Bologna)

ab 1910   regelmäßige kürzere oder längere Besuche in Paris bei der Familie mütterlicherseits

1912   Aufenthalt in Spanien (in Epila, bei Saragossa); später wieder in Italien (Vicenza)

1914   Schulbesuch in Paris

1914 - 1922   Leben der Familie in Halle a.d. Saale

1915   Eintritt ins Gymnasium in Halle

1922   Umzug der Familie nach Danzig

1922 - 1925   Gymnasium in Danzig

1925   Abitur in Danzig (Besuche im Elternhaus in Danzig regelmäßig bis 1935)

April 1925   Studienbeginn in Wien (drei Semester: vor allem Philosophie und Psychologie, daneben islamische Sprachen)

1925 - 1927   mehrere Besuche in der Türkei

1926   Sommer: Ferienuniversität für Ausländer in Florenz

1926/27   Winter-Semester: Studienbeginn in Berlin (Philosophie sowie Kunst- und Kulturwissenschaften bei Max Dessoir und Eduard Spranger, Ethnologie bei Richard Thurnwald, Romanistik bei Wechsler)

1926 - 1937   Leben in Berlin (mit Unterbrechungen)

1929/30   Promotion zum Dr. phil. in Berlin (Philosophie, Romanistik
               und Ethnologie), Dissertation: Die naturalistische Ästhetik in
               Frankreich und ihre Auflösung

1929ff.   regelmäßige Studienaufenthalte in Paris

1931   erste Veröffentlichung in der Zeitschrift Sociologus "Die
               neuesten Strömungen in der gegenwärtigen französischen
               Soziologie"

1934   Sommer: Erste Reise nach Sizilien

1935   Sommer: Zweite Reise nach Sizilien

1936   Anmeldung der Habilitation in Berlin bei Alfred Vierkandt

1936   Sommer: Dritte Reise nach Sizilien

1937   Frühjahr: Emigration (von Köln aus während der Karnevals-
               zeit) in die Schweiz (Zürich)

1938   Habilitation in Zürich mit der Arbeit: Kritik der historisch-
               existentialistischen Soziologie. Ein Beitrag zur Begründung
               einer objektiven Soziologie

1938 - 1947   Privat-Dozent in Zürich

1939/40   Forschungsaufenthalt in London

1947   Heirat mit Irmgard König (geb. Tillmanns)

1947   Honorarprofessor (a.o. Prof.) an der Universität Zürich

1947   Gastvorlesungen in Marburg und München

1947   Geburt des Sohnes Mario König (12. 11. 47)

1948   Vorbereitung der Gründung der International Sociological
               Association (ISA) in Paris

1949	September: Gründung der ISA in Oslo
1949	Berufung an die Universität zu Köln als ordentlicher Professor für Soziologie an der Wirtschafts- und Sozialwissenschaftlichen Fakultät; Aufnahme der Vorlesungen zum Winter-Semester 1949/50
1951	Geburt des Sohnes Oliver König (30. 9. 1951)
1952/53	Reise-Stipendium der Rockefeller Foundation (sieben Monate); Reisen an verschiedene Universitäten der USA
1953	Umzug der Familie nach Köln (Nietzschestr.)
1955 - 1974	Direktor des "Forschungsinstitut für Soziologie" der Universität zu Köln
1955	Vortragsreise in den Nahen Osten
1957	Frühjahr: Gastprofessur University of Michigan, Ann Arbor
1957	Gastprofessur University of California at Berkeley (Summer School)
1955 - 1985	Herausgeber der "Kölner Zeitschrift für Soziologie und Sozialpsychologie"
1959	Gastprofessur Columbia University in New York (Summer School)
1959/60	Gastprofessur University of California at Berkeley
1962	Gastprofessur University of Colorado at Boulder
1962 - 1977	Fakultätsbeauftragter der WISO-Fakultät für die Partnerschaft mit der Universität Kabul; erste Reise nach Kabul im Jahre 1962 (regelmäßige weitere Reisen schließen sich an, zuletzt im Jahre 1977)
1962 - 1964	Dekan der WISO-Fakultät in Köln
1962 - 1966	Präsident der International Sociological Association

1964   Umzug nach Köln-Widdersdorf

1964/65   Gastprofessur University of California at Berkeley

1966   Vortragsreise für das "Goethe-Institut" nach Nordafrika und
                in den Nahen Osten

1968/69   Gastprofessur University of Arizona

1969   Gastdozent am Collège de France, Paris

1970   Feldforschung auf der Navajo-Reservation in Arizona

1971ff.   regelmäßige Sommer-Aufenthalte in Genzano di Roma

1974   Emeritierung in Köln

1975   Gastprofessor University of Michigan in Ann Arbor

1979   Forschungsaufenthalt auf der Navajo-Reservation in Arizona
                (im Frühjahr)

1981   Forschungsaufenthalt auf der Navajo-Reservation (im Herbst)

21. 3. 1992   gestorben in Köln-Widdersdorf

Gastprofessuren/Stipendien

1952/53   Stipendium der Rockefeller Foundation

1957   Gastprofessur University of Michigan, Ann Arbor

1957   Gastprofessur University of California at Berkeley

1959   Gastprofessur Columbia University in New York

1959/60   Gastprofessur University of California at Berkeley

1962	Gastprofessur University of Colorado at Boulder
1964/65	Gastprofessur University of California at Berkeley
1968/69	Gastprofessur University of Arizona
1975	Gastprofessor University of Michigan in Ann Arbor

Mitgliedschaften/Wissenschaftliche Gesellschaften/Ehrungen

1949	Mitglied der Deutschen Gesellschaft für Soziologie
1950	(Gründungs-) Mitglied der International Sociological Association
1950	Literaturpreis des Kantons Zürich
1958	Ehrenmitglied der Türkischen Gesellschaft für Soziologie
1960	Commendatore al Ordine di Merito della Repubblica Italiana
1960	Mitglied der "Association Internationale des Sociologues de Langue Française"
1964	Goldmedaille des Verein Deutscher Ingenieure (VDI)
1964	Goldmedaille Beccaria der deutschen Kriminologischen Gesellschaft
1967	Premio Verga
1970	Auswärtiges Mitglied der Königlich Niederländischen Akademie der Wissenschaften
1974	Ehrenmitglied der Deutschen Gesellschaft für Soziologie
1975	Afghanischer Orden für Erziehung

1980 Ehrendoktor der University of Illinois

1981 Ehrendoktor der Universität Augsburg

1980 50-Jahrfeier zur Erneuerung der Promotion an der Freien Universität Berlin

1982 Ehrendoktor der Universität Wien

1986 Verleihung des Großen Verdienstkreuzes der Bundesrepublik Deutschland

1988 Verleihung des Arthur-Burkhardt-Preises

1991 5. 7. 1991 Symposium und akademische Würdigung durch die Universität zu Köln

René König gewidmete Bücher

Militanter Humanismus. Von den Aufgaben der modernen Soziologie. René König von seinen Freunden und Kollegen zum 60. Geburtstag gewidmet, hrsg. von Alphons Silbermann, Frankfurt a.M.: S. Fischer Verlag 1966.

Soziologie. Sprache - Bezug zur Praxis - Verhältnis zu anderen Wissenschaften. René König zum 65. Geburtstag, hrsg. von Günter Albrecht, Hansjürgen Daheim und Fritz Sack, Opladen: Westdeutscher Verlag 1973.

Soziologie in weltbürgerlicher Absicht. René König zum 75. Geburtstag, hrsg. von Heine von Alemann und Hans Peter Thurn, Opladen: Westdeutscher Verlag 1981.

Kultur und Gesellschaft. René König, dem Begründer der Sonderhefte, zum 80. Geburtstag gewidmet. Sonderheft 27 der Kölner Zeitschrift für Soziologie und Sozialpsychologie, hrsg. von Friedhelm Neidhardt, M. Rainer Lepsius und Johannes Weiß, Opladen: Westdeutscher Verlag 1986.

Leben im Werk[*]

Stichworte zur Bibliographie René Königs

Von Heine von Alemann

Die hier veröffentlichte Bibliographie der Schriften René Königs spricht weitgehend für sich selbst. Es wäre wenig sinnvoll, sie durch ausführliche Kommentare und Interpretationsversuche zu ergänzen. Die Register machen die Breite der Themen- und Interessengebiete René Königs deutlich und lassen die Konturen seiner Arbeiten sichtbar werden. Das Personenregister macht auf einen Blick sichtbar, mit wem König Umgang gesucht hat.

Die Zeitspanne des aktiven Wirkens René Königs reicht von 1931 (seiner ersten Veröffentlichung in der Zeitschrift "Sociologus", Nr. 89)[1] bis zum Beginn der 90er Jahre (1990 erscheint ein Einleitungsartikel für den Begleitband der Ausstellung "Männerbünde - Männerbande", Nr. 293). Das sind 60 Jahre aktive Mitarbeit im Fach Soziologie. In der Geschichte des Faches ist dies der Abschnitt der Professionalisierung und Konsolidierung. Zwar studiert René König noch nicht selbst Soziologie im Hauptfach, aber er bildet sich zum Soziologen aus in einer Zeit, als das Fach seine Gründungsphase hinter sich gelassen hat. Zu Beginn der 30er Jahre waren die ersten Lehrstühle für Soziologie eingerichtet, war eine dynamische Aufbruchstimmung in der Disziplin spürbar (König hat dies 1984 dargestellt, Nr. 283) - da wurde dieser Aufbruch "um 1933 brutal zum völligen Stillstand gebracht", wie König im Fischer Lexikon Soziologie 1958 schrieb (Nr. 47, S. 14). So ist er in der Emigration selbst von der Entwicklung abgeschnitten und eignet sich

---

* Die Erstellung dieser Bibliographie wurde von René König selbst mit angeregt und ihre Veröffentlichung mit dem Westdeutschen Verlag vorverabredet. Die Arbeit wurde 1989 begonnen; Corinna Blümel hat sie mit großem Engagement vorangetrieben; im Sommer 1991 waren die Arbeiten weitgehend abgeschlossen; im November 1991 haben wir René König die photokopierte Fassung der Bibliographie überreicht. Drei Direktoren des Forschungsinstituts für Soziologie haben die Entstehung des Schriftenverzeichnisses unterstützend begleitet: Friedhelm Neidhardt, Hartmut Esser und Jürgen Friedrichs. Zu danken haben wir in besonderer Weise Inge Schmidt und für manchen guten Rat Ilse Gaentzsch.

---

1 Verweise auf die Bibliographie erfolgen jeweils unter Angabe der laufenden Nummer für den Einzelhinweis.

in der Schweiz - ohne von dort aus reisen zu können - die Soziologie an. Nachdem er während des Krieges in der Schweiz zu seinen wichtigsten Forschungsfeldern bereits Veröffentlichungen vorgelegt hat, beginnt ab 1949 von Köln aus eine Periode unermüdlicher Aktivitäten: der Aufbau von akademischen Strukturen in der Bundesrepublik und die internationale Wirksamkeit, z.B. im Rahmen der International Sociological Association (deren Präsident er von 1962 bis 1966 ist). Ab den 50er Jahren und insbesondere in den 60ern gibt sich das Fach die Strukturen, die noch zu Beginn der 90er Jahre tragend sind. Dies ist zugleich die aktivste Zeit René Königs, so daß man sagen kann, daß er die Strukturen der fachlichen Gestalt der Soziologie in der Bundesrepublik Deutschland mitgeprägt hat.

Neben der Wirksamkeit in der Soziologie ist René König auch in weiteren intellektuellen Feldern aktiv gewesen: Ethnologie und Kunstwissenschaft waren direkte Interessengebiete, in der Psychoanalyse ist er gewissermaßen Zaungast gewesen (kaum mit eigenen fachlichen Veröffentlichungen, wohl aber u.a. als Beiratsmitglieder der Zeitschrift "Psyche"). Nicht zuletzt war er in früheren Jahren schriftstellerisch tätig (abzulesen am Sizilien-Buch, dem Machiavelli-Essay und vor allem den literarischen Übersetzungen).

Stichworte zum Werk

In einer ersten Annäherung sollen einige Abschnitte und Schwerpunkte im Werk René Königs bezeichnet werden. Dabei soll diese Gliederung keinen Anspruch darauf erheben, das Werk repräsentativ oder gar erschöpfend zu kennzeichnen. Zweck der folgenden Übersicht ist es vielmehr auch, die Vielfalt der Interessen René Königs sichtbar zu machen. Die Liste macht mithin eher die Breite des Werks sichtbar, geht aber nicht in die Tiefe.

1. Erste wissenschaftliche Veröffentlichungen: Ästhetik, Kunstwissenschaft, Rezeption der (französischen) Soziologie.
2. Frühe proto-soziologische Arbeiten: Machiavelli als Beispiel.
3. Aneignung des Gesamtgebiets der Soziologie: Das Schweizer Lexikon und das Fischer Lexikon der Soziologie.
4. Die Ausarbeitung der soziologischen Forschungsthemen. Les phénomènes sociaux toteaux: Familie, Gemeinde, Mode.
5. Lehrbücher, Kompendien und die Zeitschrift: Kodifizierungsleistungen für das Fach und das Setzen von Standards für die Forschung.
6. Ethnologische und sozialpsychologische Arbeiten: Grenzerweiterungen.

Die Aufstellung macht deutlich, daß René König nicht derjenige ist, als der er vielfach dargestellt wird. Die Breite der Interessen macht ihn eher zum

Vermittler des Faches Soziologie in seiner Gesamtheit, nicht aber zum Spezialisten eines ihrer Sachgebiete. Vor allem: Er ist als Empiriker weitaus weniger
auf quantitative Methoden beziehbar als oftmals dargestellt wird. Die
Methodik der empirischen Sozialforschung hat er gefördert, aber er ist selbst
nicht als Methodologe aufgetreten (entsprechend wurde oben Methodologie
nicht unter die fachlichen Schwerpunkte René Königs gerechnet). König hat
die Verfahren der quantitativen empirischen Sozialforschung gefördert, viele
der Schüler sind zu ihren Protagonisten geworden, er selbst hat (zur Irritation
vieler Beobachter) jedoch den "Königsweg" der empirischen Sozialforschung
kaum beschritten, hat Fragebögen nicht selbst entwickelt und Projekte eher
Dritten überlassen, vielmehr hat er selbst vorwiegend teilnehmende
Beobachtung und Feldforschung praktiziert.

König hat die "Methodik der empirischen Sozialforschung" insgesamt
intensiv gefördert, aber er hat sie eher wie eine Medizin empfohlen. Die
empirische Sozialforschung zwingt dazu, die Gegenwart und die Wirklichkeit
wahrzunehmen. Wer empirisch forscht, muß wahrnehmen lernen, er wird auf
die soziale Wirklichkeit verpflichtet. Wer vor der sozialen Wirklichkeit
ausweicht, gar vor ihr zurückweicht, der stellt sich nicht, er kann sich auch
schuldig machen. Die Verpflichtung auf Wirklichkeitswahrnehmung, so meine
Deutung, war ein ganz wesentliches Motiv für die Förderung der empirischen
Sozialforschung durch René König. Wenn die technische Virtuosität der
Forschung zum Selbstzweck wird, dann war dies die Sache Königs nicht mehr.
Dann ließ er es eher zu, daß von technischer Brillanz Abstriche gemacht
wurden, wenn ihm die Problemwahrnehmung gewährleistet erschien. So ist
er nie zum "Fliegenbeinzähler" geworden, und so hat er sich in seinem
Spätwerk wieder jenen Gebieten zugewandt, in denen er begonnen hatte, der
Kunstwissenschaft und Ethnologie.

Die genannten Themenschwerpunkte können nur in grober Vereinfachung
mit ganz wenigen Stichworten gekennzeichnet werden.

1. Frühe Arbeiten: Ästhetik und Kunstwissenschaft. Wie bereits erwähnt, ist
René König selbst kein gelernter Soziologe. Wie sollte er auch, denn Soziologie
als Lehrfach gab es während seiner Studienzeit noch nicht. Ein solches
Lehrfach ist sie erst nach 1950 geworden, unter kräftiger Mitwirkung René
Königs. So hatte König erst einen Weg zur Soziologie zurückzulegen, um sich
dies Fach anzueignen. Dieser Weg führte ihn über die Philosophie, Ästhetik,
Kunstwissenschaft und Völkerkunde.

So werden in der Bibliographie die ersten Aufsätze aus dem Bereich der
Kunstwissenschaft ersichtlich. Bereits 1930 werden Teile des ersten Buches
veröffentlicht, das dann 1931 vollständig erscheint (Die naturalistische
Ästhetik in Frankreich und ihre Auflösung. Ein Beitrag zur systemwissenschaftlichen Betrachtung der Künstlerästhetik, Nr. 1). Mit dem Begriff der

"Künstlerästhetik" wird ein wichtiges Stichwort geliefert, das bis heute in der Kunstsoziologie noch nicht so recht beachtet wurde (eine Ausnahme bildet das kunstsoziologische Werk von Hans Peter Thurn): Dies Buch nimmt weitere Veröffentlichungen zur Kunstsoziologie voraus, es thematisiert sehr frühzeitig die Beziehung zwischen Kunst und Gesellschaft und macht deutlich, daß König beide aufeinander bezieht, aber gerade nicht in der bereits damals vielfach verbreiteten Widerspiegelungsästhetik etwa eines Georg Lukács, sondern eher unter Rückgriff auf französische Traditionen.

Im Jahre 1931 erscheint auch der erste wissenschaftliche Aufsatz (Nr. 89), bezeichnenderweise in der von dem ethnologischen Lehrer Richard Thurnwald herausgegebenen Zeitschrift "Sociologus" veröffentlicht, in dem die aktuellen Strömungen der französischen Soziologie rezipiert werden.

2. Frühe proto-soziologische Arbeiten: Machiavelli als Beispiel. Bereits vor dem Exil hat König das Universitäts-Buch geschrieben. Die Universität und ihre Reform hat König früh interessiert. Das Universitätsbuch (Nr. 2) bildet gewissermaßen die Brücke zwischen dem Beginn in Völkerkunde und Kunstwissenschaft und der Einarbeitung in die Soziologie, die mit der (spät veröffentlichten) Habilitation (Nr. 17) so recht einsetzt. Die dort formulierte Absage an die historisch existentialistische Soziologie ist ein verschlüsselter Text der Absage insbesondere an Zeitströmungen bei Hans Freyer. Das Buch ist schwer lesbar, es wird dementsprechend heute wenig zitiert.

Der fulminante Essay "Machiavelli" (Nr. 3) enthält in seiner ganzen Anlage die Begründung Königs für seinen Weg in die Emigration, für seine Absage an die Diktatur und formuliert mit der Erinnerung an den "sacco di Roma" eine Vorahnung an das kommende Unheil. Er ist die Absage an das Siegen-Wollen, an die Hoffnung auf den Fürsten und er deutet nur an, daß König weit mehr für Guicciardini votiert als für den Techniker der Macht Machiavelli. Und natürlich ist dies Buch auch gegen Hans Freyer geschrieben, der freilich im Essay kaum genannt wird. Allerdings hatte König Freyers Buch über Machiavelli bereits gelesen und auch (recht zurückhaltend) in der Zeitschrift Mass und Wert rezensiert (Nr. 378).

3. Aneignung der Soziologie: Das Schweizer Lexikon. Freilich, bereits der erste veröffentlichte Aufsatz Königs in "Sociologus. Zeitschrift für Völkerpsychologie und Soziologie", beschäftigte sich mit Soziologie, nämlich den neuesten Strömungen der französischen Soziologie (Nr. 89). Zu ihr hatte König engen Kontakt durch seine vielfachen Aufenthalte bei der mütterlichen Familie. In Paris hat er jedoch kein eigentliches Fachstudium abgelegt, vielmehr hat er sich die französische Soziologie in der Tradition Durkheims eher als Beobachter angeeignet, allenfalls unter den Auspizien von Marcel Mauss, den er auch persönlich kennenlernte. Mauss kam dabei seinen

Strömungen sehr nahe, indem er Ethnologie und Soziologie in seiner Person nahtlos verband (vgl. Nr. 237 als zusammenfassende Würdigung).

Zur Aneignung der Soziologie gehören auch die vielen Rezensionen, die König geschrieben hat. Die Bibliographie weist insgesamt 194 Besprechungsmanuskripte nach, darunter viele Sammelrezensionen, so daß etwa 300 Bücher von René König besprochen worden sind. Die Rezensionen scheinen eine doppelte Ausrichtung zu haben. Neben der persönlichen Aneignung (und ganz pragmatisch dem Aufbau der eigenen Privatbibliothek) wird dort Urteilsbildung über die wichtigen Neuerscheinungen sichtbar gemacht. In öffentlich nachprüfbarer Weise wird die eigene Lektüre exemplarisch für das Fach transparent gemacht.

Im Schweizer Lexikon (vgl. Nr. 331) hat René König die wichtigsten Stichworte der Soziologie behandelt. Eine Aufstellung all dieser Stichworte existiert als Schreibmaschinentext. Dies war die Vorarbeit für das kompakte Fischer Lexikon Soziologie (Nr. 47); ein sehr einflußreicher Text, der bei zwei Auflagen mit insgesamt 414.000 Exemplaren verkauft wurde. Hier wurde Soziologie im wörtlichen Sinne auf den Begriff gebracht.

4. Die soziologischen Forschungsthemen. Die sozialen Totalphänomene: Familie, Gemeinde, Mode, Kunst sowie gesellschaftliche Krisenphänomene: Selbstentfremdung, Vorurteile. Dies ist die "eigentliche" Soziologie René Königs, die in den Forschungsthemen behandelt wird. Darauf soll an dieser Stelle nur verwiesen werden. Es würde den Rahmen dieses kurzen Beitrags völlig sprengen, wenn auch nur eines dieser Themen charakterisiert würde.

Als These soll behauptet werden, daß die wichtigsten Forschungsthemen Königs solche waren, die durch den von Georges Gurvitch übernommenen Begriff des sozialen Totalphänomens gekennzeichnet werden können. Damit sind dies Themen, die nicht einfach nach einer zufälligen oder willkürlichen persönlichen Interessenlage aufgenommen wurden, sondern sie sind in strategischer Absicht gewählt. In diesen Themen kann jeweils Allgemeines sinnfällig gemacht werden. An der Gemeinde, vom Dorf bis zur Großstadt, können gesellschaftliche Phänomene ebenso sichtbar gemacht werden wie an der Familie. René König hat keine analytische Institutionentheorie entwickelt, seine Vorstellung von sozialen Institutionen war eher synthetisch.

5. Lehrbücher und Kompendien: Kodifizierung und Vermittlung des Faches. Der Lehrer König formte sich im intellektuellen Klima der Schweiz. In Zürich eignete er sich nicht nur die Soziologie in ihrer Breite an, sondern er formte dort auch seine ersten Schüler, die später seine Themen weiterführten. Peter Atteslander und Peter R. Heintz sind nur zwei dieser Schüler, die vor allem deshalb besondere Erwähnung verdienen, weil sie mit König nach Köln gingen, um erste Mitarbeiter zu werden, wobei Peter Heintz die Tradition der Redaktionssekretäre der KZfSS begründete - und später die erste Soziologieprofessur der Schweiz in Zürich erhielt und damit die Soziologie-Tradition Königs in Zürich weiterführte.

Die Lehre eines wissenschaftlichen Faches kann nur gelingen, wenn Kodifizierungsleistungen vorausgegangen sind. Das Lehrbuch ist mithin eine Voraussetzung für die Vermittlung einer Wissenschaft an ihre Studenten. Aber das Lehrbuch ist nur der eine Aspekt für die Institutionalisierung eines Faches. Ein anderer wichtiger Aspekt besteht darin, die Kommunikation innerhalb der Disziplin auf Dauer zu stellen, um so Forschungsergebnissen überhaupt erst Sichtbarkeit in der Disziplin zu ermöglichen. Das Lehren hat König mehrfach zum Thema gemacht (vgl. Nr. 201).

Das Lexikon "Soziologie" und das "Handbuch der empirischen Sozialforschung" sowie die beiden Bände "Praktische Sozialforschung" waren die wichtigsten Lehrbücher, die René König unermüdlich vorangetrieben hat. Diese Kodifizierungsleistungen hielten sich freilich von jeglicher Dogmatisierung fern, sondern in ihnen wurde ein offenes Feld einer dynamischen Disziplin sichtbar gemacht. Freilich wurden zugleich auch Kriterien mitgeliefert, die gute und herausragende Arbeiten und Mittelmaß von nebensächlichen bis unproduktiven und einfach sehr schlechten Arbeiten unterscheiden lehrte. Es sei nicht verschwiegen, daß es Schüler gab, die Kodifizierung eines Wissensgebiets mit Dogmatisierung verwechselten.

In diesen Zusammenhang gehört auch die Erwähnung der "Kölner Zeitschrift für Soziologie und Sozialpsychologie", deren Herausgeber René König 31 Jahre und für ebensoviele Jahrgänge lang war (zusätzlich wurden nicht weniger als 26 Sonderhefte betreut). Die Zeitschrift war als offenes Forum für die Forschungsaktivitäten des Faches gemeint. Von dieser Position aus konnte König in die fachliche Entwicklung steuernd eingreifen. Auch hier ging es darum, daß Standards bei der Veröffentlichung der Forschung gesetzt wurden, die leitbildgebend für das Fach wirken könnten.

6. Ethnologische und sozialpsychologische Arbeiten: Grenzerweiterungen.
Ethnologie und Tiefenpsychologie waren für René König die wichtigsten Disziplinen, die für die Soziologie anregend sind. Die Ethnologie ist deshalb so bedeutend, weil sie die Vielfalt der Kultur sinnlich wahrnehmbar macht, was bei einer rein innergesellschaftlichen Betrachtung leicht verloren gehen kann. Tiefenpsychologische Untersuchungen setzen am sozialen Atom der Soziologie, nämlich der sozio-kulturellen Persönlichkeit an. So werden hiermit zwei Pole der Ganzheitlichkeit markiert, nämlich Kultur auf der einen und die Person auf der anderen Seite. Der soziologischen Analyse war der breite Raum zwischen diesen Polen freigehalten.

Umgang mit Personen

Die große Zahl der Personen, die in den Titeln der Veröffentlichung genannt werden, ist imponierend. Es sind 555 verschiedene Namen, die in seinen Publikationen gezählt werden können und die ins Register aufgenommen wurden (darunter, ganz genau, allerdings auch "Paul Kern", das eigene Pseudonym, das René König kurz vor seiner Emigration gewählt hat). 115 Namen kommen mehrfach vor. Man kann diese Menschen im weitesten Sinne als einen wesentlichen Teil des (mit Merton gesprochen) "person-set" René Königs auffassen (zu denen noch die vielen persönlichen Freunde hinzuzurechnen sind, die in den Veröffentlichungen nicht namentlich erwähnt sind).

Dieser so öffentlich sichtbare Umgang mit Menschen macht eine Grundhaltung Königs deutlich. Sie schlägt sich auch an anderer Stelle nieder. Im zweiten Band des Handbuchs der empirischen Sozialforschung (Nr. 57) findet sich ein außerordentlich zuverlässiges Namenregister, das eine erstaunliche Fülle von Soziologen präsentiert. Auf 73 Druckseiten werden zweispaltig ca. 3500 Namen von Soziologen identifiziert, alle sorgfältig mit Vornamen aufgeführt. In seiner eigenen Autobiographie findet man ebenfalls ein Namenregister, das bündig aufzeigt, welche Menschen König bei der Abfassung der Erinnerungen erwähnenswert erschienen.

Die Orientierung an Personen wird auch in den vielen Würdigungen und Nachrufen deutlich, die in den Bibliographie ausgewiesen sind (es lassen sich insgesamt 45 Beiträge nachweisen, Nr. 547-592). Es sind die Personen, die mit den Inhalten verknüpft sind: Es geht ganz "empirisch" und weltzugewandt um die Trägergruppe der wissenschaftlich arbeitenden Soziologen.

Mit diesen Bemerkungen soll auf den Umstand hingewiesen werden, daß für René König Personen mehr sind als nur Rollenträger in einer anonymen Sozialstruktur, die "sozio-kulturelle Persönlichkeit" spielte in seinen Grundvorlesungen eine große Rolle. Auch hier wird wieder die ganzheitliche Vorstellung René Königs sichtbar. Sie läßt sich mit seiner Förderung der Psychoanalyse und ihrer ganzheitlichen Vorstellung vom Menschen ebenfalls in Verbindung bringen. Die Kehrseite dieser Einstellung ist, daß die Problematik der Entfremdung und vor allem auch der Selbstentfremdung des Menschen unter den Bedingungen der Moderne stets präsent blieb. Dies waren für ihn durchaus reale Bedrohungen.

Wirkungen anderer Art

Kein anderer Soziologe hat wie René König nicht nur selbst das Lehren persönlich ernst genommen, sondern auch die Instrumente für die Lehre in Form von Lehr- und Handbüchern für das Fach bereitgestellt. Diese bereits oben erwähnte wichtige Tätigkeit übt einesteils einen weitreichenden Einfluß aus, jedoch überwiegend auf jene, die als Studenten und fachfremde Lernende sind. In Zitationen durch Fachkollegen schlägt sich das in Lehrbüchern kodifizierte Wissen jedoch nicht nieder. Der Organisator und Autor eines Lehrbuchs verschwindet hinter der Fülle des Lehrstoffs. Lehrbücher werden nicht in gleicher Weise zitiert wie die Forschungsliteratur. Der Einfluß, den sie ausüben, entzieht sich mithin weitgehend den Meßmethoden der empirischen Wissenschaftsforschung. Wer aber wenig zitiert wird, der gilt in der Wissenschaft vielfach nicht viel. In der Tat kann man feststellen, daß König selten zitiert wird. Insbesondere die Schüler Königs zitieren ihn kaum, sie zehren von der Lehre. Nach der Emeritierung ist es ihm aufgefallen und er hat sich darüber beklagt. So wird er gerade deshalb so wenig zitiert, weil er als Lehrer akzeptiert wurde. Darunter hat er auch gelitten.

Ein Wort ist erforderlich zu den vielen Vorworten, Geleitworten, Einleitungen, die René König geschrieben hat; sie sind in einem eigenen Kapitel der Bibliographie erfaßt worden (Nr. 593-651). Bei der Fülle von Drittmittel-Projekten, die durch René Königs Fürsprache zustande gekommen sind, wäre es für ihn ein leichtes gewesen, viele Publikationen als Ko-Autor gegenzuzeichnen. Die Bibliographie hätte sich dadurch deutlich verlängern lassen. Eine solche Bilanzverlängerung des wissenschaftlichen Lebenswerks hat König jedoch nicht praktiziert (die von ihm als Einzelautor gezeichneten Beiträge sind mithin auch alle eigenhändig von ihm geschrieben worden), aber er hat die Gelegenheit ergriffen, bei vielen Monographien als Mentor aufzutreten. Es wäre interessant, diese Geleitworte auf programmatische Äußerungen hin zu durchsuchen; vieles von dem, was seine Wissenschaftspolitik ausmacht, dürfte in diesen Gelegenheitspublikationen versteckt sein.

Auch die Übersetzungen der Bücher in andere Sprachen sind ein Kapitel für sich (im Register sind sie zusammengestellt). Sie demonstrieren die Wirkung des Autors René König in Ländern, die von vielen jüngeren deutschen Soziologen kaum noch beachtet werden. In den Niederlanden, Spanien, Italien, auch in Israel hat René König direkte Wirkung gezeitigt. Es kann hier nur vermutet werden, wie die Rezeption in diesen Ländern stattgefunden hat. Aber es wäre absurd anzunehmen, daß René König dort als Vertreter einer amerikanischen Soziologieauffassung wahrgenommen worden wäre. Nein, René König ist durch und durch Europäer, und als einen solchen kosmopolitischen Europäer hat man ihn in Italien, Spanien, Polen, den Niederlanden (um nur einige wenige Länder zu nennen) angesehen. Einer von der weltoffenen Sorte, ein Anti-Imperialist. Aber man sollte auch bedenken, daß sich René König sein Leben lang in der deutschen Sprache ausgedrückt hat, obwohl er so viele andere Sprachen beherrscht. Diese Sprache ist nicht seiner Mutter Sprache, sondern die Sprache seines Vaters. Er schrieb alle seine wichtigen Texte in deutscher Sprache, aber er dachte europäisch und weltweit.

Schlußbemerkungen

Das Stichwort "Positivismus" darf nicht fehlen, wenn man René Königs Wirken darstellt. Was ist dran an dem "Vorwurf", René König sei Positivist? Bei dieser Frage bleibt offen, wie man Positivismus definiert und was daran denn den Vorwurf ausmache. René König hat sich neben Saint-Simon vor allem auf Auguste Comte und natürlich Emile Durkheim bezogen in jenen Sinne, daß erst die Anerkennung der sozialen Wirklichkeit die soziale Reform ermöglichen könne (bereits im ersten Buch über die Künstlerästhetik finden sich dazu wichtige Passagen, Nr. 1). In diesem Sinne ist er Positivist. Jede Reform muß scheitern, wenn sie von falschen Voraussetzungen ausgeht. Wenn man dies Scheitern vermeiden will, kann der Weg zur sozialen Reform nur über eine geschärfte Wirklichkeitswahrnehmung gehen. Die soziale Wirklichkeit ist durch soziale Tatbestände gekennzeichnet, die sich identifizieren lassen, deren Eigentümlichkeiten beschreibbar sind - und deren Gesetzmäßigkeiten aufgedeckt werden können. Welcher Art diese Gesetzmäßigkeiten sind, das ist eine offene Frage, die erst durch soziologische Forschung beantwortet werden kann.

Gesellschaftliche Krisenwissenschaft ist die Soziologie seit ihrer Begründung durch Claude Henry de Saint-Simon und durch Auguste Comte. Dies ist bereits mit an den Begriff der Gesellschaft rückverbunden. Die moderne Gesellschaft ist seit ihrem Anbeginn immer auch prekär und in ihrem Bestand bedroht. Nur ständige Aufmerksamkeit kann ihre Krisen überwinden helfen. Wer diese Krisenanfälligkeit der Gesellschaft leugnet oder sich darüber hinwegsetzt, der hat für René König im Grunde den Beruf des Soziologen versäumt, der wird zum Technokraten, zum Sozialingenieur und der betreibt letztlich Sozialphysik, nicht aber Soziologie. Gesellschaft und Soziologie sind in dieser Sichtweise gegenseitig aufeinander verwiesen.

Wachsamkeit, Beobachtungsgabe, Weltzugewandtheit, Kritikbereitschaft, Wirklichkeitsnähe, Offenheit: das sind einige Stichworte, die auf René König bezogen werden können. Dazu gehören Kultiviertheit, polyglotte Belesenheit, Kontaktfähigkeit, Aufgeschlossenheit, Engagement, Furchtlosigkeit als weitere Merkmale seiner Persönlichkeit. Entschiedenheit im Urteil und Unfestgelegtheit gegenüber globalen Weltdeutungsmodellen sind weitere Kennzeichen seines Wirkens. Organische Solidarität ist für ihn in der Tradition Durkheims nicht nur ein analytischer soziologischer Begriff, sondern lebensweltliches Programm.

Eine soziologiegeschichtliche Spurensuche
Arbeiten an der Bibliographie René Königs

Von Corinna Blümel

Umfang der Bibliographie

Das vollständige Verzeichnis aller Schriften René Königs, das mit diesem Band vorgelegt wird, wurde in der Zeit von Juli 1989 bis März 1991 am Forschungsinstitut für Soziologie der Universität Köln zusammengestellt. René König hat den Fortgang dieser Arbeiten unterstützend begleitet. Die Endfassung der Bibliographie (mit beiden Registern) wurde ihm im November 1991 in einer Photokopie überreicht.

Einige kurze Anmerkungen sollen im folgenden den Arbeitsprozeß an der Bibliographie beschreiben, der nicht allein in gründlicher Archivarbeit bestand. Neben der inhaltlichen Arbeit lag das Interessante an diesem Projekt - sicher nicht nur für mich als Literaturwissenschaftlerin - in der Lebensgeschichte und in der Person René Königs: Die Geschichtsschreibung des Faches Soziologie dokumentiert zugleich ein Stück deutscher Geschichte.

Die Bibliographie zählt 730 Einzelveröffentlichungen. Darunter sind, wie ein Blick in das Inhaltsverzeichnis zeigt, die von René König geschriebenen bzw. herausgegebenen Bücher ebenso wie Beiträge in Sammelbänden, Handbüchern und Zeitschriften, Lexikon-Artikel, Rezensionen, Würdigungen und Nachrufe, Einleitungen, Vor- und Nachworte. Hinzu kommen einige unveröffentlichte Manuskripte, in der Mehrheit aber journalistische Beiträge und drei literarische Übersetzungen, mit denen René König während der Emigration Jahren einen Teil seines Lebensunterhalts verdiente.

Um René Königs Wirkung im europäischen und nicht-europäischen Ausland zu dokumentieren, wurden die Übersetzungen von Büchern und Beiträgen nicht nur jeweils in den kleingedruckten Anmerkungen des deutschen Titels aufgeführt, sondern zusätzlich mit eigener Zählung in den entsprechenden Kapiteln erfaßt. *Nicht* einzeln gezählt wurden dagegen die vielfachen Neu-Auflagen von Büchern (vgl. z.B. Nr. 47)[1] und die wiederholten Abdrucke von Aufsätzen an anderer Stelle (etwa Nr. 199).

---

[1] Verweise auf die Bibliographie erfolgen jeweils unter Angabe der laufenden Nummer für den Einzelhinweis.

Ein Chronist deutscher Geschichte

Die Menge der hier versammelten Titel war zu Anfang der Recherchen nicht abzusehen. Kenner des Werks hat sie ebenso erstaunt wie René König selbst, der sich an viele ältere Aufsätze kaum noch erinnerte und beim Lesen der Listen mit den jeweiligen Ergebnisse manches frohe Wiedererkennen feierte. Durch die Arbeit an der Bibliographie entstand ein regelmäßiger Kontakt mit René König. Während er mir in seinen Schriften als Soziologe und als sorgfältig formulierender Schriftsteller begegnet, lernte ich ihn im persönlichen Zusammentreffen als lebhaften Erzähler und als Chronisten von Höhen und Tiefen Deutschlands im 20. Jahrhundert kennen.

Allerdings: *Mein* René König ist ein anderer als der, dem die anderen und Autorinnen in diesem Band ihre Erinnerungen widmen - eine Frage des Alters, wie sich leicht errechnen läßt: Bei Beginn der Arbeiten war René König 83 Jahre alt, bei Abschluß des Projektes im Frühjar 1991 wurden die Feierlichkeiten zu seinem 85. Geburtstag vorbereitet.

René König habe ich als einen Menschen kennengelernt, der wie viele seines Alters stark in Erinnerungen lebt. Die Erfahrungen des Schweizer Exils nahmen im Erinnern, Nacherleben und Erzählen stets einen besonderen Stellenwert ein: Sicherlich spielte hierbei eine Rolle, daß die Arbeit an der Bibliographie den Autor mit seiner Vergangenheit und im besonderen mit den frühen Arbeiten konfrontierte.

Dennoch wurde bei jedem unserer Treffen in diesen knapp zwei Jahren deutlich, daß das Exil im Leben René Königs wesentlich tiefere Spuren hinterlassen hat als die an Jahren viel längere Kölner Zeit. Eine Verletzung und damit eine Fremdheit gegenüber seinem Vaterland sind geblieben, die auch durch spätere Ehrungen und öffentliche Wertschätzung nicht mehr aufgehoben werden können.

Die Irritation gegenüber Deutschland ist mit den Jahren keinesfalls kleiner geworden. Königs Erzählungen über die Vergangenheit sind ebenso wie Kommentare zum aktuellen politischen Geschehen häufig begleitet von der Klage über den Umgang mit der deutschen Geschichte unter dem Nationalsozialismus, der im Urteil des zurückgekehrten Exilanten bis heute von mangelhafter Aufarbeitung gekennzeichnet ist. Der Vorwurf gegenüber der Bundesrepublik betrifft aber nicht nur den ehemaligen Faschismus und dessen Verdrängung in der Gegenwart: In einer dem Band "Soziologie in Deutschland. Begründer, Verfechter, Verächter" vorangestellten Notiz (Nr. 650, S. 7) vermerkte er 1987, die Idee einer Demokratie in Deutschland, "dieses durchaus verfolgenswerte Ziel", das in der Weimarer Republik entstanden sei, habe ihn "unentwegt durch die Nacht des Nationalsozialismus den Rest seines Lebens bis heute" begleitet, und er gesteht ein, "daß ihm in der langen Folgezeit das Ziel nicht viel näher gekommen zu sein scheint".

Daß René König in den vielen Jahren "nach Zürich" eine Heimat in Köln gefunden zu haben scheint, ist wohl auf zweierlei zurückzuführen: Zum einen bot der Aufbau der Soziologie im Nachkriegsdeutschland Gestaltungsfreiräume, die René König zu nutzen verstand, auch wenn er dabei und im nachhinein vieles zu beklagen hatte. Zum anderen halfen wohl Freunde und persönliche Beziehungen, die Fremdheit und Distanz zum deutschen Staat zu überwinden. Während unserer Arbeit tauchte René König bei der Erwähnung der zahlreichen in der Bibliographie vorkommenden Namen häufig in Reminiszenzen ein, wobei immer wieder deutlich wurde: Hier erzählt ein Mensch, der nicht nur von der Geschichte Deutschlands geprägt ist, sondern der selbst auf das Geschehen in diesem Land auch Einfluß genommen hat.

Recherchen

Die von mir angelegte Datenbank umfaßte bei Abschluß der Arbeiten rund 900 Titel. Darunter befanden sich die zahlreichen Auflagen einzelner "*Bestseller*" sowie die ungewöhnliche Vielzahl der Mehrfachabdrucke von Aufsätzen. Beide Fälle habe ich in der Endfassung der Bibliographie jeweils der Erstveröffentlichung zugeordnet. Damit sollte verhindert werden, das große Konvolut der Arbeiten künstlich "aufzublasen". Dies erschien aber auch als die beste Möglichkeit, eine Besonderheit in René Königs Schaffen augenfällig zu dokumentieren: Erfolgreiche Veröffentlichungen wurden manchmal in überarbeiteter oder erweiterter Form, oft aber auch unverändert in neue Publikationen übernommen.

Auf vier Quellen konnte ich bei meinen Recherchen zurückgreifen. Die erste Quelle war die Bibliographie, die Hans Peter Thurn und Heine von Alemann für die Festschrift zum 75. Geburtstag René Königs "Soziologie in weltbürgerlicher Absicht" zusammengestellt hatten und die im wesentlichen die Bücher Königs versammelte.

Einen weiteren Grundstock bildeten die in den Sammelbänden abgedruckten Aufsätze, die in der Mehrzahl zuvor an anderer, häufig schwer zugänglicher Stelle erschienen waren und mit dem Wiederabdruck in einem Sammelband einem breiteren Publikum zugänglich gemacht werden sollten. Bei diesen Aufsätzen habe ich mich bemüht, jeweils den Originalbeitrag zu erfassen, was mir wegen der z.T. recht ungenauen bibliographischen Angaben in den Aufsatzbänden in Einzelfällen nicht gelang.

Eine dritte Quelle stand mir zur Verfügung, ohne die das Auffinden der frühen Arbeiten Königs, allen voran der journalistischen Arbeiten, undenkbar gewesen wäre. René König hat in den Jahren von 1931 bis 1952 in einem

handschriftlich geführten Journal akribisch Buch darüber geführt, welche
Manuskripte er verfaßte und wo diese veröffentlicht wurden. Zwar waren
diese Angaben nicht immer eindeutig. Aber zusammen mit einem später
angelegten Karteikasten gab mir das kleine Büchlein zumindest Anhaltspunkte, wonach ich suchen sollte und wo die weitgestreuten Aufsätze möglicherweise zu finden waren.

Zum vierten galt es, - in reiner Fleißarbeit - die beträchtliche Menge der
Beiträge, Rezensionen, Würdigungen und Nachrufe in der Kölner Zeitschrift
für Soziologie und Sozialpsychologie zu erfassen. Zusätzlich las ich systematisch Fußnoten und Literaturverweise ganzer Bücher und Aufsatzsammlungen
René Königs, um Hinweise auf weitere Literatur zu finden. Ebenso gründlich
nahm ich mir Buchreihen, Zeitschriften und Tageszeitungen vor, in denen
ich Vorworte, Einleitungen, Rezensionen oder sonstige Beiträge vermuten
konnte. Unter tätiger Mitarbeit von Frau Irmgard König durchstöberte ich
schließlich die Regalwände im Hause König, um auch dort noch das ein oder
andere "Schätzchen" zu entdecken, bei denen es sich im wesentlichen um
Veröffentlichungen in nicht-soziologischem Umfeld handelte, die ohne
entsprechende Hinweise kaum aufzufinden waren.

Der Versuch, zumindest die wichtigen Beiträge Königs lückenlos zu
erfassen und zwecks Überprüfung der Angaben jeden erfaßten Beitrag einmal
in der Hand gehalten zu haben, ließ mich monatelang in den Archiven der
Universitätsbibliothek in Köln verschwinden. Im Einzelfall waren Phantasie
und Intuition vonnöten, um ungenaue bzw. fehlerhafte bibliographische
Angaben so weit zu rekonstruieren, daß ich sie in Katalogen auffinden oder
als Fernleihgesuch einreichen konnte. Nicht immer gelang es, die zuständigen
Bibliotheksangestellten davon zu überzeugen, daß Fernleihgesuche trotz z.T.
unvollständiger Angaben ein gerechtfertigtes Anliegen darstellten. Aus diesen
und anderen Gründen müssen einige wenige Titel ohne nähere bibliographische Angaben erscheinen, während andere, bei denen die Vorgaben zu
vage oder offensichtlich falsch waren, ganz herausgefallen sind. Trotz aller
Bemühungen: Letzte Vollständigkeit kann die Bibliographie nicht beanspruch-
en. Hinweise zur Ergänzung der Datenbank werden auch in Zukunft dankbar
angenommen.

Werkzeug zu differenzierterer Beurteilung

Schon im Vorwort des Aufsatzbands "Soziologie in Deutschland. Begründer,
Verächter, Verfechter" hatte René König 1987 das Bedürfnis formuliert, seine
"Stellung innerhalb der deutschen Soziologie des Nachkriegs zu klären und
einige schwerwiegende Mißverständnisse auszuräumen" (Nr. 650, S. 9). Indem
er eine Auswahl wichtiger Beiträge erneut vorlegte, wollte König die gängige

Meinung widerlegen, sein Bemühen und Verdienst nach dem Zweiten Weltkrieg sei vor allem die Einführung der US-amerikanischen in die deutsche
Soziologie gewesen.

Das Mißverständnis dürfte aber viel weiter reichen, da René König bisher
von großen Teilen der *scientific community* nur in einem Teil seines Schaffens
wahrgenommen wurde. Mit dem vorliegenden Schriftenverzeichnis läßt sich
die große Breite seines Schaffens nachvollziehen.

Für die Bibliographie wurde eine Gliederung gewählt, die sich auf formale
Kriterien stützt. Damit haben wir nach einigen Überlegungen der Versuchung
widerstanden, etwa themenbezogene Kategorien festzulegen oder eine Ein-
teilung nach Schaffensphasen vorzunehmen. Dennoch ist es wünschenswert,
daß mit der Bibliographie gerade in dieser Weise gearbeitet wird, weil erst
so René Königs Beitrag zur Soziologie der Nachkriegszeit erkennbar wird:
Die beiden angefügten Register sollen dem Leser hierzu die Möglichkeit
geben, indem sie z.B. über die Stichworte den Zugriff auf Themengebiete
erleichtern. In diesem Sinne möchte die Bibliographie Werkzeug einer weiter-
reichenden Geschichtsschreibung des Faches Soziologie sein.

Bibliographie der Schriften René Königs

Von Corinna Blümel
(unter Mitwirkung von Heine von Alemann)

Vorbemerkungen

Die Bibliographie ist zunächst nach Veröffentlichungsarten (Bücher, Aufsätze, Rezensionen), in zweiter Linie nach wissenschaftlichen, journalistischen und literarischen Arbeiten gegliedert und innerhalb jeder Gruppe chronologisch geordnet. Die Titel sind einheitlich durchnumeriert worden. Die zahlreichen Anmerkungen zu den Nachweisen (petit gesetzt) beziehen sich auf Inhaltsübersichten der Sammelbände, vor allem aber auf Übersetzungen, Nachdrucke, Varianten (soweit erfaßbar) und die Aufnahme von Einzelbeiträgen in Sammelwerken.

Die Bibliographie strebt Vollständigkeit der wichtigsten Veröffentlichungen an. Freilich kann diese insbesondere in Hinsicht auf Vorabdrucke und Nachdrucke in Zeitungen und Zeitschriften nur teilweise erreicht werden. Die Bibliographie wird durch Personen- und ein Sachregister erschlossen.

In das Personenregister wurden *alle* in der Bibliographie vorkommenden Namen aufgenommen, es macht mithin im weitesten Sinne den "Personen-Satz" (person-set im Sinne von Robert K. Merton) sichtbar, mit dem sich René König in seinen Veröffentlichungen "umgeben" hat. Neben den Co-Autoren und Mitarbeitern bei Veröffentlichungen enthält das Personenregister alle rezensierten Autoren, ferner auch alle Herausgeber, in deren Werken (oder Zeitschriften) René König veröffentlicht hat, sowie alle jene Personen, für die René König Würdigungen oder Nachrufe geschrieben hat.

Das Sachregister enthält alle wichtigen Stichworte der Titel. Dabei wurde bewußt darauf verzichtet, eine Verschlagwortung vorzunehmen; vielmehr sollte die von René König verwendete Begrifflichkeit sichtbar gemacht werden. Neben den Forschungsthemen und Sachgebieten enthält das Register auch einige Begriffe, welche die Herangehensweise Königs an Frage- und Problemstellungen kennzeichnen (es sind dies Ausdrücke wie Frage, Problem, Problematik, Überlegungen, Einleitung usw.). Dem gleichen Zweck dient es, wenn in das Register die Stichworte "Soziologie" und "soziologisch" aufgenommen wurden. Hier wird deutlich, wie immer wieder die soziologische Sichtweise betont wird, wie alle behandelten Gegenstände aus der Perspektive des Soziologen thematisiert werden.

Abkürzungen:

ebd.

bezieht sich auf die jeweils unmittelbar im vorausgehenden Einzelnachweis angegebene Quellenangabe

HdeS

Handbuch der empirischen Sozialforschung

KZfSS

Kölner Zeitschrift für Soziologie und Sozialpsychologie

SH

Sonderheft (der KZfSS)

SO [9] 1965

Soziologische Orientierungen [vgl. Nr. 9]

Sociologus

Sociologus. Zeitschrift für Völkerpsychologie und Soziologie [vgl. Nr. 89]

Universitas

Universitas. Zeitschrift für Wissenschaft, Kunst und Literatur [vgl. Nr. 131]

I. Bücher

1. Autor

a) Deutschsprachige Bücher (Nr. 1-22)

1. Die naturalistische Ästhetik in Frankreich und ihre Auflösung. Ein Beitrag zur systemwissenschaftlichen Betrachtung der Künstlerästhetik, Leipzig: Universitätsverlag von Robert Noske 1931, 233 Seiten.
    Teildruck unter demselben Titel veröffentlicht: Leipzig 1930.

2. Vom Wesen der deutschen Universität (Verpflichtung und Aufbruch. Schriften zur Gegenwart, hrsg. von Gerhard Bahlsen), Berlin: Verlag Die Runde 1935, 211 Seiten.
    Reprographischer Nachdruck Darmstadt 1970, mit einem Vorwort zum Neudruck.

3. Niccolo Machiavelli. Zur Krisenanalyse einer Zeitenwende, Erlenbach-Zürich: Eugen Rentsch Verlag 1941, 352 Seiten.
    2. Aufl. mit einem Nachwort "Über die Entstehung dieses Buches", Carl Hanser Verlag: München und Wien 1979; Taschenbuchausgabe Ullstein Materialien, Frankfurt a.M., Berlin und Wien 1984, mit erweitertem Nachwort.

4. Sizilien. Ein Buch von Städten und Höhlen, von Fels und Lava und von der großen Freiheit des Vulkans, Zürich: Büchergilde Gutenberg 1943, 244 Seiten.
    Weitere Auflagen: München 1950; Innsbruck 1952; München 1957, darin das Nachwort: Nach sechzehn Jahren, S. 137-139.
    Ein Auszug wurde vorab veröffentlicht unter dem Titel "Aus dem Inneren Siziliens" in: Neue Schweizer Rundschau, Jg. 11 (n.F.), Zürich 1943, S. 175-181.

5. Materialien zur Soziologie der Familie (Beiträge zur Soziologie und Sozialphilosophie, Bd. 1), Bern: A. Francke Verlag 1946, 179 Seiten.
    Übers. - französisch: Matériaux pour une sociologie de famille, Paris 1957; zweite, erheblich erweiterte Fassung unter demselben Titel: Köln 1974 (vgl. Nr. 16).
    (Inhalt: Vorwort, S. 1-14;
    Von der Notwendigkeit einer Familiensoziologie, S. 15-56;
    Zwei Grundbegriffe der Familiensoziologie: Desintegration und Desorganisation, S. 57-102;
    Versuch einer Definition der Familie, S. 103-131;
    Entwicklungstendenzen der Familie im neueren Rußland, S. 132-164;
    Rationale Familienpolitik in einem demokratischen Lande, S. 165-179.)

6.   Soziologie heute, Zürich: Regio-Verlag 1949, 136 Seiten.

Übers. - holländisch: Sociologie In Deze Tijd, Amsterdam 1952, italienisch, japanisch (1959), spanisch "La Sociología y la Sociedad Actual", Madrid 1959; unter dem Titel "Strukturwandel des Mittelstandes" ist ein Auszug wieder abgedruckt in: Universitas, Jg. 5, 1950, Heft 2, S. 209-211; unter dem Titel "Soziologie heute - Die Eschatologie des Karl Marx. Ein Fragment" ist ein Auszug wieder abgedruckt in: Soziologie in Deutschland, München und Wien 1987, S. 90-121.

7.   Grundformen der Gesellschaft: Die Gemeinde (rowohlts deutsche enzyklopädie, rde 79), Hamburg: Rowohlt Taschenbuchverlag 1958, 200 Seiten.

Übers. - englisch: The Community, London 1968; amerikanische Ausgabe: The Community, New York 1968; spanisch: Sociologia de la Communidad Local, Madrid 1971.

8.   René König und Alphons Silbermann: Der unversorgte selbständige Künstler. Über die wirtschaftliche und soziale Lage der selbständigen Künstler in der Bundesrepublik, hrsg. von der Stiftung zur Förderung der Wissenschaftlichen Forschung über Wesen und Bedeutung der freien Berufe, Köln und Berlin: Deutscher Ärzte-Verlag 1964, 99 Seiten.

Wiederabdruck des Kapitels "Vom Beruf des Künstlers" in: René König, Soziologische Orientierungen. Vorträge und Aufsätze, Köln und Berlin 1965, S. 216-234.

9.   Soziologische Orientierungen. Vorträge und Aufsätze, Köln und Berlin: Kiepenheuer und Witsch 1965, 575 Seiten.

2. Aufl. Köln und Berlin 1973
Übers. - niederländisch: Sociologische Verkenningen, Utrecht und Antwerpen 1969; argentinische Ausgabe: Orientaciones Sociológicas. La sociología como ciencia de la oposicion y como crítica de la sociedad, Buenos Aires 1968.
(Inhalt: Soziologische Orientierungen, S. 9-13;
Soziologie als Oppositionswissenschaft und als Gesellschaftskritik, S. 17-28;
Der neue Mensch in der Sicht des Soziologen, S. 29-44;
Bemerkungen zur Sozialpsychologie: I. Das Erlernen der Kultur. II. Das Nachhinken der Kultur. III. Die pluralistische Gesellschaft und ihre Subkulturen. IV. Die objektiven Kulturmächte und ihre sozialen Auswirkungen, S. 45-78;
Die Gesellschaft von heute zwischen gestern und morgen, S. 79-91;
Die Grenzen der Soziologie, S. 92-106;
Sozialpsychologie der gegenwärtigen Familie, S. 109-119;
Jugendlichkeit als Ideal moderner Gesellschaften, S. 120-128;
Ist das Kunsterleben der Jugend konventionell?, S. 129-133;
Die strukturelle Bedeutung des Alters in den fortgeschrittenen Industriegesellschaften, S. 134-146;
Sexualdelikte und Probleme der Gestaltung des Sexuallebens in der Gegenwartsgesellschaft, S. 147-175;
Beruf oder Job?, S. 179-189;
Der Beruf als Indiz sozialer Integration, S. 190-205;
Der Ingenieur und seine Stellung in der Gesellschaft, S. 206-215;
Vom Beruf des Künstlers, S. 216-234;

Vom Beruf des Intellektuellen, S. 235-244;

Technische Entwicklung und soziale Struktur. In memoriam: Adriano Olivetti, S. 245-257;

Über den Funktionswandel der Schule in der modernen Industriegesellschaft, S. 258-266;

Der Gestaltwandel des Mittelstandes, S. 267-278;

Bemerkungen eines Soziologen zur Frage der Arbeitsmoral, 279-293;

Freizeit als sozial-kulturelles Problem, S. 294-303;

Einleitung zu einer Soziologie der sogenannten rückständigen Gebiete, S. 307-328;

Industrialisierung und Patriarchalismus in wirtschaftlich unterentwickelten Ländern, S. 329-376;

Autonome und heteronome Entwicklungsimpulse und der koloniale Komplex, S. 377-388;

Kulturelle Determinanten des Arbeitsstils, S. 389-401;

Einige Bemerkungen zur Soziologie der Gemeinde, S. 405-418;

Der Begriff der Heimat in den fortgeschrittenen Industriegesellschaften, S. 419-425;

Die Selbstanalyse von Gemeinden als Mittel zur Entwicklung der Gemeindebeteiligung, S. 426-432;

Die Stadt in ihrer Geschichte, S. 433-445;

Die soziale Struktur der Stadt, S. 445-458;

Gestaltungsprobleme der Massengesellschaft, S. 461-478;

Masse und Vermassung, S. 479-493;

Die soziale und kulturelle Bedeutung der Ernährung in der industriellen Gesellschaft, S. 494-505;

Probleme des Konsumentenverhaltens in den fortgeschrittenen Industriegesellschaften, S. 506-518;

Die Funktion der Werbung als Stilelement des Massenkonsums, S. 519-524;

Tiefenpropaganda in der Politik, S. 525-532;

Die Rolle der Sozial- und Meinungsforschung in der Gegenwartsgesellschaft; S. 533-541;

Das Massenmedium Film und die soziale Spontaneität, S. 542-551;

Erotik und Mode, S. 552-556;

Private Daseinsgestaltung zwischen Konformismus und Autonomie, S. 557-562.)

10.   Günther Lüschen und René König: Jugend in der Familie (Überblick zur wissenschaftlichen Jugendkunde, Bd. 3), München: Juventa Verlag 1965, 112 Seiten.

11.   Kleider und Leute. Zur Soziologie der Mode (Fischer Taschenbücherei 822), Frankfurt a.M.: Fischer Bücherei 1967, 173 Seiten.
Übers. - französisch: Sociologie de la mode, Paris 1969.

12.   Studien zur Soziologie. Thema mit Variationen (Fischer Bücherei 6078), Frankfurt a.M. und Hamburg: Fischer Bücherei 1971, 139 Seiten.
(Inhalt: Vorwort, S. 7-8;

Zur Soziologie der zwanziger Jahre, S. 9-37;

Einige Überlegungen zur Frage der "Werturteilsfreiheit" bei Max Weber, S. 38-68;

Freiheit und Selbstentfremdung in soziologischer Sicht, S. 69-86;

Wandlungen in der Stellung der sozialwissenschaftlichen Intelligenz, S. 87-102;

Die Situation der emigrierten deutschen Soziologen in Europa, S. 103-122;

Die Juden und die Soziologie, S. 123-136.)

13. Macht und Reiz der Mode. Verständnisvolle Betrachtungen eines So-
     ziologen, Düsseldorf und Wien: Econ Verlag 1971, 269 Seiten.
     Übers. - englisch: The Restless Image. A sociology of Fashion. Mit einer Einleitung von
     Tom Wolfe, London 1973; amerikanische Ausgabe: A la Mode. On the Social Psychology
     of Fashion. Mit einer Einleitung von Tom Wolfe, New York 1973; italienisch: Il potere
     della moda, Neapel 1976; polnisch: Potega i vrok mody, Warschau 1978.

14. Indianer wohin? Alternativen in Arizona. Skizzen zur Entwicklungs-
     soziologie, Opladen: Westdeutscher Verlag 1973, 248 Seiten, mit einer
     Karte und 16 Abbildungen.

15. Die Familie der Gegenwart. Ein interkultureller Vergleich (Beck'sche
     Schwarze Reihe 116), München: C.H. Beck Verlag 1974, 176 Seiten.
     2. Aufl. 1977; 3. erweiterte Aufl. 1978.
     Übers. - spanisch: La familia in nuestro tiempo. Una comparación intercultural, Madrid
     1981.

16. Materialien zur Soziologie der Familie. Zweite, neubearbeitete und
     erweiterte Auflage, Köln: Kiepenheuer und Witsch 1974, 361 Seiten.
     1. Aufl. 1946 (vgl. Nr. 5)
     (Inhalt: Dreißig Jahre Familiensoziologie. Vorwort zur zweiten Auflage, S. 9-14;
     Auszug aus dem Vorwort der ersten Auflage (1946), S. 15-21;
     Von der Notwendigkeit der Familiensoziologie, S. 25-54;
     Zwei Grundbegriffe der Familiensoziologie: Desintegration und Desorganisation, S. 55-87;
     Versuch einer Definition der Familie, S. 88-105;
     Überorganisation der Familie als Gefährdung der seelischen Gesundheit, S. 106-119;
     Abhängigkeit und Selbständigkeit in der Familie, S. 120-130;
     Alte Probleme und neue Fragen in der Familiensoziologie, S. 131-149;
     Entwicklungstendenzen der Familie im neueren Rußland, S. 151-199;
     Sozialer Wandel in der westlichen Familie, S. 200-213;
     Familie und Autorität: Der deutsche Vater im Jahr 1955, S. 214-230;
     Probleme der Berufswahl von Mädchen aus unvollständigen Familien, S. 231-244;
     Das Problem der Frühehe, S. 245-252;
     Die Stellung der Frau in der modernen Gesellschaft, S. 253-320.)

17. Kritik der historisch-existentialistischen Soziologie. Ein Beitrag zur
     Begründung einer objektiven Soziologie, München: R. Piper Verlag
     1975, 299 Seiten.
     Habilitationsschrift aus dem Jahre 1937/1938.
     Vorwort von 1974: Warum ich dies Buch schrieb, S. 9-19;
     Vorwort (von 1937), S. 21-22.

18. Emile Durkheim zur Diskussion. Jenseits von Dogmatismus und
     Skepsis, München und Wien: Carl Hanser Verlag 1978, 367 Seiten.
     (Inhalt: Vorwort, S. 7-12;
     Saint-Simon, S. 15-38;
     Auguste Comte, S. 39-55;

Bilanz der französichen Soziologie um 1930, S. 56-103;
Emile Durkheim (1858-1917), S. 107-139;
Die Regeln der soziologischen Methode, S. 140-207;
Nachwort zum "Suicide", S. 208-238;
Über die Religionssoziologie bei Emile Durkheim, S. 239-256;
Marcel Mauss (1872-1972), S. 257-284;
Raymond Arons Gewissensprüfung der Soziologie, S. 295-307;
Neues über Emile Durkheim, S. 308-332;
Nochmals Durkheim, S. 333-350.)

19. Navajo-Report 1970 - 1980. Von der Kolonie zur Nation, Neustadt a.d. Weinstraße: arca-Verlagsgesellschaft 1980, 190 Seiten.

  2. stark erweiterte Neuaufl. Berlin 1983.

20. Leben im Widerspruch. Versuch einer intellektuellen Autobiographie, München und Wien: Carl Hanser Verlag 1980, 383 Seiten, mit 13 Abbildungen.

  2. Aufl. (Taschenbuch) Frankfurt a.M., Berlin und Wien 1984, gegenüber der 1. Aufl. leicht korrigiert und mit einem Vorwort zur Taschenbuchausgabe versehen.

  Teilabdruck des Kapitels "Akademische Lehrer und unruhige Studenten. Erinnerungen eines Hochschullehrers" in: Frankfurter Rundschau, 6. September 1980.

21. Menschheit auf dem Laufsteg. Die Mode im Zivilisationsprozeß, München und Wien: Carl Hanser Verlag 1985, 387 Seiten.

  2. Aufl. (Taschenbuch) Frankfurt a.M. und Berlin 1988.

22. Soziologie in Deutschland. Begründer, Verächter, Verfechter, München und Wien: Carl Hanser Verlag 1987, 503 Seiten.

  (Inhalt: Vorwort: In eigener Sache, S. 9-20;
  Vom dreifachen Ursprung der Soziologie, S. 23-89;
  Soziologie heute - Die Eschatologie des Karl Marx. Ein Fragment, S. 90-121;
  Ferdinand Tönnies, S. 122-197;
  Einige Überlegungen zur Frage der "Werturteilsfreiheit" bei Max Weber, S. 201-229;
  Zur Soziologie der zwanziger Jahre oder Epilog zu zwei Revolutionen, die niemals stattgefunden haben, und was daraus resultiert, S. 230-257;
  Soziologie in Berlin um 1930, S. 258-297;
  Die Situation der emigrierten deutschen Soziologen in Europa, S. 298-320;
  Epilog 1981, S. 321 - 328;
  Die Juden und die Soziologie, S. 329-342;
  Vom vermeintlichen Ende der deutschen Soziologie vor der Machtergreifung des Nationalsozialismus, S. 343-387;
  Kontinuität oder Unterbrechung? Ein neuer Blick auf ein altes Problem, S. 388-440.)

b) Fremdsprachige Bücher (Nr. 23-36)[1]

23.* Sociologie In Deze Tijd. Mit einer Einleitung von P.J. Bouman, Amsterdam: Uitgeverij H.J. Paris 1952, 135 Seiten.
Niederländische Übersetzung von: Soziologie Heute, Zürich 1949.

24.* Matériaux pour une sociologie de la famille, Paris 1957.
Französische Übersetzung von: Materialien zur Soziologie der Familie, Bern 1946.

25.* La Sociología y la Sociedad Actual, Madrid: Instituto de Estudios Politicos 1959, 177 Seiten.
Spanische Übersetzung von: Soziologie Heute, Zürich 1949.

26.* Orientaciones Sociológicas. La sociología como ciencia de la oposicion y como crítica de la sociedad, Bueños Aires: Editorial Sur, S.A. 1968, 197 Seiten.
Argentische Ausgabe von: Soziologische Orientierungen, Köln und Berlin 1965.

27.* The Community, London: Routledge and Kegan Paul Ltd. 1968, 218 Seiten.
Englische Übersetzung von: Grundformen der Gesellschaft. Die Gemeinde, Hamburg 1958, aus dem Deutschen übersetzt von Edward Fitzgerald.

28.* The Community, New York: Schocken Books 1968.
amerikanische Ausgabe von: Grundformen der Gesellschaft. Die Gemeinde, Hamburg 1958, aus dem Deutschen übersetzt von Edward Fitzgerald.

29.* Sociologie de la mode, Paris: Petite Bibliothèque Payot 1969, 187 Seiten.
Französische Übersetzung von: Kleider und Leute. Zur Soziologie der Mode, Frankfurt a.M. 1967.

30.* Sociologische Verkenningen, Utrecht und Antwerpen: Het Spectrum Aula 1969, 312 Seiten.
Niederländische Übersetzung von: Soziologische Orientierungen, Köln und Berlin 1965.

---

1   Mit * gekennzeichnete Bücher sind Übersetzungen von zuvor auf deutsch erschienenen Veröffentlichungen.

31.* Sociologia de la Communidad Local, Madrid: Fundacion Foessa 1971, 281 Seiten.

    Spanische Übersetzung von: Grundformen der Gesellschaft. Die Gemeinde, Hamburg 1958.

32.* The Restless Image. A Sociology of Fashion. Mit einer Einleitung von Tom Wolfe, London: George Allan and Unwin Ltd. 1973, 239 Seiten.

    Englische Übersetzung von: Macht und Reiz der Mode. Verständnisvolle Betrachtungen eines Soziologen, Düsseldorf und Wien 1971.

33.* A la Mode. On the Social Psychology of Fashion. Mit einer Einleitung von Tom Wolfe, New York: The Seabury Press 1973.

    Amerikanische Ausgabe von: Macht und Reiz der Mode. Verständnisvolle Betrachtungen eines Soziologen, Düsseldorf und Wien 1971.

34.* Il potere della moda, Neapel: Liguori Editori 1976, 256 Seiten.

    Italienische Übersetzung von: Macht und Reiz der Mode. Verständnisvolle Betrachtungen eines Soziologen, Düsseldorf und Wien 1971.

35.* Potega i vrok mody, Warschau: Wydawnictawa Artystyczne i Filmowe 1978, 312 Seiten.

    Polnische Übersetzung von: Macht und Reiz der Mode. Verständnisvolle Betrachtungen eines Soziologen, Düsseldorf und Wien 1971.

36.* La familia in nuestro tiempo. Una comparación intercultural, Madrid: Siglo veintuno editores, S.A. 1981, 186 Seiten.

    Spanische Übersetzung von: Die Familie der Gegenwart. Ein interkultureller Vergleich, München 1974.

2. Herausgeber

a) Deutschsprachige Bücher (Nr. 37-80)

37. Alphons Silbermann, René König, Leo Lowenthal und Abraham Moles: Reihe Kunst und Gesellschaft, Bd. 1 - 12, Stuttgart: Ferdinand Enke Verlag 1974 - 1977.

38.   Reihe Beiträge zur Soziologie und Sozialphilosophie, Bd. 1 - 12, Bern, Zürich, Köln, Köln und Berlin: Francke Verlag, Regio Verlag, Verlag für Politik und Wirtschaft, Kiepenheuer und Witsch 1946 - 1963.

       Bd. 1: René König, Materialien zur Soziologie der Familie, Bern 1946.

39.   René König (Hrsg.; unter Mitarbeit von Wilhelm Brepohl, Max Ralis und Karl G. Specht): Das Interview. Formen, Technik, Auswertung. Praktische Sozialforschung [I], Dortmund und Zürich: Ardey Verlag und Regio-Verlag 1952, 318 Seiten.

       Zweite, völlig umgearbeitete und erweiterte Aufl. unter Mitarbeit von Dietrich Rüschemeyer und Erwin K. Scheuch, Köln und Berlin 1957; 3., erweiterte Aufl. 1962; 7. ergänzte Aufl. 1972.

40.   Soziologie der Gemeinde. Sonderheft 1 der KZfSS, Köln und Opladen: Westdeutscher Verlag 1956, 229 Seiten.

       4. Aufl. 1972.

41.   (unter Mitarbeit von Peter R. Heintz und Erwin K. Scheuch): Beobachtung und Experiment in der Sozialforschung. Praktische Sozialforschung II, Köln: Verlag für Politik und Wirtschaft 1956, 346 Seiten.

       8. ergänzte Aufl. Köln und Berlin 1972.

42.   Kölner Zeitschrift für Soziologie und Sozialpsychologie (KZfSS), Jg. 8 ff., Opladen: Westdeutscher Verlag 1956 ff.

       Die Herausgeberschaft endet 1985 mit Jg. 37.

43.   Peter Heintz und René König: Soziologie der Jugendkriminalität. Sonderheft 2 der KZfSS, Köln und Opladen: Westdeutscher Verlag 1957, 188 Seiten.

       6. Aufl. 1974.

44.   (unter Mitarbeit von Dietrich Rüschemeyer und Erwin K. Scheuch): Das Interview. Formen, Technik, Auswertung. Praktische Sozialforschung I, Köln: Verlag für Politik und Wirtschaft 1957, 394 Seiten.

       2., völlig umgearbeitete und erweiterte Auflage; (1. Aufl. unter Mitarbeit von Wilhelm Brepohl, Max Ralis und Karl G. Specht, Dortmund und Zürich 1952).

45.   René König und Peter W. Schuppisser (Hrsg.): Die Mode in der menschlichen Gesellschaft, mit einem Geleitwort von Christian Dior, Zürich: Modebuch Verlagsgesellschaft 1958, 527 Seiten.

       Übers. - niederländisch: Sociologie van de mode, Utrecht und Antwerpen 1965; argentinisch-mexikanische Ausgabe: Sociología de la mode, Buenes Aires und Mexiko 1968.

46.   René König und Margret Tönnesmann: Probleme der Medizin-Soziologie. Sonderheft 3 der KZfSS, Köln und Opladen: Westdeutscher Verlag 1958, 336 Seiten.

    3. Aufl. 1965.

47.   (Hrsg. und Hauptautor): Soziologie (Fischer Lexikon, Bd. 10), Frankfurt a.M.: Fischer Bücherei 1958.

    2. umgearbeitete und erweiterte Neuausgabe 1967; 27. Aufl. Frankfurt a.M. 1980, 410 Tsd. Übersetzungen: hebräisch: Massada Ltd., o.O. u.J.; argentinische Ausgabe: Sociología, Bueños Aires 1963; italienisch: Sociologia. Enciclopedia Feltrinelli Fischer 5, Mailand 1964; niederländisch: Sociologie. Standaard Lexikon, Antwerpen und Utrecht 1967; französisch: Sociologie. Nouvelle bibliothéque scientifique, Paris 1972.

48.   David V. Glass und René König: Soziale Schichtung und soziale Mobilität. Sonderheft 5 der KZfSS, Köln und Opladen: Westdeutscher Verlag 1961, 345 Seiten.

    5. Aufl. 1974.

49.   (Hrsg. und Übersetzer): Emile Durkheim, Die Regeln der soziologischen Methode. Mit einer Einleitung des Herausgebers (Soziologische Texte, Bd. 3), Neuwied: Hermann Luchterhand Verlag 1961, 247 Seiten.

    4., revidierte Aufl. 1976, 6. Aufl. 1980.

50.   (in Zusammenarbeit mit dem Institut für Mittelstandsforschung): Reihe Abhandlungen zur Mittelstandsforschung (Nr. 1, 12, 15, 16, 23, 36 und 40; später: Schriften zur Mittelstandsforschung. Soziologische Abteilung, Nr. 56 und 65), Köln und Opladen, Köln, Göttingen: Westdeutscher Verlag, Kölner Universitätsverlag, Verlag Otto Schwarz 1962 ff.

51.   (unter Mitarbeit von Heinz Maus): Handbuch der empirischen Sozialforschung, Bd. 1, Stuttgart: Ferdinand Enke Verlag 1962, 649 Seiten.

    Zweite, veränderte, durch einen Anhang und Register erweiterte Auflage Stuttgart 1967; 3. umgearbeitete und erweiterte Aufl. (als Taschenbuchausgabe) 1973 - 1974 (Bd. 1 - 4) Übersetzung - spanisch: Tratado de sociologia empírica, Madrid 1973.

52.   René König und Johannes Winckelmann: Max Weber zum Gedächtnis. Materialien und Dokumente zur Bewertung von Werk und Persönlichkeit. Sonderheft 7 der KZfSS, Köln und Opladen: Westdeutscher Verlag 1963, 488 Seiten.

    2. Aufl. 1988.

53. René König, (Renate Mayntz) und Erwin K. Scheuch (Hrsg.): Reihe Kölner Beiträge zur empirischen Sozialforschung und angewandten Soziologie, Bd. 1 - 22, Meisenheim am Glan: Verlag Anton Hain 1966 - 1975.

54. Ferdinand A. Hermens, René König, Erwin K. Scheuch und Rudolf Wildenmann: Reihe Politik und Wähler, Bd. 1 - 20, Meisenheim am Glan: Verlag Anton Hain 1969 - 1978.

55. Fritz Sack und René König: Kriminalsoziologie, Frankfurt a.M.: Akademische Verlagsgesellschaft 1968, 528 Seiten.
   3. Aufl. 1979.

56. (unter Mitarbeit von Klaus Roghmann, Wolfgang Sodeur und Rolf Ziegler): Beiträge zur Militärsoziologie. Sonderheft 12 der KZfSS, Köln und Opladen: Westdeutscher Verlag 1968, 360 Seiten.

57. Handbuch der empirischen Sozialforschung, Bd. 2, Stuttgart: Ferdinand Enke Verlag 1969, 1395 Seiten.
   2. völlig neubearbeitete Aufl. (als Taschenbuchausgabe) 1976 - 1979 (Bd. 5 - 14).

58. (unter Mitarbeit von Günter Albrecht, Wolfgang S. Freund und Dieter Fröhlich): Aspekte der Entwicklungssoziologie. Sonderheft 13 der KZfSS, Köln und Opladen: Westdeutscher Verlag 1969, 816 Seiten.

59. Ludolf Fischer, Karl Jettmar, René König, Willy Kraus und Carl Rathjens: Reihe Afghanische Studien, Bd. 1 - 18, Meisenheim am Glan: Verlag Anton Hain 1969 - 1978.

60. Reuben Hill und René König: Families in East and West. Kinship Ties and Socialisation Process, Paris und Den Haag: Mouton 1970, 630 Seiten.

61. René König und Axel Schmalfuß: Kulturanthropologie, Düsseldorf und Wien: Econ Verlag 1972, 293 Seiten.

62. Handbuch der empirischen Sozialforschung, Bd. 1: Geschichte und Grundprobleme. Mit Beträgen von René König, Heinz Maus, Hans Albert, Hans L. Zetterberg und Erwin K. Scheuch, Stuttgart: Ferdinand Enke Verlag und dtv (Wissenschaftliche Reihe 4235) 1973, 251 Seiten.
   3., umgearbeitete und erweiterte Aufl. (1. Aufl. Stuttgart 1962).

63. Handbuch der empirischen Sozialforschung, Bd. 2: Grundlegende Methoden und Techniken der empirischen Sozialforschung. Erster Teil. Mit Beiträgen von René König, Erwin K. Scheuch, Jiri Nehnevajsa und Werner Mangold, Stuttgart: Ferdinand Enke Verlag und dtv (Wissenschaftliche Reihe 4236) 1973, 316 Seiten.

     3., umgearbeitete und erweiterte Aufl. (1. Aufl. Stuttgart 1962).

64. Karl Hax, René König, Willy Kraus: Reihe Wirtschaft und Gesellschaft Ostasiens, Bd. 1 - 4, Düsseldorf, Opladen, Tübingen: Bertelsmann Universitätsverlag, Westdeutscher Verlag, Horst Erdmann Verlag 1973 - 1976.

65. Handbuch der empirischen Sozialforschung, Bd. 3a: Grundlegende Methoden und Techniken. Zweiter Teil. Mit Beiträgen von Erwin K. Scheuch, Peter R. Hofstätter und Robert Pagès, Stuttgart: Ferdinand Enke Verlag und dtv (Wissenschaftliche Reihe 4237) 1974, 356 Seiten.

     3., umgearbeitete und erweiterte Aufl. 1. Aufl. Stuttgart 1962.

66. Handbuch der empirischen Sozialforschung, Bd. 3b: Grundlegende Methoden und Techniken. Dritter Teil. Verfaßt von Paul Neurath, Stuttgart: Ferdinand Enke Verlag und dtv (Wissenschaftliche Reihe 4238) 1974, 268 Seiten.

     3., umgearbeitete und erweiterte Aufl. (1. Aufl. Stuttgart 1962).

67. Handbuch der empirischen Sozialforschung, Bd. 4: Komplexe Forschungsansätze. Mit Beiträgen von Kurt Mayer, Amos H. Hawley, Conrad M. Arensberg, René König, H.D. de Vries Reilingh, Gerhard Heilfurth, Jan Szczepanski, Alphons Silbermann, Gottfried Eisermann und Peter Heintz, Stuttgart: Ferdinand Enke Verlag und dtv (Wissenschaftliche Reihe 4239) 1974, 492 Seiten.

     3., umgearbeitete und erweiterte Aufl. (1. Aufl. Stuttgart 1962).

68. Alphons Silbermann und René König: Künstler und Gesellschaft. Sonderheft 17 der KZfSS, Opladen: Westdeutscher Verlag 1974, 353 Seiten.

     Spanische Übersetzung unter dem Titel "Los artistas y la sociedad" Barcelona 1983.

69. Nico Stehr und René König: Wissenschaftssoziologie: Studien und Materialien. Sonderheft 18 der KZfSS, Köln und Opladen: Westdeutscher Verlag 1975, 525 Seiten.

70. Handbuch der empirischen Sozialforschung, Bd. 5: Soziale Schichtung
     und Mobilität. Mit Beiträgen von Thomas B. Bottomore, Karl Martin
     Bolte und Helga Recker sowie Kurt Horstmann, Stuttgart: Ferdinand
     Enke Verlag und dtv (Wissenschaftliche Reihe 4240) 1976, 200 Seiten.

     2., völlig neubearbeitete Aufl. (1. Aufl. Stuttgart 1969).

71. Handbuch der empirischen Sozialforschung, Bd. 6: Jugend. Verfaßt
     von Leopold Rosenmayr, Stuttgart: Ferdinand Enke Verlag und dtv
     (Wissenschaftliche Reihe 4241) 1976, 374 Seiten.

     2., völlig neubearbeitete Aufl. (1. Aufl. Stuttgart 1969).

72. Handbuch der empirischen Sozialforschung, Bd. 7: Familie - Alter.
     Mit Beiträgen von René König und Leopold Rosenmayr, Stuttgart:
     Ferdinand Enke Verlag und dtv (Wissenschaftliche Reihe 4242) 1976,
     428 Seiten.

     2., völlig neubearbeitete Aufl. (1. Aufl. Stuttgart 1969).

73. Handbuch der empirischen Sozialforschung, Bd. 8: Beruf - Industrie
     - Sozialer Wandel. Mit Beiträgen von Hansjürgen Daheim, Burkhard
     Lutz und Gert Schmidt sowie Bert F. Hoselitz, Stuttgart: Ferdinand
     Enke Verlag und dtv (Wissenschaftliche Reihe 4243) 1977, 354 Seiten.

     2., völlig neubearbeitete Aufl. (1. Aufl. Stuttgart 1969).

74. Handbuch der empirischen Sozialforschung, Bd. 9: Organisation -
     Militär. Mit Beiträgen von Renate Mayntz und Rolf Ziegler sowie
     Klaus Roghmann und Rolf Ziegler, Stuttgart: Ferdinand Enke Verlag
     und dtv (Wissenschaftliche Reihe 4244) 1977, 250 Seiten.

     2., völlig neubearbeitete Aufl. (1. Aufl. Stuttgart 1969).

75. Handbuch der empirischen Sozialforschung, Bd. 10: Großstadt -
     Massenkommunikation - Stadt-Land-Beziehungen. Mit Beiträgen von
     Herbert Kötter, Hans-Joachim Krekeler, René König und Alphons
     Silbermann, Stuttgart: Ferdinand Enke Verlag und dtv (Wissenschaftli-
     che Reihe 4245) 1977, 310 Seiten.

     2., völlig neubearbeitete Aufl. (1. Aufl. Stuttgart 1969).

76. Handbuch der empirischen Sozialforschung, Bd. 11: Freizeit -
     Konsum. Mit Beiträgen von Erwin K. Scheuch und Gerhard Scher-
     horn, Stuttgart: Ferdinand Enke Verlag und dtv (Wissenschaftliche
     Reihe 4246) 1977, 280 Seiten.

     2., völlig neubearbeitete Aufl. (1. Aufl. Stuttgart 1969).

77. Handbuch der empirischen Sozialforschung, Bd. 12: Wahlverhalten
     - Vorurteile - Kriminalität. Mit Beiträgen von Stein Rokkan und Lars
     Svasand, Rudolf Heberle, Heinz E. Wolf sowie Fritz Sack, Stuttgart:
     Ferdinand Enke Verlag und dtv (Wissenschaftliche Reihe 4247) 1978,
     528 Seiten.

     2., völlig neubearbeitete Aufl. (1. Aufl. Stuttgart 1969).

78. Handbuch der empirischen Sozialforschung, Bd. 13: Sprache - Künste.
     Mit Beiträgen von Thomas Luckmann und Alphons Silbermann,
     Stuttgart: Ferdinand Enke Verlag und dtv (Wissenschaftliche Reihe
     4248) 1979, 378 Seiten.

     2., völlig neubearbeitete Aufl. (1. Aufl. Stuttgart 1969).

79. Handbuch der empirischen Sozialforschung, Bd. 14: Religion -
     Bildung - Medizin. Mit Beiträgen von Friedrich Fürstenberg und Ingo
     Mörth, Willi Strzelewicz, Manfred Pflanz sowie René König, Stuttgart:
     Ferdinand Enke Verlag und dtv (Wissenschaftliche Reihe 4249) 1979,
     411 Seiten.

     2., völlig neubearbeitete Aufl. (1. Aufl. Stuttgart 1969).

80. Ernst Wilhelm Müller, René König, Klaus-Peter Koepping und Paul
     Drechsel: Ethnologie als Sozialwissenschaft. Sonderheft 26 der KZfSS,
     Köln und Opladen: Westdeutscher Verlag 1984, 515 Seiten.

b) Fremdsprachige Bücher (Nr. 81-88)[2]

81.* (Hrsg. und Hauptautor): Sociología, Bueños Aires: Companía General
     Fabril Editora 1963.

     Argentinische Ausgabe von: Fischer Lexikon, Bd. 10, Soziologie.

82.* (Hrsg. und Hauptautor): Sociologia. Enciclopedia Feltrinelli Fischer
     5, Mailand: Feltrinelli 1964, 405 Seiten.

     Italienische Übersetzung von: Fischer Lexikon, Bd. 10, Soziologie.

---

[2]   Mit * gekennzeichnete Bücher sind Übersetzungen von zuvor auf deutsch erschienenen
        Veröffentlichungen.

83.* (unter Mitarbeit von Peter W. Schuppisser): Sociologie van de mode, Utrecht und Antwerpen: Het Spectrum Aula 1965, 160 Seiten.

Niederländische Übersetzung von: Die Mode in der menschlichen Gesellschaft, Zürich 1958.

84.* (Hrsg. und Hauptautor): Sociologie. Standaard Lexikon, Antwerpen und Utrecht: Standaard Uitgeverij 1967, 326 Seiten.

Niederländische Übersetzung von: Fischer Lexikon, Bd. 10, Soziologie.

85.* (unter Mitarbeit von Peter W. Schuppisser): Sociología de la mode, Buenos Aires und Mexico: Ediciones Carlos Lohlé 1968, 218 Seiten.

Argentinisch-mexikanische Ausgabe von: Die Mode in der menschlichen Gesellschaft, Zürich 1958.

86.* (Hrsg. und Hauptautor): Sociologie. Nouvelle bibliothéque scientifique, Paris: Flammarion 1972, 418 Seiten.

Französische Übersetzung von: Fischer Lexikon, Bd. 10, Soziologie, umgearbeitete und erweiterte Neuausgabe 1967.

87.* Tratado de sociologia empírica, Madrid: Editorial Tecnos 1973.

Spanische Übersetzung von: HdeS, 1. Aufl., 1962.

88.* Alphons Silbermann und René König: Los artistas y la sociedad, Barcelona: Editorial Alfa, S.A. 1983, 190 Seiten.

Spanische Übersetzung von "Künstler und Gesellschaft", Sonderheft 17 der KZfSS, Opladen 1974.

II. Beiträge

1. Aufsätze in Sammelbänden, Handbüchern und Zeitschriften

a) Deutschsprachige Aufsätze (Nr. 89-293)[3]

89. Die neuesten Strömungen in der gegenwärtigen französischen Soziologie, in: Sociologus. Zeitschrift für Völkerpsychologie und Soziologie, Jg. 7 und Jg. 8, 1931 und 1932, S. 485-505 und S. 210-224.

    Wieder abgedruckt unter dem Titel "Bilanz der französischen Soziologie um 1930" in: René König, Emile Durkheim zur Diskussion, München und Wien 1978, S. 56-103.

90. Künstlerästhetik als geisteswissenschaftliches Problem, in: Zeitschrift für Ästhetik und allgemeine Kunstwissenschaft, Jg. 27, 1933, Heft 1, S. 1-32.

91. Die Gründung der Friedrich-Wilhelm-Universität zu Berlin, in: Geistige Arbeit. Zeitung aus der wissenschaftlichen Welt, Jg. 1, Heft 19 vom 5. Oktober 1934, S. 7-8.

92. Das Kunstwerk als Quelle kunsttheoretischer Einsichten, in: Zeitschrift für Ästhetik und allgemeine Kunstwissenschaft, Jg. 30, 1936, Heft 1, S. 1-27.

93. Idee und Existenz. Zur historischen Kritik an Hans Heyses gleichnamigem Werk, in: Kölnische Zeitung, Nr. 28, Morgenblatt vom 16. Januar 1936.

94. Zur Problemlage der Universitätsreform, in: Das Deutsche Wort und Die Große Übersicht. Der literarischen Welt neue Folge, Jg. 12, 20. Juni 1936, S. 569-574.

---

[3] Mit * gekennzeichnete Bücher sind Übersetzungen von zuvor in anderer Sprache erschienenen Veröffentlichungen.

95.   Natur und Historie. Eine vergleichende Studie, in: Die Neue Rund-
      schau, Jg. 47, Oktober und November 1936, S. 1013-1033 und 1190-
      1208.

96.   Mythos und Technik bei Georges Sorel, in: Schweizer Monatshefte,
      Jg. 19, 1939, S. 18-27.

97.   Vom dreifachen Ursprung der Soziologie, in: Schweizer Monatshefte,
      Jg. 20, Dezember 1940/ Januar 1941, S. 393-408 und 469-484.
      In erweiterter Fassung wieder abgedruckt in: René König, Soziologie in Deutschland, München
      und Wien 1987, S. 23-89.

98.   Zur Sozialpsychologie der modischen Strömung. Gesellschaft für
      Marktforschung, Dokument Nr. 18 vom März 1944, Zürich 1944.

99.   Entwicklungstendenzen der Familie im neueren Rußland, in: Neue
      Schweizer Rundschau, Jg. 11 (N.F.), Heft 10/11 und 12, 1944, S. 643-
      655 und 702-716.
      Erweiterte Neufassung in: René König, Materialien zur Soziologie der Familie, Bern 1946,
      S. 132-164; nochmals beträchtlich erweiterte Fassung in: René König, Materialien zur
      Soziologie der Familie, Köln 1974, S. 151-199.
      Übersetzung - spanisch: La familia en la russia sovietica, in: Revista Internacionál de
      Sociologia, März 1945, Jg. 3, Heft 11/12, S. 87-128

100. Von der Notwendigkeit einer Familiensoziologie, in: Der Schutz der
      Familie. Festschrift für August Egger, Zürich 1945.
      Wieder abgedruckt in: René König, Materialien zur Soziologie der Familie, Bern 1946,
      S. 15-56; sowie in René König, Materialien zur Soziologie der Familie, Köln 1974, S. 25-56;
      Übersetzung - spanisch: Sobre la necesidad de una sociologia de la familia, in: Revista
      Internacionál de sociologia, Jg. 7, 1949, Heft 25, S. 27-51.

101. Zwei Grundbegriffe der Familiensoziologie: Desintegration und
      Desorganisation der Familie, in: Schweizerische Zeitschrift für
      Volkswirtschaft und Statistik, Jg. 81, 1945, S. 522-550.
      Neuabdruck in erweiterter Form in: René König, Materialien zur Soziologie der Familie,
      Bern 1946, S. 57-102; wieder abgedruckt in: René König, Materialien zur Soziologie der
      Familie, Köln 1974, S. 55-87.

102. Das Problem der Nachahmung - ihre Wirkung im Aufbau des
      Konsums. Gesellschaft für Marktforschung, Dokument 35, Zürich:
      [1945], 18 Seiten.

103. Rationale Familienpolitik in einem demokratischen Lande, in: St. Galler Tagblatt vom August 1946.

    Wieder abgedruckt in: René König, Materialien zur Soziologie der Familie, Bern 1946, S. 165-179; wurde in die zweite Auflage, Köln 1974, nicht übernommen.

104. Strafrecht oder Gesellschaftsschutz. Bericht für den 1. internationalen Kongreß für Gesellschaftsschutz in San Remo, in: Nationalzeitung (Basel) vom 12. Dezember 1947.

105. Kommunismus, Pro und Contra, in: Die Weltwoche, Jg. 16, vom 9. Juli 1948, S. 19.

106. Überorganisation der Familie als Gefährdung der seelischen Gesundheit, in: Maria Pfister-Ammende (Hrsg., unter Mitarbeit von F. Alexander, A. Baumgarten u.a.), Die Psychohygiene. Grundlagen und Ziele (Zweite Reihe der Bücher des Werdenden, Bd. 2, hrsg. v. Paul Federn und Heinrich Meng), Bern: Verlag Hans Huber 1949, S. 130-144.

    Wieder abgedruckt in: René König, Materialien zur Soziologie der Familie, Köln 1974, S. 106-119.

107. Erster soziologischer Weltkongreß in Zürich, in: Neue Zeitung (München) vom 18. Oktober 1950.

108. Die Unternehmung in der öffentlichen Meinung. Gesellschaft für Marktforschung, Dokument 82, Zürich [1950].

109. Neue Wege der Sozialforschung. Zur Wiedereröffnung des Frankfurter Instituts für Sozialforschung, in: Neue Zeitung (München), Nr. 272, vom 19. November 1951, S. 4.

110. Können Konsumgewohnheiten beeinflußt oder geändert werden?, in: Schweizerischer Reklameverband, 1951.

111. Diesseits und jenseits des Schalters, in: Verwaltungspraxis. Monatsschrift für Verwaltungs- und Bildungs-Fragen, Jg. 5, Heft 7, April 1951, S. 195-198.

112. Die Familie und die Gesellschaft, in: [Schweizerisches] Familienbuch, Zürich: Drei Wappen Verlag 1951, S. 146-192.

113.   Soziologische Probleme der internationalen Ordnung, in: Karl Gustav
        Specht (Hrsg.), Soziologische Forschung in unserer Zeit. Ein Sammel-
        werk. Leopold von Wiese zum 75. Geburtstag, Köln und Opladen:
        Westdeutscher Verlag 1951, S. 146-157.
        Wieder abgedruckt in: Uwe Nerlich (Hrsg.), Krieg und Frieden im industriellen Zeitalter,
        Bd. 1, Gütersloh 1966, S. 321-333; Übersetzung - spanisch: Problemas sociológicos de la
        ordenación internacional, in: Revista de Estudios Politicos, Jg. 40, Jg. 11, 1951, Heft 60,
        S. 15-31.

114.   Abhängigkeit und Selbständigkeit in der Familie, in: Leopold von
        Wiese (Hrsg.), Abhängigkeit und Selbständigkeit im sozialen Leben,
        Köln und Opladen: Westdeutscher Verlag 1951, S. 232-244.

115.   Praktische Sozialforschung, in: René König (unter Mitarbeit von Wil-
        helm Brepohl, Max Ralis und Karl G. Specht), Das Interview. Formen,
        Technik, Auswertung. Praktische Sozialforschung [I], Dortmund und
        Zürich: Ardey Verlag und Regio-Verlag 1952, S. 15-36.
        Wieder abgedruckt in: 2., völlig umgearbeitete und erweiterte Aufl. (unter Mitarbeit von
        Dietrich Rüschemeyer und Erwin K. Scheuch), Köln 1957, S. 13-33.

116.   Theodor Geiger (1891 - 1952), in: Acta Sociologica. Scandinavian Re-
        view of Sociology, Jg. 1, 1955, S. 3-9.

117.   Einleitung zu einer Soziologie der sogenannten rückständigen Gebiete,
        in: KZfSS, Jg. 7, 1955, S. 9-23.
        Wieder abgedruckt in: SO [9] 1965, S. 307-328; Übersetzung - französisch: "Introduction
        à une sociologie des zones dites 'sous-devellopées'" in: Atti del Congresso Internazionale
        di studio sul problema delle aree arretrate, Bd. 5, Mailand 1956, S. 3-19.

118.   Die Begriffe Gemeinschaft und Gesellschaft bei Ferdinand Tönnies,
        in: KZfSS, Jg. 7, 1955, S. 348-420.
        In erheblich erweiterter Fassung wieder abgedruckt in: René König, Soziologie in Deutsch-
        land, München und Wien 1987, S. 122-197.

119.   Soziologie der Familie, in: Arnold Gehlen und Helmut Schelsky
        (Hrsg.), Soziologie. Ein Lehr- und Handbuch zur modernen Gesell-
        schaftskunde, Düsseldorf und Köln: Eugen Diederichs Verlag 1955,
        S. 119-156.
        6. Aufl. 1966

120.   Masse und Vermassung, in: Gewerkschaftliche Monatshefte, August
        1956, S. 3-10.
        Wieder abgedruckt in: SO [9] 1965, S. 479-493.

121. Die deutsche Soziologie im Jahre 1955, in: KZfSS, Jg. 8, 1956, S. 1-11.

122. René König, Peter Atteslander, Heiner Treinen und Hans-Wolfgang Stieber: Betriebssoziologische Mikroanalyse, in: KZfSS, Jg. 8, 1956, S. 46-91.

     Von René König verfaßt wurde Kapitel 1: "Einige grundsätzliche Betrachtungen über die Mikroanalyse in der Betriebssoziologie", S. 43-64; Übersetzung (dieses Kapitels) spanisch: Los Grupos informales en el Personal industrial. Nuevas Orientaciones teoreticas, in: Revista de Estudios Politicos, Nr. 111, 1960, S. 127-153.

123. Einige Bemerkungen zur Übersetzung von Jakob L. Moreno, Die Grundlagen der Soziometrie, in: Psyche. Zeitschrift für psychologische und medizinische Menschenkunde, Jg. 9, 1956, Heft 12, S. 905-911.

124. Einige Bemerkungen zur Soziologie der Gemeinde, in: Sonderheft 1 der KZfSS: Soziologie der Gemeinde, Köln und Opladen: Westdeutscher Verlag 1956, S. 1-11.

     Wieder abgedruckt in: SO [9] 1965, S. 405-418.

125. Die Gemeindeuntersuchung des deutschen Unesco-Instituts, in: SH 1, KZfSS, 1956, S. 172-183.

126. Die Gemeinde im Blickfeld der Soziologie, in: Hans Peters (Hrsg.; in Verbindung mit den kommunalen Spitzenverbänden im Auftrag des Forschungsinstitutes für Sozial- und Verwaltungswissenschaften an der Universität Köln), Handbuch der kommunalen Wissenschaft und Praxis, Bd. 1: Kommunalverfassung, Berlin, Göttingen und Heidelberg: Springer Verlag 1956, S. 18-50.

127. Probleme der Berufswahl von Mädchen aus unvollständigen Familien, in: Nels Anderson (Hrsg.), Recherches sur la famille. Studies of the Family. Untersuchungen über die Familie, Bd. 1, Tübingen: J.C.B. Mohr (Paul Siebeck) 1956, S. 157-173.

     Wieder abgedruckt in: René König, Materialien zur Soziologie der Familie, Köln 1974, S. 231-244.

128. Beobachtung und Experiment in der Sozialforschung, in: René König (Hrsg.; unter Mitarbeit von Peter R. Heintz und Erwin K. Scheuch), Beobachtung und Experiment in der Sozialforschung. Praktische Sozialforschung II, Köln: Verlag für Politik und Wirtschaft 1956, S. 17-47.

129.   Gehalt und Arbeitsbedingungen amerikanischer Soziologie-Professo-
        ren, in: KZfSS, Jg. 9, 1957, S. 351-354.

130.   Einige Bemerkungen zur Stellung des Problems der Jugendkriminalität
        in der allgemeinen Soziologie, in: Sonderheft 2 der KZfSS: Soziologie
        der Jugendkriminalität, Köln und Opladen: Westdeutscher Verlag
        1957, S. 1-11.

131.   Der Gestaltwandel des Mittelstandes, in: Universitas, Jg. 12, 1957,
        Heft 3, S. 261-265.
        In erweiterter Fassung wieder abgedruckt in: Blätter für Genossenschaftswesen. Organ
        des Deutschen Genossenschaftsverbandes e.V. Bonn, 1962, S. 171-174; und in: SO [9] 1965,
        S. 267-278.

132.   Sozialpsychologie der gegenwärtigen Familie, in: Universitas, Jg. 12,
        1957, Heft 12, S. 1247-1256.
        Wieder abgedruckt in: Schriften zur Volksbildung des Bundesministeriums für Unterricht,
        Bd. 13: Die Familie als Aufgabe der Erwachsenenbildung. Europa-Seminar 1962, Referate
        und Empfehlungen, Wien 1963, S. 47-58; und in: SO [9] 1965, S. 109-119.

133.   Max Weber, in: Hermann Heimpel, Theodor Heuss, Benno Reifenberg
        (Hrsg.), Die Großen Deutschen. Deutsche Biographien, Bd. 4, Berlin:
        Propyläen bei Ullstein 1957, S. 408-420.

134.   Emile Durkheim (1858 - 1917), in: KZfSS, Jg. 10, 1958, S. 561-586.
        Wieder abgedruckt in: René König, Emile Durkheim zur Diskussion, München und Wien
        1978, S. 107-139.

135.   Gestaltungsprobleme der Massengesellschaft, in: Schweizer Monats-
        hefte, Jg. 38, 1958, Heft 8, S. 623-636.
        Wieder abgedruckt in: Franz Greiß und Fritz W. Mayer (Hrsg.), Wirtschaft, Gesellschaft
        und Kultur. Festgabe für Alfred Müller-Armack, Berlin 1961, S. 559-573; und in: SO [9]
        1965, S. 461-478.

136.   Probleme der Medizin-Soziologie, in: René König und Margret
        Tönnesmann (Hrsg.), Sonderheft 3 der KZfSS: Probleme der Medi-
        zin-Soziologie, Köln und Opladen: Westdeutscher Verlag 1958, S. 1-9.

137.   Strukturwandlungen unserer Gesellschaft und einige Auswirkungen
        auf die Krankenversicherung, in: SH 3, KZfSS, 1958, S. 115-133.
        In erweiterter Fassung wieder abgedruckt in: Wilfrid Schreiber, Gesetzliche Krankenver-
        sicherung in einer freien Gesellschaft. Analysen und Probleme, Berlin 1963, S. 25-48.

138. Die Mode in der menschlichen Gesellschaft, in: René König und Peter W. Schuppisser (Hrsg.), Die Mode in der menschlichen Gesellschaft, mit einem Geleitwort von Christian Dior, Zürich: Modebuch-Verlagsgesellschaft 1958, S. 103-221.

139. Der Begriff der Heimat in den fortgeschrittenen Industriegesellschaften, in: Deutscher Heimatbund, [1.] Jahrbuch, Neuß 1959, S. 22-26.
    Wieder abgedruckt in: SO [9] 1965, S. 419-425.

140. Fünfzig Jahre Deutsche Gesellschaft für Soziologie (1909 bis 1959), in: KZfSS, Jg. 11, 1959, S. 1-2.

141. Die Situation der emigrierten deutschen Soziologen in Europa, in: KZfSS, Jg. 11, 1956, S. 113-131.
    Wieder abgedruckt in: René König, Studien zur Soziologie, Frankfurt a.M. 1971, S. 103-122; in erheblich erweiterter Fassung wieder abgedruckt in: Wolf Lepenies (Hrsg.), Geschichte der Soziologie, 4 Bde, Bd. 4, Frankfurt a.M. 1981, S. 115-158; sowie in: René König, Soziologie in Deutschland, München und Wien 1987, S. 298-320.

142. Soziologie in der Sowjetunion, in: KZfSS, Jg. 11, 1956, S. 345-347.

143. Tiefenpropaganda in der Politik, in: Motivforschung und Tiefenpropaganda. Schriftenreihe der Stiftung "Im Grüene", Bd. 15, Rüschlikon (Zürich) 1959, S. 109-116.
    Wieder abgedruckt in: SO [9] 1965, S. 525-532.

144. Über den Funktionswandel der Schule in der modernen Industriegesellschaft, in: Universitas, Jg. 14, 1959, Heft 5, S. 503-510.
    Wieder abgedruckt in: Otto Walter Haseloff und Herbert Stachowiak (Hrsg.), Schule und Erziehung. Ihre Probleme und ihr Auftrag in der industriellen Gesellschaft (Schriften zur wissenschaftlichen Weltorientierung, Bd. VII), Berlin 1960, S. 86-93; und in: SO [9] 1965, S. 258-266.

145. Wandlungen in der Stellung der sozialwissenschaftlichen Intelligenz, in: Alexander Busch (Hrsg.), Soziologie und moderne Gesellschaft. Verhandlungen des 14. Deutscher Soziologentages vom 20. bis 24. Mai 1959 in Berlin, Stuttgart: Ferdinand Enke Verlag 1959, S. 53-68.
    Wieder abgedruckt in: René König, Studien zur Soziologie, Frankfurt a.M. und Hamburg 1971, S. 87-102.

146. Schwierigkeiten und Probleme der Gestaltung des Sexuallebens in der Gegenwartsgesellschaft, in: Bundeskriminalamt Wiesbaden (Hrsg.), Sittlichkeitsdelikte. Arbeitstagung im Bundeskriminalamt Wiesbaden

vom 20. April bis 25. April 1957 über Bekämpfung der Sittlichkeitsdelikte, Wiesbaden 1959, S. 21-29.

In erweiterter Fassung wieder abgedruckt in: Fritz Bauer, Hans Bürger-Prinz, Hans Giese
und Herbert Jäger, Sexualität und Verbrechen. Beiträge zur Strafrechtsreform, Frankfurt
a.M. 1963, S. 337-362; sowie unter dem Titel "Sexualdelikte und Probleme der Gestaltung
des Sexuallebens in der Gegenwartsgesellschaft" in: SO [9] 1965, S. 147-175.

147. Private Daseinsgestaltung zwischen Konformismus und Autonomie,
      in: Universitas, Jg. 15, 1960, Heft 8, S. 875-879.

      Wieder abgedruckt in: SO [9] 1965, S. 557-562.

148. Jugendlichkeit als Ideal moderner Gesellschaften, in: Universitas, Jg.
      15, 1960, Heft 12, S. 1289-1296.

      Wieder abgedruckt in: SO [9] 1965, S. 120-128.

149. Der Ingenieur und seine Stellung in der Gesellschaft, in: VDI-Nach-
      richten aus Naturwissenschaften, Technik, Industrie. Organ des Deut-
      schen Verbandes Technisch-wissenschaftlicher Vereine, Bd. 14, Nr.
      35 vom 23. November 1960, S. 5-7.

      Wieder abgedruckt in: SO [9] 1965, S. 206-215.

150. Die Funktion der Werbung als Stilelement des Massenkonsums, in:
      Wirtschaft und Werbung. Fachblatt der Werbeberufe, Organ der
      Fachorganisation, Bd. 14, 1960, S. 332-336.

      Wieder abgedruckt in: SO [9] 1965, S. 519-524.

151. Ist das Kunsterleben der Jugend konventionell?, in: Bühnen der Stadt
      Köln (Hrsg.), Programmblätter des Opernhauses Köln, 1959/60, Heft
      8 vom 13. April 1960, S. 59-61.

      Wieder abgedruckt in: SO [9] 1965, S. 129-133.

152. Heimat, Familie und Gemeinde in den Industriegesellschaften, in:
      Bundesministerium für Verteidigung (Hrsg.), Schicksalsfragen der
      Gegenwart. Handbuch politisch-historischer Bildung, Bd. 5, Lebens-
      bereiche und Lebensordnungen, Tübingen: Max Niemeyer Verlag
      1960, S. 147-152.

153. Die strukturelle Bedeutung des Alters in den fortgeschrittenen Indu-
      striegesellschaften, in: Annales Nestlé, Kolloquium "Menschheit und
      Ernährungsgrundlage", Lausanne: Librairie Payot 1961, S. 148-159.

      Wieder abgedruckt in: SO [9] 1965, S. 134-146.

154. Probleme des Konsumentenverhaltens in den fortgeschrittenen Industriegesellschaften, in: Bericht über das Geschäftsjahr 1961 der Kundenkreditbank, Düsseldorf 1961, ohne Seitenzählung (7 Seiten).
Wieder abgedruckt in: SO [9] 1965, S. 506-518.

155. Die soziale und kulturelle Bedeutung der Ernährung in der industriellen Gesellschaft, in: Ernährungs-Umschau. Zeitschrift für die Ernährung des Gesunden und Kranken, Organ der Deutschen Gesellschaft für Ernährung, der Vereinigung staatlich anerkannter Diätassistentinnen und Ernährungsberaterinnen Deutschlands und des Verbandes Deutscher Diätassistentinnen e.V., Jg. 8, Heft 1, 1961, S. 5-9.
Wieder abgedruckt in: SO [9] 1965, S. 494-505.

156. Freizeit als Problem des heutigen Menschen, in: Universitas, Jg. 16, 1961, Heft 5, S. 497-505.
Unter dem Titel "Freizeit als sozial-kulturelles Problem" wieder abgedruckt in: SO [9] 1965, S. 294-303.

157. Die informellen Gruppen im Industriebetrieb, in: Erich Schnaufer und Klaus Agthe (Hrsg.), Organisation, TFB-Handbuchreihe, Bd. 1, Berlin und Baden-Baden: Deutscher Betriebswirte Verlag 1961, S. 55-118.

158. Der neue Mensch in der Sicht des Soziologen, in: Gunthar Lehner (Hrsg.), Im Brennpunkt - der neue Mensch. Aus der Sendereihe des Bayrischen Rundfunks, München: Lucas Cranach Verlag 1961, S. 226-247.
Wieder abgedruckt in: SO [9] 1965, S. 29-44.

159. Die Soziologie, in: Leonhard Reinisch (Hrsg.), Die Juden und die Kultur, Stuttgart: W. Kohlhammer Verlag 1961, S. 61-77.
Unter dem Titel "Die Juden und die Soziologie" wieder abgedruckt in: René König, Studien zur Soziologie, Frankfurt a.M. und Hamburg 1971, S. 123-136; sowie in: René König, Soziologie in Deutschland, München und Wien 1987, S. 329-342.

160. Zur Soziologie der zwanziger Jahre, in: Leonhard Reinisch (Hrsg.), Die Zeit ohne Eigenschaften. Eine Bilanz der zwanziger Jahre, Stuttgart: W. Kohlhammer Verlag 1961, S. 82-118.
Wieder abgedruckt in: René König, Studien zur Soziologie, Frankfurt a.M. und Hamburg 1971, S. 9-37; sowie in: René König, Soziologie in Deutschland, München und Wien 1987, S. 230-257.

161.   Die Regeln der soziologischen Methode, in: René König (Hrsg. und
       Übersetzer), Emile Durkheim: Die Regeln der soziologischen Methode,
       Neuwied: Hermann Luchterhand Verlag 1961, S. 21-82.
       Wieder abgedruckt in: René König, Emile Durkheim zur Diskussion, München und Wien
       1978, S. 140-207.

162.   Der Beruf als Indiz sozialer Integration, in: Berufsberatung und Be-
       rufsbildung. Organ des Schweizerischen Verbandes für Berufsberatung
       und Lehrlingsfürsorge, Jg. 47, 1962, Heft 1/2, S. 13-23.
       Wieder abgedruckt in: SO [9] 1965, S. 190-205.

163.   Grundlagenprobleme   der   soziologischen   Forschungsmethoden
       (Modelle, Theorien, Kategorien), in: Dialectica, Jg. 16, Heft 62, 1962,
       S. 115-142.
       Wieder abgedruckt in: Friedrich Karrenberg und Hans Albert (Hrsg.), Sozialwissenschaft
       und Gesellschaftsgestaltung. Festschrift für Gerd Weiser, Berlin 1963, S. 23-44.

164.   Das Amerika-Bild von Claude Henri de Saint-Simon und seine
       Bedeutung für die Entwicklung der europäischen Soziologie, in: Geist
       einer freien Gesellschaft. Festschrift zu Ehren von Senator James
       Fulbright aus Anlaß des 10jährigen Bestehens des Deutschen Ful-
       bright-Programms, Heidelberg: Verlag Quelle und Meyer 1962, S. 13-
       29.

165.   Sozialpsychologie Heute, in: KZfSS, Jg. 14, 1962, S. 1-3.

166.   Die Berufsmöglichkeiten des Soziologen, in: KZfSS, Jg. 14, 1962, S.
       286-314.

167.   Über die Religionssoziologie bei Emile Durkheim, in: Dietrich Gold-
       schmidt und Joachim Matthes (Hrsg.), Sonderheft 6 der KZfSS:
       Probleme der Religionssoziologie, Köln und Opladen: Westdeutscher
       Verlag 1962, S. 36-49.
       Wieder abgedruckt in: René König, Emile Durkheim zur Diskussion, München und Wien
       1978, S. 239-256; und in: Gerhard Szczesny (Hrsg.), Club Voltaire. Jahrbuch für kritische
       Aufklärung, Bd. 1, München 1963, S. 335-347.

168.   Freiheit und Selbstentfremdung in soziologischer Sicht, in: Freie Uni-
       versität Berlin (Hrsg.), Freiheit als Problem der Wissenschaft.
       Abendvorträge im Winter 1961/62, Berlin: Duncker und Humblot
       1962, S. 25-41.
       Wieder abgedruckt in: René König, Studien zur Soziologie, Frankfurt a.M. und Hamburg
       1971, S. 69-86; und in: Heinz-Horst Schrey (Hrsg.), Entfremdung, Darmstadt 1975, S. 397-

419; Übersetzung - spanisch: Libertad y Alienacion en la Perspectiva Sociologica, in: Revista de Estudios Politicos, Heft 128, März/April 1963, S. 5-22.

169. Probleme der Mittelstandsforschung heute, in: Institut für Mittelstandsforschung (Hrsg.), Soziologische Probleme mittelständischer Berufe I: Der Lebensmitteleinzelhändler, der Drogist, der Textilingenieur und die steuerberatenden Berufe (Abhandlungen zur Mittelstandsforschung, Nr. 1). Mit einer Einführung von René König und Beiträgen von Friedhelm Hagemann, Hans Gert Schütte, Heinrich Stieglitz und Rolf Ziegler, Köln und Opladen: Westdeutscher Verlag 1962, S. 7-14.

170. Die Beobachtung, in: René König (Hrsg.; unter Mitarbeit von H. Maus), HdeS, Bd. I, Stuttgart: Ferdinand Enke Verlag 1962, S. 107-135.

   3. Aufl., HdeS, Bd. 2, 1973, S. 1-65.

171. Soziologie und Marktforschung, in: DAG-Hefte für Wirtschafts-, Sozial- und Kulturpolitik, Bd. 2, Hamburg 1963, S. 23-27.

   Als Manuskript der EMNID-Tagung vervielfältigt, unter dem Titel "Die Rolle der Sozial- und Meinungsforschung in der Gegenwartsgesellschft" wieder abgedruckt in: SO [9] 1965, S. 533-541.

172. Erotik und Mode, in: Die Zeit (Hamburg) vom 4. Januar 1963.

   Wieder abgedruckt in: SO [9] 1965, S. 552-556.

173. René König und Alphons Silbermann: Zur Begründung eines Instituts für Massenkommunikationsforschung, in: KZfSS, Jg. 15, 1963, S. 590-592.

174. Industrialisierung und patriarchalische Gesellschaft in den Entwicklungsländern, in: Schriftenreihe der Friedrich-Ebert-Stiftung, Hannover: Verlag für Literatur und Zeitgeschehen GmbH 1963, S. 3-13.

   In beträchtlich erweiterter Fassung unter dem Titel "Industrialisierung und Patriarchalismus in wirtschaftlich unterentwickelten Ländern" wieder abgedruckt in: SO [9] 1965, S. 329-376.

175. Zur Frage der Marginalität in der Alltags-Moral der fortgeschrittenen Industriegesellschaften, anschließend Aussprache, in: Bundeskriminalamt Wiesbaden (Hrsg.), Grundfragen der Wirtschaftskriminalität. Arbeitstagung im Bundeskriminalamt Wiesbaden vom 27. Mai bis 1. Juni 1963 über "Grundfragen der Wirtschaftskriminalität", Wiesbaden 1963, S. 37-46.

176.   Bemerkungen eines Soziologen zur Frage der Arbeitsmoral, in: Gesell-
        schaft für sozialen Fortschritt e.V. Bonn (Hrsg.), Sozialer Fortschritt.
        Unabhängige Zeitschrift für Sozialpolitik, Jg. 12, 1963, Heft 6, S. 127-
        133.
        Wieder abgedruckt in: SO [9] 1965, S. 279-293.

177.   Das Recht im Zusammenhang der sozialen Normensysteme, in:
        Niedersächsische Landeszentrale für politische Bildung (Hrsg.), Vom
        Recht. Hannoversche Beiträge zur politischen Bildung, Bd. 3,
        Hannover: Jänecke 1963, S. 119-139.
        In erweiterter Fassung wieder abgedruckt in: Ernst E. Hirsch und Manfred Rehbinder
        (Hrsg.), Studien und Materialien zur Rechtssoziologie. Sonderheft 11 der KZfSS, Köln
        und Opladen 1967, S. 36-53.

178.   Einige Überlegungen zur Frage der "Werturteilsfreiheit" bei Max We-
        ber, in: KZfSS, Jg. 16, 1964, S. 1-29.
        Wieder abgedruckt in: René König, Studien zur Soziologie, Frankfurt a.M. und Hamburg
        1971, S. 38-68; in: Hans Albert und Ernst Topitsch (Hrsg.), Werturteilsstreit, Darmstadt
        1971, S. 150-188; sowie in: René König, Soziologie in Deutschland, München und Wien
        1987, S. 201-229.
        Übersetzungen - spanisch: Algunas reflexiones sobre el problema de los juicios de valor
        en Max Weber, in: Revista Mexicana de Sociologia, Jg. 27, 1965, Heft 3, S. 931-940;
        französisch: Le problème des jugements de valeur chez Max Weber, in: Cahiers
        Internationaux de Sociologie, Jg. 41, 1966, S. 33-42; italienisch: Il problema de valore in
        Max Weber, in: De Homine, Jg. 19/20, 1966, S. 17-26.

179.   Das Ansehen des Ingenieurs in unserer Gesellschaft. Ergebnisse einer
        soziologischen Untersuchung über die Bedeutung von Naturwissen-
        schaften, Technik und Ingenieurberuf, in: VDI-Nachrichten aus
        Naturwissenschaften, Technik, Industrie. Organ des Deutschen
        Verbandes Technisch-wissenschaftlicher Vereine, Bd. 18, Nr. 35 vom
        26. August 1964, S. 9-10.

180.   Das Problem der Mittelschichten in Entwicklungsländern, in: Institut
        für Mittelstandsforschung (Hrsg.), Probleme der Mittelschichten in
        Entwicklungsländern. Dargestellt an den Ländern Jugoslawien, Türkei,
        Spanien, Venezuela und den neugegründeten Staaten Westafrikas (Ab-
        handlungen zur Mittelstandsforschung Nr. 12). Mit einer Einführung
        von René König, einem Nachwort von Ahmed Muddathir und
        Beiträgen von Oliver Brachfeld, Radomir Luki'c, Francisco Murillo,
        Wolfgang Teuscher und Hilmi Ziya Ülken, Köln und Opladen:
        Westdeutscher Verlag 1964, S. VI-VIII.

181. Die Entwicklung der Soziologie in einigen Ländern Ostasiens, in: KZfSS, Jg. 17, 1965, S. 1000-1007.

182. Zukunftserwartungen, Ziele und Ansprüche der Gegenwartsgesellschaft-Erkenntnisse der Soziologie, in: Universitas, Jg. 20, 1965, Heft 1, S. 59-68.

     Wieder abgedruckt in: Ausblick auf die Zukunft, bearbeitet und herausgegeben in Verbindung mit der Zeitschrift Universitas, Gütersloh 1968, S. 22-29.

183. Soziologische Orientierungen, in: René König, Soziologische Orientierungen. Vorträge und Aufsätze, Köln: Kiepenheuer und Witsch 1965, S. 9-13.

184. Soziologie als Oppositionswissenschaft und als Gesellschaftskritik, in: SO [9] 1965, S. 17-28.

185. Bemerkungen zur Sozialpsychologie: I. Das Erlernen der Kultur. II. Das Nachhinken der Kultur. III. Die pluralistische Gesellschaft und ihre Subkulturen. IV. Die objektiven Kulturmächte und ihre sozialen Auswirkungen, in: SO [9] 1965, S. 45-78.

186. Die Gesellschaft von heute zwischen Gestern und Morgen, in: SO [9] 1965, S. 79-91.

     Wieder abgedruckt in: Universitas, Jg. 22, 1967, Heft 11, S. 1143-1157.

187. Die Grenzen der Soziologie, in: SO [9] 1965, S. 92-106.

     Wieder abgedruckt in: Leonhard Reinisch (Hrsg.), Grenzen der Erkenntnis. Mit Beiträgen von Joseph Maria Bochenski, Hermann Bondi, René König u.a., Freiburg i. Br. 1969, S. 81-99.

188. Beruf oder Job?, in: SO [9] 1965, S. 179-189.

189. Vom Beruf des Intellektuellen, in: SO [9] 1965, S. 235-244.

190.* Technische Entwicklung und soziale Struktur. In memoriam: Adriano Olivetti, in: SO [9] 1965, S. 245-257.

     Übersetzung von: Desarrollo Tecnico y Estructura Social. In memoriam: Adriano Olivetti, in: Revista de la Universidad de Madrid, Bd. 9, 1960, S. 431-440.

191. Industrialisierung und Patriarchalismus in wirtschaftlich unterentwickelten Ländern, in: SO [9] 1965, S. 329-376.

     Kurzform zuerst veröffentlicht in: Schriftenreihe der Friedrich-Ebert-Stiftung 1963.

192.   Autonome und heteronome Entwicklungsimpulse und der koloniale
        Komplex, in: SO [9] 1965, S. 377-388.

193.   Kulturelle Determinanten des Arbeitsstils, in: SO [9] 1965, S. 389-401.
        Zuerst veröffentlicht 1961, Deutsche UNESCO-Kommission und Friedrich-Ebert-Stiftung.

194.*   Die Selbstanalyse von Gemeinden als Mittel zur Entwicklung der Ge-
        meindebeteiligung, in: SO [9] 1965, S. 426-432.
        Übersetzung von: Het self-onderzoek van gemeenschapen, in: De Schalm, Bd. 15, 1958,
        Heft 2, S. 90-97.

195.   Die Stadt in ihrer Geschichte, in: SO [9] 1965, S. 433-445.
        Unter dem Titel "Die Stadt im Beginn ihrer Geschichte" wieder abgedruckt in: Otto
        Walter Haseloff, Die Stadt als Lebensform, Berlin 1970, S. 9-19.

196.   Die soziale Struktur der Stadt, in: SO [9] 1965, S. 445-458.

197.   Das Massenmedium Film und die soziale Spontaneität, in: SO [9] 1965,
        S. 542-551.

198.   Staat und Familie in der Sicht des Soziologen, in: Schriftenreihe der
        niedersächsischen Landeszentrale für politische Bildung. - Verfas-
        sungsrecht und Verfassungswirklichkeit, Bd. 8: Der Schutz der Fami-
        lie. Untersuchungen zu Artikel 6 des Grundgesetzes der Bundes-
        republik Deutschland, Hannover 1966, S. 51-70.

199.   Alte Probleme und neue Fragen in der Familiensoziologie, in: KZfSS,
        Jg. 18, 1966, S. 1-20.
        Wieder abgedruckt in: Dieter Claessens und Petra Milhoffer (Hrsg.), Familiensoziologie.
        Ein Reader zur Einführung, Frankfurt a.M. 1973, S. 123-143; sowie in: René König,
        Materialien zur Soziologie der Familie, Köln 1974, S. 131-149.
        Übersetzungen - Old Problems and New Queries in Family Sociology, in: Reuben Hill
        und René König, Families in East and West. Kinship Ties and Socialization Process, Paris
        und Den Haag 1970; chinesisch in: Journal of Sociology (National Taiwan University),
        3, 1967 , S. 95-104; französisch: Problèmes anciens et question nouvelles en la sociologie
        de la famille, in: Andrée Michel, La sociologie de la famille, Paris und La Haye 1970, S.
        37-42.

200.   Leopold von Wieses "formale Soziologie" und das Lehren der Soziolo-
        gie, in: KZfSS, Jg. 18, 1966, S. 627-632.

201.   Das Lehren der Soziologie in entwickelten und unterentwickelten Län-
        dern, in: KZfSS, Jg. 18, 1966, S. 638-670.

202. Das Problem der Frühehe, in: Das Heidelberger Studio; Johannes Schlemmer (Das Heidelberger Studio) (Hrsg.), Krise der Ehe? München: Piper Verlag 1966, S. 35-49.
Wieder abgedruckt in: René König, Materialien zur Soziologie der Familie, Köln 1974, S. 245-252.

203. Die Gruppe im Sport und die Kleingruppenforschung, in: Günther Lüschen (Hrsg.), Sonderheft 10 der KZfSS: Kleingruppenforschung und Gruppe im Sport, Köln und Opladen: Westdeutscher Verlag 1966, S. 5-10.

204. Fest der Maschenindustrie. Festvortrag: Maschenmode und Wandel des Lebensstils, in: Heinz Hünger (Hrsg.), 50 Jahre Gesamtverband der deutschen Maschen-Industrie 1916 - 1966, Stuttgart: Gesamtverband der deutschen Maschen-Industrie e.V. 1966, S. 3-5 (getr. Zählung).

205. Das Lehren der Soziologie und seine Wandlungen, in: Peter Atteslander und Roger Girod (Hrsg.), Soziologische Arbeiten, Bd. I, Bern und Stuttgart: Verlag Hans Huber 1966, S. 33-51.

206. Die Rolle der weißen Händler in der Entwicklung des indianischen Kunsthandwerks im Südwesten der Vereinigten Staaten. Ein Beitrag zur Soziologie der Entwicklung, in: KZfSS, Jg. 19, 1967, S. 1-24.
Erweiterter Neuabdruck in: René König, Indianer wohin?, Opladen 1973.

207. Zeitbewußtsein und sozialer Wandel, in: Wissenschaft und Praxis. Festschrift zum zwanzigjährigen Bestehen des Westdeutschen Verlages, Opladen: Westdeutscher Verlag 1967, S. 99-107.

208. Dankrede zur Verleihung der Beccaria-Medaille in Gold, in: Armand Mergen (Hrsg.), Kriminologische Aktualität, Bd. II, Hamburg: Kriminalistik Verlag 1967, S. 41-45.

209. Die Gesellschaftsstruktur in der Bundesrepublik und ihr Wandel von 1945 bis heute, in: Der Ministerpräsident des Landes Nordrhein-Westfalen - Landesamt für Forschung (Hrsg.), Jahrbuch 1967, Köln und Opladen: Westdeutscher Verlag 1967, S. 281-294.

210. René König und Wolfgang Kaupen: Soziologische Anmerkungen zum Thema "Ideologie und Recht", in: Ernst E. Hirsch und Manfred Rehbinder (Hrsg.), Sonderheft 11 der KZfSS: Studien und Materialien

zur Rechtssoziologie, Köln und Opladen: Westdeutscher Verlag 1967, S. 356-372.

211.   Zur gegenwärtigen Lage der Soziologie in Westdeutschland (La situazione attuale della Sociologia nella Germania Occidentale; The Situation of Sociology in Western Germany Today), in: Istituto Luigi Sturzo (Hrsg.), La Sociologia contemporanea nell' Europa Occidentale e nelle Americhe/ Contemporary Sociology in Western Europe and in America (First International Congress of Social Sciences of the Luigi Sturzo Institute 1967), Rom 1967, S. 221-235 (ital.: S. 236-248 und engl.: 249-262).

212.   Gemeinde, in: René König, HdeS, Anhang zur 2. Aufl. von Bd. I, Stuttgart: Ferdinand Enke Verlag 1967.

213.   Technische Entwicklung, Gesellschaft und Beruf in der Gegenwart, in: Universitas, Jg. 23, 1968, Heft 5, S. 469-476.

214.   Neue Aspekte der Massenkommunikation im Zeitalter der Raumsatelliten, in: ZV und ZV. Das Organ für Presse und Werbung, Bd. 65, Heft 25, 1968, S. 1123-1127.

215.   Soziale Gruppen. Vortrag auf dem Deutschen Schulgeographentag 1968 in Kassel, in: Geographische Rundschau, Jg. 21, 1969, Heft 1, S. 2-10.

216.   Über einige offene Fragen und ungelöste Probleme der Entwicklungsforschung, in: KZfSS, Jg. 21, 1969, S. 9-36.

217.   Gleichberechtigung von Mann und Frau soziologisch gesehen, in: Franz Greiß, Philipp Herder-Dorneich und Wilhelm Weber (Hrsg.), Der Mensch im sozio-ökonomischen Prozeß. Festschrift für Wilfrid Schreiber zum 65. Geburtstag, Berlin 1969, S. 27-38.

218.   Die Rolle der Familie in der Gestaltung des Konsums, in: Franz Schneider (Hrsg.), Die Finanzen des privaten Haushalts. Festschrift für Walter Kaminsky [zum 70. Geburtstag], Frankfurt a.M.: Fritz Knapp Verlag 1969, S. 57-65.

219.   Probleme der wirtschaftlichen Anpassung der Navajo. Ein Beitrag zur Entwicklungsproblematik, in: Horst Reimann und Ernst Wilhelm Müller (Hrsg.), Entwicklung und Fortschritt. Soziologische und

ethnologische Aspekte des kulturellen Wandels. Wilhelm Emil Mühlmann zum 65. Geburtstag, Tübingen: J.C.B. Mohr (Paul Siebeck) 1969, S. 149-182.

In beträchtlich erweiterter Fassung wieder abgedruckt in: René König, Indianer wohin?, Opladen 1973, S. 64-148.

220. Die Stellung der Frau in der modernen Gesellschaft, in: O. Käser, V. Friedberg, K.G. Ober, K. Thomsen und J. Zander (Hrsg.), Handbuch der Gynäkologie und Geburtshilfe. Grundlagen, Pathologie, Prophylaxe, Diagnostik, Therapie, Bd. 1: Die geschlechtsspezifischen Funktionen der Frau und ihre Störungen, Stuttgart: Georg Thieme Verlag 1969, S. 1-50.

In überarbeiteter und erweiterter Fassung wieder abgedruckt in: René König, Materialien zur Soziologie der Familie, Köln 1974, S. 253-319.

221. Affekt und Schablone in der Alltagssprache, in: Otto Walter Haseloff (Hrsg.), Kommunikation (Forschung und Information Bd. 3, Schriftenreihe der RIAS-Funkuniversität), Berlin: Colloquium Verlag 1969, S. 118-125.

Wieder abgedruckt in: Hans Friedrich Foltin u.a. (Hrsg.), Kontakte und Grenzen, Probleme der Volks-, Kultur- und Sozialforschung. Festschrift für Gerhard Heilfurth zum 60. Geburtstag, Göttingen 1969, S. 209-214; sowie in: Universitas, Jg. 24, 1969, Heft 2, S. 143-150.

222. Soziologie der Familie, in: René König (Hrsg.), HdeS, Bd. II, Stuttgart: Ferdinand Enke Verlag 1969, S. 172-305.

2. Auflage, HdeS, Bd. 7, 1976, S. 1-217.

223. Großstadt, in: ebd., S. 622-674.

2. Auflage, HdeS, Bd. 10, 1977, S. 42-145.

224. Einige Bemerkungen über die Bedeutung der empirischen Forschung in der Soziologie, in: ebd., S. 1278-1291.

2. Auflage, HdeS, Bd. 14, 1979, S. 345-375.

225. Strukturelle Änderungen der modernen Gesellschaft und ihr Einfluß auf die Entwicklung der Mode, in: 12. Absatzwirtschaftliches Forum der Textilwirtschaft, Frankfurt a.M. 1970.

226. Konfliktsituationen in der Gesellschaft, in: Bild der Wissenschaft. Zeitschrift über die Naturwissenschaften und die Technik in unserer Zeit, Jg. 7, 1970, Heft 7, S. 665-671.

227. Der Mensch in der Sicht des Soziologen, in: Fortschritte der Medizin. Internationale Zeitschrift für die gesamte Heilkunde, Jg. 88, Heft 12 vom 23. April 1970, S. 497-498.

228. Modelle des Glücks, in: Universitas, Jg. 25, 1970, Heft 3, S. 303-309.
   Wieder abgedruckt in: Herbert Kundler (Hrsg.), Anatomie des Glücks, Köln 1971, S. 13-22.

229. Die Reaktion der Verwaltung auf gesellschaftliche Veränderungen, in: Verwaltung im modernen Staat (Berliner Beamtentage 1969), Berlin 1970, S. 46-54.

230. Strukturelle Wandlung in der Stellung der Jugend. (Schweizer Gesellschaft für Marktforschung, Dokument 124), Zürich 1970, 17 Seiten.

231. Der Film als Dokument des Selbstausdrucks einer fremden Kultur, in: KZfSS, Jg. 23, 1971, S. 192-196.

232. (unter Mitarbeit von Theodor Wernerus und Gholam Niaz): Die Nan-Bäcker in Afghanistan. Überlegungen zu einem Fall isolierter Arbeitsteilung, in: KZfSS, Jg. 23, 1971, S. 304-335.
   Wieder abgedruckt in: René König und Axel Schmalfuß (Hrsg.), Kulturanthropologie, Düsseldorf und Wien 1972, S. 217-235.

233. Kosmetik als soziokulturelles Problem, in: Kosmetologie. Zeitschrift für Kosmetik in Wissenschaft und Praxis, Jg. 1, 1971, S. 43-46.
   Niederländische Übersetzung unter dem Titel "Cosmetiek als sociaal-cultureel probleem" wieder abgedruckt in: Parfumerie, 1 und 2, 1971.

234. Erkenntnisse der Soziologie, in: Werner Boeck (Hrsg.), Perspektiven für das letzte Drittel des 20. Jahrhunderts, Bd. 2, Stuttgart, Berlin, Köln und Mainz: W. Kohlhammer Verlag 1971, S. 36-50.

235. Die neuen Strukturen der deutschen Mittelklassen und die Frage einer neuen Moral; Le nuove strutture delle classe medie in Germania e il problema di una nuova morale, in: Atti del VIII. congresso internazionale, Istituto Culturale Italo-Tedesco, Meran 1972.

236. Familie, in: Die moderne Gesellschaft. Formen des menschlichen Zusammenlebens: Familie, Beruf und Freizeit, Verkehr, Wirtschaft und Politik, Umwelt und Planung (Reihe: Wissen im Überblick), Freiburg, Basel und Wien: Herder Verlag 1972, S. 117-151.

237. Marcel Mauss (1872 - 1972), in: KZfSS, Jg. 24, 1972, S. 633-657.
     Wieder abgedruckt in: René König, Emile Durkheim zur Diskussion, München und Wien
     1978, S. 633-657.

238.* Zur Gewissensprüfung der Soziologie, in: Der Minister für Wissen-
     schaft und Forschung des Landes Nordrhein-Westfalen - Landesamt
     für Forschung (Hrsg.), Jahrbuch 1971/72, Opladen: Westdeutscher
     Verlag 1972, S. 163-171.
     Deutsche Übersetzung von: Sociologie et conscience de crise, in: Preuves, Nr. 214, Paris
     1969, S. 74-80; unter dem Titel "Raymond Arons Gewissensprüfung der Soziologie" wieder
     abgedruckt in: René König, Emile Durkheim zur Diskussion, München und Wien 1978,
     S. 295-307.

239. Einleitung: Über einige Grundfragen der empirischen Kulturanthro-
     pologie, in: René König und Axel Schmalfuß (Hrsg.), Kulturanthropo-
     logie, Düsseldorf und Wien: Econ Verlag 1972, S. 7-48.

240. Chancen und Risiken der Familie als Gruppe, in: Anstöße. Aus der
     Arbeit der Evangelischen Akademie Hofgeismar, Heft 4/5, Dezember
     1973, S. 79-86.

241. Kunst und Gesellschaft heute, in: Hansjürgen Koschwitz und Günther
     Pötter (Hrsg.), Publizistik als Gesellschaftswissenschaft. Internationale
     Beiträge (Wilmont Haacke von den Herausgebern und Mitarbeitern
     zugeeignet), Konstanz: Universitätsverlag 1973, S. 391-395.
     Wieder abgedruckt in: Helga Reimann und Horst Reimann (Hrsg.), Die Jugend, München
     1975, S. 43-57, in die 2. Auflage wurde der Beitrag nicht übernommen.

242. Überlegungen zu einigen sozio-kulturellen Problemen der Ausbil-
     dungshilfe am Anfang der zweiten Entwicklungsdekade. Zur Zehn-
     jahresfeier (1962 - 1972) der Partnerschaft zwischen der Wirtschafts-
     fakultät Kabul und der Wirtschafts- und Sozialwissenschaftlichen
     Fakultät der Universität zu Köln, in: Die Dritte Welt. Vierteljahrs-
     schrift zum wirtschaftlichen, kulturellen, sozialen und politischen
     Wandel, Jg. 2, 1973, Heft 1, S. 6-13.

243. Nachwort zum "Suicide", in: KZfSS, Jg. 25, 1973, S. 1-22.
     Wieder abgedruckt in: Emile Durkheim, Der Selbstmord. Mit einer Einleitung von Klaus
     Dörner und einem Nachwort von René König, Neuwied 1973, S. 469-502; sowie in: René
     König, Emile Durkheim zur Diskussion, München und Wien 1978, S. 208-238.

244. Von Türen, die sich öffnen..., in: KZfSS, Jg. 25, 1973, S. 229-230.

245. Psychoanalyse und sozialer Wandel, in: KZfSS, Jg. 25, 1973, S. 611-618.

246. Beruf und soziale Integration in der heutigen Industriegesellschaft, in: Universitas, Jg. 28, 1973, Heft 7, S. 701-708.
      Japanische Übersetzung 1974.

247. Definition der Stadt, in: Wolfgang Pehnt (Hrsg.), Die Stadt in der Bundesrepublik Deutschland. Lebensbedingungen, Aufgaben, Planung, Stuttgart: Philipp Reclam jun. 1973, S. 11-25.

248. Zur Motivation der menschlichen Fortpflanzung, in: Ruprecht Kurzrock, Das Kind und die Gesellschaft, Berlin: Colloquium Verlag 1973, S. 9-17.

249. Das Selbstbewußtsein des Künstlers zwischen Tradition und Innovation, in: Alphons Silbermann und René König (Hrsg.), Sonderheft 17 der KZfSS: Künstler und Gesellschaft, Köln und Opladen: Westdeutscher Verlag 1974, S. 341-353.

250.* Sozialer Wandel in der westlichen Familie, in: René König, Materialien zur Soziologie der Familie, Köln: Kiepenheuer und Witsch 1974, S. 200-213.
      Deutsche Übersetzung des Artikels "Changes in Western Families", in: Transactions of the Third World Congress of Sociology, Bd. 4, London 1956, S. 63-74.

251.* Familie und Autorität: Der deutsche Vater im Jahr 1955, in: ebd., S. 214-230.
      Deutsche Übersetzung des Artikels "Family and Authority: The German Father in 1955", in: The Sociological Review, (British) New Series, Bd. 5, 1957, S. 107-127.

252. Neuere Strömungen der Gemeindesoziologie, in: René König (Hrsg.), HdeS, Bd. 4: Komplexe Forschungsansätze, Stuttgart: Ferdinand Enke Verlag und dtv Wissenschaftliche Reihe 1974, S. 117-141.
      3. umgearbeitete und erweiterte Aufl.

253. Ideologie und Wirklichkeit der ärztlichen Rolle. Zur Soziologie des ärztlichen Berufs, in: L. Wannagat (Hrsg. unter Mitarbeit von K. Beck, K. Becker u.a.), Chronische Hepatitis-Zirrhosen. 7. Lebertagung der Sozialmediziner, Bad Mergentheim, 15. - 17. Oktober 1971, Stuttgart: Georg Thieme Verlag 1974, S. 4 - 10.

254. Spontane Gruppenbildung und marginale Gruppen in der Gesellschaft, in: Ambros Uchtenhagen, Raymond Battegay und Adolf Friedemann (Hrsg.), Gruppentherapie und soziale Umwelt. Vorträge, Workshops und Diskussionen des 5. Internationalen Kongresses für Gruppenpsychotherapie, Zürich, 19. - 24. August 1973, Bern, Stuttgart und Wien: Verlag Hans Huber 1975, S. 276-286.

255. Die überorganisierte Familie als kriminogenes Feld, in: Schweizerisches Nationalkomitee für Geistige Gesundheit, Arbeitsgruppe Kriminologie (Hrsg.), Neue Perspektiven in der Kriminologie. Sonderband der Reihe "Asozialität und Psyche", mit Beiträgen von J. Gernsheim, N. Christie, M. Gschwind u.a., Zürich: Verlag der Fachvereine an den Schweizerischen Hochschulen und Techniken 1975, S. 85-94.

256. Die Jugendmoden und ihre heutige Entwicklung - Zur Kultursoziologie der modernen Gesellschaft, in: Universitas, Jg. 30, 1979, Heft 1, S. 31-38.

257. Konsumgewohnheiten und Konsumenten in der heutigen Gesellschaft. Erkenntnisse der Soziologie, in: Universitas, Jg. 30, 1979, Heft 9, S. 911-918.
     Übersetzungen - spanisch: 1976, englisch: 1977.

258. Betrachtungen zur Strukturanalyse der Gegenwart, in: Maria Blohmke, Christian von Ferber, Karl Peter Kisker und Hans Schaefer (Hrsg.), Handbuch der Sozialmedizin in drei Bänden, Bd. 1: Grundlagen und Methoden der Sozialmedizin, Stuttgart: Ferdinand Enke Verlag 1975, S. 78-91.

259. Saint-Simon, in: Kindler Enzyklopädie: Die Großen der Weltgeschichte, Bd. 7: Goethe bis Lincoln, Zürich: Kindler Verlag 1976, S. 114-129.
     Wieder abgedruckt in: René König, Emile Durkheim zur Diskussion, München und Wien 1978, S. 15-38.

260. Auguste Comte, in: ebd., S. 592-603.
     Wieder abgedruckt in: René König, Emile Durkheim zur Diskussion, München und Wien 1978, S. 39-55.

261. Neues über Emile Durkheim, in: KZfSS, Jg. 28, 1976, S. 309-326.
     Wieder abgedruckt in: René König, Emile Durkheim zur Diskussion, München und Wien 1978, S. 308-332.

262.   Nochmals Durkheim, in: KZfSS, Jg. 28, 1976, S. 779-791.
        Wieder abgedruckt in: René König, Emile Durkheim zur Diskussion, München und Wien
        1978, S. 333-350.

263.   Emile Durkheim. Der Soziologe als Moralist, in: Dirk Käsler (Hrsg.),
        Klassiker des soziologischen Denkens, Bd. 1: Von Comte bis Durk-
        heim, München: Verlag C.H. Beck 1976, S. 312-364 und 501-508
        (Anmerkungen).

264.   Akkumulation und Löschungsprozesse in der Entwicklung der Mode,
        in: Hans Günther Meissner (Hrsg.), Leidenschaft der Wahrnehmung.
        Psychoanalyse mit ihren Beziehungen zur Psychotherapie, Philosophie
        und zu den Wirtschafts- und Sozialwissenschaften. Festgabe für
        Edeltrud Meistermann-Seeger, München: Kindler Verlag 1976, S. 91-
        100.

265.   Die Massenmedien Film und Fernsehen und die soziale Spontaneität
        - Erkenntnisse der Soziologie, in: Universitas, Jg. 32, 1977, Heft 5,
        S. 457-464.

266.   Sozialökologie: Die Pioniere von Chicago, in: Deutsche UNESCO-
        Kommission (Hrsg.), Stadtökologie. Bericht über ein Kolloquium der
        Deutschen UNESCO-Kommission, veranstaltet in Zusammenarbeit
        mit der Werner-Reimers-Stiftung vom 23. - 26. Februar 1977 in Bad
        Homburg, München, New York, London und Paris: Verlag Dokumen-
        tation Saur 1978, S. 56-68.

267.   Gegenstand und Methode der Soziologie. Talcott Parsons, Georges
        Gurvitch, in: Kurt Fassmann (Hrsg.), Kindler Enzyklopädie: Die
        Großen der Weltgeschichte, Bd. 11: Einstein bis King, Zürich: Kindler
        Verlag 1978, S. 618-627.

268.   Die Entfaltung der modernen Soziologie. Georg Simmel, Emile
        Durkheim, Karl Mannheim, William Fielding Ogburn, in: ebd., S. 628-
        639.

269.   Gesellschaft und Kultur. Bronislav Malinowski, Alfred R. Radcliffe-
        Brown, Lucien Lévy-Bruhl, Norbert Elias, in: ebd., S. 640-651.

270.   Die Kritische Theorie. Max Horkheimer, Theodor W. Adorno, in:
        ebd., S. 652-667.

271. Neue Linien in der Entwicklungspolitik für Indianer in den Vereinigten Staaten, in: Die Dritte Welt. Vierteljahrsschrift zum wirtschaftlichen, kulturellen, sozialen und politischen Wandel, Jg. 7, 1979, Heft 2, S. 147-158.

272. Gesellschaftliches Bewußtsein und Soziologie. Eine spekulative Überlegung, in: Günther Lüschen (Hrsg.), Sonderheft 21 der KZfSS: Deutsche Soziologie seit 1945, Köln und Opladen: Westdeutscher Verlag 1979, S. 358-370.

273. Die gegenwärtigen Entwicklungen in der Dritten Welt in der Sicht der Soziologie, in: Universitas, Jg. 37, 1979, Heft 2, S. 133-142.

274. Zur Geschichte der Monogamie, in: Ruprecht Kurzrock (Hrsg.), Die Institution der Ehe, Berlin: Colloquium Verlag 1979, S. 9-16.

275. Die Neophilie im Konflikt mit monogamen Leitbildern in der modernen Gesellschaft - Ende der Monogamie? in: ebd., S. 105-114.

276. Über einige ethno-soziologische Aspekte des Drogenkonsums in der Alten und Neuen Welt, in: Gisela Völger (Hrsg.; unter Mitarbeit von Karin von Welck und Aldo Legnaro), Rausch und Realität. Drogen im Kulturvergleich, Materialienband zu einer Ausstellung des Rautenstrauch-Joest-Museums für Völkerkunde der Stadt Köln vom 7. August bis 11. Oktober 1981, mit einem Vorwort von René König, 2 Bde., Bd. 1, Köln: Rautenstrauch-Joest-Museum 1981, S. 16-21.
      2. Aufl. (Taschenbuch, 3 Bde.), Reinbek bei Hamburg: Rowohlt 1982 (rororo Sachbücher 34006)

277. Soziologie in Berlin um 1930, in: M. Rainer Lepsius (Hrsg.), Sonderheft 23 der KZfSS: Soziologie in Deutschland und Österreich 1918 - 1945, Köln und Opladen: Westdeutscher Verlag 1981, S. 24-58.
      Wieder abgedruckt in: René König, Soziologie in Deutschland, München und Wien 1987, S. 258-297.

278. XXII. Festival dei Popoli, Florenz, den 5. - 13. Dezember 1981, in: KZfSS, Jg. 34, 1982, S. 189-191.

279. Kampf um Raum? Über einige Hintergründe des Konfliktes zwischen Hopis und Navajos, in: KZfSS, Jg. 34, 1982, S. 340-358.

280. Themenwandel in der gegenwärtigen Soziologie der Familie. (anschließend "Résumé: Changements de thèmes en sociologie de la famille"),

in: Bernhard Schnyder (Hrsg.), Familie - Herausforderung der Zukunft; La famille, un défi face à l'avenir, Freiburg (Schweiz): Universitätsverlag Freiburg Schweiz 1982, S. 5-21 und 22-28.

281.   Die analytisch-praktische Bedeutung des Gruppentheorems. Ein Blick in die Hintergründe, in: Friedhelm Neidhardt (Hrsg.), Sonderheft 25 der KZfSS: Gruppensoziologie. Perspektiven und Materialien, Köln und Opladen: Westdeutscher Verlag 1983, S. 36-64.

282.   Einige Bemerkungen zu Hans Peter Duerrs "Traumzeit", in: Rolf Gehlen und Bernd Wolf (Hrsg.), Der Gläserne Zaun. Aufsätze zu Hans Peter Duerrs "Traumzeit", Frankfurt a.M.: Syndikat 1983, S. 115-124.

283.   Über das vermeintliche Ende der deutschen Soziologie vor der Macht- ergreifung des Nationalsozialismus, in: KZfSS, Jg. 36, 1984, S. 1-42.
        Wieder abgedruckt in: René König, Soziologie in Deutschland, München und Wien 1987, S. 343-387.

284.   Soziologie und Ethnologie, in: Ernst Wilhelm Müller, René König, Klaus-Peter Koepping und Paul Drechsel (Hrsg.), Sonderheft 26 der KZfSS: Ethnologie als Sozialwissenschaft, Köln und Opladen: Westdeutscher Verlag 1984, S. 17-35.

285.   Richard Thurnwalds Beitrag zur Theorie der Entwicklung, in: SH 26, KZfSS, 1984, S. 364-378.

286.   Einführung - Hochzeit als Ausgangspunkt zur Darstellung der Frau im interkulturellen Vergleich, in: Gisela Völger und Karin von Welck (Hrsg.), Die Braut - geliebt, verkauft, getauscht, geraubt. Zur Rolle der Frau im Kulturvergleich. Mit einer Einführung von René König (Zweibändige Materialiensammlung zu einer Ausstellung des Rauten- strauch-Joest-Museums für Völkerkunde vom 26. Juli bis 13. Oktober 1985), Bd. 1, Köln: Rautenstrauch-Joest-Museum 1985, S. 26-36.

287.   Lehren und Lernen, in: Richard Reich und Béatrice Bondy (Hrsg.), Homme des Lettres. Freundesgabe für François Bondy, Zürich: Schulthess Polygraphischer Verlag 1985, S. 26-29.

288.   Epilog 1981, in: René König, Soziologie in Deutschland. Begründer, Verächter, Verfechter, München und Wien: Carl Hanser Verlag 1987, S. 321-328.

289. Kontinuität oder Unterbrechung? Ein neuer Blick auf ein altes Problem, in: ebd., S. 388-440.

290. Aktuelle anthropologische Perspektiven der Jugendforschung, in: Jugend im Sozialstaat ohne Zukunft? Reihe Perspektiven: Berichte - Analysen. Mit Beiträgen von Rupert Dollinger, Gerd Fischer, Ernst Gehmacher, René König u.a., Wien: (Herausgeber, Medieninhaber: Zentralsparkasse und Kommerzialbank Wien) 1988, S. 15-24.

291. Identität und Anpassung im Exil, in: Max Haller, Hans-Joachim Hoffmann-Nowotny und Wolfgang Zapf (Hrsg.), Kultur und Gesellschaft. Verhandlungen des 24. Deutschen Soziologentags, des 11. Österreichischen Soziologentags und des 8. Kongresses der Schweizerischen Gesellschaft für Soziologie in Zürich 1988, Frankfurt a.M. und New York: Campus Verlag 1989, S. 113-126.

292. Unter und über der Haut, in: Thomas Böhm, Birte Lock und Thomas Streicher (Hrsg.), Die Zweite Haut. Über Moden, Reinbek bei Hamburg: Rowohlt 1989, S. 113-123.

293. Blickwandel in der Problematik der Männerbünde, in: Gisela Völger und Karin von Welck (Hrsg.), Männerbande - Männerbünde. Zur Rolle des Mannes im Kulturvergleich. Mit einem einleitenden Essay von René König (Zweibändige Materialiensammlung zu einer Ausstellung des Rautenstrauch-Joest-Museums in der Josef-Haubrich-Kunsthalle Köln vom 23. März bis 17. Juni 1990), Bd. 1, Köln 1990, S. XXVII - XXXII.

b) Fremdsprachige Aufsätze (Nr. 294-330)[4]

294.* La Familia en la Russia sovietica, in: Revista Internaciónal de Sociologia (Madrid), März 1945, Jg. 3, Heft 11/12, S. 87-128.
    Spanische Übersetzung des Artikels "Die Entwicklungstendenzen der Familie im neueren Rußland" zuerst veröffentlicht in: Neue Schweizer Rundschau, Jg. 11 (N.F.), 1944, Heft 10/11 und 12, S. 643-655 und 702-716.

---

[4] Mit * gekennzeichnete Bücher sind Übersetzungen von zuvor in anderer Sprache erschienenen Veröffentlichungen.

295.* Sobre la Necesidad de una Sociologia de la Familia, in: Revista Inter-
        nacionál de Sociologia (Madrid), Jg. 7, 1949, Heft 25, S. 27-51.
        Spanische Übersetzung von: Von der Notwendigkeit einer Familiensoziologie, zuerst
        veröffentlicht in: Der Schutz der Familie. Festschrift für August Egger, Zürich 1945.

296.   Les comptes-rendus analytiques de science sociales, concernant
        notamment la sociologie, in: UNESCO Bulletin International des
        Sciences Sociales, Paris 1950.
        Gekürzt in: Inventoire raisonné des services périodiques de documentation des sciences
        sociales, S. 25-29; Übersetzung - englisch: Social Science Abstracts, with Particular
        Reference to Sociology. (Dokument Unesco/SS/AB/2 vom 30. Juni 1949), in:
        Bibliographies in the Social Sciences. A Selected Inventory of Periodical Publications, Paris
        1951, S. 24-27.

297.* Social Science Abstracts, with Particular Reference to Sociology. (Do-
        kument Unesco/SS/AB/2 vom 30. Juni 1949), in: Bibliographies in
        the Social Sciences. A Selected Inventory of Periodical Publications,
        Paris: UNESCO 1951, S. 24-27.
        Ausführliche französische Fassung unter dem Titel: "Les comptes-rendus analytiques de
        sciences sociales, concernant les sciences sociologiques" in: UNESCO Bulletin International
        des Sciences Sociales, Paris 1950; gekürzt in: Inventoire raisonné des services périodiques
        de documentation des sciences sociales, S. 25-29.

298.* Problemas sociológicos de la Ordenación internacional, in: Revista de
        Estudios Politicos (Madrid), Jg. 11, Bd. 40, 1951, Heft 60, S. 15-31.
        Spanische Übersetzung des Artikels "Soziologische Probleme der internationalen
        Ordnung", zuerst veröffentlicht in: Karl Gustav Specht (Hrsg.), Soziologische Forschung
        unserer Zeit. Ein Sammelwerk, Leopold von Wiese zum 75. Geburtstag, Köln und Opladen
        1951, S. 146-157.

299.   Report on Some Experiences in Social Research Techniques in
        Switzerland and Germany, in: Transactions of the Second World
        Congress of Sociology (Liège 1953), Bd. 1, London: International
        Sociological Association 1954, S. 58-72.

300.   Sur quelques problèmes sociologiques de l'émission radiophonique mu-
        sicale, notamment sur les difficultés d'adaptation socioculturelle à des
        nouvelles données techniques, in: Cahiers d'Etudes de Radio-Télé-
        vision, Heft 3-4, 1955, S. 348-366.

301.* Introduction à une sociologie des zones dites "sous-developpées", in:
        Atti del Congresso Internazionale di studio sul problema delle aree

arretrate, Bd. 5, Mailand: Museo Della Scienza E Della Tecnica 1956, S. 3-19.

In deutscher Sprache unter dem Titel "Einleitung zu einer Soziologie der sogenannten rückständigen Gebiete" zuerst veröffentlicht in: KZfSS, Jg. 7, 1955, S. 9-23.

302. La prevenzione dei reati contro la vita umana e l'incolumità personale. Aspetti sociologici, in: Atti del congresso internazionale sulla preven-zione. IV Congresso Internazionale di Difesa Sociale (Actes du Congrès international sur la prévention des infractions contre la vie humaine et l'intégrité corporelle. IVe Congrès international de Défense Sociale), Mailand: Dott. A. Giuffrè Editore 1956, 22 Seiten (getr. Seiten-zählung).

303. Changes in Western Families, in: Transactions of the Third World Congress of Sociology, Bd. 4, London 1956, S. 63-74.

Deutsche Übersetzung unter dem Titel "Sozialer Wandel in der westlichen Familie" in: René König, Materialien zur Soziologie der Familie, Köln 1974, S. 200-213.

304. Family and Authority: The German Father in 1955, in: The Sociologi-cal Review, (British) New Series, Bd. 5, 1957, S. 107-127.

Deutsche Übersetzung in: René König, Materialien zur Soziologie der Familie, Köln 1974, S. 214-230.

305. Het self-onderzoek van gemeenschapen, in: De Schalm, Bd. 15, 1958, Heft 2, S. 90-97.

Deutsche Übersetzung "Die Selbstanalyse von Gemeinden als Mittel zur Entwicklung der Gemeindebeteiligung" in: SO [9] 1965, S. 426-432.

306. Interrogantes relativas a la Tipologia de las Comunidades rurales y urbanas, in: Revista Mexicana Sociologica, Jg. 20, 1958, Heft 3, S. 679-685.

307. Germany, in: Joseph S. Roucek (Hrsg.), Contemporary Sociology, New York: Philosophical Library 1958, S. 779-806.

308. On some Recent Developments in the Relation between Theory and Research, in: Transactions of the Fourth World Congress of Sociology, Bd. 2, London 1959, S. 275-289.

Von Volker Meja überarbeitete Fassung wieder abgedruckt unter dem Titel: Recent Developments in the Relation Between Theory and Research, in: Volker Meja, Dieter Misgeld und Nico Stehr (Hrsg.), Modern German Sociology, New York 1987, S. 138-149.

309.* Los Grupos informales en el Personal industrial. Nuevas Orientaciones teoricas, in: Revista de Estudios Politicos (Madrid), Jg. 68, 1960, Heft 111, S. 127-153.

Spanische Übersetzung von: Einige grundsätzliche Betrachtungen über die Mikroanalyse in der Betriebssoziologie (von René König verfaßtes Kapitel des Artikels: René König, Heiner Treinen und Hans-Wolfgang Stieber, Betriebssoziologische Mikroanalyse), zuerst veröffentlicht in: KZfSS, Jg. 8, 1956, S. 46-64.

310.   Desarrollo Tecnico y Estructura Social. In memoriam: Adriano Olivetti, in: Revista de la Universidad de Madrid, Jg. 9, 1960, Heft 34, S. 431-440.

Übersetzung - deutsch: Technische Entwicklung und soziale Struktur. In memoriam: Adriano Olivetti, in: René König, Soziologische Orientierungen, Köln und Berlin 1965, S. 245-257

311.   The Nature and Problems of Sociological Theories. Introductory Note, in: Transactions of the Fifth World Congress of Sociology, Bd. 1, Louvain 1962, S. 147-151.

312.* Libertad y Alienación en la Perspectiva sociólogica, in: Revista de Estudios Politicos (Madrid), Heft 128, März/ April 1963, S. 5-22.

Spanische Übersetzung von: Freiheit und Selbstentfremdung in soziologischer Sicht, in: Freiheit als Problem der Wissenschaft. Abendvorträge im Winter 1961/62, Berlin 1962, S. 25-41.

313.   Les nouvelles classes moyennes en Allemagne, in: Cahiers Internationaux de Sociologie, Jg. 39, 1965, S. 73-90.

314.* Algunas Reflexiones sobre el Problema de los Juicios de Valor en Max Weber, in: Revista Mexicana de Sociologia, Jg. 27, 1965, Heft 3, S. 931-940.

Spanische Übersetzung von: Einige Überlegungen zur Frage der "Werturteilsfreiheit" bei Max Weber, in: KZfSS, Jg. 16, 1964, S. 1-29.

315.* Le problème des jugements de valeur chez Max Weber, in: Cahiers Internationaux de Sociologie, Jg. 41, 1966, S. 33-42.

Französische Übersetzung von: Einige Überlegungen zur Frage der "Werturteilsfreiheit" bei Max Weber, in: KZfSS, Jg. 16, 1964, S. 1-29.

316.* Il problema dei giudizi di valore in Max Weber, in: De Homine, Bd. 19/20, 1966, S. 17-26.

Italienische Übersetzung von: Einige Überlegungen zur Frage der "Werturteilsfreiheit" bei Max Weber, in: KZfSS, Jg. 16, 1964, S. 1-29.

317. Objets et méthodes de la sociologie, in: L'Aventure Humaine. Encyclopédie des sciences de l'homme, Bd. 3: Les Societés modernes, Paris und Genf 1966.

318. La famille, in: L'Aventure Humaine. Encyclopédie des sciences de l'homme, Bd. 4, Paris und Genf 1966.

319. La diffusion de la mode dans les sociétés contemporaines, in: Cahiers Internationaux de sociologie, Jg. 43, 1967, S. 33-43.

320. Sociologie et conscience de crise: réflexions à propos des étapes de la pensée sociologique de Raymond Aron, in: Preuves, Jg. 19, Heft 214, Januar 1969, S. 74-80.

     Übersetzung - deutsch: Zur Gewissensprüfung der Soziologie, in: Der Minister für Wissenschaft und Forschung des Landes Nordrhein-Westfalen - Landesamt für Forschung (Hrsg.), Jahrbuch 1971/72, Opladen 1972, S. 163-171; unter dem Titel "Raymond Arons Gewissensprüfung der Soziologie" wieder abgedruckt in: René König, Emile Durkheim zur Diskussion, München und Wien 1978, S. 295-307.

321.* Problèmes anciens et questions nouvelles en la sociologie de la famille, in: Andrée Michel, La sociologie de la famille, Paris und La Haye: Mouton 1970, S. 37-42.

     Französische Übersetzung von: Alte Probleme und neue Fragen in der Familiensoziologie, in: KZfSS, Jg. 18, 1966, 1-20.

322.* Old Problems and New Queries in Family Sociology, in: Reuben Hill und René König (Hrsg.), Families in East and West. Kinship Ties and Socialization Process, Paris und Den Haag: Mouton 1970, S. 602-622.

     Englische Übersetzung von: Alte Probleme und neue Fragen in der Familiensoziologie, in: KZfSS, Jg. 18, 1966, 1-20.

323.* Cosmetiek als sociaal-cultureel probleem, in: Parfumerie, 1 und 2, 1971.

     Niederländische Übersetzung von: Sozio-kulturelle Probleme der Kosmetik, in: Kosmetologie I, 1971, S. 43-46.

324. West Germany, in: Margaret Scotford Archer und Salvador Giner (Hrsg.), Contemporary Europe: Class, Status and Power, London: Weidenfeld and Nicolson 1971, S. 279-297.

325. Sketches by a Cosmopolitan German Sociologist, in: International Social Science Journal (UNESCO), Jg. 25, 1973, S. 55-70.

     Übersetzung - französisch: Esquisses par un sociologue allemand cosmopolite, in: Revue internationale des sciences sociales (UNESCO), Jg. 25, Paris 1973, S. 57-73.

326.*   Esquisses par un sociologue allemand cosmopolite, in: Revue Inter-
        nationale des Sciences Sociales (UNESCO), Jg. 25, 1973, S. 57-73.
        Französische Übersetzung von: Sketches by a Cosmopolitan German Sociologist, in:
        International Social Science Journal (UNESCO), Jg. 25, Paris 1973, S. 55-70.

327.   Sociological Introduction, in: International Encyclopedia of Compa-
        rative Law, Bd. IV: Persons and Family, Kapitel I, Tübingen, Den
        Haag und Paris: J.C.B. Mohr (Paul Siebeck) und Mouton 1974, S. 20-
        73.

328.   Sociological Introduction, in: Ninth International Congress of Social
        Defense: Social Marginality and Justice (Caracas, 3. - 7. August 1976).

329.   General Report on Sociological Aspects and of Sociology on Law:
        Marginality, Marginalization and De-Marginalization. A Theoretical
        Reorientation, in: ebd.

330.   The Role of the Bilingual Education in Safeguarding Navajo Identity,
        in: Pieter Hovens (Hrsg.), North American Indian Studies. European
        Contributions, Göttingen: Edition Herodot 1981, S. 223-246.

                        2. Lexikon-Artikel (Nr. 331-351)

331.   (Das Gesamtgebiet der Soziologie in 368 Artikeln), in: Schweizer
        Lexikon in 7 Bänden, Zürich: Encyclios-Verlag 1945 - 1948.

332.   Ehe und Ehescheidung, in: Wilhelm Bernsdorf und Fritz Bülow (Hrsg.;
        unter Mitarbeit zahlreicher Fachleute), Wörterbuch der Soziologie,
        Stuttgart: Ferdinand Enke Verlag 1955, S. 103-106.
        Wieder abgedruckt in: 2. Aufl., Wilhelm Bernsdorf (Hrsg; unter Mitarbeit von Hubert
        Knospe), Wörterbuch der Soziologie, Stuttgart 1969, S. 197-207; sowie in: Wilhelm
        Bernsdorf (Hrsg; unter Mitarbeit von Hubert Knospe), Wörterbuch der Soziologie,
        Frankfurt a.M. 1972 (neu bearbeitete und aktualisierte Taschenbuchausgabe im Fischer
        Verlag), S. 165-175.

333.   Familie und Familiensoziologie, in: Wilhelm Bernsdorf und Fritz
        Bülow (Hrsg.; unter Mitarbeit zahlreicher Fachleute), Wörterbuch der
        Soziologie, Stuttgart: Ferdinand Enke Verlag 1955, S. 114-126.
        Wieder abgedruckt in: 2. Aufl., Wilhelm Bernsdorf (Hrsg; unter Mitarbeit von Hubert
        Knospe), Wörterbuch der Soziologie, Stuttgart 1969, S. 247-262; sowie in: Wilhelm

Bernsdorf (Hrsg; unter Mitarbeit von Hubert Knospe), Wörterbuch der Soziologie, Frankfurt a.m. 1972 (neu bearbeitete und aktualisierte Taschenbuchausgabe im Fischer Verlag), S. 207-221.

334. Interview, in: Wilhelm Bernsdorf und Fritz Bülow (Hrsg.; unter Mitarbeit zahlreicher Fachleute), Wörterbuch der Soziologie, Stuttgart: Ferdinand Enke Verlag 1955, S. 243-248.

In die 2. Aufl. 1969 nicht übernommen.

335. (31 Artikel), in: René König (Hrsg. und Hauptautor), Soziologie (Fischer Lexikon, Bd. 10), Frankfurt a.m.: Fischer Bücherei 1958

2. umgearbeitete und erweiterte Neuausgabe 1967; 27. Aufl. Frankfurt a.M. 1980, 410 Tsd. Übersetzungen ins Hebräische und Niederländische.

336. Auguste Comte, in: International Encyclopedia of the Social Sciences, Bd. 3, New York: The Macmillan Company and The Free Press 1968, S. 201-206.

337. Leopold von Wiese, in: International Encyclopedia of the Social Sciences, Bd. 16, New York: The Macmillan Company and The Free Press 1968, S. 547-549.

338. Herrschaftsformen, in: Erwin Grochla (Hrsg.), Handwörterbuch der Organisation, Stuttgart: Carl Ernst Poeschel Verlag 1969, Sp. 667-676.

Wieder abgedruckt in: Handwörterbuch der Organisation, Stuttgart 1973.

339. Organisation, soziale, in: ebd., Sp. 1103-1109.

340. Soziale Normen, in: ebd., Sp. 1039-1046.

341. Action Research, in: Wilhelm Bernsdorf (Hrsg.; unter Mitarbeit von Horst Knospe), Wörterbuch der Soziologie, Stuttgart: Ferdinand Enke Verlag 1969, S. 8.

2., neubearbeitete und erweiterte Aufl.; nicht in neu bearbeitete und aktualisierte Taschenbuchausgabe (Frankfurt a.M. 1972) übernommen.

342. Anomie, in: ebd., S. 27-29.

2., neubearbeitete und erweiterte Aufl.; wieder abgedruckt in: Wilhelm Bernsdorf (Hrsg; unter Mitarbeit von Hubert Knospe), Wörterbuch der Soziologie, Frankfurt a.M. 1972 (neu bearbeitete und aktualisierte Taschenbuchausgabe im Fischer Verlag), S. 31-33.

343.   Anpassung, in: ebd., S. 29-31.

   2., neubearbeitete und erweiterte Aufl.; wieder abgedruckt in: Wilhelm Bernsdorf (Hrsg;
   unter Mitarbeit von Hubert Knospe), Wörterbuch der Soziologie, Frankfurt a.M. 1972
   (neu bearbeitete und aktualisierte Taschenbuchausgabe im Fischer Verlag), S. 33-34.

344.   Gemeinde, in: ebd., S. 333-336.

   2., neubearbeitete und erweiterte Aufl.; wieder abgedruckt in: Wilhelm Bernsdorf (Hrsg;
   unter Mitarbeit von Hubert Knospe), Wörterbuch der Soziologie, Frankfurt a.M. 1972
   (neu bearbeitete und aktualisierte Taschenbuchausgabe im Fischer Verlag), S. 273-275.

345.   Interdisziplinäre Forschung, in: ebd., S. 487-489.

   2., neubearbeitete und erweiterte Aufl.; wieder abgedruckt in: Wilhelm Bernsdorf (Hrsg;
   unter Mitarbeit von Hubert Knospe, Wörterbuch der Soziologie, Frankfurt a.M. 1972 (neu
   bearbeitete und aktualisierte Taschenbuchausgabe im Fischer Verlag), S. 385-387.

346.   Interkultureller Vergleich, in: ebd., S. 491-496.

   2., neubearbeitete und erweiterte Aufl.; wieder abgedruckt in: Wilhelm Bernsdorf (Hrsg;
   unter Mitarbeit von Hubert Knospe, Wörterbuch der Soziologie, Frankfurt a.M. 1972 (neu
   bearbeitete und aktualisierte Taschenbuchausgabe im Fischer Verlag), S. 390-394.

347.   Mode, in: ebd., S. 717-718.

   2., neubearbeitete und erweiterte Aufl.; nicht in neu bearbeitete und aktualisierte Taschenbuchausgabe (Frankfurt a.M. 1972) übernommen.

348.   Soziale Normen, in: ebd., S. 978-983.

   2., neubearbeitete und erweiterte Aufl.; wieder abgedruckt in: Wilhelm Bernsdorf (Hrsg;
   unter Mitarbeit von Hubert Knospe, Wörterbuch der Soziologie, Frankfurt a.M. 1972 (neu
   bearbeitete und aktualisierte Taschenbuchausgabe im Fischer Verlag), S. 734-739.

349.   Soziales Handeln, in: ebd., S. 1014-1017.

   2., neubearbeitete und erweiterte Aufl.; wieder abgedruckt in: Wilhelm Bernsdorf (Hrsg;
   unter Mitarbeit von Hubert Knospe, Wörterbuch der Soziologie, Frankfurt a.M. 1972 (neu
   bearbeitete und aktualisierte Taschenbuchausgabe im Fischer Verlag), S. 754-757.

350.   Mode, in: Erwin Grochla und Waldemar Wittmann (Hrsg.), Handwör-
        terbuch der Betriebswirtschaft, Stuttgart: C. E. Poeschel (Metzler)
        1975, Sp. 2695 - 2700.

   Vierte, völlig neu gestaltete Aufl.

351.   Rolle: Zur Rehabilitierung dieses umstrittenen Begriffs. Sonderbeitrag,
        in: Meyers Enzyklopädisches Lexikon, Bd. 20, Mannheim, Wien und
        Zürich: Bibliographisches Institut 1977, S. 263-265.

3. Rezensionen (Nr. 352-546)

352. Max Apel, Heinrich Schmidt, Philosophische Lexika, in: Archiv für Geschichte der Philosophie, Jg. 40, 1931, S. 355-356.

353. Benedetto Croce, Theorie und Geschichte der Historiographie, Tübingen 1930, in: ebd., S. 631-634.

354. Eugenio Rignano, Premiers linéaments d'une morale fondée sur l'harmonie de la vie, o.O. 1928, in: [Sociologus.] Zeitschrift für Völkerpsychologie und Soziologie, Jg. 7, 1931, S. 508-509.

355. Arno Scheuchert, Der Pantragismus als System der Weltanschauung und Ästhetik Friedrich Hebbels, Leipzig 1930 (2. Aufl.), in: Kant-Studien, Jg. 37, 1932, S. 184-185.

356. Rudolf Odebrecht, Gefühl und Ganzheit, Berlin 1929, in: Kant-Studien, Jg. 37, 1932, S. 296-297.

357. Lucien Lévy-Bruhl, Le surnaturel et la nature dans la mentalité primitive, Paris 1931, in: Sociologus, Jg. 8, 1932, S. 78-80.

358. Etienne Rabaud u.a., Les origines de la société, Paris 1931, in: Sociologus, Jg. 8, 1932, S. 128-130.

359. Georges Davy, Sociologues d'hier et d'aujourd'hui, Paris 1931, in: Sociologus, Jg. 8, 1932, S. 246-248.

360. Georges Em. Marica, Emile Durkheim: Soziologie und Soziologismus. Soziologische Bausteine, Bd. 6 (hrsg. v. K. Mann), Jena 1932, in: Deutsche Literaturzeitung, Jg. 54, Heft 37, 1933, S. 1738-1747.

361. Jacques Maritain, Religion et Culture, Paris 1930, in: Kant-Studien, Jg. 38, 1933, S. 482.

362. Henri Bergson, Les deux sources de la morale et de la religion, Paris 1932, in: Sociologus, Jg. 9, 1933, S. 450-451.

363.   Henri Brocher, Le mythe du héros et la mentalité primitive, Paris 1932, in: Sociologus, Jg. 9, 1933, S. 452-453.

364.   Henri Lévy-Bruhl u.a., Conférences, in: Etudes de sociologie et d'ethnologie juridiques, Jg. 4 (hrsg. v. R. Maunier), Paris 1931, in: Sociologus, Jg. 9, 1933, S. 479-480.

365.   P.J. Haesaert, Etiologie de la répression des outrages publics aux bonnes moeurs, Brüssel 1931, in: Sociologus, Jg. 9, 1933, S. 480-481.

366.   J.A. Hobson und Morris Ginsberg, L.T. Hobhouse. His Life and Work, London 1931, in: Sociologus, Jg. 9, 1933, S. 482.

367.   Burkhard Waldecker, Die Stellung der menschlichen Gesellschaft zum Völkerbund, Berlin 1931, in: Sociologus, Jg. 9, 1933, S. 492-495.

368.   Léon Brunschvicg, De la connaissance de soi, Paris 1931, in: Sociologus, Jg. 9, 1933, S. 502.

369.   Karl Dunkmann (Hrsg.), Lehrbuch der Soziologie und Sozialphilosophie, Berlin 1931, in: Zeitschrift für Ästhetik und allgemeine Kunstwissenschaft, Jg. 27, 1933, S. 66-70.

370.   Georges Em. Marica, Emile Durkheim: Soziologie und Soziologismus. Sozialwissenschaftliche Bausteine, Bd. 6 (hrsg. v. Prof. Fritz Karl Mann), Jena 1932, in: Zeitschrift für die gesamte Staatswissenschaft, Jg. 94, 1933, S. 331-334.

371.   Max Rumpf, I. Deutsche Volkssoziologie im Rahmen einer sozialen Lebenslehre, Nürnberg 1931; II. Soziale Lebenslehre, Nürnberg 1932; III. Politische und soziologische Staatslehre, Tübingen 1933, in: Kant-Studien, Jg. 39, 1934, S. 212-215.

372.   Richard Thurnwald, Die menschliche Gesellschaft in ihren ethnosoziologischen Grundlagen. Bd. 1: Repräsentative Lebensbilder von Naturvölkern, Berlin und Leipzig 1931, in: Kant-Studien, Jg. 39, 1934, S. 215-216.

373.   Franz Schmidt, Die Theorie der Geisteswissenschaften vom Altertum bis zur Gegenwart, München 1931, in: Kant-Studien, Jg. 39, 1934, S. 215.

374.   Das Leben des Gelehrten (Eine Bemerkung zu Agnes von Zahn-Harnack: Adolf von Harnack, Berlin 1936), in: Das Deutsche Wort und Die Große Übersicht. Der literarischen Welt neue Folge, Bd. 12, 20. Juni 1936, S. 578-580.

375.   Wilhelm Capelle, Die Vorsokratiker, Leipzig 1935, in: Das Deutsche Wort und Die Große Übersicht. Der literarischen Welt neue Folge, Bd. 12, 20. Oktober 1936, S. 838-839.

376.   J. Huizinga: Erasmus, Basel 1936; Gespräche des Erasmus, Basel 1936, in: ebd., S. 839.

377.   Max Webers Jugendbriefe, Tübingen 1936, in: Das Deutsche Wort und die Große Übersicht. Der literarischen Welt neue Folge Bd. 13, Januar/Februar 1937, S. 52-53.

378.   Paul Kern (alias René König): Hans Freyer, Machiavelli (Bibliographisches Institut Leipzig, 1938), in: Mass und Wert. Zweimonatsschrift für freie deutsche Kultur (hrsg. von Thomas Mann und Konrad Falke), Jg. 2, 1939, Heft 6, S. 848-854.

379.   Paul Kern (alias René König): Richard Maximilian Lonsbach, Nietzsche und die Juden. Ein Versuch (Bermann-Fischer, Schriftenreihe "Ausblicke", Stockholm), in: ebd., S. 858-861.

380.   Paul Kern (alias René König): Carl Schmitt, Der Leviathan in der Staatslehre des Thomas Hobbes. Sinn und Fehlschlag eines politischen Symbols (Hanseatische Verlagsanstalt, Hamburg), in: Mass und Wert. Zweimonatsschrift für freie deutsche Kultur (hrsg. von Thomas Mann und Konrad Falke), Jg. 3, 1940, Heft 5/6, S. 673-679.

381.   Richard Weiss, Die Alpwirtschaft Graubündens, in: Die Volkshochschule, Heft 5, Zürich 1943, S. 150-153.

382.   Jakob Sulser, Mensch und Gesellschaft. Die Soziologie im modernen Weltbild, Affoltern a.A. 1944, in: Schweizerische Zeitschrift für Statistik und Volkswirtschaft, Jg. 81, 1945, S. 105-110.

383.   Jakob Lorenz, Zur soziologischen Problematik wirtschaftlicher Verbände, Fribourg 1943, in: ebd., S. 110-112.

384. Vom historischen Relationismus zur soziologischen Relativitätstheorie (Adrien Turel), in: Neue Zürcher Zeitung, Nr. 202, Februar 1945.

385. Eine Soziologie der Revolution (Stefan Szende, Europäische Revolution, Zürich 1945), in: Neue Zürcher Zeitung Nr. 101, vom 19. Januar 1946.
     Unter dem Titel "Europäische Gesellschaftsrevolution" wieder abgedruckt in: Schweizer Annalen, Juni/Juli 1946.

386. Die offene Gesellschaft und ihre Feinde (zu K.R. Popper), in: St. Galler Tagblatt vom 16. und 18. Dezember 1946.

387. Rauschning - Ein Prophet ohne Evangelium. (Rezension zu: Hermann Rauschning, Zeit des Deliriums, Zürich 1947), in: Die Weltwoche, Jg. 16, vom 9. Januar 1948, S. 1-2.

388. Christlicher Humanismus: Herbert Werner Rüssel, in: Die Weltwoche, Jg. 16, vom 20. Februar 1948, S. 5.

389. Soziologie der Hölle, in: St. Galler Tagblatt vom 28. Februar 1948.

390. Röpke und die deutsche Frage, in: St. Galler Tagblatt vom 3. April 1948.

391. Heinrich Meng, Psychohygiene und Verbrechen. Wissenschaft und Praxis, in: Die Weltwoche, Jg. 16, vom 2. Juli 1948, S. 17.

392. Gerhard Nebel, Von den Elementen, in: Die Weltwoche, Jg. 16, vom 13. August 1948, S. 5.

393. Des Teufels Gewalt. (Rezension zu Gerhard Ritter, Vom sittlichen Problem der Macht), in: Die Weltwoche, Jg. 16, vom 8. Oktober 1948, S. 17.

394. Kontinentalstaat und atlantischer Inselstaat. Ludwig Dehio: Gleichgewicht oder Hegemonie, in: St. Galler Tagblatt vom 19. Oktober 1948.

395. Gerhard Ritter, Vom sittlichen Problem der Macht, in: St. Galler Tagblatt vom 28. Oktober 1948.

396. Der Mensch in der modernen Arbeitswelt. (Rezension zu Ernst Michel, Sozialgeschichte der industriellen Arbeitswelt), in: St. Galler Tagblatt vom 30. Oktober 1948.
Wieder abgedruckt in: Neue Zeitung (München) vom 28. Mai 1949.

397. Ludwig Dehio, Gleichgewicht oder Hegemonie, in: Die Weltwoche, Jg. 16, vom 5. November 1948, S. 3.

398. Platons "neuer Mythos". Zu Platon, Die Werke des Aufstiegs, in: ebd., S. 5.

399. Lukács, Der junge Hegel. Über die Beziehungen von Dialektik und Ökonomie, Zürich 1948, in: Die Weltwoche, Jg. 16, vom 12. November 1948, S. 5.

400. Wolfgang Hirsch, Vilfredo Pareto, in: Die Weltwoche, Jg. 17, vom 4. März 1949, S. 6.

401. Veit Valentin, Geschichte der Deutschen, in: St. Galler Tagblatt vom 13. Mai 1949.

402. Vom Sinn der politischen Bildung. (Rezension zu A. Grabowski), in: Neue Zeitung (München) vom 4. Juni 1949.

403. Ein vergessener Kämpfer gegen den totalen Staat (Maurice Joly), in: St. Galler Tagblatt vom 10. Juli 1949.

404. Ugo Enrico Paoli, Das Leben im alten Rom, in: Neue Zeitung (München) vom 6. Oktober 1949.

405. Raymond Aron, Le grand schisme, in: Neue Zeitung (München), 1950.

406. Richard Weiss, Volkskunde der Schweiz, in: Neue Zeitung (München) vom 14. Januar 1950.

407. Theodor Geiger, Die Gesellschaft im Schmelztiegel, in: St. Galler Tagblatt vom 24. März 1950.
Wieder abgedruckt in: Neue Zeitung (München) vom 12. April 1950.

408. Eine Gemeindestudie aus der Türkei, in: KZfSS, Jg. 7, 1955, S. 601-610.

409.   Weber, Alfred, Herausgeber, Einführung in die Soziologie, München
        1955, in: KZfSS, Jg. 8, 1956, S. 151-156.

410.   Die japanische Familie: Tradition und Wandel. (Rezension zu Jean
        Stoetzel, Without the Chrysanthemum and the Sword. A Study of the
        Attitudes of Youth in Post-War Japan, London 1955; Friedrich
        Trappe, Soziologie der japanischen Familie, in: Schriften des Institutes
        für christliche Sozialwissenschaften der westfälischen Wilhelms-
        Universität zu Münster, Bd. 2, Münster/Westf. 1955), in: KZfSS, Jg.
        8, 1956, S. 347-351.

411.   Talcott Parsons in französischer Übersetzung. (Rezension zu Talcott
        Parsons, Eléments pour une Sociologie de l'action, Paris 1955), in:
        KZfSS, Jg. 8, 1956, S. 351-352.

412.   Drei unbekannte Werke von Emile Durkheim. (Rezension zu: Emile
        Durkheim, Montesquieu et Rousseau, précurseurs de sociologie, Paris
        1953; Emile Durkheim, Pragmatisme et sociologie. Cours inédit
        prononcé à la Sorbonne en 1913/14 et restitué d'après des notes
        d'étudiants par Armand Cuvillier, Paris 1955; Emile Durkheim,
        Leçons de sociologie. Physique des moeurs et du droit, Paris 1950),
        in: KZfSS, Jg. 8, 1956, S. 642-647.

413.   Karl Mannheim in französischer Übersetzung. (Rezension zu Karl
        Mannheim, Idéologie et Utopie, Paris 1956), in: KZfSS, Jg. 8, 1956,
        S. 652-653.

414.   Eine neue soziologische Zeitschrift in Italien. (Bolletino di Sociologia
        dell' Instituto L. Sturzo), in: KZfSS, Jg. 8, 1956, S. 699.

415.   Eine neue Serie von Jahrbüchern. (Progress in Psychotherapy), in:
        KZfSS, Jg. 8, 1956, S. 699.

416.   Eine Gebiets- und eine Gemeindestudie aus der holländischen Provinz
        Drenthe. (Rezension zu John Y. Keur and Dorothy Keur, The Deeply
        Rooted. A Study of a Drents Community in the Netherlands, Assen
        1955), in: Sonderheft 1 der KZfSS: Soziologie der Gemeinde, Köln
        und Opladen: Westdeutscher Verlag 1956, S. 191-194.

417.   Ein Tscheche in Holland. (Rezension zu I. Gadourek, A Dutch
        Community. Social and Cultural Structure and Process in a Bulb-

Growing Region in the Netherlands, Leiden 1956), in: SH 1, KZfSS, 1956, S. 194-197.

418.   Eine im Erscheinen begriffene belgische Gemeindeuntersuchung. (Rezension zu Etudes d'agglomérations, Tome I: Mont-Saint-Guibert, Volume I, Brüssel 1955), in: SH 1, KZfSS, 1956, S. 199-200.

419.   Zwei neue französische Gemeindeuntersuchungen. (Rezension zu: Lucien Bernot et René Blanchard, Nouville, un village français, Paris 1953; Michel Quoist, La ville et l'homme, Rouen: Etude sociologique d'un secteur prolétarien, suivie de conclusion pour l'action, Paris 1952), in: SH 1, KZfSS, 1956, S. 203-207.

420.   Drei Untersuchungen aus dem geographischen Institut der Universität Strassbourg. (Rezension zu J. Tricart et al., Roquebrune-Cap-Martin (Alpes Maritimes). Etude de la transformation d'une commune rurale par le tourisme et la villégiature, Paris 1954; R. Specklin, Altkirch. Type de petite ville, Paris 1954; P. Michel, Pfaffenhoffen. L'évolution des rapports fonctionels entre un petit centre urbain et la campagne voisine, Paris 1954), in: SH 1, KZfSS, 1956, S. 207-210.

421.   Ein englisches Dorf. (Rezension zu W. M. Williams, The Sociology of an English Village: Gosforth, London 1956), in: SH 1, KZfSS, 1956, S. 211-213.

422.   Eine österreichische Großstadtuntersuchung: Wohnverhältnisse in Wien. (Rezension zu Gustav Krall, Leopold Rosenmayr, Anton Schimka und Hans Strotzka, ... Wohnen in Wien. Ergebnisse und Folgerungen aus einer Untersuchung von Wiener Wohnverhältnissen, Wohnwünschen und städtischer Umwelt, Wien 1956), in: SH 1, KZfSS, 1956, S. 215-219.

423.   Ein österreichischer Versuch zur Typologie von Gemeinden. (Rezension zu Hans Bobeck, Albert Hammer und Robert Ofner, Beiträge zur Ermittlung von Gemeindetypen, Klagenfurt 1955), in: SH 1, KZfSS, 1956, S. 219-221.

424.   Eine im Erscheinen begriffene Gemeinde- und Zonenuntersuchung aus Italien. (Rezension zu U. Toschi e F. Brambilla, La determinazione dell' area di influenza di Ivrea; U. Toschi, L'economia industriale nella zona di Ivrea; D. Insolera, La famiglia, il lavoro, il tempo libero a Ivrea; M. Talamo, Caratteri e problemi del tempo libero a Ivrea; L.

Borghi, Le scuole e l'educazione a Ivrea, Ivrea 1954), in: SH 1, KZfSS, 1956, S. 221-223.

425. Zwei amerikanische Anleitungen zur Durchführung von Gemeinde-untersuchungen, in: SH 1, KZfSS, 1956, S. 225-227.

426. Zwei Pioniere der Gemeindeforschung in Neuausgaben. (Rezension zu Robert Esra Park, Human Communities. The City and Human Ecology, Glencoe, Ill., 1952; Louis Wirth, Community Life and Social Policy, Chicago 1956), in: SH 1, KZfSS, 1956, S. 227-229.

427. Soziologisch wichtige Bücher aus Rowohlts Deutscher Enzyklopädie, in: KZfSS, Jg. 9, 1957, S. 125-128.

428. Maurice Halbwachs, Esquisse d'une psychologie des classes sociales, Paris 1955, in: KZfSS, Jg. 9, 1957, S. 142-144.

429. Henri Lévy-Bruhl, Aspects sociologiques du droit, Paris 1955, in: KZfSS, Jg. 9, 1957, S. 144-145.

430. Alexandre Vexliard, Introduction à la sociologie du vagabondage, Paris 1956, in: KZfSS, Jg. 9, 1957, S. 160-161.

431. Zwei französische industriesoziologische Untersuchungen. (Rezension zu Maurice Verry, Les laminoirs ardennais. Déclin d'une aristocratie professionnelle, Paris 1955; Viviane Isambert-Jamati, L'industrie horlogère dans la région de Besançon, Paris 1955), in: KZfSS, Jg. 9, 1957, S. 496-498.

432. Peter A. Munch, A Study of Cultural Change. Rural-Urban Conflicts in Norway, in: KZfSS, Jg. 9, 1957, S. 692-693.

433. Zwei Grundlagenbesinnungen als Einleitungen in die Soziologie. (Rezension zu Theodor W. Adorno und Walter Dirks, Soziologische Exkurse nach Vorträgen und Diskussionen, Frankfurt 1956; E.K. Francis, Wissenschaftliche Grundlagen soziologischen Denkens, München 1957), in: KZfSS, Jg. 10, 1958, S. 134-137.

434. Acht amerikanische Übersichten und Einleitungen zur Soziologie und eine Bibliographie. (Rezensionen zu L. Broom und P. Selznick, Sociology, Evanston, Ill. 1955; H.L. Zetterberg (Hrsg.), Sociology in the United States of America, Paris 1956; R. Freedman u.a., Principles

of Sociology, New York 1956; H. Becker (Hrsg.), Societies around the World, New York 1956; H. Becker und A. Boskoff (Hrsg.), Modern Sociological Theory in Continuity and Change, New York 1957; R. Bierstedt, The Social Order, New York 1957; J.B. Gittler (Hrsg.), Review of Sociology. Analysis of a Decade, New York 1957; L.A. Coser und B. Rosenberg (Hrsg.), Sociological Theory: A Book of Readings, New York 1957; E.F. Borgatta und H.S. Meyer (Hrsg.), Sociological Theory: Present-Day Sociology from the Past, New York 1956), in: KZfSS, Jg. 10, 1958, S. 137-143.

435. Marshall B. Clinard, Sociology of Deviant Behavior, New York 1957, in: KZfSS, Jg. 10, 1958, S. 148-149.

436. Benjamin Fine, 1.000.000 Delinquents, New York 1957, in: KZfSS, Jg. 10, 1958, S. 149-150.

437. Alexandre Vexliard, Le Clochard. Etude de psychologie sociale, Paris 1957, in: KZfSS, Jg. 10, 1958, S. 150-151.

438. Klaus M. Ris, Leverkusen. Großgemeinde, Agglomeration, Stadt, Remagen 1957, in: KZfSS, Jg. 10, 1958, S. 308-309.

439. Armand Cuvillier, Sociologie et problèmes actuels, Paris 1958, in: KZfSS, Jg. 10, 1958, S. 500-501.

440. William F. Ogburn und Meyer F. Nimkoff, Sociology, Boston 1958, in: KZfSS, Jg. 10, 1958, S. 502.

441. Neuere Literatur zur Soziologie der Gemeinde. (Rezension zu I.T. Sanders, The Community. An Introduction to a Social System, New York 1958; H. Croon und K. Utermann, Untersuchungen über den Strukturwandel einer Zechengemeinde im nördlichen Ruhrgebiet, Tübingen 1958; K. Utermann, Beiträge zur Soziologie der Gemeinden, Teil I: Freizeitprobleme der männlichen Jugendlichen einer Zechenge-meinde, Köln und Opladen 1957; H. R. Lantz, People of Coal Town, New York 1958; R. Mayntz, Soziale Schichtung und sozialer Wandel in einer Industriegemeinde, Stuttgart 1958; K.W. Underwood, Protestant and Catholic. Religions and Social Interaction in an Industrial Community, Boston 1957; A. Meister, Coopération d'habita-tion et sociologie du voisinage, Paris 1957; M. Kerr, The People of Ship Street, London 1958; A.J. Vidich und J. Bensman, Small Town in Mass Society, Princeton, N.J. 1958; E.D. Baltzell, Philadelphia

Gentlemen. The Making of a National Upper Class, Glencoe, Ill. 1958; J.M. Halpern, A Serbian Village, New York 1958), in: KZfSS, Jg. 10, 1958, S. 502-518.

442. Neue deutsche Lehr- und Handbücher der Soziologie und ein Neudruck. (Rezension zu W. Bernsdorf, Internationales Soziologen-Lexikon, Stuttgart 1959; G. Eisermann in Verb. m. P. Honigsheim, G. Gurvitch, F. Lenz und J.A. Beegle, Die Lehre von der Soziologie, Stuttgart 1958; S. Lamprecht, Die Soziologie. Aufstieg einer Wissenschaft, Stuttgart-Degerloch 1958; O. Kühne, Allgemeine Soziologie. Lebenswissenschaftlicher Aufriß ihrer Grundprobleme, Erster Halbband: Die Lehre vom sozialen Verhalten und von den sozialen Prozessen, Berlin 1958; A. Vierkandt (Hrsg.), Handwörterbuch der Soziologie), in: KZfSS, Jg. 12, 1960, S. 134-143.

443. Günter Schmölders, Das Irrationale in der öffentlichen Finanzwirtschaft. Probleme der Finanzpsychologie, Hamburg 1960, in: KZfSS, Jg. 12, 1960, S. 170-172.

444. Revue Française de sociologie, in: KZfSS, Jg. 12, 1960, S. 183.

445. Soziologie und Geschichte. (Rezension zu C. Morazé, Das Gesicht des 19. Jahrhundert. Die Entstehung der modernen Welt, Düsseldorf und Köln 1959; V.G. Childe, Vorgeschichte der europäischen Kultur, Hamburg 1960; H. Wilhelm, Gesellschaft und Staat in China, Hamburg 1960; M. de Ferdinandy, Tschingis Khan. Steppenvölker erobern Eurasien, Hamburg 1960), in: KZfSS, Jg. 12, 1960, S. 302-311.

446. Zwei Übersetzungen und ein Sammelband zur Problematik der Arbeit. (Rezension zu T. Caplow, Soziologie der Arbeit, Meisenheim am Glan 1958; G. Friedmann, Grenzen der Arbeitsteilung, Frankfurt a.M. 1959; Unser Verhältnis zur Arbeit, hrsg. v. Das Heidelberger Studio, eine Sendereihe des Süddeutschen Rundfunks, Stuttgart 1960), in: KZfSS, Jg. 12, 1960, S. 311-315.

447. Wolf Middendorf, Soziologie des Verbrechens. Erscheinungen und Wandlungen des asozialen Verhaltens, Düsseldorf und Köln 1959, in: KZfSS, Jg. 12, 1960, S. 361-365.

448. Reinhard Bendix, Max Weber. An Intellectual Portrait, Garden City, N.Y. 1960, in: KZfSS, Jg. 12, 1960, S. 534-540.

449. Hans Barth, Masse und Mythos. Die ideologische Krise an der Wende zum 20. Jahrhundert und die Theorie der Gewalt: Georges Sorel, Hamburg 1960, in: KZfSS, Jg. 12, 1960, S. 547-549.

450. Walter Dadek, Die Filmwirtschaft. Grundriß einer Theorie der Filmökonomik, Freiburg 1957; Jacques Durand, Le cinéma et son public, in: Recherches économiques, collection publiée sous la direction de Robert Goetz, Paris 1958, in: KZfSS, Jg. 12, 1960, S. 354-359.

451. Wiederum: Vier neue soziologische Zeitschriften, in: KZfSS, Jg. 12, 1960, S. 563-566.

452. Harold Greenwald, Das Call Girl. Eine psychoanalytische und sozial-psychologische Studie, Rüschlikon, Zürich, Stuttgart und Wien 1959, in: KZfSS, Jg. 12, 1960, S. 367-369.

453. Tiersoziologie. (Rezension zu M. Burton, Die Kindheit der Tiere, Hamburg 1960; A. Remane, Das soziale Leben der Tiere, Hamburg 1960), in: KZfSS, Jg. 12, 1960, S. 369-371.

454. Max Weber, Soziologische Grundbegriffe. Sonderdruck aus: Wirtschaft und Gesellschaft, besorgt durch Johannes Winckelmann, Tübingen 1960; Max Weber, Rechtssoziologie. Aus dem Manuskript herausgegeben und eingeleitet von Johannes Winckelmann, Neuwied am Rhein 1960, in: KZfSS, Jg. 12, 1960, S. 540-542.

455. William F. Ogburn and Meyer F. Nimkoff, A Handbook of Sociology, London 1960; Armand Cuvillier, Kurzer Abriß der soziologischen Denkweise. Probleme und Methoden, Stuttgart 1960, in: KZfSS, Jg. 12, 1960, S. 707-708.

456. Miguel Siguán, Problemas humanos del trabajo industrial, in: La empresa y el hombre, Bd. 2, hrsg. v. M. Siguán, Madrid 1958; Franco Ferrarotti, La sociologia industriale in America e in Europa, Torino 1960, in: KZfSS, Jg. 12, 1960, S. 713-715.

457. Gemeindesoziologie. (Rezension zu H. Bausinger, M. Braun und H. Schwedt, Neue Siedlungen. Volkskundlich-soziologische Untersuchungen des Ludwig-Uhland-Instituts Tübingen, Stuttgart 1959; J. Heuer (Hrsg.), Großstadtbildung in industriellen Entwicklungsräumen. Das Beispiel Marl, Köln-Braunsfeld 1960; M.

Irle, Gemeindesoziologische Untersuchungen zur Ballung Stuttgart, Bad Godesberg 1960; L.E. Sweet, Tell Toqaan. A Syrian Village, Ann Arbor, Mich. 1960; M.B. Sussman (Hrsg.), Community Structure and Analysis, New York 1959; M.R. Stein, The Eclipse of Community. An Interpretation of American Studies, Princeton, N.J. 1960), in: KZfSS, Jg. 12, 1960, S. 723-732.

458. Herbert Tischner (Hrsg.), Völkerkunde. Das Fischer Lexikon Bd. 13, in: KZfSS, Jg. 12, 1960, S. 735-738.

459. Eine europäische Zeitschrift für Soziologie, in: KZfSS, Jg. 12, 1960, S. 755-756.

460. André Varagnac (Hrsg.; unter Mitarbeit von Camille Arambourg, P. Bosch-Cimpera, Abbé Henri Breuil, Vadime Elisseeff, Pierre Montet, Jen Naudou und André Parrot), Der Mensch der Urzeit. 600 000 Jahre Menschheitsgeschichte. Epochen der Menschheit, Bd. I, hrsg. von Lucien Febvre und Fernand Braudel, Düsseldorf 1960, in: KZfSS, Jg. 13, 1961, S. 141-143.

461. Leopold von Wiese, Herbert Spencers Einführung in die Soziologie, Köln und Opladen 1960, in: KZfSS, Jg. 13, 1961, S. 143-145.

462. Landmann, Salica, Der jüdische Witz. Soziologie und Sammlung, Olten und Freiburg im Breisgau, in: KZfSS, Jg. 13, 1961, S. 145-147.

463. Reinhard Bendix, Herrschaft und Industriearbeit. Untersuchungen über Liberalismus und Autokratie in der Geschichte der Industrialisierung, Frankfurt 1960, in: KZfSS, Jg. 13, 1961, S. 153-154.

464. William Foote Whyte, Man and Organization. Three Problems in Human Relations in Industry, Homewood, Ill. 1959, in: KZfSS, Jg. 13, 1961, S. 154-157.

465. René Clemens (Hrsg.), L'information dans l'entreprise. Une expérience auprès des cadres subalternes de trois entreprises, Liège 1959, in: KZfSS, Jg. 13, 1961, S. 157-159.

466. Simon Marcson, The Scientist in American Industry. Some Organizational Determinants in Manpower Utilization, Princeton, N.J. 1960, in: KZfSS, Jg. 13, 1961, S. 159-161.

467. Eine neue Ausgabe der "American Encyclopedia of the Social Sciences", in: KZfSS, Jg. 13, 1961, S. 365-366.

468. Dahrendorf, Ralf, Über den Ursprung der Ungleichheit unter den Menschen, in: KZfSS, Jg. 13, 1961, S. 497-499.

469. Zwei ungleiche Bücher. (Rezension zu Th. Geiger, Die Gesellschaft zwischen Pathos und Nüchternheit, Kopenhagen 1960; C.W. Mills, The Sociological Imagination, New York 1959), in: KZfSS, Jg. 13, 1961, S. 500-507.

470. Jahoda, Marie, Paul F. Lazarsfeld, Hans Zeisel, Die Arbeitslosen von Marienthal. Ein soziographischer Versuch mit einem Anhang zur Geschichte der Soziographie, Allensbach und Bonn 1960, in: KZfSS, Jg. 13, 1961, S. 518-519.

471. Schachtschabel, Hans G., Automation in Wirtschaft und Gesellschaft, Hamburg 1961, in: KZfSS, Jg. 13, 1961, S. 535-536.

472. Pietsch, Max, Die industrielle Revolution. Von Watts Dampfmaschine zu Automation und Atomkernspaltung, Freiburg 1961, in: KZfSS, Jg. 13, 1961, S. 536-537.

473. Kolaja, Jiri, A Polish Factory. A Case Study of Workers' Participation in Decision Making, Lexington 1960, in: KZfSS, Jg. 13, 1961, S. 537-539.

474. Ferdinand Tönnies und Friedrich Paulsen, Briefwechsel 1876-1908, hrsg. v. Olaf Klose, Eduard Georg Jacoby und Irma Fischer, Kiel 1961, in: KZfSS, Jg. 14, 1962, S. 362-363.

475. Roscoe L. und Gisela N. Hinkel, Die Entwicklung der amerikanischen Soziologie. Eine Geschichte ihrer Motive und Theorien, München 1960, in: KZfSS, Jg. 14, 1962, S. 363-364.

476. Alfred Vagts, Deutsch-Amerikanische Rückwanderung. Probleme-Phänomene - Statistik - Politik - Soziologie - Biographie, Heidelberg 1960, in: KZfSS, Jg. 14, 1962, S. 364-367.

477. Alfred von Martin, Soziologie. Die Hauptgebiete im Überblick, in: KZfSS, Jg. 14, 1962, S. 511-513.

478.   Drei neue europäische Zeitschriften. (Bolletino delle Ricerche Sociali;
        De Homine; The Polish Sociological Bulletin, Quarterly of the Polish
        Sociological Association), in: KZfSS, Jg. 14, 1962, S. 611-614.

479.   Neue Serie einer alten Zeitschrift. (Quaderni di Sociologia), in: KZfSS,
        Jg. 14, 1962, S. 615-616.

480.   Eine neue Zeitschrift für Religionswissenschaft, in: KZfSS, Jg. 15,
        1963, S. 592.

481.   Theodor Geiger. Demokratie ohne Dogma. Die Gesellschaft zwischen
        Pathos und Nüchternheit, München 1963, in: KZfSS, Jg. 16, 1964, S.
        141.

482.   Mumford, Lewis, Die Stadt. Geschichte und Ausblick, Köln 1963, in:
        KZfSS, Jg. 16, 1964, S. 601-602.

483.   Eine neue spanische Zeitschrift zur Meinungsforschung, in: KZfSS,
        Jg. 17, 1965, S. 406-407.

484.   Henner Hess, Mafia. Zentrale Herrschaft und lokale Gegenmacht,
        Tübingen 1970, in: KZfSS, Jg. 23, 1971, S. 121-123.

485.   John Adair und Kurt W. Deuschle, The People's Health. Anthropology
        and Medicine in a Navajo Community, New York 1970, in: KZfSS,
        Jg. 23, 1971, S. 137-138.

486.   Emile Durkheim, Journal sociologique, Paris 1969, in: KZfSS, Jg. 23,
        1971, S. 361-362.

487.   Jean Duvignaud, Anthologie des sociologues français contemporains,
        Paris 1970, in: KZfSS, Jg. 23, 1971, S. 362-363.

488.   Eine neue soziologische Zeitschrift in Belgien, in: KZfSS, Jg. 23, 1971,
        S. 432.

489.   Georg Schwägler, Soziologie der Familie. Ursprung und Entwicklung,
        Tübingen 1970, in: KZfSS, Jg. 23, 1971, S. 642-644.

490.   Journal of Comparative Family Studies. Eine neue Zeitschrift für Ver-
        gleichende Familiensoziologie, in: KZfSS, Jg. 23, 1971, S. 670.

491. Jan Górecki, Divorce in Poland, Den Haag und Paris 1970, in: KZfSS, Jg. 23, 1971, S. 853-855.

492. Aleksander Gella, Herausgeber und Übersetzer, The Ward-Gumplowicz Correspondence: 1897/1909. Bd. 1, New York 1971, in: KZfSS, Jg. 24, 1972, S. 140-141.

493. Harry D. Krause, Illegitimacy. Law and Social Policy, Indianapolis u.a. 1971, in: KZfSS, Jg. 24, 1972, S. 161-163.

494. Max Rheinstein, Marriage Stability, Divorce, and the Law, Chicago und London 1972, in: KZfSS, Jg. 24, 1972, S. 163-165.

495. Eine neue deutsche soziologische Zeitschrift, in: KZfSS, Jg. 24, 1972, S. 200.

496. Carlo Tullio-Altan, Manuale di Antropologia Culturale. Storia e Metodo, Milano 1971, in: KZfSS, Jg. 24, 1972, S. 385-387.

497. Paul-Henry Chombart de Lauwe, Des hommes et des villes, Paris 1970; Paul-Henry Chombart de Lauwe, Images de la culture, Paris 1970, in: KZfSS, Jg. 24, 1972, S. 387-389.

498. Henry Jakoby, Die Bürokratisierung der Welt, Neuwied am Rhein 1969; Martin Albrow, Bürokratie, München 1972, in: KZfSS, Jg. 24, 1972, S. 392-394.

499. Frédéric Bon und Michel-Antoine Burnier, Les nouveaux intellectuels, Paris 1966, in: KZfSS, Jg. 24, 1972, S. 419.

500. Günther Schmölders, Der verlorene Untertan. Verhaltensforschung enthüllt die Krise zwischen Staatsbürger und Obrigkeit, Düsseldorf und Wien 1971, in: KZfSS, Jg. 24, 1972, S. 610-611.

501. Vier Indianerbücher. (Rezension zu: Oliver LaFarge, Die große Jagd. Geschichte der nordamerikanischen Indianer, Frankfurt a.M. 1969; Siegfried von Nostiz, Die Vernichtung des Roten Mannes. Dokumentarbericht, Düsseldorf und Köln 1970; C.W. Ceram, Der erste Amerikaner. Das Rätsel des vorkolumbischen Indianers, Hamburg 1972; Stan Steiner, The New Indians, New York u.a. 1968), in: KZfSS, Jg. 24, 1972, S. 619-621.

502. Anthony Giddens (Hrsg.), Emile Durkheim: Selected Writings, Cambridge 1972, in: KZfSS, Jg. 24, 1972, S. 863-864.

503. Ivo A. Strecker, Methodische Probleme der ethno- und soziologischen Beobachtung und Beschreibung. Versuch einer Vorbereitung zur Feldforschung, Göttingen 1969, in: KZfSS, Jg. 24, 1972, S. 874-875.

504. Marcel Mauss, A General Theory of Magic, London und Boston 1972, in: KZfSS, Jg. 25, 1973, S. 172.

505. Emile Durkheim, Erziehung und Soziologie, Düsseldorf 1972, in: KZfSS, Jg. 25, 1973, S. 189-190.

506. Barbara Hanna, Der Kampf gegen das Analphabetentum im Iran, Opladen 1966, in: KZfSS, Jg. 25, 1973, S. 197-198.

507. Georg Wilhelm Friedrich Hegel, Vorlesungen über Rechtsphilosophie 1818 - 1831, Stuttgart 1973, in: KZfSS, Jg. 25, 1973, S. 885-887.

508. Heinz Monz, Der unbekannte junge Marx. Neue Studien zur Entwicklung des Marxschen Denkens 1835 - 1847, Mainz 1973, in: KZfSS, Jg. 26, 1974, S. 183-184.

509. Axel Schulze-Thulin, Intertribaler Wirtschaftsverkehr und kulturökonomische Entwicklung. Ein Beitrag zur ethnologischen Volkswirtschaftslehre, dargestellt an einigen Indianergruppierungen Nordamerikas unter besonderer Berücksichtigung der kolonialzeitlichen Irokesen, Meisenheim am Glan 1971; Irene Schumacher, Gesellschaftsstruktur und Rolle der Frau. Das Beispiel der Irokesen, Berlin 1972, in: KZfSS, Jg. 26, 1974, S. 193-197.

510. Peter O. Chotjewitz, Malavita. Mafia zwischen gestern und morgen, Köln 1973, in: KZfSS, Jg. 26, 1974, S. 199-201.

511. B.N. Seear, Re-entry of Women to the Labour Market after an Interruption of Employment, Paris 1971, in: KZfSS, Jg. 26, 1974, S. 209-211.

512. Friedrich W. Busch, Familienerziehung in der Sozialistischen Pädagogik der DDR, Düsseldorf 1972, in: KZfSS, Jg. 26, 1974, S. 213-215.

513. Martine Segalen, Nuptialité et alliance. Le choix du conjoint dans une commune de l'Eure. Bd. 1, Paris 1972, in: KZfSS, Jg. 26, 1974, S. 646-647.

514. Edmund Wilson, Abbitte an die Irokesen, München, 1974, in: KZfSS, Jg. 26, 1974, S. 650-651.

515. Heinrich Dörner, Industrialisierung und Familienrecht. Die Auswirkungen des sozialen Wandels, dargestellt an den Familienmodellen des ALR, BGB und des französischen Code Civil, Berlin 1974, in: KZfSS, Jg. 26, 1974, S. 657-659.

516. Eudre Nizsalovszky, Order of the Family. Legal Analysis of Basic Concepts, Budapest 1968, in: KZfSS, Jg. 26, 1974, S. 659-660.

517. Andrée Michel, Activité professionelle de la femme et vie conjugale, Paris 1974, in: KZfSS, Jg. 26, 1974, S. 660-661.

518. Heidi Rosenbaum, Familie als Gegenstruktur zur Gesellschaft. Kritik grundlegender theoretischer Ansätze der westdeutschen Familiensoziologie, Stuttgart 1973, in: KZfSS, Jg. 26, 1974, S. 661-665.

519. Heinz Monz, Karl Marx. Grundlagen der Entwicklung zu Leben und Werk, Trier 1973, in: KZfSS, Jg. 26, 1974, S. 848-850.

520. Anne Boigeol, Jacques Commaille, Marie-Laurence Lamy, Alain Monnier und Louis Roussel, Le Divorce et les Français. I. - Enquête d'opinion, Paris 1974, in: KZfSS, Jg. 26, 1974, S. 867-868.

521. Neuerscheinung: Geschichte und Gesellschaft, Zeitschrift für Historische Sozialwissenschaft, in: KZfSS, Jg. 27, 1975, S. 833-834.

522. Emile Durkheim, Erziehung, Moral und Gesellschaft. Vorlesung an der Sorbonne 1902/03, Neuwied am Rhein und Darmstadt 1973, in: KZfSS, Jg. 28, 1976, S. 565-566.

523. Geschichte und Sozialstruktur: Überlegungen bei Gelegenheit der Schriften von Rolf Engelsing zur Lesergeschichte. (Rezension zu Rolf Engelsing, Zur Sozialgeschichte deutscher Mittel- und Unterschichten, Göttingen 1973; ders., Analphabetentum und Lektüre. Zur Sozialgeschichte des Lesens in Deutschland zwischen feudaler und industrieller Gesellschaft, Stuttgart 1973; ders., Der Bürger als Leser. Leserge-

schichte in Deutschland 1500 - 1800, Stuttgart 1974), in: Internationales Archiv für Sozialgeschichte der deutschen Literatur, Jg. 2, 1977, S. 134-143.

524. Ingeborg Weber-Kellermann, Die deutsche Familie. Versuch einer Sozialgeschichte, Frankfurt a.M. 1974; Ingeborg Weber-Kellermann, Die Familie. Geschichte, Geschichten und Bilder, Frankfurt a.M. 1976, in: KZfSS, Jg. 29, 1977, S. 796-799.

525. Michael Mitterauer und Reinhard Sieder, Vom Patriarchat zur Partnerschaft. Zum Strukturwandel der Familie, München 1977; Claus Mühlfeld, Familiensoziologie. Eine systematische Einführung, Hamburg 1976, in: KZfSS, Jg. 29, 1977, S. 800-803.

526. Nona Glazer-Malbin (Hrsg.), Old Family - New Family. Interpersonal Relationships, New York u.a. 1975; Hans Braun und Ute Leitner (Hrsg.), Problem Familie - Familienprobleme, Frankfurt a.M. und New York 1976, in: KZfSS, Jg. 29, 1977, S. 803-807.

527. Marcel Mauss, Soziologie und Anthropologie. Bd. I: Theorie der Magie, Soziale Morphologie; Bd. II: Gabentausch, Soziologie und Psychologie, Todesvorstellungen, Die Techniken des Körpers, Begriff der Person, München 1974/75, in: KZfSS, Jg. 30, 1978, S. 176-177.

528. Robert D. Hess und Gerald Handel, Familienwelten. Kommunikation und Verhaltensstile in Familien, Düsseldorf 1975, in: KZfSS, Jg. 30, 1978, S. 189-191.

529. Axel Schulze-Thulin, Weg ohne Mokassins. Die Indianer Nordamerikas heute, Düsseldorf 1976, in: KZfSS, Jg. 30, 1978, S. 196-197.

530. Luciano Gallino, Dizionario di Sociologia, Turin 1978, in: KZfSS, Jg. 32, 1980, S. 157-158.

531. Abel Miroglio und Yvonne-Delphée Miroglio (Hrsg.), L'Europe et ses populations. Vues d'ensemble et dictionnaire descriptif, La Haye 1978, in: KZfSS, Jg. 32, 1980, S. 186-188.

532. Hans Peter Duerr, Traumzeit. Über die Grenzen zwischen Wildnis und Zivilisation, Frankfurt a.M. 1978, in: KZfSS, Jg. 32, 1980, S. 788-790.

533. Jochen Blaschke, Handbuch der westeuropäischen Regionalbewegungen, Frankfurt a.M. 1980, in: KZfSS, Jg. 32, 1980, S. 831-834.

534. Carla Bianco und Emanuela Angiuli, Emigrazione - Emigration. Una ricerca antropologica sui processi di acculturazione relativi all'emigrazione italiana negli Stati Uniti, in Canada e in Italia, Bari 1980, in: KZfSS, Jg. 33, 1981, S. 769-770.

535. Hans Sebald, Ich will ja nur Dein Bestes. Fehlentwicklung durch Mutteregoismus, Wien und Düsseldorf 1981, in: KZfSS, Jg. 33, 1981, S. 787.

536. René König und Michael Klein: Hans Peter Duerr (Hrsg.), Der Wissenschaftler und das Irrationale. Erster Band: Beiträge aus Ethnologie und Anthropologie; Zweiter Band: Beiträge aus Philosophie und Psychologie, Frankfurt a.M. 1981, in: KZfSS, Jg. 34, 1982, S. 574-580.

537. Philip Reno, Mother Earth, Father Sky, and Economic Development, Albuquerque, N.M. 1981, in: KZfSS, Jg. 34, 1982, S. 611-613.

538. Fritz Neumark, Zuflucht am Bosporus. Deutsche Gelehrte, Politiker und Künstler in der Emigration 1933 - 1953, Frankfurt a.M. 1980, in: KZfSS, Jg. 35, 1983, S. 169-170.

539. Roland Girtler, Der Adler und die drei Punkte. Die gescheiterte kriminelle Karriere des ehemaligen Ganoven Pepi Taschner, Wien u.a. 1983, in: KZfSS, Jg. 35, 1983, S. 802-804.

540. Klaus-Peter Koepping, Adolf Bastian and the Psychic Unity of Mankind. The Foundations of Anthropology in Nineteenth Century Germany, St. Lucia u.a. 1983; Eberhard Berg, Zwischen den Welten. Anthropologie der Aufklärung und das Werk Georg Forsters, Berlin 1982, in: KZfSS, Jg. 36, 1984, S. 205-208.

541. Josef Franz Thiel, Grundbegriffe der Ethnologie, Berlin 1983; Hans Fischer (Hrsg.), Ethnologie. Eine Einführung, Berlin 1983, in: KZfSS, Jg. 36, 1984, S. 407-409.

542. Leopold Rosenmayr, Die späte Freiheit. Das Alter - ein Stück bewußt gelebtes Leben, Berlin 1983, in: KZfSS, Jg. 37, 1985, S. 597-599.

543.　Ernest Zahn, Das unbekannte Holland. Regenten, Rebellen und Reformatoren, Berlin 1984, in: KZfSS, Jg. 37, 1985, S. 601-603.

544.　Martin Kehr, Der sizilianische Separatismus. Eine Studie zur Kultursoziologie Siziliens, Berlin 1984, in: KZfSS, Jg. 37, 1985, S. 793-795.

545.　Notiz über die verschiedenen Interpretationsweisen von Niccolo Machiavelli, in: Leviathan. Zeitschrift für Sozialwissenschaft, Jg. 13, Heft 3, 1985, S. 442-446.

546.　Reinhard Bendix, Von Berlin nach Berkeley. Deutsch-Jüdische Identitäten, Frankfurt a.M. 1985, in: KZfSS, Jg. 38, 1986, S. 785-786.

4. Diverses

a) Würdigungen und Nachrufe (Nr. 547-592)

547.　Gustave Le Bon, in: Kant-Studien, Jg. 37, Berlin: 1932, S. 222-225.

548.　Dr. Goebbels Posthumus, in: St. Galler Tagblatt vom 15. und 18. Mai 1948.

549.　Ein Frühvollendeter: Eugen Gottlob Winkler, in: Die Weltwoche, Jg. 17, vom 8. April 1949, S. 12.

550.　Nachruf auf José Ortega Y Gasset, in: KZfSS, Jg. 7, 1955, S. 647-648.

551.　Alfred von Martin zum 75. Geburtstag, in: KZfSS, Jg. 9, 1957, S. 354-355.

552.　In memoriam Florian Znaniecki (1882 - 1958), in: KZfSS, Jg. 11, 1959, S. 339-341.

553.　In memoriam William F. Ogburn, in: KZfSS, Jg. 11, 1959, S. 341-342.

554.　Alexander Rüstow zum 75. Geburtstag. 8. April 1960, in: KZfSS, Jg. 12, 1960, S. 187-188.

555. Clyde Kluckhohn 1905 - 1960, in: KZfSS, Jg. 12, 1960, S. 777-778.

556. Leopold von Wiese zum 85. Geburtstag, in: KZfSS, Jg. 13, 1961, S. 788-789.

557. In memoriam Fritz Sternberg 11.6.1895 - 18.10.1963, in: KZfSS, Jg. 15, 1963, S. 784-785.

558. In memoriam Gerhard Baumert 1.10.1923 - 5.11.1963, in: KZfSS, Jg. 15, 1963, S. 785-786.

559. In memoriam Stanislaw Ossowski 1897 - 1963, in: KZfSS, Jg. 15, 1963, S. 786-788.

560. Alexander von Schelting 14.3.1894 - 4.11.1963, in: KZfSS, Jg. 15, 1963, S. 788-789.

561. Friedrich Middelhauve, 17.11.1896 - 14.7.1966, in: KZfSS, Jg. 18, 1966, S. 436-437.

562. In memoriam Leopold von Wiese und Kaiserswaldau, in: KZfSS, Jg. 19, 1967, S. 911 - 912.

563. Oliver Brachfeld, 18.2.1908 - 2.9.1967, in: KZfSS, Jg. 20, 1968, S. 195-197.

564. Kurt Baschwitz, 1886 - 1968, in: KZfSS, Jg. 20, 1968, S. 197-198.

565. Alexander Mitscherlich. Psychoanalyse und Zeitkritik, in: Börsenblatt für den deutschen Buchhandel, Bd. 25, Frankfurt a.M.: 1969, S. 5-17.
    Nur unwesentlich verändert wieder abgedruckt in: Psyche. Zeitschrift für Psychoanalyse und ihre Anwendungen, Heft 10, Jg. 37, 1983, S. 921-934.

566. Hans Freyer, 31.7.1887 - 18.1.1969, in: KZfSS, Jg. 21, 1969, S. 438-441.

567. Kunst und Massenkommunikation. Alphons Silbermann zum 60. Geburtstag, in: KZfSS, Jg. 21, 1969, S 449-452.

568. Fritz Croner zum fünfundsiebzigsten Geburtstag (27. Februar), in: KZfSS, Jg. 23, 1971, S. 201-202.

569.   René König und Alphons Silbermann: Lucien Goldmann (1913 -
       1970), in: KZfSS, Jg. 23, 1971, S. 202-203.

570.   Georges Friedmann zum siebzigsten Geburtstag (13. Mai 1972), in:
       KZfSS, Jg. 24, 1972, S. 626-627.

571.   Hannes Kamphausen, 6.4.1936 bis 22.9.1974, in: KZfSS, Jg. 26, 1974,
       S. 872-873.

572.   Johannes Winckelmann zum 75. Geburtstag, in: KZfSS, Jg. 27, 1975,
       S. 388-389.

573.   Emilio Willems (zum 70. Geburtstag am 18. August 1975), in: KZfSS,
       Jg. 27, 1975, S. 830-831.

574.   In memoriam Jacob L. Moreno (20. Mai 1892 - 14. Mai 1974), in:
       KZfSS, Jg. 27, 1975, S. 831-832.

575.   In memoriam Werner Ziegenfuß (16. Oktober 1904 - 12. Juli 1975),
       in: KZfSS, Jg. 28, 1976, S. 188.

576.   In memoriam A. N. J. Hollander (1905 - 1976), in: KZfSS, Jg. 28,
       1976, S. 607-608.

577.   In memoriam Paul F. Lazarsfeld (1901 - 1976), in: KZfSS, Jg. 28,
       1976, S. 795-796.

578.   In memoriam Georges Friedmann (13. Mai 1902 bis 16. November
       1977), in: KZfSS, Jg. 30, 1978, S. 205-207.

579.   Persönliche Reminiszenzen an Talcott Parsons, in: KZfSS, Jg. 31,
       1979, S. 391-392.

580.   Stein Rokkan (4.7.1921 - 22.7.1979), in: KZfSS, Jg. 31, 1979, S. 824-
       825.

581.   Raymond Aron (zum 75. Geburtstag am 15. März 1980), in: KZfSS,
       Jg. 32, 1980, S. 414-415.

582.   Leo Lowenthal zum 80. Geburtstag (3. November 1980), in: KZfSS,
       Jg. 32, 1980, S. 839-840.

583. Die alten Geister kehren wieder... Helmuth Plessner zum 90. Geburts-
      tag am 4. September 1982, in: KZfSS, Jg. 34, 1982, S. 538-548.

584. In memoriam Alexander Mitscherlich (20. September 1908 - 26. Juni
      1982), in: KZfSS, Jg. 34, 1982, S. 810-811.

585. In memoriam Peter R. Heintz (6. November 1920 - 15. März 1983),
      in: KZfSS, Jg. 35, 1983, S. 411-412.

586. In memoriam Edward Holland Spicer (29.11.1906 - 4.4.1983), in:
      KZfSS, Jg. 35, 1983, S. 822-824.

587. In memoriam Raymond Aron (15. März 1905 bis 17. Oktober 1983),
      in: KZfSS, Jg. 36, 1984, S. 209-210.

588. Fei Xiaotong (früher Fei Hsiao-tung). Ein Soziologe in den Turbulen-
      zen des sozialen Wandels, in: KZfSS, Jg. 37, 1985, S. 172-175.

589. René König und Klaus Täubert: In memoriam Georges Devereux (13.
      Sept. 1908 - 30. Mai 1985), in: KZfSS, Jg. 37, 1985, S. 813-815.

590. Zum 75. Geburtstag von Robert K. Merton am 5.7.1985, in: KZfSS,
      Jg. 37, 1985, S. 816.

591. In memoriam Nels Anderson (1889 - 8.10.1986), in: KZfSS, Jg. 39,
      1987, S. 403-404.

592. In memoriam Reuben Hill, Jr. (4.7.1912 - 26.9.1985), in: KZfSS, Jg.
      40, 1988, S. 194-195.

            b) Vor- und Nachworte (Nr. 593-651)

593. Zum Geleit, in: René König, Vom Wesen der deutschen Universität,
      Berlin: Verlag Die Runde 1935, S. 9-14.
      Wieder abgedruckt in: Reprographischer Nachdruck von 1970, S. 9-14.

594. Zur Gegenwartslage der Philosophie, in: Das Deutsche Wort und Die
      Große Übersicht. Der literarischen Welt neue Folge, Bd. 12, 20.
      Oktober 1936, S. 813.

595.   Giovanni Verga: "Die Malavoglia" in: Giovanni Verga, Die Malavoglia (übersetzt und mit einem Nachwort versehen von René König), Zürich: Büchergilde Gutenberg 1945, S. 345-380.

        Weitere Auflagen: Insel Verlag: Wiesbaden 1959; Fischer Verlag: Frankfurt a.m. und Hamburg 1960; Suhrkamp Verlag: Frankfurt a.M. 1982.

596.   Vorwort, in: René König, Materialien zur Soziologie der Familie, Bern: A. Francke Verlag 1946, S. 1-14.

        In Auszügen wieder abgedruckt in: René König, Materialien zur Soziologie der Familie, Köln 1974.

597.   Vorwort, in: René König (Hrsg.; unter Mitarbeit von Wilhelm Brepohl, Max Ralis und Karl G. Specht), Das Interview. Formen, Technik, Auswertung. Praktische Sozialforschung [I], Dortmund und Zürich: Ardey Verlag und Regio-Verlag 1952, S. 7-13.

598.   Vorbemerkung des Herausgebers zum Jahrgang VII, in: KZfSS, Jg. 7, 1955, S. 1-5.

599.   Vorwort, in: René König (Hrsg.; unter Mitarbeit von Peter R. Heintz und Erwin K. Scheuch), Beobachtung und Experiment in der Sozialforschung. Praktische Sozialforschung II, Köln: Verlag für Politik und Wirtschaft 1956, S. 7-16.

        Wieder abgedruckt in: zweite Aufl., Köln und Berlin 1962.

600.   Nach sechzehn Jahren, in: René König, Sizilien. Ein Buch von Städten und Höhlen, von Fels und Lava und von der großen Freiheit des Vulkans, München: Nymphenburger Verlagshandlung 1957, S. 137-139.

601.   Vorwort zur zweiten Auflage, in: René König (Hrsg.; unter Mitarbeit von Dietrich Rüschemeyer und Erwin K. Scheuch), Das Interview. Formen, Technik, Auswertung. Praktische Sozialforschung I, Köln: Verlag für Politik und Wirtschaft 1957, S. 7-12.

        Wieder abgedruckt in: dritte Aufl., Köln und Berlin 1962.

602.   René König und Peter W. Schuppisser: Vorwort der Herausgeber, in: René König und Peter W. Schuppisser (Hrsg.), Die Mode in der menschlichen Gesellschaft, mit einem Geleitwort von Christian Dior, Zürich: Modebuch Verlagsgesellschaft 1958, S. 1-6.

603.   Vorbemerkung, in: David V. Glass und René König (Hrsg.), Sonderheft 5 der KZfSS: Soziale Schichtung und soziale Mobilität, Köln und Opladen: Westdeutscher Verlag 1961, S. 1-3.

604. Zur deutschen Ausgabe, in: René König (Hrsg. und Übersetzer), Emil Durkheim: Die Regeln der soziologischen Methode. Mit einer Einleitung des Herausgebers, Neuwied: Hermann Luchterhand Verlag 1961, S. 15-19.

605. Vorwort, in: Prodosh Aich, Farbige unter Weißen, Köln und Berlin: Kiepenheuer und Witsch 1962, S. 9-14.

606. Vorwort des Herausgebers, in: René König (Hrsg.), HdeS, Bd. 1, Stuttgart: Ferdinand Enke Verlag 1962, S. V-VII.
    Wieder abgedruckt in: 2. Aufl. 1967 und 3. umgearbeitete und erweiterte Aufl. 1973 (Bd. 1: Geschichte und Grundprobleme).

607. Einleitung, in: René König (Hrsg.), HdeS, Bd. 1, Stuttgart: Ferdinand Enke Verlag 1962, S. 3-17.

608. Vorwort zur dritten Auflage, in: René König (Hrsg.; unter Mitarbeit von Dietrich Rüschemeyer und Erwin K. Scheuch), Das Interview. Formen, Technik, Auswertung. Praktische Sozialforschung I, Köln und Berlin: Kiepenheuer und Witsch 1962, S. 5-6.

609. Vorwort zur zweiten Auflage, in: René König (Hrsg.; unter Mitarbeit von Peter R. Heintz und Erwin K. Scheuch), Beobachtung und Experiment in der Sozialforschung. Praktische Sozialforschung II, Köln und Berlin: Kiepenheuer und Witsch 1962, S. 5-6.

610. Vorwort, in: René König und Johannes Winckelmann (Hrsg.), Sonderheft 7 der KZfSS: Max Weber zum Gedächtnis, Köln und Opladen: Westdeutscher Verlag 1963, S. 5-9.

611. Zum Geleit: Gibt es noch Antisemitismus in Deutschland?, in: Vorurteile. Ihre Erforschung und ihre Bekämpfung, mit einem Geleitwort von Professor Dr. René König und einer Einführung von Professor Dr. Dr. Helmut von Bracken (Serie Politische Psychologie, hrsg. v. Wana Baeyer-Katte u.a.), Frankfurt a.M.: Europäische Verlagsanstalt 1964, S. 9-12.

612. Das Problem der Mittelschichten in Entwicklungsländern, in: Institut für Mittelstandsforschung (Hrsg.), Probleme der Mittelschichten in den Entwicklungsländern, dargestellt an den Ländern Jugoslawien, Türkei, Spanien, Venezuela und den neugegründeten Staaten Westafrikas (Abhandlungen zur Mittelstandsforschung Nr. 12), Köln und Opladen: Westdeutscher Verlag 1964, S. VI-VIII.

613.   Vorwort, in: Reinhard Bendix, Max Weber - das Werk. Darstellung,
        Analyse, Ereignisse. Mit einem Vorwort von René König, München:
        Piper 1964, S. 7-10.

614.   La Sociologia tedesca nel Dopoguerra. Die deutsche Soziologie der
        Nachkriegsperiode, in: Deutsche Bibliothek Rom und Goethe Institut
        (Hrsg.), Il libro sociologica tedesco. Das soziologische Fachbuch in
        Deutschland, Köln und Bonn: Forschungsinstitut für Soziologie der
        Universität Köln und Inter Nationes 1965, S. 3-5 und 6-8.

615.   Vorwort, in: Filippo Gramalica, Grundlagen des Dèfense Sociale,
        Hamburg: 1965.

616.   Der industrieähnliche Betrieb. Ein Problem der Mittelstandsforschung,
        in: Institut für Mittelstandsforschung (Hrsg.), Der industrieähnliche
        Betrieb. Untersuchung zur Abgrenzung eines Strukturtyps (Ab-
        handlungen zur Mittelstandsforschung Nr. 15). Mit einer Einführung
        von René König und Beiträgen von Winfried M. Fischer, Rolf
        Buntenbach und Manfred Stosberg, Köln und Opladen: Westdeutscher
        Verlag 1966, S. VI-VIII.

617.   Vorwort, in: Fritz Sack, Integration und Anpassung des Handwerks
        in der industriellen Gesellschaft - dargestellt am Schreinerhandwerk
        (Abhandlungen zur Mittelstandsforschung Nr. 16), Köln und Opladen:
        Westdeutscher Verlag 1966.

618.   Vorwort des Herausgebers, in: Institut für Mittelstandsforschung
        (Hrsg.), Soziologische Probleme mittelständischer Berufe II: Die
        Stewardess, der Ehevermittler, der Kinobesitzer, die unternehmens-
        beratenden Berufe (Abhandlungen zur Mittelstandsforschung Nr. 23).
        Mit einer Einführung von Heidrun Kaupen-Haas und Beträgen von
        Hans Henning Sawitzki, Frank Mertesdorf, Helga Poser und Edgar
        Dahl, Köln und Opladen: Westdeutscher Verlag 1967, S. 5.

619.   Einführung: Theorie und Praxis in der Kriminalsoziologie, in: Fritz
        Sack und René König (Hrsg.), Kriminalsoziologie, Frankfurt a.M.:
        Akademische Verlagsgesellschaft 1968, S. IX-XV.

620.   Einführung, in: Heidrun Kaupen-Haas (Hrsg.), Soziologische
        Probleme medizinischer Berufe (Abhandlungen zur Mittelstandsfor-
        schung Nr. 36). Mit einer Einführung von René König, Köln und
        Opladen: Westdeutscher Verlag 1968, S. 7-11.

621. Antisemitism and Ethnocentrism in Germany. Vorbemerkungen, in: Melvin M. Tumin, Ethnocentrism and Anti-Semitism in England, France, and Germany, Paris: 1968.

622. Vorwort. Einige Bemerkungen zu den speziellen Problemen der Begründung einer Militärsoziologie, in: René König (Hrsg.; unter Mitarbeit von Klaus Roghmann, Wolfgang Sodeur und Rolf Ziegler), Sonderheft 12 der KZfSS: Militärsoziologie, Köln und Opladen: Westdeutscher Verlag 1968, S. 7-12.

623. Vorwort des Herausgebers zu Band II, in: René König, HdeS, Bd. II, Stuttgart: Ferdinand Enke Verlag 1969, S. V-VIII.

624. Vorwort, in: Horst Büscher, Die Industriearbeiter in Afghanistan. Eine Studie zur gesellschaftspolitischen Problematik sozial schwacher Bevölkerungsschichten in Entwicklungsländern (Afghanische Studien 1), Meisenheim am Glan: Verlag Anton Hain 1969, ohne Seitenzählung [2 Seiten].

625. Vorwort, in: Peter Wulf, Die politische Haltung des schleswig-holsteinischen Handwerks 1928 - 1932 (Abhandlungen zur Mittelstandsforschung Nr. 40), Köln und Opladen: Westdeutscher Verlag, S. 5-6.

626. Einleitung, in: Carola Möller, Gesellschaftliche Funktionen der Konsumwerbung, Stuttgart und Tübingen: 1970.

627. Warum ich dies Buch schrieb. Ein Vorwort zum Neudruck, in: René König, Vom Wesen der deutschen Universität. Reprografischer Nachdruck der Ausgabe Berlin 1935. Mit einem Vorwort zum Neudruck, Darmstadt: Wissenschaftliche Buchgesellschaft 1970, S. 3-6.

628. Vorwort, in: Gayle Janowitz, Außerschulische Hilfe. Freiwillige Arbeit mit Schulkindern. Mit einem Vorwort zur deutschen Ausgabe von René König, Stuttgart: Ernst Klett Verlag 1971, S. 7-10.

629. Vorwort, in: Günter Albrecht, Soziologie der geographischen Mobilität. Zugleich ein Beitrag zur Soziologie des sozialen Wandels. Mit einem Vorwort von René König, Stuttgart: Enke Verlag 1972, S. V-VIII.

630.   Vorwort, in: Maria Mies, Indische Frauen zwischen Patriarchat und
       Chancengleichheit. Rollenkonflikte studierender und berufstätiger
       Frauen, Meisenheim am Glan: Verlag Anton Hain 1973, S. VII-IX.

       2. Aufl. unter dem Titel "Indische Frauen zwischen Unterdrückung und Befreiung" bei
       Syndikat, Frankfurt a.M. 1986.

631.   Vorwort des Herausgebers zur dritten Auflage, in: René König
       (Hrsg.), HdeS, Bd. 1: Geschichte und Grundprobleme, Stuttgart: Ferdi-
       nand Enke Verlag und dtv Wissenschaftliche Reihe 1973, S. VI-XI.

       3. umgearbeitete und erweiterte Aufl., wieder abgedruckt in Bd. 2-4.

632.   Dreißig Jahre Familiensoziologie. Vorwort zur zweiten Auflage, in:
       René König, Materialien zur Soziologie der Familie, Köln: Kiepen-
       heuer und Witsch 1974, S. 9-14.

633.   Warum ich dieses Buch schrieb (Vorwort von 1974), in: René König,
       Kritik der historisch-existentialistischen Soziologie. Ein Beitrag zur
       Begründung der objektiven Soziologie, München: R. Piper Verlag
       1975, S. 9-19.

634.   Vorwort (von 1937), in: ebd., S. 21-22.

635.   Vorwort des Herausgebers zur zweiten Auflage, in: René König
       (Hrsg.), HdeS, Bd. 5: Soziale Schichtung und Mobilität, Stuttgart:
       Ferdinand Enke Verlag und dtv Wissenschaftliche Reihe 1976, S. VII-
       XIV.

       2., völlig neubearbeitete Aufl.

636.   Vorbemerkung des Herausgebers zu Band 6, in: René König (Hrsg.),
       HdeS, Bd. 6: Jugend, Stuttgart: Ferdinand Enke Verlag und dtv
       Wissenschaftliche Reihe 1976, S. VI-VII.

       2., völlig neubearbeitete Aufl.

637.   Vorbemerkung des Herausgebers zu Band 7, in: René König (Hrsg.),
       HdeS, Bd. 7: Familie - Alter, Stuttgart: Ferdinand Enke Verlag und
       dtv Wissenschaftliche Reihe 1976, S. V-VI.

       2., völlig neubearbeitete Aufl.

638.   Vorwort, in: Erika Knabe, Frauenemanzipation in Afghanistan. Ein
       empirischer Beitrag zur Untersuchung von sozio-kulturellem Wandel
       und sozio-kultureller Beständigkeit (Afghanische Studien 16),
       Meisenheim am Glan: Verlag Anton Hain 1977, S. V-X.

639. Vorbemerkung des Herausgebers zu Band 8, in: René König (Hrsg.), HdeS, Bd. 8: Beruf - Industrie - Sozialer Wandel, Stuttgart: Ferdinand Enke Verlag und dtv Wissenschaftliche Reihe 1977, S. V-VIII.

   2., völlig neubearbeitete Aufl.; wieder abgedruckt als "Vorbemerkung des Herausgebers zu Band 9" in Bd. 9: Organisation - Militär, Stuttgart 1977.

640. Vorbemerkung des Herausgebers zu Band 10, in: René König (Hrsg.), HdeS, Bd. 10: Großstadt - Massenkommunikation - Stadt-Land-Beziehungen, Stuttgart: Ferdinand Enke Verlag und dtv Wissenschaftliche Reihe 1977, S. V-X.

   2., völlig neubearbeitete Aufl.

641. Vorbemerkung des Herausgebers zu Band 11, in: René König (Hrsg.), HdeS, Bd. 11: Freizeit - Konsum, Stuttgart: Ferdinand Enke Verlag und dtv Wissenschaftliche Reihe 1977, S. V-IX.

   2., völlig neubearbeitete Aufl.

642. Vorbemerkung des Herausgebers, in: René König (Hrsg.), HdeS, Bd. 12: Wahlverhalten - Vorurteile - Kriminalität, Stuttgart: Ferdinand Enke Verlag und dtv Wissenschaftliche Reihe 1978, S. V-VI.

   2., völlig neubearbeitete Aufl.

643. Über die Entstehung dieses Buches. Nachwort für die Neuausgabe 1979, in: René König, Niccolo Machiavelli. Zur Krisenanalyse einer Zeitenwende, München und Wien: Carl Hanser Verlag 1979, S. 353-358.

   In erweiterter Fassung wieder abgedruckt als Nachwort zur Taschenbuchausgabe, Frankfurt a.M., Berlin und Wien 1984, S. 353-360.

644. Vorbemerkung des Herausgebers zu Band 13, in: René König (Hrsg.), HdeS, Bd. 13: Sprache - Künste, Stuttgart: Ferdinand Enke Verlag und dtv Wissenschaftliche Reihe 1979, S. V-VIII.

   2., völlig neubearbeitete Aufl.

645. Vorbemerkung des Herausgebers zu Band 14, in: René König (Hrsg.), HdeS, Bd. 14: Religion - Bildung - Medizin, Stuttgart: Ferdinand Enke Verlag und dtv Wissenschaftliche Reihe 1979, S. V-VII.

   2., völlig neubearbeitete Aufl.

646. Vorwort, in: Yoe-Sioe Liem, Die ethnische Minderheit der Überseechinesen im Entwicklungsprozeß Indonesiens. Ein Beitrag zur Erforschung interethnischer Vorurteile in der Dritten Welt (Dis-

sertation vom 14.7.1978, Köln), Saarbrücken: Verlag Breitenbach
Publishers 1980, S. I-III.

647.   Vorwort, in: Alfred Vierkandt (Hrsg.), Handwörterbuch der Soziologie. Gekürzte Studienausgabe, mit einem Vorwort von René König
und einer Einleitung von Paul Hochstim, Stuttgart: Ferdinand Enke
Verlag 1982, S. IV-V.

648.   Präsentation, in: Ernst Wilhelm Müller, René König, Klaus-Peter
Koepping und Paul Drechsel (Hrsg.), Sonderheft 26 der KZfSS:
Ethnologie als Sozialwissenschaft, Köln und Opladen: Westdeutscher
Verlag 1984, S. 9-16.

649.   Vorwort zur Taschenbuchausgabe, in: René König, Leben im
Widerspruch. Versuch einer intellektuellen Autobiographie, Frankfurt
a.M., Berlin und Wien: Verlag Ullstein GmbH 1984, S. 7-12.

650.   Vorwort: In eigener Sache, in: René König, Soziologie in Deutschland.
Begründer, Verächter, Verfechter, München und Wien: Carl Hanser
Verlag 1987, S. 9-20.

651.   Geleitwort zum Nachdruck, in: Theodor Geiger, Aufgaben und
Stellung der Intelligenz in der Gesellschaft. Nachdruck zum 150-jäh-
rigen Bestehen des Ferdinand-Enke-Verlags (Faksimile-Nachdruck
der 1. Auflage 1949) mit einem Geleitwort von René König, Stuttgart:
Ferdinand Enke Verlag 1987, ohne Seitenzählung [7 Seiten].

c) Tagungsberichte, Notizen, Vermischtes (Nr. 652-674)

652.   Banlieues, déplacements journaliers, migrations de travail, in: Georges
Friedmann (Hrsg.), Villes et Campagnes. Civilisation urbaine et
civilisation rurale en France, Paris: Librairie Armand Colin 1953, S.
179-222.

653.   Der zweite Weltkongreß für Soziologie in Lüttich, in: KZfSS, Jg. 6,
1953/54, S. 153-160.

654.   Begründung eines gemeinsamen Zentrums der Sozialforschung für die
Mittelmeerländer, in: KZfSS, Jg. 13, 1961, S. 367-368.

655.   Die Begründung eines südost-asiatischen Forschungszentrums im
       Institut de Sociologie Solvay, Brüssel, in: KZfSS, Jg. 13, 1961, S. 368.

656.   Francisco Ayala und René König: Über die Unkenntnis der ibero-
       amerikanischen Soziologie in Deutschland. Ein Briefwechsel, in:
       Archiv für Rechts- und Sozialphilosophie, Jg. 49, 1963, Heft 4, S.
       571-574.

657.   Fünfter Weltkongreß für Soziologie in Washington, D.C., 2. - 8. Sep-
       tember 1962, in: KZfSS, Jg. 15, 1963, S. 204-206.

658.   Kolloquium über die elterliche Autorität in einem unterentwickelten
       Lande, Tunis, 4. bis 6. Februar 1966, in: KZfSS, Jg. 18, 1966, S. 199-
       201.

659.   René König u.a.: Sechster Weltkongreß für Soziologie in Evian-les-
       Bains, 4. bis 11. September 1966, in: KZfSS, Jg. 18, 1966, S. 811-862.
       Der erste Teil des Berichtes, S. 811-832, wurde von René König verfaßt.

660.   Zwanzig Jahre Westdeutscher Verlag, in: KZfSS, Jg. 19, 1967, S. 218.

661.   Australische Filmwoche, 8. Festival für den ethnologischen und sozio-
       logischen Film in Florenz v. 13. - 19.2.1967, in: KZfSS, Jg. 19, 1967,
       S. 215-218.

662.   (Unterzeichner der von Ernst Erdös und Michael Landmann verfaßten
       Erklärung): Gemeinsame Erklärung von 20 Vertretern der deutschen
       Linken zum Nahostkonflikt, in: Neue Deutsche Hefte, 1967/1968, S.
       103-119.

663.   Siebenter Weltkongreß für Soziologie, 14. - 19. September 1970 in
       Varna (Bulgarien). Vorbemerkung eines Nichtteilnehmers, in: KZfSS,
       Jg. 23, 1971, S. 206-208.

664.   Namensänderung einer Zeitschrift: Ethnopsychologie, in: KZfSS, Jg.
       23, 1971, S. 431.

665.   XII. Internationales Festival des sozialen Dokumentarfilms (Florenz,
       13. - 19. Dez. 1971), in: KZfSS, Jg. 24, 1972, S. 193-195.

666.   Von Türen, die sich öffnen..., in: KZfSS, Jg. 25, 1973, S. 229-230.

667.   Internationales Symposion über Wirtschaftsanthropologie, Florenz, den 28. - 31. März 1974, in: KZfSS, Jg. 26, 1974, S. 470-472.

668.   Grußwort, in: Deutsche UNESCO-Kommission (Hrsg.), Stadtökologie. Bericht über ein Kolloquium der Deutschen UNESCO-Kommission, veranstaltet in Zusammenarbeit mit der Werner-Reimers-Stiftung vom 23. - 26. Februar 1977 in Bad Homburg, München, New York, London und Paris: Verlag Dokumentation Saur 1978, S. 11.

669.   XX. Internationales Festival des sozialen Dokumentarfilms, in: KZfSS, Jg. 32, 1980, S. 199-202.

670.   In eigener Sache, in: KZfSS, Jg. 33, 1981, S. 799-800.

671.   Interview: "Rasterfahndung und erleuchtete Wissenschaft". Ein Gespräch von Wolf Schönleiter mit René König zur Soziologie im Faschismus und den Aufgaben moderner Gesellschaftswissenschaften, in: Uni Stadt Revue (Köln), Bd. 6, 1987, Heft 13, S. 10-17.

672.   Zum XVIII. Festival für den ethnologischen und anthropologischen Film, Florenz, den 27. Nov. - 5. Dez. 1987, in: KZfSS, Jg. 40, 1988, S. 409-410.

673.   Interview: "Tout va très bien...". René König über Emigration und Nachkriegssoziologie. Ein Gespräch mit Wolfgang Schönleiter, in: Wolfgang Blaschke, Olaf Hensel, Peter Liebermann, Wolfgang Lindweiler sowie die Redaktion der Uni-Stadt-Revue Köln (Hrsg.), Nachhilfe zur Erinnerung. 600 Jahre Universität zu Köln, Köln: Pahl Rugenstein 1988, S. 139-158.

674.   Interview: "Blick nach vorn". Ein Gespräch mit René König, in: Heinz-Jürgen Dahme, Carsten Klingemann, Michael Neumann, Karl-Siegbert Rehberg und Ilja Srubar (Hrsg.), Jahrbuch für Soziologiegeschichte 1990, Opladen: Leske und Budrich 1990, S. 219-238.

5. Journalistische Beiträge (Nr. 675-708)

675.   Die Universität und das geistige Reich, in: Berliner Tageblatt vom 23. Dezember 1934.

676.   Einheit von Lehre und Forschung, in: Kölnische Zeitung, Nr. 49,
       Sonntagsblatt vom 27. Januar 1935.

677.   Humanismus und philosophische Weltschau, in: Geistige Arbeit.
       Zeitung aus der wissenschaftlichen Welt, Jg. 2, Heft 6 vom 20. März
       1935, S. 1-2.

678.   Wehrpflicht - Hochschulreform, in: Kölnische Zeitung, Nr. 155,
       Abendblatt vom 25. März 1935.

679.   Geist und Geschichte, in: Kölnische Zeitung, Nr. 269, Abendblatt vom
       28. Mai 1935.

680.   Die geistigen Strömungen in der Hochschulreform, in: Kölnische
       Zeitung vom 21. August 1935.

681.   Zur Frage des Historismus, in: Kölnische Zeitung, Nr. 269, Kulturbei-
       lage des Morgenblatts vom 28. Mai 1936.

682.   Menschliche Wirklichkeit, in: Das Deutsche Wort und Die große Über-
       sicht. Der literarischen Welt neue Folge, Bd. 12, Dezember 1936, S.
       949-954.

683.   Darstellung des Menschlichen. Vollkommenheit und Unvollkom-
       menheit des Erasmus von Rotterdam, in: Kölnische Zeitung, Nr. 69,
       Kulturbeilage des Sonntagsblatts vom 7. Februar 1937.

684.   Utopie und politische Programmatik, in: Kölnische Zeitung, Nr. 133,
       Kulturbeilage des Sonntagsblatts vom 14. März 1937.

685.   Literarische Geschmacksbildung, in: Das Deutsche Wort und Die
       Große Übersicht. Der literarischen Welt neue Folge, Bd. 13, März/
       April 1937, S. 71-82.

686.   Der neue Realismus, in: Das Deutsche Wort und Die Große Übersicht.
       Der literarischen Welt neue Folge, Bd. 13, Juli/August 1937, S. 185-
       192.

687.   Humanismus als Herkommen und Haltung, in: Das Deutsche Wort und
       Die Große Übersicht. Der literarischen Welt neue Folge, Bd. 13,
       September/Oktober 1937, S. 258-266.

688.   Italien. Aufbau mit Hindernissen, in: St. Galler Tagblatt vom 10. und
        11. Oktober 1946.

689.   Kleine Vagabunden. Begegnungen mit italienischen "sciusciàs", in: Die
        Weltwoche, Jg. 14, vom 14. Oktober 1946, S. 9.

690.   Die europäische Gesellschaftsrevolution, in: Schweizer Annalen, Jg.
        3, 1946/47, Heft 1 und 2, S. 35-39 und S. 107-112.

691.   Deutschland zu Weihnachten und zu Silvester; Deutsche Universitäts-
        sorgen; Die Widerstandskraft des deutschen Bürgertums; Gespräche
        mit heimkehrenden deutschen Kriegsgefangenen u.a., in: St. Galler
        Tagblatt vom 21. und 25. Januar 1947.

692.   Entzauberung der Politik, in: St. Galler Tagblatt vom 1. November
        1947.
        Wieder abgedruckt in: Neue Zeitung (München), November 1947.

693.   Neuere Entwicklungstendenzen im westlichen Sozialismus, in: St.
        Galler Tagblatt, November 1947, 4 Fortsetzungen.
        Wieder abgedruckt in: Neue Zeitung (München) vom 9. Oktober 1948.

694.   Adrien Turel, ein schweizerischer Geschichtsphilosoph, in: St. Galler
        Tagblatt vom 18. Dezember 1947.

695.   Wandlungen in der amerikanischen Negerfrage, in: St. Galler Tagblatt
        vom 12. März 1948.
        Wieder abgedruckt in: Neue Zeitung (München), 1948.

696.   Die deutsche Jugend erforscht sich selbst, in: St. Galler Tagblatt vom
        13. März 1948.

697.   Theorie und Praxis des Staatsstreichs, in: St. Galler Tagblatt vom 10.
        April 1948.

698.   Unvoreingenommener Besuch in Spanien, in: St. Galler Tagblatt vom
        5. und 8. Juni 1948.
        Wieder abgedruckt in: Neue Zeitung (München), Juli 1948.

699.   Im Wirbel der deutschen Währungsreform, in: St. Galler Tagblatt vom
        25. Juni 1948.

700. Die soziale Umwälzung im Gefolge der westdeutschen Währungsreform, in: St. Galler Tagblatt vom 26. Juni 1948.

701. Eine freie ukrainische Universität in München, in: St. Galler Tagblatt vom 16. August 1948.

702. Amerika umwirbt die deutsche Jugend, in: St. Galler Tagblatt vom 6. Oktober 1948.

703. Primitive und moderne Magie. Das Studium der Naturvölker führt zu neuen Erkenntnissen, in: Die Weltwoche, Jg. 16, vom 15. Oktober 1948, S. 9.

704. Unerfreuliche Eindrücke von einer Italienreise, in: St. Galler Tagblatt vom 21. April 1949.
     Wieder abgedruckt in: Neue Zeitung (München), Sommer 1949.

705. Die Entwicklung zweier feindlicher Brüder. Eine Studie über die Verwandschaft von Nationalsozialismus und Bolschewismus, in: Neue Zeitung (München) vom 21. Dezember 1949.

706. Deutsche Paradoxien am Jahresanfang, in: St. Galler Tagblatt vom 2. Februar 1950.

707. Soziale und politische Ideen von 1900 bis 1950. Einige Bemerkungen zur Entwicklung von Kommunismus und Faschismus, in: St. Galler Tagblatt vom 24. und 28. Februar 1950.

708. Berlin zwischen zwei Weltkriegen, in: Hesperia. Zeitschrift der Kulturwissenschaftlichen Abteilung des Instituts für Auslandsforschung in Zürich, Jg. 3, Heft 8, Dezember 1951, S. 156-171
     Wieder abgedruckt in: René König, Leben im Widerspruch. Versuch einer intellektuellen Biographie, München und Wien 1980.

6. Unveröffentlichte Manuskripte (Nr. 709-726)

709. Die Universität und die Idee einer deutschen Bildung [1935, Februar].

710. Der philosophische Kampf um die Hochschulreform [1935, März].

711.   Die philosophische Pflichtprüfung im Nebenfach [1935, September].

712.   Von der Problematik zum Sein [1935, September].

713.   Hegel Heute [1935, Mai].

714.   Geist und Geschichte: Die Stellung der Philosophie in der Gegenwart [1936, Februar].

715.   L'idée de l'université allemande [1936, Februar].

716.   Zur Ortsbestimmung des Politischen [1936].

717.   Technik und Magie bei den Naturvölkern. Zur Problematik der Sozialpsychologie [1937].

718.   Eliten und Massen [1940, November].

719.   Die Familie in der Gegenwart. Beilage 6, II zum Bericht des Bundesrates an die Bundesversammlung über das Volksbegehren "Für die Familie" (für den parlamentarischen Gebrauch vervielfältigt, 10. Oktober 1944), Bern: 1944.
       Auszug aus einem Gutachten "Über die Familie der Gegenwart" für den Schweizerischen Bundesrat.

720.   Was nottut. Programmatische Erklärungen zum Aufbau einer positiven Familienpolitik [1946].
       In umgearbeiteter Form als Vorwort zu René König, Materialien zur Soziologie der Familie, Bern 1946.

721.   Wer war Machiavelli? [1946].

722.   René König und Franz Josef Stendenbach: L'enseignement de la sociologie. Une étude préliminaire. Teil 1 und 2. o. O. [Köln] o. J. [ca. 1962]. 176 Seiten.

723.   Zum Problem der Bürokratisierung. [Sonderdruck], Bad Homburg: Verlag Dr. Max Gehlen o. J. [1966].

724.   Les trois phases du patriachalisme. Communication presentée au Colloque International sur l'autorité dans la famille maghrébine [Tunis 1967].

725. René König, Karl-Dieter Opp und Fritz Sack: Das Spielen an Geldautomaten. Köln: Forschungsinstitut für Soziologie der Universität Köln o. J. [1969].

726. Cultural Interplay and Political Anthropology: The Navajo Case. o.O. u.J. 33 Seiten.

III. Literarische Übersetzungen (Nr. 727-729)

727. Giovanni Verga, Die Malavoglia. Eine Geschichte von sizilianischen Fischern (übersetzt und mit einem Nachwort versehen von René König), Zürich: Büchergilde Gutenberg [1945], 382 Seiten.

   Weitere Auflagen: Insel Verlag: Wiesbaden 1959, 289 Seiten; Fischer Verlag: Frankfurt a.M. und Hamburg 1960, 201 Seiten; Suhrkamp Verlag: Frankfurt a.M. 1982, 323 Seiten.

728. (zusammen mit J.W. Guggenheim): Graf Galeazzo Ciano. Tagebücher 1939-1943, Bern: Alfred Scherz Verlag 1946, 534 Seiten.

729. Hesketh Pearson, Oskar Wilde. Sein Leben und Werk, Bern: Alfred Scherz Verlag 1947, 383 Seiten.

Nachtrag (Nr. 730)

730. Soziologie, in: Tilman Buddensieg, Kurt Düwell und Klaus-J. Sembach (Hrsg.), Wissenschaften in Berlin. Bd. 2 Disziplinen, Berlin: Gebr. Mann 1987, S. 149-153.

Namenregister

Im Namenregister werden alle Namen aufgeführt, die in der Bibliographie erwähnt sind. Es ist zu beachten, daß sie unterschiedlichen Gruppen zugeordnet werden können. Man kann folgende Teilgruppen bilden: Mitarbeiter und Co-Autoren (vor allem aus der Kölner Zeit); Autoren von Beiträgen, die René König herausgegeben hat (vor allem in den diversen Lehrbüchern); Personen, mit denen sich René König auseinandergesetzt hat (so etwa Benedetto Croce, Machiavelli, Max Weber); rezensierte Autoren; Fachkollegen (vor allem Soziologen), die mit einer Würdigung oder einem Nachruf bedacht worden sind; Herausgeber von Sammelbänden und Zeitschriften, in denen König publiziert hat. Es wurde darauf verzichtet, diese Unterschiede im Register eigens zu kennzeichnen.

Alle Ziffern beziehen sich auf die durchnumerierten Literatureinheiten, nicht auf die Seitenzahlen der Bibliographie.

Adair, John 485

Adorno, Theodor W. 270, 433

Agthe, Klaus 157

Aich, Prodosh 605

Albert, Hans 62, 163, 178, 423

Albrecht, Günther 58, 629

Alexander, F. 106

Anderson, Nels 127, 591

Angiuli, Emanuela 534

Apel, Max 352

Arambourg, Camille 460

Arensberg, Conrad M. 67

Aron, Raymond 18, 238, 320, 405, 581, 587

Atteslander, Peter F. 122, 205

Ayala, Francisco 656

Baeyer-Katte, Wana 611

Bahlsen, Gerhard 2

Baltzell, E. D. 441

Barth, Hans 449

Baschwitz, Kurt 564

Bastian, Adolf 540

Battegay, Raymond 254

Bauer, Fritz 146
Baumert, Gerhard 558
Baumgarten, A. 106
Bausinger, Hermann 457
Beck, K. 253
Becker, H. 434
Becker, K. 253
Beegle, J. A. 442
Bendix, Reinhard 448, 463, 546, 613
Bensman, Joseph 441
Berg, Eberhard 540
Bergson, Henri 362
Bermann-Fischer, Gottfried 379
Bernot, Lucien 419
Bernsdorf, Wilhelm 332-334, 341-349, 442
Bianco, Carlo 534
Bierstedt, Robert 434
Blanchard, René 419
Blaschke, Wolfgang 673
Blaschke, Jochen 533
Blohmke, Maria 258
Bobeck, Hans 423
Bochenski, Joseph Maria 187
Boeck, Werner 234
Böhm, Thomas 292
Boigeol, Anne 520
Bolte, Karl Martin 70
Bon, Frédéric 499
Bondi, Hermann 187
Bondy, Beatrice 287
Bondy, François 287
Borgatta, Edgar F. 434
Borghi, L. 424
Boskoff, Alvin 434
Bosch-Cimpera, P. 460
Bottomore, Thomas B. 70
Bouman, Pieter Jan 23
Brachfeld, Oliver 180, 563
Bracken, Helmut von 611
Brambilla, F. 424
Braudel, Fernand 460
Braun, Hans 526

Braun, M. 457
Brepohl, Wilhelm 39, 44, 115, 597
Breuil, Abbé Henri 460
Brocher, Henri 363
Broom, Leonard 434
Brunschvicg, Léon 368
Buddensieg, Tilman 730
Bülow, Fritz 332, 333, 334
Buntenbach, Rolf 616
Bürger-Prinz, Hans 146
Burnier, Michel-Antoine 499
Burton, M. 453
Busch, Alexander 145
Busch, Friedrich W. 512
Büscher, Horst 624
Capelle, Wilhelm 375
Caplow, Theodore 446
Ceram, C. W. 501
Childe, V. G. 445
Chombart de Lauwe, Paul-Henri 497
Chotjewitz, Peter O. 510
Christie, N. 255
Ciano, Graf Galeazzo 728
Claessens, Dieter 199
Clemens, René 465
Clinard, Marshall B. 435
Commaille, Jacques 520
Comte, Auguste 18, 260, 263, 336
Coser, Lewis A. 434
Croce, Benedetto 353
Croner, Fritz 568
Croon, H. 441
Cuvillier, Armand 412, 439, 455
Dadek, Walter 450
Daheim, Hansjürgen 73
Dahl, Edgar 618
Dahme, Heinz-Jürgen 674
Dahrendorf, Ralf 468
Davy, Georges 359
De Vries Reilingh, H. D. 67
Dehio, Ludwig 394, 397
Deuschle, Kurt W. 485

Devereux, Georges 589
Dior, Christian 45, 138, 602
Dirks, Walter 433
Dollinger, Rupert 290
Dörner, Heinrich 515
Dörner, Klaus 243
Drechsel, Paul 80, 284, 285, 648
Duerr, Hans Peter 282, 532, 536
Düvell, Kurt 730
Dunkmann, Karl 369
Durand, Jacques 450
Durkheim, Emile 18, 49, 89, 134, 161, 167, 237, 238, 243,
..... 259-263, 268, 320, 360, 370, 412, 486, 502, 505, 522, 604
Duvignaud, Jean 487
Egger, August 100, 295
Eisermann, Gottfried 67, 442
Elias, Norbert 269
Elisseeff, Vadime 460
Engelsing, Rolf 523
Erasmus von Rotterdam 376, 683
Erdös, Ernst 662
Falke, Konrad 378-380
Febvre, Lucien 460
Federn, Paul 106
Fei Xiaotong (früher Fei Hsiao-Tung) 588
Ferber, Christian von 258
Ferdinandy, M. de 445
Ferrarotti, Franco 456
Fine, Benjamin 436
Fischer, Gerd 90
Fischer, Hans 541
Fischer, Irma 474
Fischer, Ludolf 59
Fischer, Winfried M. 616
Fitzgerald, Edward 27, 28
Foltin, Hans Friedrich 221
Forster, Georg 540
Francis, Emerich K. 433
Freedman, R. 434
Freund, Wolfgang S. 58
Freyer, Hans 378, 566
Friedberg, V. 220

Friedemann, Adolf 254
Friedmann, Georges 446, 570, 578, 652
Fröhlich, Dieter 58
Fulbright, James 164
Fürstenberg, Friedrich 79
Gadourek, I. 417
Gallino, Luciano 530
Gehlen, Arnold 119
Gehlen, Rolf 282
Gehmacher, Ernst 290
Geiger, Theodor 407, 469, 481, 651
Gella, Aleksander 492
Gernsheim, J. 255
Giddens, Anthony 502
Giese, Hans 146
Giner, Salvador 324
Ginsberg, Morris 366
Girod, Roger 205
Girtler, Roland 539
Gittler, J. B. 434
Glass, David W. 48, 603
Glazer-Malbin, Nona 526
Goebbels, Joseph Paul 548
Goldmann, Lucien 569
Goldschmidt, Dietrich 167
Górecki, Jan 491
Grabowski, A. 402
Gramalica, Filippo 615
Greenwald, Harold 452
Greiß, Franz 135, 217
Grochla, Erwin 338-340, 350
Gschwind, M. 255
Guggenheim, J. W. 728
Gumplowicz, Ludwig 492
Gurvitch, Georges 267, 442
Haacke, Wilmont 241
Haésaert, P. J. 365
Hagemann, Friedhelm 169
Halbwachs, Maurice 428
Haller, Max 291
Halpern, J. M. 441
Hammer, Albert 423

Handel, Gerald 528
Hanna, Barbara 506
Harnack, Adolf von 374
Haseloff, Otto Walter 144, 195, 221
Hawley, Amos H. 67
Hax, Karl 64
Hebbel, Friedrich 355
Heberle, Rudolf 77
Hegel, Georg Wilhelm Friedrich 399, 507, 713
Heilfurth, Gerhard 67, 221
Heimpel, Hermann 133
Heintz, Peter R. 41, 43, 67, 128, 585, 599, 609
Hensel, Olaf 673
Herder-Dorneich, Philipp 217
Hermens, Ferdinand A. 54
Hess, Henner 484
Hess, Robert D. 528
Heuer, J. 457
Heuss, Theodor 133
Heyse, Hans 93
Hill, Reuben 60, 199, 322, 592
Hinkel, Gisela N. 475
Hinkel, Roscoe L. 475
Hirsch, Ernst E. 177, 210
Hirsch, Wolfgang 400
Hobbes, Thomas 380
Hobhouse, L. T. 366
Hobson, J. A. 366
Hoffmann-Nowotny, Hans-Joachim 291
Hofstätter, Peter R. 65
Hollander, Arie N. J. den 576
Honigsheim, Paul 442
Horkheimer, Max 270
Horstmann, Kurt 70
Hoselitz, Bert F. 73
Hovens, Pieter 330
Huizinga, Johan 376
Hünger, Heinz 204
Insolera, D. 424
Irle, Martin 457
Isambert-Jamati, Viviane 431
Jacoby, Eduard Georg 474

Jäger, Herbert 146
Jahoda, Marie 470
Jakoby, Henry 498
Janowitz, Gayle 628
Jettmar, Karl 59
Joly, Maurice 403
Kaminsky, Walter 218
Kamphausen, Hannes 571
Karrenberg, Friedrich 163
Käser, O. 220
Käsler, Dirk 263
Kaupen, Wolfgang 210
Kaupen-Haas, Heidrun 618, 620
Kehr, Martin 544
Kern, Paul (alias René König) 378-380
Kerr, M. 441
Keur, Dorothy 416
Keur, John Y. 416
Kisker, Karl Peter 258
Klein, Michael 536
Klingemann, Carsten 674
Klose, Olaf 474
Kluckhohn, Clyde 555
Knabe, Erika 638
Knospe, Hubert 332, 333, 341-349
Koepping, Klaus-Peter 80, 284, 285, 540, 648
Kolaja, Jiri 473
Koschwitz, Hansjürgen 241
Kötter, Herbert 75
Krall, Gustav 422
Kraus, Willy 59, 64
Krause, Harry D. 493
Krekeler, Hans-Joachim 75
Kühne, O. 442
Kurzrock, Ruprecht 248, 274, 275
LaFarge, Oliver 501
Lamprecht, S. 442
Lamy, Marie-Laurence 520
Landmann, Michael 662
Landmann, Salica 462
Lantz, H. R. 441
Lazarsfeld, Paul F. 470, 577

Le Bon, Gustave 547
Legnaro, Aldo 276
Lehner, Gunthar 158
Leitner, Ute 526
Lenz, F. 442
Lepenies, Wolf 141
Lepsius, M. Rainer 277
Lévy-Bruhl, Henri 364, 429
Lévy-Bruhl, Lucien 269, 357
Liebermann, Peter 673
Liem, Yoe-Sioe 646
Lindweiler, Wolfgang 673
Lock, Birte 292
Lonsbach, Richard Maximilian 379
Lorenz, Jakob 383
Lowenthal, Leo 37, 582
Luckmann, Thomas 78
Lukács, Georg 399
Luki'c, Radomir 180
Lüschen, Günther 10, 203, 272
Lutz, Burkhard 73
Machiavelli, Niccolo 3, 378, 545, 643, 721
Malinowski, Bronislav 269
Mangold, Werner 63
Mann, Fritz K. 190, 310, 360, 370
Mann, Thomas 378-380
Mannheim, Karl 268, 413
Marcson, Simon 466
Marica, Georges Em. 360, 370
Maritain, Jaques 361
Martin, Alfred von 477, 551
Marx, Karl 6, 22, 508, 519
Matthes, Joachim 167
Maus, Heinz 51, 62, 170
Mauss, Marcel 18, 237, 504, 527
Mayer, Fritz W. 135
Mayer, Kurt 67
Mayntz, Renate 53, 74, 441
Meissner, Hans Günther 264
Meister, A. 441
Meistermann-Seeger, Edeltrud 264
Meja, Volker 308

Meng, Heinrich 106, 391
Mergen, Armand 208
Mertesdorf, Frank 618
Merton, Robert K. 590
Meyer, H. S. 434
Michel, Andrée 199, 321, 517
Michel, Ernst 396
Michel, P. 420
Middelhauve, Friedrich 561
Middendorf, Wolf 447
Mies, Maria 630
Milhoffer, Petra 199
Mills, C. W. 469
Miroglio, Abel 531
Miroglio, Yvonne-Delphée 531
Misgeld, Dieter 308
Mitscherlich, Alexander 565, 584
Mitterauer, Michael 525
Moles, Abraham 37
Möller, Carola 626
Monnier, Alain 520
Montesquieu, Charles de 412
Montet, Pierre 460
Monz, Heinz 508, 519
Morazé, C. 445
Moreno, Jakob L. 123, 574
Mörth, Ingo 79
Muddathir, Ahmed 180
Mühlmann, Wilhelm Emil 219
Müller, Ernst Wilhelm 80, 219, 284, 285, 648
Müller-Armack, Alfred 135
Mumford, Lewis 482
Munch, Peter A. 432
Murillo, Francisco 180
Naudou, Jen 460
Nebel, Gerhard 392
Nehnevajsa, Jiri 63
Nerlich, Uwe 113
Neumann, Michael 674
Neumark, Fritz 538
Neurath, Paul 66
Niaz, Gholam 232

Nietzsche, Friedrich Wilhelm 379
Nimkoff, Meyer F. 440, 455
Nizsalovszky, Eudre 516
Nostiz, Siegfried von 501
Ober, K. G. 220
Odebrecht, Rudolf 356
Ofner, Robert 423
Ogburn, William Fielding 268, 440, 455, 553
Olivetti, Adriano 9, 190, 310
Opp, Karl-Dieter 725
Ortega Y Gasset, José 550
Ossowski, Stanislaw 559
Pagès, Robert 65
Paoli, Ugo Enrico 404
Pareto, Vilfredo 400
Park, Robert Esra 426
Parrot, André 460
Parsons, Talcott 267, 411, 579
Paulsen, Friedrich 474
Pearson, Hesketh 729
Pehnt, Wolfgang 247
Peters, Hans 126
Pfister-Amende, Maria 106
Pflanz, Manfred 79
Pietsch, Max 472
Platon 398
Plessner, Helmuth 583
Popper, Karl Raimund 386
Poser, Helga 618
Pötter, Günther 241
Quoist, Michel 419
Rabaud, Etienne 358
Radcliffe-Brown, Alfred R. 269
Ralis, Max 39, 44, 115, 597
Rathjens, Carl 59
Rauschning, Hermann 387
Recker, Helga 70
Rehberg, Karl-Siegbert 674
Rehbinder, Manfred 177, 210
Reich, Richard 287
Reifenberg, Benno 133
Reimann, Helga 241

Reimann, Horst 219, 241
Reinisch, Leonhard 159, 160, 187
Remane, A. 453
Reno, Philip 537
Rheinstein, Max 494
Rignano, Eugenio 354
Ris, Klaus M. 438
Ritter, Gerhard 393, 395
Roghmann, Klaus 56, 74, 622
Rokkan, Stein 77, 580
Röpke, Wilhelm 390
Rosenbaum, Heidi 518
Rosenberg, Bernard 434
Rosenmayr, Leopold 71, 72, 542, 422
Roucek, Joseph S. 307
Rousseau, Jean-Jacques 412
Roussel, Louis 520
Rumpf, Max 371
Rüschemeyer, Dietrich 39, 44, 115, 601, 608
Rüssel, Herbert Werner 388
Rüstow, Alexander 554
Sack, Fritz 55, 77, 617, 619, 725
Saint-Simon, Claude Henri de 18, 164, 259
Sanders, I.T. 441
Sawitzki, Hans Henning 618
Schachtschabel, Hans G. 471
Schaefer, Hans 258
Schelsky, Helmut 119
Schelting, Alexander von 560
Scherhorn, Gerhard 76
Scheuch, Erwin K. 39, 41, 44, 53, 54,
.... 62, 63, 65, 76, 115, 128, 599, 609, 608, 601
Scheuchert, Arno 355
Schimka, Anton 422
Schlemmer, Johannes 202
Schmalfuß, Axel 61, 232, 239
Schmidt, Gert 73
Schmidt, Heinrich 352
Schmidt, Franz 373
Schmitt, Carl 380
Schmölders, Günther 443, 500
Schnaufer, Erich 157

Schneider, Franz 218
Schnyder, Bernhard 280
Schönleiter, Wolfgang 671, 673
Schreiber, Wilfried 137, 217
Schrey, Heinz-Horst 168
Schulze-Thulin, Axel 509, 529
Schumacher, Irene 509
Schuppisser, Peter W. 45, 83, 85, 138, 602
Schütte, Hans Gert 169
Schwägler, Georg 489
Schwedt, H. 457
Scotford Archer, Margaret 324
Sebald, Hans 535
Seear, B. N. 511
Segalen, Martine 513
Selznick, Philip 434
Sembach, Klaus.-J. 730
Sieder, Reinhard 525
Siguán, Miguel 456
Silbermann, Alphons 8, 37, 67, 68, 75, 78, 88, 173, 249, 567, 569
Simmel, Georg 268
Sodeur, Wolfgang 56, 622
Sorel, Georges 96, 449
Specht, Karl G. 39, 44, 113, 115, 298, 597
Specklin, R. 420
Spencer, Herbert 461
Spicer, Edward Holland 586
Srubar, Ilja 674
Stachowiak, Herbert 144
Stehr, Nico 69, 308
Stein, M. R. 457
Steiner, Stan 501
Stendenbach, Franz Joseph 722
Sternberg, Fritz 557
Stieber, Hans-Wolfgang 122, 309
Stieglitz, Heinrich 169
Stoetzel, Jean 410
Stosberg, Manfred 616
Strecker, Ivo A. 503
Streicher, Thomas 292
Strotzka, Hans 422
Strzelewicz, Willi 79

Sulser, Jakob 382
Sussman, Marvin B. 457
Svasand, Lars 77
Sweet, L. E. 457
Szczepanski, Jan 67
Szczesny, Gerhard 167
Szende, Stefan 385
Talamo, M. 424
Taschner, Pepi 539
Täubert, Klaus 589
Teuscher, Wolfgang 180
Thiel, Joseph Franz 541
Thomsen, K. 220
Thurnwald, Richard 285, 372
Tischner, Herbert 458
Tönnesmann, Margret 45, 136
Tönnies, Ferdinand 22, 118, 474
Topitsch, Ernst 178
Toschi, U. 424
Trappe, Friedrich 410
Treinen, Heiner 122, 309
Tricart, J. 420
Tschingis Khan 445
Tullio-Altan, Carlo 496
Tumin, Melvin M. 621
Turel, Adrien 384, 694
Uchtenhagen, Ambros 254
Ülken, Hilmi Ziya 180
Underwood, K. W. 441
Utermann, K. 441
Vagts, Alfred 476
Valentin, Veit 401
Varagnac, André 460
Verga, Giovanni 595, 727
Verry, Maurice 431
Vexliard, Alexandre 430, 437
Vidich, Arthur J. 441
Völger, Gisela 276, 286, 293
Waldecker, Burkhard 367
Wannagat, L. 253
Ward, Lester F. 492
Weber, Alfred 409

Weber, Max 12, 22, 52, 133, 178, 314-316, 377, 448, 454, 613, 610
Weber, Wilhelm 217
Weber-Kellermann, Ingeborg 524
Weiser, Gerd 163
Weiss, Richard 381, 406
Welck, Karin von 276, 286, 293
Wernerus, Theodor 232
Whyte, William Foote 464
Wiese (und Kaiserswaldau), Leopold von 113,
.... 114, 200, 298, 337, 461, 556, 562
Wilde, Oskar 729
Wildenmann, Rudolf 54
Wilhelm, H. 445
Willems, Emilio 573
Williams, W. M. 421
Wilson, Edmund 514
Winckelmann, Johannes 52, 454, 572, 610
Winkler, Eugen Gottlob 549
Wirth, Louis 426
Wittmann, Waldemar 350
Wolf, Heinz E. 77
Wolf, Bernd 282
Wolfe, Tom 13, 32, 33
Zahn, Ernest 543
Zahn-Harnack, Agnes von 374
Zander, J. 220
Zapf, Wolfgang 291
Zeisel, Hans 470
Zetterberg, Hans L. 62, 434
Ziegenfuß, Werner 575
Ziegler, Rolf 56, 74, 169, 622
Znaniecki, Florian 552

Sachregister

Das Sachregister bezieht sich ausschließlich auf Wörter und Fachbegriffe, die im Titel der Beiträge genannt werden. Neben den Sachbegriffen (Gesellschaft, Wirtschaft) sind vor allem auch solche Begriffsfassungen aufgenommen worden, in denen die Soziologie als Disziplin sichtbar wird (z.B. Soziologie, soziologisch). Schließlich wurden auch solche Begriffe berücksichtigt, in denen sich René Königs Weise widerspiegelt, Themen zu behandeln, wie Frage, Problem (Problematik), auch Einleitung. Mithin enthält auch das Sachregister - ähnlich wie das Personenregister - mehrere Bezugsgesichtspunkte, die die Arbeitsweise Königs sichtbar machen sollen.

Alle Ziffern beziehen sich auf die durchnumerierten Literatureinheiten, nicht auf die Seitenzahlen.

Abhängigkeit 16, 114

Affekt 221

Afghanistan, afghanisch 59, 232, 624, 638

Afrika 180, 612

Agglomeration 438

Akkumulation 264

Aktionsforschung, action research 341

Alltag 175, 221

Alter 9, 72, 153, 542, 637

Alternative 14

Altertum 373

Amerika, amerikanisch 129, 164, 425, 434, 475, 476, 501, 695, 702

Analphabetentum 506, 523

Änderung 225

angewandte Soziologie 53

Anmerkungen 210

Anomie 342

Anpassung 219, 291, 343, 617

Ansehen 179

Ansprüche 182

Anthologie 487

Anthropologie 527, 536, 540

Anthropologie, anthropologisch 290, 496, 527,
. . . . 534, 536, 540, 667, 672, 726

Antisemitismus 611, 621

Arbeit 9, 91, 129, 176, 193, 232, 396, 446, 470, 628, 677

Arbeitslose 470

Arbeitsmoral 9, 176

Arbeitsstil 9, 193

Arbeitsteilung 232, 446

Arizona 14

Arzt, ärztlich 253

Aspekte 58, 214, 219, 276, 329

Ästhetik 1, 355

Auswertung 39, 44, 115, 597, 601, 608

Autobiographie 20, 649

Automation 471, 472

Autonomie 9, 147

Autorität 16, 251, 304, 658

Bedeutung 8, 9, 153, 155, 164, 179, 224, 281

Begriff 9, 118, 139, 351

Beitrag, Beiträge 1, 5, 17, 38, 53, 56, 63, 65, 67, 70,
.... 72-79, 146, 169, 177, 180, 187, 206, 219, 241, 255,
.... 285, 290, 423, 441, 509, 536, 616, 629, 633, 638, 646

Belgien 488

Bemerkungen 9, 123, 124, 130, 176, 185, 224, 282, 622, 707,

Beobachtung 41, 128, 170, 503, 599, 609

Beobachtung und Experiment 41, 128, 599, 609

Berlin 22, 91, 277, 708

Beruf 8, 9, 16, 73, 127, 162, 166, 169,
.... 188, 189, 213, 236, 246, 253, 618, 620, 639

Berufswahl 16, 127

Beschreibung 503

Betrieb, betriebssoziologisch 122, 157, 309, 350, 616

Bewußtsein 272

Bibliographie 434

Bildung 79, 111, 152, 402, 645, 709

Bolschewismus 705

Bundesrepublik (Deutschland) 8, 198, 209, 247

Bürgertum 691

Bürokratisierung 498, 723

Chance 240, 630

Chicago 266

Daseinsgestaltung 9, 147

défense sociale 302, 615

Definition 5, 16, 247

Demokratie, demokratisch 5, 103, 481
Denkweise 455
Desintegration 5, 16, 101
Desorganisation 5, 16, 101
Determinante 9, 193
Deutsch, allemand 2, 121, 215, 325,
.... 326, 371, 390, 476, 538, 546, 706, 715
deutsche Soziologie 121, 272, 614
Deutsche Gesellschaft für Soziologie 140
Deutschland, Germany, Allemagne 6, 22, 97, 118, 141, 155, 159,
.... 160, 178, 198, 211, 247, 277, 283, 288, 299, 307,
.... 313, 324, 523, 540, 611, 614, 621, 650, 656, 691
deviant behavior 435
Dialektik 399
Dogmatismus 18, 89, 134, 161, 167, 237,
.... 238, 243, 259, 260, 261, 262, 299, 320
Dokument 52, 231
Dokumentarfilm, sozialer 665, 669
Dorf 421
Dritte Welt 273, 646
Drogenkonsum 276
Ehe 16, 202, 274, 332, 494, 618
Einfluß 225
Einleitung 9, 13, 23, 32, 33, 49, 117, 239, 243,
.... 301, 327, 328, 433, 434, 604, 607, 626, 647
Elite 718
Emigration, emigriert 12, 22, 141, 534, 538, 673
empirisch 51, 53, 57, 62, 63, 65-67, 70-79,
.... 87, 170, 212, 222, 224, 239, 252, 606,
.... 608, 623, 631, 635-642, 644, 645
Entfaltung 268
Entwicklung 5, 9, 164, 181, 190, 192, 194, 206,
.... 213, 216, 219, 225, 242, 256, 264, 271, 273, 285, 294, 305,
.... 310, 457, 475, 489, 508, 509, 519, 646, 693, 705, 707
Entwicklungsforschung 216
Entwicklungsländer 174, 180, 612, 624
Entwicklungssoziologie 14, 58, 206
Entwicklungstendenzen 5, 16, 99, 294, 693
Entzauberung 692
Epilog 22, 288
Ergebnis 179, 422
Erkenntnis 182, 234, 257, 265, 703

Ernährung 9, 153, 155
Erotik 9, 172
Erziehung 144, 505, 522
ethnocentrism 621
Ethnologie 80, 284, 536, 541, 648
ethnologisch, ethnologie, ethno-soziologisch 219, 276, 364, 372,
.... 503, 509, 621, 661, 664, 672
Ethnopsychologie 664
Eurasien 445
Europa, europäisch 12, 22, 132, 141,
..... 164, 211, 324, 330, 385, 445, 456, 459, 478, 531, 533, 690
Exil 291
existentialistisch 17, 633
Existenz 93
Experiment 41, 128, 599, 609
Familie, family, famille 5, 9, 10, 15, 16, 24, 36, 38, 60, 72,
...... 99-101, 103, 106, 112, 114, 119, 127, 132, 152, 198, 199,
.... 202, 218, 220, 222, 236, 240, 250, 251, 255, 280, 294, 295,
.... 303, 304, 318, 321, 322, 327, 333, 410, 489, 490, 512, 515,
.... 516, 518, 524-526, 528, 596 632, 637, 719, 720, 724
Familie der Gegenwart 15, 36, 719
Familien, unvollständige 16, 127
Familienpolitik 5, 103, 720
Familiensoziologie 5, 16, 100, 101, 199, 295,
.... 321, 322, 333, 490, 518, 525, 632
Faschismus 671, 707
Feldforschung 503
Fest 204
Festgabe 135, 264
Festival 278, 661, 665, 669, 672
Festschrift 100, 113, 163, 164, 207, 217, 218, 221, 295
Film 9, 197, 231, 265, 450, 661, 665, 669, 672
Finanzen, Finanzwirtschaft 218, 443
formale Soziologie 200
Forschung 8, 113, 209, 221, 224, 238, 298, 308, 345, 676,
Forschungsansätze 67, 252
Forschungsinstitut für Soziologie (Köln) 126, 614, 725
Forschungsmethoden 163
Forschungszentrum 654, 655
Fortpflanzung 248
Frage 9, 12, 16, 22, 111, 175,
..... 176, 178, 199, 216, 235, 314, 315, 316, 321, 322, 390, 681

Frage, deutsche 390

Frankreich, französisch 1, 411, 413, 419, 431, 515

französische Soziologie 89

Frau 16, 217, 220, 286, 509, 630, 638

Freiheit 4, 12, 168, 312, 542, 600

Freizeit 9, 76, 156, 236, 441, 641

fremd 231

Friedrich-Wilhelm-Universität 91

Frühehe 16, 202

Funktion, Funktionswandel 9, 144, 150, 220, 626

Ganove 539

Ganzheit 356

Geburtstag 113, 217-219, 221, 298,
.... 551, 554, 556, 567, 568, 570, 572, 573, 581-583, 590

Gedächtnis 52, 610

Gefährdung 16, 105

Gefühl 356

Gegenmacht 484

Gegenstand 267

Gegenwart, gegenwärtig 2, 9, 15, 36, 89,
.... 132, 152, 211, 213, 258, 273, 280, 373, 714, 719

Gegenwartsgesellschaft 9, 146, 182, 319

Gehalt 129

Geisteswissenschaft, geisteswissenschaftlich 90, 373

Gelehrte 374, 538

Gemeinde 7, 9, 27, 28, 31,
.... 40, 124-126, 152, 194, 212, 252, 305, 306,
.... 344, 408, 416, 418, 419, 423-426, 438, 441, 457

Gemeindeforschung 426

Gemeindesoziologie 252, 457

Gemeindeuntersuchung 125, 418, 419, 424, 425

Gemeinschaft 118

Geschichte 9, 62, 195, 274, 353, 401, 445,
.... 463, 475, 482, 501, 521, 523, 524, 679, 714, 727

Geschmacksbildung, literarische 685

Gesellschaft, société, society 7, 9, 16, 27, 28, 31, 37, 45, 64, 68,
.... 83, 85, 88, 98, 104, 112, 118, 135, 137, 138, 140, 144, 145,
.... 148, 149, 155, 164, 174, 176, 179, 185, 186, 213, 220, 225,
.... 226, 230, 236, 241, 248, 249, 254, 256, 257, 269, 272, 275,
.... 291, 319, 358, 367, 372, 382, 386, 407, 411, 445, 454, 469,
..... 471, 481, 518, 521, 522, 523, 602, 617, 626, 651, 671, 690

Gesellschaftskritik 9, 184

Gesellschaftskunde 118
Gesellschaftsschutz 104
Gesellschaftsstruktur 209
Gestaltung 9, 135, 146, 147, 163, 218
Gestaltwandel 9, 131
Gesundheit 16, 106, 255
Gewalt 393, 449
Gewissensprüfung der Soziologie 18, 238, 320
Gleichgewicht 394, 397
Glück 228
Graubünden 381
Grenze 9, 187, 446, 532
Großstadt 75, 223, 422, 457, 640
Grundbegriffe 5, 16, 101, 454, 541
Grundformen der Gesellschaft 7, 27, 28, 31
Grundprobleme, Grundlagenprobleme 62, 163, 442, 606
Gruppe 157, 203, 215, 240, 254, 281, 309
Haltung 625, 687
Handbuch 119, 442, 455, 533
Handbuch der empirischen Sozialforschung 51, 57,
.... 62, 63, 65, -67, 70-79, 87, 170, 212, 222,
..... 252, 606, 608, 623, 631, 635-637, 639, 640-642, 644, 645,
Handeln, soziales 349
Händler 206
Handwerk 617, 625
Handwörterbuch 338, 350, 442, 647
Hegemonie 394, 397
Heimat 9, 139, 152
Herrschaft 338, 463, 484
Hilfe, außerschulische 628
Hintergründe 279, 281
Historiographie 353
Historismus 681
Hochschulreform 678, 680, 710
Hochzeit 286
Holland 417, 543
Hölle 389
Hopi 279
Human relations 464
Humanismus 388, 677, 687
Ibero-amerikanisch 656
Ideal 9, 148

Idee 93, 707, 709

Identität 291, 330, 546

Ideologie 210, 253

Indianer 14, 206, 219, 271, 501, 509, 529

Indiz 9, 162

Industrialisierung 9, 174, 191, 463, 515

Industrie, industry, industriell 9, 73, 113, 144,

. . . . 155, 396, 457, 464, 466, 472, 523, 617, 639

Industriearbeit 456, 463, 624

Industriebetrieb 157

Industriegemeinde 441

Industriegesellschaft 9, 139, 144, 152, 153, 154, 175, 246

Industriesoziologie, industriesoziologisch 431, 456

Ingenieur 9, 149, 179

Innovation 249

Institut für Mittelstandsforschung 50, 109, 169, 180, 612, 616, 618

Institut de Sociologie Solvay 655

Institut für Massenkommunikationsforschung 173

Institut für Sozialforschung 109

Institution 274

Instituto Luigi Sturzo 211, 414

Integration 9, 162, 246, 617

Intellektueller 9, 189, 448, 499

Intelligenz 12, 145, 651

interdisziplinär 345

interkulturell 15, 36, 286, 346

Interview 39, 44, 115, 334, 597, 601, 608, 671, 673, 674,

Iran 506

Italien, italienisch 414, 424, 688, 689, 704

Japan 410

Job 9, 188

Juden, jüdisch 12, 22, 159, 379, 462, 546

Jugend 9, 10, 43, 71, 130, 148,

. . . . 151, 230, 241, 256, 290, 377, 441, 636, 696, 702

Jugendkriminalität 43, 130

Jugendkunde 10

Jugendlichkeit 9, 148

Jugoslavien 180, 612

Kampf 279, 506, 710

Karriere 539

Kategorie 163

Klasse, class 235, 313, 324, 428, 441

Kleider und Leute 11, 29
Kleingruppenforschung 203
Kolonie, kolonial 9, 19, 192, 509
Kommunismus 105, 707
komplexe Forschungsansätze 67, 252
Konflikt 226, 275, 279
Konformismus 9, 147
Konsum 76, 102, 110, 218, 257, 626, 641
Konsumenten 9, 154, 257
Konsumgewohnheiten 110, 257
konventionell 9, 151
Kosmetik 233, 323
Krankenversicherung 137
Kriminalität, Kriminell, Kriminologie 43, 55,
.... 77, 130, 255, 539, 619, 642
Kriminalsoziologie 55, 619
Krise 3, 202, 449, 500, 643
Krisenanalyse 3, 643
Kritik 17, 93, 518, 565, 633
Kultur 9, 135, 159, 185, 193,
..... 221, 231, 269, 276, 286, 291, 293, 378, 380, 445, 497, 544
Kulturanthropologie 61, 232, 239, 496
Kulturpolitik 171
Kultursoziologie 256, 544
Kulturvergleich 276, 286, 293
Kunst, Künste, kunst... .... 9, 37, 78, 90, 92, 151, 206, 241, 644
Kunsterleben 9, 151
Kunsthandwerk 206
Künstler 1, 8, 9, 68, 88, 90, 249, 538
Künstlerästhetik 1, 90
Kunstwerk 92
Lage 8, 211
Land 75, 640
Länder 9, 174, 180, 181, 191, 201, 612
Leben 20, 374, 404, 453, 519, 542, 649, 729
Lebenslehre 371
Lebensstil 204
Lehrbuch 369
Lehre 200, 201, 205, 287, 442, 676, 722
Leitbild 275
Lernen 9, 185, 287
Leute 11, 29

Leviathan 380
Löschung 264
Macht und Reiz der Mode 13, 32-35
Macht, Machtergreifung 22, 283, 393, 395
Mädchen 16, 127
Mafia 484, 510
Magie 504, 527, 703, 717
Mann 217, 293
marginal 175, 254, 328, 329
Marienthal 470
Marktforschung 98, 102, 108, 171, 230
Masse 9, 120, 449, 718
Massengesellschaft 9, 135
Massenkommunikation 75, 173, 214, 567, 640
Massenkonsum 9, 150
Massenmedium 9, 197, 265
Materialien 5, 16, 24,
.... 38, 52, 69, 99, 100, 101, 103, 106, 127, 177, 199, 202,
..... 210, 220, 250, 276, 281, 286, 293, 303, 304, 596, 632, 720
Medizin-Soziologie 46, 79, 136, 227, 620, 645
Meinung, öffentliche 108
Meinung 9, 108, 171, 483
Meinungsforschung 9, 171, 483
Mensch, Menschheit, menschlich . 9, 21, 45, 83, 85, 138, 153, 156, 158,
. 217, 227, 236, 248, 367, 372, 382, 396, 460, 468, 602, 682, 683
mentalité primitive 357, 363
Methode 18, 49, 63, 65, 66, 161, 258, 267, 317, 455, 604
Migration 652
Mikroanalyse 122, 309
Militär, -soziologie 56, 74, 622, 639
Minderheit 646
Mitarbeit 39, 41, 44, 51, 56, 58, 83,
.... 85, 106, 115, 128, 170, 232, 241, 253, 276, 332, 333,
..... 334, 341-346, 348, 349, 460, 597, 599, 601, 608, 609, 622
Mittelklasse 235, 313
Mittelstand 6, 9, 131
Mittelstandsforschung 50, 169, 180, 612, 616, 617, 618, 620, 625
Mobilität 48, 70, 603, 629, 635
Mode, modisch 9, 11, 13, 21, 29, 32-35, 45, 83, 85,
...... 98, 138, 172, 204, 225, 256, 264, 292, 319, 347, 350, 602
Modell 163, 228

modern 9, 16, 119, 144, 145, 148, 220, 225, 229,
..... 236, 256, 268, 275, 308, 317, 382, 396, 434, 445, 671, 703
Monogamie 274, 275
Moral, moral..., ... 175, 235, 354, 362, 522
Moralist 263
Morphologie 527
Motivation 248
Mutteregoismus 535
Mythos 96, 363, 398, 449
Nachahmung 102
Nachkriegssoziologie 673
Nachruf 550, 552, 553, 555,
...... 557-564, 566, 569, 571, 574-580, 584-587, 589, 591, 592
Nation 19
Nationalsozialismus 22, 283, 705
Natur 95, 310, 357, 372, 703, 717
Naturvölker 372, 703, 717
Naturwissenschaften 179
Navajo 19, 219, 279, 330, 485, 726
Neophilie 275
Normen 177, 340, 348
objektiv 17, 185, 633
Ökonomie 399
Oppositionswissenschaft 9, 184
Ordnung, internationale 113, 298
Organisation, organization 74, 157, 338, 339, 464, 466, 639
Orientierungen, soziologische 9, 26, 30, 117,
.... 120, 124, 131, 132, 135, 139, 143, 144,
.. 146-151, 153-156, 158, 162, 171, 172, 174, 176, 183, 305, 310
Ortsbestimmung 716
Ostasien 64, 181
Österreich, österreichisch 277, 291, 422, 423
Pantragismus 355
Partnerschaft 242, 525
Patriarchalismus 9, 174, 191, 724
Patriarchat 525, 630
Person 327, 527
Persönlichkeit 52
Perspektive 234, 255, 281, 290
Pionier 266, 426
pluralistisch 9, 185
Polen, polnisch 473, 478, 491

Politik und Wähler 54
Politik, Politiker 9, 54, 143, 236, 476, 538, 692
politische Bildung 152, 177, 198, 402
Population 531
praktische Sozialforschung 39, 41, 44, 115,
.... 128, 597, 599, 601, 607, 609
Praxis 126, 207, 233, 391, 619, 697
primitiv 357, 363, 703
privat 9, 147, 218
Problem, Problematik 9, 16, 22, 46, 90, 94, 102,
.... 113, 127, 130, 136, 137, 144, 146, 154, 156, 167, 168, 169,
.... 180, 199, 202, 216, 219, 221, 233, 242, 289, 293, 298, 310,
..... 312, 314, 321-323, 383, 393, 395, 443, 446, 455, 456, 464,
..... 476, 503, 526, 612, 616, 618, 620, 622, 624, 712, 717, 723
Programmatik, politische 684
Propaganda 9, 143
Psychoanalyse 245, 264, 565
Psychohygiene 106, 391
rational 5, 103
Raum 279
Realismus 686
Rebell 543
Recht, droit 104, 177, 210, 412, 454, 493, 494, 507, 515
Rechtssoziologie 177, 210, 329, 454
Reformator 543
Regeln der soziologischen Methode 18, 320, 262, 261, 49, 161, 604
Regent 543
Regionalbewegung 533
Relationismus, historischer 384
Relativitätstheorie, soziologische 384
Religion 18, 79, 167, 361, 362, 441, 480, 645
Religionssoziologie 18, 167
Revolution 22, 385, 472, 690
Risiko 240
Rolle 9, 171, 203, 206, 218, 253, 286, 293, 351, 509, 630
Rom 404
rückständig 9, 117, 301
Rußland, russisch 5, 16, 99, 294
Satellit 214
Schablone 221
Schalter 111
Scheidung 332, 491, 494

Schichtung 48, 70, 441, 603, 635

Schmelztiegel 407

Schule 9, 144

Schweiz 299

seelisch 16, 106

Selbständigkeit 16, 114

Selbstentfremdung 12, 168, 312

Selbstmord 243

Separatismus 544

Sexualleben 9, 146

Sicht, soziologische 9, 12, 158, 168, 198, 227, 273, 312

Sizilien 4, 544, 600, 727

Skepsis ... 18, 89, 134, 161, 167, 237, 238, 243, 259, 260, 261, 262, 320

social science abstracts 296, 297

Socialisation 60

Sonderheft (der KZfSS) 40, 43, 46, 48,
.... 52, 56, 58, 68, 69, 80, 88, 124, 130, 136, 167, 177,
..... 203, 210, 249, 272, 277, 281, 284, 416, 603, 610, 622, 648

Sowjetunion, Soziologie in der 142

sozial-kulturell 9

Sozialforschung 39, 41, 44, 51, 53, 57, 62, 63, 65-67, 70-79,
.... 87, 109, 115, 128, 170, 212, 221, 222, 252, 597, 599,
...... 601, 606-609, 623, 631, 635-637, 639-642, 644, 645, 654

Sozialgeschichte 396, 523, 524

Sozialismus 693

Sozialökologie 266

Sozialphilosophie 5, 38, 369

Sozialpsychologie 9, 42, 98, 132, 165, 185, 717

Sozialwissenschaft, sozialwissenschaftlich 12, 80, 145,
.... 163, 284, 370, 521, 648

Soziographie 470

soziokulturell, sozio-kultur... .... 233, 638

Soziologe, Soziologen 9, 12, 13, 22, 32-35,
.... 140, 141, 158, 166, 176, 198, 227, 263, 325, 326, 588

Soziologentag 145, 291

Soziologie heute 6, 22, 23, 25

Soziologie der Familie 5, 16, 24, 38, 99-101, 103, 106, 119, 127,
..... 199, 202, 220, 222, 250, 280, 303, 304, 489, 596, 632, 720

Soziologie 5, 6, 9, 11, 12, 16,
.... 17, 18, 22-25, 29, 38, 40, 42, 43, 45, 47, 53, 81, 82,
...... 84, 86, 89, 97, 99-101, 103, 106, 117-119, 121, 124, 126,
..... 127, 129, 130, 136, 140-142, 145, 159, 160, 164, 168, 171,
..... 178, 181, 182, 184, 187, 199-202, 205, 206, 211, 220, 222,
.... 224, 234, 238, 250, 253, 257, 265, 267, 268, 272, 273, 277,
..... 280, 283, 284, 288, 291, 301, 303, 304, 317, 320, 331-335,
..... 341-346, 348, 349, 354, 357, 360, 362, 369, 370, 382, 385,
.... 389, 409, 410, 416, 433, 434, 441, 442, 445, 446, 447, 459,
.... 461, 462, 475, 476, 477, 489, 505, 527, 596, 614, 629, 632,
. 633, 647, 650, 653, 656, 657, 659, 663, 671, 674, 720, 725, 730
Soziologie der Gemeinde 9, 40, 124, 416, 441
Soziologie der Mode 11, 29
soziologisch 8, 9, 12, 18, 26, 30, 49, 50, 107, 113, 117, 122,
.... 161, 163, 168, 169, 179, 183, 205, 210, 217, 219, 263, 276,
.... 298, 327, 329, 360, 371, 372, 383, 384, 414, 427, 431, 433,
..... 451, 454, 455, 457, 488, 495, 503, 604, 614, 618, 620, 661
soziologische Probleme 113, 169, 298, 618, 620
Soziologismus 360, 370
Soziometrie 123
Spanien 180, 612, 698
spanische Zeitschrift 483
Spielen 725
Spontaneität, spontan 9, 197, 254, 265
Sport 203
Sprache 78, 221, 644
Staat, staat... .... 180, 198, 229, 290, 394, 403, 445, 500, 697, 697
Staatsbürger 500
Staatslehre 371, 380
Stadt   9, 75, 195, 196, 247, 266, 438, 482, 497, 640, 652, 668
Stadt-Land-Beziehungen 652
Stellung 9, 12, 16, 130, 145, 149, 220, 230, 367, 651, 714
Stilelement 9, 150
Strafrecht 104, 146
Strömung 89, 98, 252, 680
Struktur 6, 9, 190, 196, 225, 230, 235, 258, 310, 616
Strukturwandel 137, 441, 525
Studien 12, 59, 69, 141, 145, 159, 160, 168, 177, 178, 210, 508
Subkultur 9, 185
südost-asiatisch 655
suicide 18, 243
Symbol 380

Symposion 667
System 355, 441
systematisch 525
systemwissenschaftlich 1
Technik, technisch 9, 39, 44, 63, 65, 66, 96, 115,
..... 149, 179, 190, 213, 226, 300, 310, 527, 597, 601, 608, 717
Thema, Themenwandel 12, 210, 280
Theorie, theory 163, 270, 285, 308, 309,
..... 310, 311, 353, 373, 434, 449, 450, 475, 504, 527, 619, 697
Tiersoziologie 453
Todesvorstellungen 527
Tradition 249, 410
Türkei 180, 408, 612
Typologie 423
Überlegungen 12, 22, 178, 232, 242, 314, 315, 316, 523
überorganisiert 255
Übersetzung - amerikanische (englische) Ausgabe 7, 13, 28, 33,
.... 129, 425, 434, 475, 476, 501, 656, 695
Übersetzung - argentinische Ausgabe 9, 45, 47, 81, 85
Übersetzung - deutsche Fassung 238, 250,
.... 251, 301, 303, 304, 305, 310, 320
Übersetzung - französische Fassung 5, 11, 24, 29, 47, 86, 89,
.... 117, 178, 199, 297, 315, 321, 325, 326
Übersetzung - hebräische Ausgabe 47, 335
Übersetzung - italienisch 6, 13, 34, 47, 82, 178, 316
Übersetzung - japanische 6, 246
Übersetzung - mexikanische Ausgabe 45, 85
Übersetzung - niederländisch (holländisch) 6, 9, 23, 30,
.... 45, 47, 83, 84, 233, 323, 335, 416
Übersetzung - polnische Ausgabe 13, 35
Übersetzung - spanisch(e) 6, 7, 15, 25, 31, 36, 51, 68, 87, 88, 99,
..... 100, 113, 122, 168, 178, 257, 294, 295, 298, 309, 312, 314
ukrainisch 701
Umwälzung, soziale 700
UNESCO-Institut 125
UNESCO-Kommission 193, 266, 668
Ungleichheit 468
Universitas 6, 131, 132, 144, 147,
..... 148, 156, 182, 186, 213, 221, 228, 246, 256, 257, 265, 273
Universität 2, 91, 94, 242, 420, 593, 627, 675, 691, 701, 709, 715
Universitätsreform 94
Unterbrechung 22, 289

unterentwickelte Länder, Gebiete 9, 174, 191, 201, 658

Unternehmen, Unternehmung, entreprise 108, 465

unternehmensberatende Berufe 618

Untersuchung 127, 179, 198, 420, 422, 431, 441, 457, 463, 616, 638

Ursprung 97, 468, 489

Utopie 413, 684

Vagabund, clochard, vagabondage 430, 437, 689

Vater 16, 251, 304

Venezuela 180, 612

Verbände 383

Verbrechen 146, 391, 447

Vereinigte Staaten 206, 271

Vergleich, interkultureller 15, 36, 286, 346, 490

Verhalten 442, 447, 528

Verhaltensforschung 500

Vermassung 9, 120

Verteidigung, soziale 302

Verwaltung 111, 126, 229

Verwandtschaft, kinship ties 60, 199, 322

Völkerbund 367

Volkskunde 406

Volkssoziologie 371

Vorbemerkung 598, 603, 621, 636, 637, 639-642, 644, 645, 663

Vorurteil 77, 611, 642, 646

Vorwort 2, 5, 12, 16, 18, 20, 22,
.... 276, 596, 597, 599, 601, 602, 605, 606, 608-610, 613, 615,
..... 617, 618, 622-625, 627-635, 638, 646, 647, 649, 650, 720

Wahlverhalten 77, 642

Währungsreform 699, 700

Wandel, Wandlung, change 12, 16, 73, 131, 144, 145, 204, 205,
.... 207, 209, 219, 230, 242, 245, 250, 271, 280, 293, 303, 304,
..... 410, 432, 434, 441, 447, 515, 525, 588, 629, 638, 639, 695

Wehrpflicht 678

Weltanschauung 355

Weltbild 382

Weltkongreß für Soziologie 107, 653, 657, 659, 663

Weltkrieg 708

Werbung 9, 150, 214

Werk 52, 92, 93, 398, 412, 519, 540, 613, 729

Werturteilsfreiheit 12, 22, 178, 314, 315, 316

Wesen 2, 8, 593, 627

Westdeutschland 211, 324

Widerspruch 20, 649, 708

Wildnis 532

Wirklichkeit 253, 682

Wirtschaft, wirtschaftlich 8, 9, 64, 135, 150, 174, 191, 219,
..... 225, 236, 242, 264, 381, 383, 443, 450, 454, 471, 509, 667

Wissenschaft 126, 168, 207, 226, 233, 312, 391, 442, 671

Wissenschaftler, scientist 466

Wissenschaftssoziologie 69

Zeit, Zeitbewußtsein, Zeitenwende 3, 160, 207, 214, 643

Zeitschrift 42, 414, 451,
.... 459, 478, 479, 480, 483, 486, 488, 490, 495, 521, 664

Ziel 182

Zivilisation 21, 532, 652

Zivilisationsprozeß 21

Zukunftserwartungen 182

Zürich 107

zwanziger Jahre 12, 22, 160

zweisprachig 330

Teil II

René König erinnern![*]

Von Gerhard Kunz

Der lebendigste Humanismus war noch
immer jener, der vom Bild zur Norm gelangt.
René König[1]

Vorbemerkungen

"René König wird am 5. Juli 1991 85 Jahre!" - so hatte eine Gruppe von
Soziologen im Juni 1991 zum Symposium, zu den akademischen Feiern und
zur Beteiligung an einer geplanten Buchveröffentlichung eingeladen - zu
Ehren von René König. "René König erinnern!" habe ich zehn Monate später
meine einleitenden Anmerkungen in die Texte von Vertretern der Universität
zu Köln und von Freunden, Schülern und Kollegen überschrieben, die aus
Anlaß des 85. Geburtstages von René König entstanden sind, wohl wissend
um die Vieldeutigkeit dieses als Aufforderung formulierten Satzes. Man kann
ihn lesen als die nur positive Formulierung von: Nicht vergessen! Es ist aber
vor allem gemeint: Sich René König zu vergegenwärtigen! Und gemeint ist
weiter: Sein Verständnis von Soziologie auch für die Zukunft anzumahnen.
Die insgesamt 27 Einzel-Manuskripte sind in zwei Gruppen gegliedert.
In der ersten Abteilung finden sich die Beiträge der akademischen Würdigung
am Nachmittag des 5. Juli 1991; die Ordnung der Beiträge folgt akademischen
Gepflogenheiten. Die Texte der zweiten Abteilung wurden alphabetisch nach
Autoren geordnet - jede andere Gliederung hätte als Gewichtung mißver-

---

[*] An der Gruppe Kölner Soziologen zur Vorbereitung von Symposium und
akademischer Würdigung waren Erwin K. Scheuch, Heine von Alemann,
Ekkehard Mochmann, Herbert Sallen und Hans Dieter Seibel beteiligt;
von außerhalb wurden Peter Atteslander, Günther Lüschen und Heinz
Sahner einbezogen. Die Organisation beider Veranstaltungen lag in den
Händen von Gerhard Kunz, der auch die Einladungen zu den Einzelbeiträgen für diesen zweiten Teil des Buches aussprach.

[1] Während der Trauerfeier für René König am 27. März 1992 hat Hans Peter Thurn eine lange Passage
aus "Sizilien - Ein Buch von Städten und Höhlen, von Fels und Lava und von der großen Freiheit
des Vulkans" vorgetragen. Angeregt auch durch Gespräche mit Irmgard König habe ich das Zitat
aus diesem Schlüsselwerk Königs ausgewählt.

standen werden können (in der Inhaltsübersicht ist vorne markiert, welche
Beiträge während des Symposiums am Vormittag des 5. Juli 1991 mündlich
vorgetragen wurden). Die 21 Beiträge dieser Gruppe lassen sich in bezug auf
René König als Netzwerk von persönlichen und professionellen Beziehungen
und Strukturen verstehen; dies ist zugleich nur ein kleiner Ausschnitt aus
seinem viel größeren Schülerkreis.

Der Festvortrag von Peter Atteslander mit dem Titel "Einer der von außen
kommt", eines langjährigen Freundes und Schülers René Königs aus Schweizer
Tagen, wurde in der Auflistung der 27 Beiträge absichtsvoll als "Scharnier"
zwischen den institutionellen Würdigungen in der ersten und den stärker
persönlich gehaltenen erinnernden Texten der zweiten Abteilung plaziert. Die
Annotationen zu den einzelnen Beiträgen folgen einem leicht abgewandelten
Muster, das sich aus dem Text selbst erschließt.

I

Das Manuskript dieser Einleitung wurde - anders als alle folgenden Beiträge -
abgeschlossen, nachdem René König in seinem Haus in Köln-Widdersdorf
am 21. März 1992 überraschend gestorben war. Sein Tod hat mich betroffen
und traurig gemacht - wie wohl uns alle.

Es ist sicher nicht zufällig, daß ich in den Tagen danach an einen Satz von
Xenophanes erinnerte: "Nicht vom Beginn an enthüllten die Götter den Sterb-
lichen alles; aber im Laufe der Zeit finden sie suchend das Bess're". Zitiert
habe ich ihn aus der "Tübinger Erklärung" (1981) von Karl Raimund Popper,
die mit den Worten endet: "Ich bitte Sie, meine Formulierungen als Vorschläge
zu betrachten. Sie sollen zeigen, daß man, auch im ethischen Gebiet, disku-
tierbare und verbesserbare Vorschläge machen kann."[2]

Einmal auf Xenophanes aufmerksam geworden, habe ich versucht, mich
kundiger zu machen; und es wurden Parallelen zum Leben von René König
sichtbar, die, sicher nur zufälliger Natur, mich auf dem Hintergrund des
Sizilienbuches nachdenklich stimmten. Nachzutragen hier: Der vorangestellte
Leitgedanke ist dem Abschnitt entnommen: Antike und Gegenwart.

Popper beruft sich auf den in Kleinasien geborenen (um 565 v. Chr.) und
in Unteritalien gestorbenen (um 470) Philosophen in epistemologischer
Absicht. Ähnlichkeiten zu René König sind eher lebensweltlicher Natur. Aus

---

2   Diskussionen dieser Art können niemals in der gleichen Weise geführt werden wie jene über die
    normativ zu begründende und wertend zu entscheidende Auswahl von Sozialtechnologien, was bei
    einer einseitig methodologischen Rezeption der Arbeiten Poppers nur zu leicht übersehen wird. Quelle
    des Zitats ist: Karl R. Popper, Duldsamkeit und intellektuelle Verantwortlichkeit. Vortrag am 26.
    Mai 1981 an der Universität Tübingen, in: Offene Gesellschaft - offenes Universum. Franz Kreuzer
    im Gespräch mit Karl R. Popper aus Anlaß des 80. Geburtstages, Wien 1982, S. 103-116.

Kolophon durch die Perser vertrieben hat Xenophanes mehr als fünfzig Jahre
auf Malta, in Süditalien und eben Sizilien gelebt; war zugleich Philosoph und
Schriftsteller, ein kolophonischer Rationalist, Mythenkritiker und entschiedener Pantheist.

Sich René König, den Autor des Sizilienbuchs, zu vergegenwärtigen, heißt
jenseits solcher Parallelen jedoch vor allem und zuvörderst, sich der Person,
der Persönlichkeit - den Menschen zu erinnern. Ein Zugang, der dem Verständnis nach in allen 27 abgedruckten Beiträgen erkennbar ist: dominant und
konkret wird er bei jenen, die "Mut und Lust, über den Nationalsozialismus
zu sprechen" loben (E.M.),[3] die Eindrücke an den Soziologen benennen, der
"gegen Feinde" redete, "die er manchmal beim Namen nannte" (M.R.L.), der
"im Umgang mit Literatur mehr Jäger als Sammler ist" (F.N.), der "immer das
Gegenteil eines Wissenschaftsbeamten" war, "ein Mensch, der seine Persönlichkeit vorlebte" (E.K.Sch.).

Die wissenschaftliche Entwicklung setzt an mit der ersten Buchveröffentlichung (1931) des damals erst 25-jährigen Autors; man kann sie rückblickend
und vergleichend als Versuch eines "neuen Wirklichkeitsverständnisses" verstehen, das dem Prinzip folgt, "Erkenntnis auf Anschauung auch in der
wissenschaftlichen Arbeit zu gründen" (H.P.Th.). Die realistische Wende in
der wissenschaftlichen und alltagsweltlichen Biographie von René König läßt
sich ziemlich genau datieren; sie fällt in die Zeit des Schreibens am Sizilien-
buch: Sturz Mussolinis am 25. Juli 1943. Nicht ohne Grund wird die Sizilien-
Studie als eine der "Schlüssel-Schriften" bezeichnet, "in der es (König)
gelungen ist, seine eigentlichen Intentionen dichtester Beschreibung und in
vieler Hinsicht damit zugleich sich selbst (als Wissenschaftler und Schriftsteller) zu verwirklichen" (H.R.). Danach und in fast allen Arbeiten tritt die
Person hinter die wissenschaftliche Aufgabe zurück: "Empirische Soziologie
in praktischer Absicht" zu betreiben, so der Titel eines schriftlichen Beitrages
(G.B.).

Diesen Prozeß in seinen vielen Stufungen zu beschreiben und zu deuten,
blieb dem Festvortrag von Peter Atteslander vorbehalten, den er am Nachmittag des 85. Geburtstages und in Anwesenheit von René König und seiner Frau
Irmgard gehalten hat. Theoretisch zentriert die Rede um die soziologische
Kategorie und die Metapher des "Fremden", und hier zitiert er König: "Einer,
der von außen kommt und sich im neuen Milieu niederlassen will, ist immer
gezeichnet" (1989). Kenntnisreich aufgrund professioneller und persönlicher
Nähe, bilderhaft anschaulich in den Rückerinnerungen zeichnet er die Spuren
der empirischen Sozialforschung von den ersten Anfängen in Zürich Ende
der 30er Jahre bis zu seiner ersten Konsolidierungsphase in Köln Mitte der
50er Jahre nach; es war zugleich der Weg René Königs.

---

3   Im folgenden werden die Autoren der Beiträge überwiegend durch Namenskürzel gekennzeichnet.

II

Sich an René König zu erinnern, heißt auch danach zu fragen: Wie haben sich Institutionen und Personen in Institutionen zu ihm in Beziehung gesetzt, der "Soziologie in Deutschland" - so der Titel seines letzten, 1987 erschienen Buches - betrieben hat, aber mit 'seiner Soziologie' weit über diese Grenzen hinaus beachtet, anerkannt und geschätzt wurde. Im Rahmen des vom "Seminar für Soziologie" ausgerichteten Symposiums am Vormittag, haben neun aus der großen Zahl von Freunden, Schülern und Kollegen Vorträge zum Rahmenthema gehalten: "René König - gelebte Soziologie". Die Wirtschafts- und Sozialwissenschaftliche Fakultät der Universität zu Köln, der René König vom Zeitpunkt seiner Berufung (1949) bis zur Emeritierung (1974) ohne Unterbrechung angehörte, hat die Veranstaltungen am Nachmittag des 5. Juli 1991 ausgerichtet.

Die Ministerin für Wissenschaft und Forschung des Landes Nordrhein-Westfalen, Frau Anke Brunn, erinnerte nach ihren den Soziologen auszeichnenden und lobenden Worten auch an ihre ganz "persönliche Zeit" als Studentin bei René König, konkret an eine Empfehlung an dessen Freund Jean Stoetzel, was es ihr ermöglicht habe "ein Jahr an der Sorbonne zu studieren" und Umfragedaten für ihre Diplomarbeit auszuwerten: "Das Deutschlandbild der Franzosen". Sie schließt mit den Worten: "Er hat sich um Land und Hochschule verdient gemacht."

Der Rektor der Universität zu Köln, Bernhard König, hat zwar nicht bei dem Soziologen König studiert, ist ihm aber "als Student bei zwei Gelegenheiten begegnet"; was konkret und differenziert am Machiavelli-Buch und an den Schriften zur Soziologie der Mode dargelegt wird.

Und auch beim Vertreter der Wirtschafts- und Sozialwissenschaftlichen Fakultät, Pro-Dekan Koppelmann, dominiert die persönliche Würdigung gegenüber den institutionellen Belobigungen. Er ruft eine bis dahin im Dekanats-Archiv verborgen gebliebene Begebenheit ins öffentliche Gedächtnis, bei der René König "überzeugend für die deutsche Soziologie eingetreten" ist, in "bewegender Weise" und wenige Jahre nach dem zweiten Weltkrieg, um bei der Wiederbegründung der International Sociological Association auch Leopold von Wiese mit einzubinden.

Edeltrud Meistermann spricht den neben ihr sitzenden René König sehr persönlich an: "Miteinanderdenken und Zueinanderfinden". Sie tritt in sehr persönlicher Weise aus dem institutionellen Rahmen heraus. Wer den Menschen René König erinnern, sich seines Bildes aus ihrer Erinnerung heraus vergewissern will, der sollte bei der Psychoanalytikerin nachlesen.

Willy Kraus, habilitiert in Köln und inzwischen in Bochum emeritiert, ruft Königs Afghanistan Mission ins Gedächtnis, erinnert sich an die "An-

kunft von René König in Kabul im Sommer 1962", wo er sich an Ort und
Stelle ein Bild über die Verhältnisse an der Universität verschaffen wollte".
Auf dem Hintergrund einer vieljährigen Zusammenarbeit gewinnt seine
Einschätzung besonderes Gewicht: "Durch René König ist das Engagement
in Kabul zu einem langfristigen, wohldurchdachten modellhaften Programm
der Bildungspolitik geworden."[4]

III

Wie René König sich selbst in Beziehung zu Personen und Institutionen setzt,
ist ablesbar an "einigen Anmerkungen zur 'Kölner Schule'" (H.S.) ebenso wie
an der Untersuchung der Frage "Gehört René König zur 'Kölner Schule'?"
(J.W.); es kann nachgelesen werden in einem kleinen Essay eines unmittelbar
Beteiligten über "Institute 'an' der Universität" (Hj.D.) oder der Analyse:
"Zielsetzungen bei der Drittmittelforschung im Widerstreit" (W.S.). Das Lehren
der Soziologie hatte für René König zeitlebens einen sehr hohen Stellenwert;
und wie die Assistenten die Bedeutung der Beziehungen zwischen Lehrer und
Studenten antizipierten, ist zu inspizieren in: "Nachdenken über den 'K-Fak-
tor-1". Dort finden sich auch recht aufschlußreiche Anmerkungen über den
Zusammenhang zwischen dem "patriachalischen Stil" René Königs und den
trotzdem "offenen Kooptationsmustern" bei der Rekrutierung von Assistenten
und studentischen Hilfskräften (R.Z.).

"Traditionen und Neuanfang" überschreibt der zweite Nachfolger auf dem
Lehrstuhl René Königs, Jürgen Friedrichs, seinen Beitrag. Seinen Vortrag
am 5.7.1991 hatte er mit der auflockernden Bemerkung eingeleitet: er sei
"natürlich kein Anhänger der Kölner Schule", spreche darum als Letzter aber
trotzdem, "weil ich es ja nun werden muß".[5] Aus dieser Sicht eines 'nicht-
teilnehmenden Beobachters', der von außen gekommen ist, konzipiert und
führt er seinen Abriß der Geschichte des Forschungsinstituts für Soziologie
aus, beginnend mit dessen Gründung durch Leopold von Wiese im Jahre 1919
und endend mit einer Selbstverpflichtung des "Vierten in der Kette der

---

4   Wer René Königs "Vorwort: In eigener Sache" in dem 1987 erschienen Buch "Soziologie in Deut-
     schland" liest, wird an mehreren Stellen auf die "didaktischen Aspekte" hingewiesen, im weiteren Sinne
     die didaktischen Intentionen, die er mit seiner Veröffentlichungen verband. Übrigens, in seinen
     Vorlesungen und auch bei zahlreichen anderen Gelegenheiten hat König immer wieder betont: "Man
     möge doch bitte auch das Vorwort eines Buches lesen!" - wenn man etwas über die Absichten
     erfahren wolle, die sein Autor mit der Veröffentlichung verbinde.

5   In der schriftlichen Fassung des Vortrages von Jürgen Friedrichs ist die zitierte Passage nicht mehr
     enthalten; als wörtliches Zitat ist sie abgedruckt in einem Artikel der Publikation "Kölner Univer-
     sität - Journal. Berichte aus der Universität zu Köln" (1991/3, S. 28). Der längere unter dem Titel
     "Soziologie in offener Gesellschaft - Leistungen und Wirkungen des Kölner Ordinarius René König"
     veröffentlichte Beitrag enthält auch einen Abschnitt: Der Nachfolger aus Hamburg.

Direktoren des Forschungsinstituts, den Ruf der Kölner Schule fortzuführen". Wie sich umgekehrt Innenerfahrungen Kölner Soziologie und spätere Außensicht zueinander fügen, davon berichtet der schriftlich eingereichte Beitrag: "René König - aus Zürich" (H.-J. H.-N.). Aus Zürich auch wird des viel zu früh verstorbenen Peter Heintz (1983) gedacht; zusammen mit René König aus der Schweiz gekommen, war er der erste in Köln habilitierte Schüler. Und er nahm die erste Professur für Soziologie an der Universität Zürich 1966 wahr. Eine andere Episode: Kaum in Köln angekommen, um sich hier für das Soziologiestudium einschreiben zu lassen, wird er als Student im vierten Semester mit einem Transparent konfrontiert: "Quo vadis rex?" (H.v.A.). König blieb in Köln, motiviert sicherlich auch durch die Studenten, und er blieb auch über seine Emeritierung im Jahre 1974 hinaus. Er konnte in dieser Zeit sein Programm von Soziologie in Lehre, Forschung und vor allem der Publikationstätigkeit ausbauen und festigen.

Innensicht, Außensicht und die Dynamik wechselseitig aufeinander bezogener und sich kreuzender Biographien sind das Thema des letzten in diesem Zusammenhang zu markierenden Textes: "Zwischen Zürich und Amsterdam: René König und mein eigener Weg." Ernest Zahn, ein im Hause König sehr Vertrauter, gehörte mit Peter Atteslander und anderen zu jener kleinen Gruppe, von der René König in "Leben im Widerspruch" im Zusammenhang mit der Schilderung seines immensen Arbeitsprogramms schreibt: "... die zahllosen moralischen Belastungen wurden reichlich ausgeglichen durch intime freundschaftliche Beziehungen mit ehemaligen Studenten, Schweizern, Flüchtlingen und Emigranten, wie ich selber einer war" (Leben im Widerspruch, S. 143).

Es verbleiben sechs Beiträge, in denen der Zugang zu König, eine spezifische Fragestellung oder die Persönlichkeit von René König ins Zentrum lebendigen Erinnerns gerückt werden. Die hier zunächst zu markierenden beiden Zugänge sind Ergebnis komplexer Entscheidungsprozesse, die bis in die Gymnasialzeit zurückreichen. Wobei in einem Fall das Fischer-Lexikon eine erste, zunächst allerdings negativ erfahrene Berührung mit Königs Soziologie brachte; die Annäherung an und die Entscheidung für René König datiert aus der Zeit des Lehramtsstudiums in Köln und ist zunächst beeinflußt von der Einsicht in die große Bedeutung, die "ein Studium der Soziologie für zukünftige Lehramtsanwärter" haben könnte, führt aber bald zur Wahl der Soziologie als Hauptfachstudium (G.A.). Der Weg zur Soziologie, zum Soziologen René König ist im zweiten Fall verankert in einer zentralen Fragestellung der Disziplin und dem Versuch, sich autonom mit ihr auseinanderzusetzen und sich Klarheit zu verschaffen über: Soziologie jenseits von Metaphysik und Werturteilen; so das Thema eines der Vorträge auf dem Symposium (H.J.H.). Den letzten Abschnitt der theoretischen Antwortversuche "Ethnologie im Widerspruch?" (D.F.) kann man auch lesen als: ethnologisches Widersprechen bei König - was im Navaho-Schmuck, den er wie stets auch an seinem 85. Geburtstag trug, zu bildlichem Ausdruck verdichtet wird. Auf dem Erfahrungshintergrund von zwanzig Jahren Lehrtätigkeit in der Ausbildung zukünftiger Lehrer und Pädagogen, die als "socialisation methodique" nicht ohne - zumeist implizit bleibenden - Wertbezug möglich ist, wird als ein wesentlicher Beitrag der Soziologie genannt: "... über die Bedingungen und Folgen theoretischer und sozialer Vorurteile aufzuklären - im Sinne einer offenen, pluralistischen Gesellschaft" (G.K.). In einem weiteren Beitrag wird der Zugang zur Persönlichkeit René Königs von einer sozialphilosophischen Kategorie her versucht, einleitend verstanden als Gegensatz und implizit in Beziehung gesetzt: Egoismus und Altruismus. Sorgfältig und differenziert wird danach die Frage nach "René Königs Altruismus" untersucht (G.L.).

Der letzte hier zu besprechende Text (H.B. und N.St.) nimmt noch einmal zentral das in fast allen Beiträgen anklingende große Thema einer wissenschaftlich betriebenen - genauer: zu betreibenden - Soziologie auf: Erkenntnis und Offenheit. Seine Besonderheit liegt nicht so sehr in der kognitiven Behandlung der Fragen als vielmehr in der Tatsache, daß und wie dieses Problem wiederum in Beziehung zur Person und zum Soziologen René König gesetzt wird: "Königs große Schaffenskraft und Fruchtbarkeit, der Reichtum und der Ertrag seines Forscherlebens (wurde) zum Teil mit der ihm aufgezwungenen Fremdheit bezahlt." Und viele der in seiner Tradition stehenden Soziologen dürften ebenso der unmittelbar anschließenden Aufforderung zustimmen: "wofür wir ihm besonders dankbar sein müßten".[6]

IV

Die zentralen Themen der Soziologie: Offenheit und Geschlossenheit, Statik und Dynamik, die Relation Teil/Ganzes und vor allem jenes der Subjekt-Objekt-Beziehung finden sich implizit oder als Hintergrundannahme in allen Beiträgen, werden in den stärker soziologietheoretischen kaum oder nur abstrakt ins Verhältnis zur Person René König gesetzt, während umgekehrt das "Sich-Erinnern an König" offensichtlich sehr bewußt jede theoretischen Überfrachtungen vermeidet: Charakteristisch für die letzten sind die am

---

6 Auch dieser letzte Beitrag wurde vor dem 21. März 1992 eingesandt; er lag seit Dezember 1991 vor. Texte des "Sich persönlich Erinnerns" können nicht in der gleichen Weise redaktionell bearbeitet werden wie wissenschaftliche Beiträge. Wir haben daher weitgehend darauf verzichtet; bei einigen Texten verbot es sich von selbst, so bei "Erfahrungen mit R.K.", den Friedhelm Neidhardt am 19.8.1991 eingesandt hat.
Wir haben nur auf zweierlei geachtet: Korrektur sachlicher Fehler, was vergleichsweise einfach war, und Abwehr von Wünschen eines nachträglichen Umschreibens. Alle Beiträge sind mithin noch zu Lebzeiten René Königs entstanden.

Anfang zitierten vier Beiträge; zur anderen Seite hin gibt es viele Zwischen-
stufen.

Auf diesem allgemeinen Hintergrund soll konkreter nochmals die am 5.
Juli 1991 explizit gestellte Frage thematisiert werden: Gibt es, hat es je eine
Kölner Schule gegeben? In dem, was man gemeinhin die Kölner Schule nennt,
sicher nicht; eher dann schon als eine Art der "Vergesellschaftung von Ideen"
(G.W. Leibnitz). Von Ideen, wie König sie in seinen Veröffentlichungen
"begründet und verfochten" hat, um leicht abgewandelt den Untertitel seines
letzten Buches (1987) zu zitieren; von Ideen, wie sie sich als Spuren in den
hier abgedruckten Beiträgen finden und in vielen Veröffentlichungen jener
Freunde, Schüler und Kollegen, die aufgrund verschiedenster Umstände in
diesem Band nicht zu Wort gekommen sind.

Es sind Ideen des Soziologen René König, in seiner Person verdichtet und
mit ihr symbolisch auf Dauer gestellt. Es ist zugleich aber auch eine bestimmte
moralische Grundhaltung, aus der heraus René König Soziologie betrieben
und gelebt hat. Beides gehört zusammen.

Die Ideen von René König zu diskutieren, weiterzuentwickeln oder auch
kritisch zu überwinden, ist ein kognitives Problem; eine Aufgabe, die mit der
vorgelegten Bibliographie erleichtert, keinesfalls leichter wird. Aus zwei
Gründen: Zum einen, hat es René König immer vermieden, Soziologie als
geschlossenes System vorzulegen; und andererseits, die von ihm betriebene
Soziologie ist eng mit seiner Person verbunden, was, wie er gern zu sagen
pflegte "die Sache nicht leichter macht." Es bleibt trotzdem eine kognitiv
abzuarbeitende Aufgabe.

Ganz anders seine moralische Grundhaltung: Rational diskutierbar sicher
auch - in ihren letzten Konsequenzen jedoch nicht in gleicher Weise kognitiv
beurteilbar und nicht ohne Empathie zu übernehmen.

Wie sehr sich Wissen und Moral im Werk und in der Person René Königs
zu einer Art Soziologie der Alltagsmoral und einer moralisch betriebenen
Alltags-Soziologie verdichten, kann keiner besser als er selbst sagen (Leben
im Widerspruch, S. 122): "Für uns ist Soziologie kein intellektuelles Abenteuer
gewesen, sondern ein leidvoller Weg durch eine ununterbrochene Reihe immer
neuer 'sozialer Probleme'".

Die Universität zu Köln erinnert

Europäer, Universalist, Humanist

Von Anke Brunn

Mit diesem Buch ehren wir René König als bedeutenden Wissenschaftler und
als akademischen Lehrer.

René König hat über seine eigenen Arbeiten, über das Forschungsinstitut
für Soziologie, die Kölner Zeitschrift für Soziologie und Sozialpsychologie,
das Handbuch der empirischen Sozialforschung und über die große und viel-
seitige Schar seiner wissenschaftlichen Schüler die deutsche Soziologie und
viele deutsche Soziologen der letzten 40 Jahre nachhaltig beeinflußt. Dies wird
mit Recht in allen Laudationes hervorgehoben. Die "Kölner Schule", seine
Kölner Schule, hat im Spannungsverhältnis und zusammen mit der Frankfurter Schule die deutsche Soziologie nach dem Zweiten Weltkrieg geprägt und
zu neuem Ansehen geführt. Das Besondere der Kölner Schule ist dabei ihre
Offenheit und die Aufnahme der gesamten Fülle der sozialwissenschaftlichen
Diskussionen des 20. Jahrhunderts.

René König war dazu ein großer akademischer Lehrer. Ich habe mich
gefragt, woran es wohl liegen mag, daß ich heute noch mit Freude und
Sympathie an seine Vorlesungen denke. Rückschauend mag es der Eindruck
gewesen sein, in der Vorlesung einem wichtigen Erkenntnisprozeß beizu-
wohnen. Stichworte der Erinnerung an René König sind für mich Europäer,
Universalist, Humanist. Hinzu kamen der Charme und die Wärme seines
Vortrags. Seine Vorlesungen waren fesselnde Veranstaltungen; sie regten an
zum Mitdenken, und sie vermittelten Allgemeinbildung. René König hat mein
Interesse geweckt, nicht nur für das Handwerk der Aufklärung und die
Methoden der empirischen Sozialforschung, sondern auch für die intellektuelle
persönliche Auseinandersetzung mit den frühen europäischen und amerikanischen Klassikern dieses Jahrhunderts. Er verstand es, die Autoren nicht nur
als Adressen in Gedankengebäuden abzuhandeln, sondern als Personen im
geistigen und historischen Zusammenhang darzustellen und half so auch der
unterdrückten Auseinandersetzung mit Nationalsozialismus und Faschismus,
ans Tageslicht zu treten. Er war niemals doktrinär, und er war tolerant genug,
die Gedankenwege nicht vorzuschreiben, sondern Widerspruchsfähigkeit zu

stärken. So war er früher Wegbereiter und später Schutz und Hilfe für die 68er. Für mich repräsentierte er das 'andere' Deutschland.

Die Art und Weise, wie René König über Georg Simmel und dessen Essay über den Fremden sprach oder über Maurice Halbwachs und die soziale Dimension des Gedächtnisses, bewirkte jedenfalls, daß sich die Studentin sofort die entsprechenden Werke besorgte und auch las und einprägte, obwohl es damals noch keine "Scheine" dafür gab.

Wenn in den Vorlesungen nicht so lebhaft von Paul F. Lazarsfeld die Rede gewesen wäre, hätte ich auch sicher nicht den Mut gehabt, diesem zu schreiben und ihn für eine Veranstaltung zu gewinnen.

Viele Jahre später, als die Arbeitslosigkeit in den 70er Jahren zu einer großen Sorge der Politik wurde, ist mir aufgefallen, daß die Arbeitslosen zwar statistisch genau erfaßt waren, daß die Sozialwissenschaftler der Politik aber aktuell und präzise nichts darüber sagen konnten, wie Arbeitslosigkeit das Leben der Arbeitslosen und ihrer Familien veränderte. Da war es gut, daß es die alten Vorlesungen gab und die vage, schnell auffrischbare Erinnerung an die 1933 erstmals veröffentlichte empirische Arbeit einiger ganz junger, später aus Österreich vertriebener Sozialwissenschaftler: Marie Jahoda, Paul F. Lazarsfeld und Hans Zeisel: "Die Arbeitslosen von Marienthal" (die seit 1960 wieder zugänglich war).

Wer ist mir als akademischer Lehrer seit meiner Studienzeit noch in besonders positiver Erinnerung geblieben? Es sind dies Theodor Schieder, Günter Schmölders - und der Repetitor Wolfgang Kallwass. Das weiter auszubreiten, bedeutete einen Direkteinstieg in die aktuellen hochschulpolitischen Fragen der Studienreform und der Qualität der Lehre und würde hier zu weit führen.

Für viele Studenten war der Lehrer René König in den 60er Jahren ein Lichtblick an der Kölner WiSo-Fakultät, insbesondere nachdem Gerhard Weisser sich zurückgezogen hatte. Die Hochschule und die Fakultät hat ihm das akademische Leben nicht immer leicht gemacht. Er stand distanziert zum 'Adenauer-Staat', zum Wirtschaftswunder, zur neuen deutschen ökonomischen Selbstgefälligkeit und Selbstgerechtigkeit.

Auch ganz persönlich hat mich René König gefördert, vielleicht konnte er sich später nicht einmal mehr daran erinnern. Er half mir jedenfalls dazu, mein Thema für die Diplomarbeit so zu wählen, daß ich das Material im Ausland sammeln konnte. Das Thema war "Das Deutschlandbild der Franzosen". Für die Arbeit wurden Umfragedaten benötigt, die einer Sekundäranalyse unterzogen werden sollten. So schrieb René König an seinen Freund Jean Stoetzel und gab mir das Schreiben als Empfehlung mit, und dazu riet er mir, ein Jahr an der Sorbonne zu studieren und auch die Vorlesungen von Claude Lévy-Strauss zu hören. So hat er nicht nur mich, sondern mehrere

Generationen von Studenten europäisch orientiert und zu meiner und anderer junger Menschen Allgemeinbildung beigetragen.

Ich freue mich persönlich über meinen Lehrer und ich wünsche mir als Wissenschaftsministerin auch in Zukunft akademische Lehrer von diesem Format. Für das Land Nordrhein-Westfalen und für die Universität Köln war das Wirken von René König ein großer Gewinn. Er hat sich um Land und Hochschule verdient gemacht.

René König und die Universität zu Köln

Von Bernhard König

Es ist mir eine große Freude, heute einen emeritus unserer Hochschule begrüßen und beglückwünschen zu können, mit dem ich bereits in einem sehr direkten Sinne durch die Namensgleichheit verbunden bin. Es kommt immer wieder vor, daß ich gewissermaßen als Stellvertreter desjenigen älteren Kollegen wahrgenommen werde, dessen Nachnamen auch der meinige ist. Immer wieder geschieht es, daß Besucher dieser Universität wie selbstverständlich davon ausgehen, daß der Rektor dieser Hochschule mit Namen König auch "der" René König sei, der das Gesicht dieser Universität in den Nachkriegsjahrzehnten so entscheidend mitgeprägt hat. Ich empfinde diese Verwechslung als durchaus schmeichelhaft. Daran wird mir immer wieder deutlich, welch große Ausstrahlung und Bekanntheit, welche wirkliche Bedeutung René König für diese Hochschule besessen hat und noch immer besitzt. Wir ehren heute in René König am Tage seines 85. Geburtstags eine Forscherpersönlichkeit, die ihren Namen mit unserer alma mater verbunden hat. Nicht nur das eigene Fach der Soziologie, sondern die Universität zu Köln insgesamt hat René König vieles zu verdanken.

Es ist nicht die Aufgabe des Rektors, die fachlichen Beiträge zu würdigen. Dies haben die zahlreich vertretenen Fachvertreter bereits im Verlauf des Symposiums geleistet, das heute vormittag stattgefunden hat, und dies wird auch hier noch durch die anwesenden Fachkollegen weiterhin geschehen. Ich möchte vor allem darauf hinweisen, daß René König weit über die Grenzen seines Faches hinausgewirkt hat. Sein Wirken und seine Bücher stehen in einer Tradition der Aufklärung, die auf viele andere Fächer ausstrahlt.

So bin ich René König während meiner eigenen Studien bei zwei Gelegenheiten begegnet. Im einen Falle handelt es sich darum, daß ich bereits als Student sein Buch "Niccolo Machiavelli. Zur Krisenanalyse einer Zeitenwende" erworben und gelesen habe. Die andere bedeutsame Wirkung über die Grenzen des eigenen Faches hinweg betrifft die mehrfachen Veröffentlichungen zur Soziologie der Mode, die auch für den romanistischen Literaturwissenschaftler vielfältige erhellende Einsichten enthalten.

Im Buch über Machiavelli erscheint als besonders bedeutsam, wie René König nicht daran interessiert ist, die Geschichte des Ruhmes seines Protagonisten darzustellen, sondern wie er den gesellschaftlichen und sozialen Hintergrund herauszuarbeiten sucht, in dem Machiavelli schrieb. Das krisengeschüttelte Italien in einer Zeit sich verschärfender lokaler Kriege der Stadtstaaten um die Vorherrschaft bildet die Folie, auf der Machiavelli eine klarsichtige Analyse entwirft zur Rettung des Landes aus sich verselbständigenden Interessenantagonismen, nämlich Stärkung der Position des Fürsten in idealtypischer Manier, um ihn über die Partikularinteressen herauszuheben (wie das im übrigen später als aufgeklärter Absolutismus verwirklicht wurde). Aber die Zeit war für diese überpointiert vorgetragene Lösung Machiavellis noch nicht reif. Zugleich waren bereits andere Theoretiker, wie der von König genannte Guicciardini, dabei, weniger gewaltsame Lösungen der Krisensituation zu entwerfen, die eher mit demokratischen Modellen des Interessenausgleichs arbeiteten. Machiavelli blieb so in René Königs Analyse der scharfsinnige Analytiker, der in der Situation der Krise eine Lösung in der rationalen Anwendung der Macht sah.

Krisenanalyse ist ein Thema geblieben, das René König seine gesamte Laufbahn hindurch beschäftigt hat. Die Überwindung der Krise moderner Gesellschaften war sicherlich eines seiner wesentlichen Anliegen. In den Schlußworten des Buches wird als Aufgabe formuliert, die "Weisheit der Mitte" zu erlangen auch über die Person des Niccolo Machiavelli hinaus, um die in der Moderne auseinanderstrebenden "aufgerührten Kräfte des Lebens, des Staates und der Gesellschaft zu einer geschlossenen Kulturgestalt zusammenzubinden". Diese Mitte zu finden, aus der heraus die Krise überwunden werden kann, die "Kulturgestalt" der Gesellschaft mit zu befördern, das kann als ein wesentliches Merkmal der Arbeiten René Königs aufgefaßt werden.

Das Machiavelli-Buch besticht durch eine Sprache, die aus einem Guß zu sein scheint, und wie sie heute in der Wissenschaft leider viel zu selten geworden ist. Das Buch liest sich spannend. Auch die Nachbemerkung des Buches macht nachdenklich. "Begonnen am 6. März 1940. Abgeschlossen am 6. Mai 1940, dem 413. Jahrestag des Sacco di Roma." Es ist dies in dem Buch nahezu die einzige direkte Anspielung auf die politischen Tagesereignisse des in die Schweiz Emigrierten. Die kulturellen Zerstörungen des Faschismus standen erst eigentlich noch bevor. Im Buch über Machiavelli bereitete René König aber bereits jene Denkrichtungen mit vor, die für den Wiederaufbau der Gesellschaft danach leitbildgebend sein sollten. Nach 1950 hat König von Köln aus tatkräftig am Wiederaufbau der Gesellschaft der Bundesrepublik Deutschland mitgewirkt.

Auch die Beschäftigung mit der Soziologie der Mode, wie sie vor allem in dem Buch "Menschheit auf dem Laufsteg" dargestellt wird, hat mich beeindruckt. Wie hier die Universalität des sozialen Wandels nicht nur der Neuzeit, sondern aller wichtigen Epochen der Sozialgeschichte dargestellt wird, das verrät eine Interdisziplinarität der Perspektive, die weit über die engeren Grenzen des eigenen Fachbereichs hinaussieht. Sozialhistorische Kenntnisse, kulturgeschichtliche zumal, ethnographische Detailgenauigkeit und die Fähigkeit des Soziologen zur Verallgemeinerung begegnen sich in diesem Buch in besonderem Maße.

Das Buch über die Mode macht also einmal mehr deutlich, wie René König Wirkungen ausgeübt hat, als Fachgelehrter und auch als Intellektueller. Viele seiner Bücher sind mehrfach übersetzt worden; auch wissen wir, daß René König insbesondere in Italien und Spanien großen Einfluß auf die sich neu formierende Soziologie besessen hat. Es soll nicht unerwähnt bleiben, welch unermüdlichen Einsatz René König beim Aufbau einer ganzen Wissenschaftstradition in einem Entwicklungsland geleistet hat, bei der Gründung der Wirtschaftsfakultät an der Universität Kabul in Afghanistan, wo König während einer langjährigen Partnerschaft vieles bewirkt hat.

René König hat sich in seinem Lebenswerk mit Forschungstraditionen beschäftigt, die einem Romanisten wie mir sehr nahestehen. Von seiner familären Herkunft aus lag es sicher nahe, daß er sich bereits als junger Forscher mit französischer Soziologie beschäftigt hat, daß er von Emile Durkheim und seiner Schule ausgegangen ist, woraus auch sein erster fachlicher Aufsatz stammt. Aber René König ist nicht nur in der frankophonen Welt zu Hause, sondern er ist ein polyglotter Gelehrter, der alle wichtigen europäischen Spachen beherrscht.

Der große Andrang der Studenten stellt die Universitäten heute vor besonders große Herausforderungen. Gerade die traditionsreichen Hochschulen finden sich gegenwärtig, da ihnen zureichende und wirksame Unterstützung durch die Politik fehlt, in einer Situation wieder, daß sie diesen Herausforderungen von innen heraus begegnen müssen. René König hat die Reputation dieser Universität befördert und er war immer (wie sein Buch über die Universitätsreform aus dem Jahre 1935 "Vom Wesen der deutschen Universität" ebenfalls zeigt) ein entschiedener Befürworter der Autonomie der Hochschulen, gerade auch in Zeiten der Krise. So könnte es sich verlohnen, auch in diesem Zusammenhang bei einem weiteren Buche Königs noch nachzulesen und sich auch hier von ihm anregen zu lassen. Aber dies ist bereits eine neue Geschichte, an der sich zeigt, wie vielfältig das Werk ist, daß René König vieles bewirkt hat - und sicher durch sein Werk und sein Wirken auch weiterhin noch vieles bewirken wird.

Laudatio für René König zum 85. Geburtstag[*]

Von Udo Koppelmann

Jede Fakultät, die auf Einiges an Geschichte zurückblicken kann und auf sich etwas hält, entwickelt eine Art kollektives Selbstbewußtsein. Gegenstand und Inhalt dieses gehobenen Gefühls sind aber keineswegs nur die herausragenden Forschungsergebnisse, die von einzelnen Mitgliedern der Fakultät erbracht worden sind und ganz einfach deswegen bekannt sind, weil sie bleibende Dokumente des wissenschaftlichen Fortschritts sind. Nein, es ist weitaus weniger nüchtern und viel persönlicher: Die Fakultät erinnert sich gern an ihre großen Persönlichkeiten. Zwar sind diese Persönlichkeiten auch immer exzellente Forscher gewesen, aber sie waren auch in besonders unverwechselbarer Weise ausgezeichnete Lehrer für ihre Studenten; und sie standen ihren Instituten und Seminaren im Geiste einer toleranten Weckung des wissenschaftlichen Nachwuchses vor, was regelmäßig zu einer großen, später dann selbst renommierten Schülerschaft geführt hat. Schüler heranzuziehen, nicht primär eine Schule zu bilden, war das Ideal solcher Ausbildung. Eigentlich immer haben Lehrer und Forscher dieser Art ihre Fakultät auch nach außen mit starker Anteilnahme, Ideenreichtum und Festigkeit vertreten. Es ist daher kein Wunder, daß eine Fakultät sich gerne an diese ihre Mitglieder erinnert. Und es ist gewiß nicht nur Genugtuung über große sachliche Leistungen in der Vergangenheit, sondern es ist buchstäblich eine intensive persönliche Erinnerung. Es ist eine liebe Erinnerung.

Den hier Versammelten wäre sicherlich kein Fakultätsgeheimnis verraten, wenn ich jetzt drei oder vier der großen Namen nenne. Sie werden verstehen, daß ich als Betriebswirt hier Gutenberg nenne, der bekannterweise in guter Freundschaft mit René König stand; aber jeder hier weiß auch, daß meine Beschreibung ganz genau auf René König zutrifft. Sie, meine Damen und Herren, wissen natürlich, daß René König nicht nur eines der berühmtesten Mitglieder dieser Fakultät gewesen ist, sondern ihr auch mit am längsten angehört. Seit seiner Berufung im Jahr 1949 ist er der WiSo-Fakultät treu geblieben und hat doch in unglaublich intensiver Weise nach außen, in alle Welt, gewirkt. Wie ist das möglich gewesen? Nun, einmal und zuvörderst ist das sicherlich der Internationalität seiner wissenschaftlichen Arbeiten zu verdanken und wie üblich, auch der häufigen Teilnahme an internationalen Konferenzen. Aber das war es nicht allein, denn René König hatte eine elegante Methode herausgefunden, um periodenweise immer einmal in einer

---

[*]   Für Hinweise und Anregungen sei dem Kollegen Prof. Dr. Klaus Mackscheidt gedankt.

ganz anderen wissenschaftlichen Gemeinschaft einzutauchen. Er nutzte die
Institution der Gastprofessorenschaft sehr intensiv und sehr überlegt so, daß
er einerseits voll seiner gastgebenden Universität zur Verfügung stand,
andererseits sein zeitweiliger Wegzug aus Köln hierselbst kaum bemerkt
wurde. Er nutzte nämlich vorwiegend die vorlesungsfreie Zeit. Von 1957 bis
1975 kamen immerhin acht Gastprofessuren an verschiedenen berühmten
Universitäten in den Vereinigten Staaten zustande.

Aus den Dekanatsakten geht übrigens hervor, daß sich René König auch
im Ausland häufig genug um seine Kölner Lehrstuhlangelegenheiten sowie
allgemeinere Belange der Fakultät gekümmert hat. Briefe aus Berkeley oder
Michigan an die Dekane in Köln geben ein beredtes Zeugnis davon: So beteiligt er sich intensiv an der Diskussion um die Kennzeichnung und inhaltliche
Gestaltung eines neu zu besetzenden Lehrstuhls oder er teilt die Meinung der
Fakultät, besser doch keine Gewerbeschullehrerausbildung zu betreiben. Es
ist vielleicht beiläufig, so etwas zu erwähnen, aber dies sind nun einmal
Ereignisse aus dem Leben einer Fakultät - eine Fakultät, die in ihrer heutigen
Form stets mit Intensität und Teilnahme von René König mitgeprägt worden
ist.

Lassen Sie mich noch eine Begebenheit schildern, die mich im nachhinein
tief betroffen hat, obwohl ich sie nicht aus persönlichem Miterleben, sondern
nur aus den Fakultätsakten erfahren habe. Das Ereignis geht auf René Königs
früheste Tätigkeit in Köln zurück und ist charakteristisch für seine Weitsicht,
seine Sensibilität und sein politisches Gespür. Wie Sie wissen, ist René König
Mitbegründer der International Sociological Association. Die Gründung
betrieb er schon von Zürich aus. Im Vorfeld der Gründungsgespräche war
heftig umstritten gewesen, ob man die deutschen Soziologen - angesichts der
Verhetzung der Soziologie durch die Nazis - überhaupt einladen sollte.
Leopold von Wiese - Königs Lehrstuhlvorgänger - der entsandt werden sollte,
fühlte sich persönlich gekränkt und wollte absagen. Da hat René König sich
in bewegender Weise an den Dekan der WiSo-Fakultät und an von Wiese selbst
gewandt und ist überzeugend für die deutsche Soziologie eingetreten. Aber
am wichtigsten war - so scheint mir -, daß er in der damaligen Situation
seinen Kölner Kollegen und insbesondere Leopold von Wiese ein Stück
verlorenes Selbstwertgefühl zurückgegeben hat. Ohne große Geste, aber mit
intensivem Einfühlungsvermögen hat René König damals das getan, was wir
Jüngeren heute als absolut richtig empfinden. Für dies und vieles andere
bedankt sich die WiSo-Fakultät mit Recht und freut sich mit ihrem René
König über die vielen Ehren, die ihm zuteil wurden.

Miteinanderdenken und Zueinanderfinden

Von Edeltrud Meistermann

Neben einer liebenden Zuwendung aufgrund unserer Wahlverwandtschaft habe ich René König immer verehrt. Die Wahlverwandtschaft bestand vom ersten Augenblick unseres Sehens an, als Alexander Mitscherlich, mein Freund und Kollege, ihn zu mir brachte, bevor er noch die Berufung nach Köln angenommen hatte. Aber wie kraftvoll er war und was er für mich bedeutete, dieser kämpferische Humanist, und wie sehr seine Größe durch seine Arglosigkeit und seine Fürsorglichkeit auf mich einwirkte, das habe ich erst verstanden, als ich für diese Begrüßungsworte meine alten Tagebücher nachlas. Gewiß, im Jahr 1948, dem Jahr unseres Kennenlernens, war es für mich selbstverständlich, daß man den Nationalsozialismus verurteilte, es war immer selbstverständlich gewesen; aber René König hatte eben das, was ihn für mich geschwisterlich machte: Mut und Lust, über den Nationalsozialismus zu sprechen, so wie es bei Alexander Mitscherlich auch war. Er war mit Mitscherlich in der Schweiz gewesen während des Krieges und hatte seine kämpferischen Tendenzen, seinen feurigen Haß gegen den Nationalsozialismus ungebrochen und ungekürzt bewahrt und konnte ihm jenen Ausdruck verleihen, der in der damaligen Gesellschaft keinesweg üblich war. Ich erinnere mich noch an die Aufregung, die René König auslöste, als er auf einer Gesellschaft einen damals hochdekorierten Landesbeamten fragte, was er im Krieg getan habe, um den Nationalsozialismus zu bekämpfen.

Mir ist alles Mögliche eingefallen, was er damals getan und ausgelöst hat in den Jahren an der Universität. Angestrengt von dem heimlichen Widerstand, den die alten Nazis ihm entgegensetzten, gab es Ausbrüche von Verzweiflung über die Behinderung gegen die praktische Anwendung seiner soziologischen und meiner psychoanalytischen Ideen, gegen den Einfluß der "Kritischen Soziologie" und gegen die konservativen Kollegen, die in den alten Werten verharrten.

Irgendwann einmal haben wir zur gleichen Zeit einen Orden bekommen, er für seine Verdienste in der Soziologie und ich für die Ersteinführung der Psychoanalyse an einer deutschen Universität nach dem Krieg. Aber eigentlich hätte er auch diesen meinen Orden haben müssen, weil er es gewagt hat, mich in der damaligen Zeit an der Universität zu fördern. Ich stand nämlich damals in der philosophischen Fakultät vor der Habilitation, wurde aber durch die Intrige eines anders denkenden, die Psychoanalyse verachtenden Kollegen von meinem seit 1947 bestehenden Lehrauftrag und der Habilitation entbunden. René König hörte das und hat in der Wirtschaftsfakultät durchgesetzt, daß ich dort einen Lehrauftrag bekam über die Anwendung der Psychoanalyse in der Soziologie; ein einmaliges Ereignis, das es, soviel ich weiß, auch heute noch nicht wieder gibt. Ich habe dann 27 Jahre Vorlesungen und Übungen gehalten und wurde immer von König unterstützt mit Geld, mit Büchern, mit Assistenten, mit Räumen, auch mit Forschungen, obgleich wir in unseren theoretischen Konzepten gegeneinander standen.

Aber gerade dieser Gegensatz hat sich mir heute nach dem Lesen meiner frühen Tagebücher aufgelöst. So wie man als Analytiker eine revolutionäre Auffassung über die Funktion und Kraft der menschlichen Liebesfähigkeit hat und Arbeit und soziales Feld nur unter dem Aspekt betrachten kann, daß Liebe die jedem Menschen zur Verfügung stehende Waffe gegen den Haß der anderen ist, so auch Königs Auseinandersetzung mit aggressiven Impulsen und dem Haß, die er beide als heute noch ungelöste Probleme der Menschheit ansah und ähnlich wie in der Kleinstgruppe von Analytiker und Patient die allgemeine Erfahrung der Liebeshaltung wiederbelebt und die menschliche Grundstörung, die stets auf Haß beruht, aufgehoben wird - hat René König bei seinen Schülern, in seinen Forschungen und wissenschaftlichen Arbeiten über die eigenständige Disziplin der Soziologie gewirkt mit der Behauptung, daß man Erfolg und Errungenschaften des sozialen Handelns konkret bestimmen und ändern kann im Rahmen der Dialektik von Produktivkräften und Produktionsverhältnissen. Und er hat das gelebt!

Wir waren einander ähnlich im Denken über Familie. Wir behaupteten beide, daß in ihr die Triebkräfte und deren soziale Formung möglich ist, nicht nur durch die Beziehung zwischen Eltern und Geschwistern, sondern auch durch die in die Zukunft projizierten Wünsche und das Schwergewicht der Vergangenheit. Zukunft und Vergangenheit bestimmen die Handlungsweisen eines Menschen und aller Gruppen, schwerwiegend und kaum beeinflußbar. Hier waren wir gemeinsam Aufklärer.

Schließlich sind wir eine Verbindung eingegangen. Ich gründete die sozial-analytische Gesellschaft, die sich zum Ziel gesetzt hat, die Methoden der Psychoanalyse auf soziologische Fakten anzuwenden. Er wurde der Ehren-vorsitzende dieser Gesellschaft. Diese Liaison ging aus von einer Forschung, die ich über die Integration der Gastarbeiter machte, ein soziales Problem, das durch die alte Zwangsarbeitertechnik des 3. Reiches in den 50er und 60er Jahren besonders kritisch und schwierig war, viel schwieriger als heute. Wir haben an diesen Projekten zuerst für Köln, dann für Deutschland und schließlich für Europa gearbeitet, nicht ohne Erfolg.

Ich habe noch kein Wort darüber gesagt, daß ich eine der wenigen Frauen war, die an der Universität in den ersten Jahrzehnten nach dem Krieg gear-beitet hat. König war eher seiner ganzen Haltung nach kritisch gegenüber Frauen eingestellt, aber er verstand es auf eine sehr geschickte Weise, die in manchen Bereichen differenzierteren und lebendigeren Kräfte des weiblichen

Wesens, etwa Intuition und Unermüdbarkeit so zu fordern und sinnvoll zu verwenden, daß bei mir niemals eine Empfindung von Duldung des weiblichen Geschlechts aufkam, eher eines von Glücklichsein über das stete Miteinanderdenken und Zueinanderfinden.

Eigentlich standen wir in unseren theoretischen Konzepten gegeneinander. Ich wage mich an ein Beispiel, an den Kulturbegriff, den die Soziologie als Bestandteil des sozialen Geschehens ansieht, als ein System von Leitvorstellungen für das Leben, die Psychoanalyse dagegen sieht Kultur als einen Prozeß, der gewiß von allen möglichen Faktoren beeinflußt, aber sicherlich in seinem Ursprung von diesen und allen anderen Umständen unabhängig ist, einem organischen Vorgang vergleichbar. Kultur hat nach der Meinung der Psychoanalyse den stärksten Einfluß auf die Triebstuktur des Menschen. Sie ist die Zähmerin, ja Beherrscherin aller Triebziele und macht, daß die Menschen sich gegen das sträuben, was ihnen bis dahin erstrebenswert oder doch zumindest erträglich war: Frieden, Ruhe, Sicherheit, Reichtum - alle diese Triebziele werden durch den Hinweis auf die kulturelle Bedeutung eines Krieges fast vollständig beseitigt. Aber es sind nicht die verschiedenen Kultursektoren, die die Änderung des Erstrebenswerten oder Erträglichen bewirken, sondern es hängt mit der Triebstruktur zusammen, die zwei gegenseitige Tendenzen vertritt: die menschliche Triebanlage ist zweigleisig, einmal die Tendenz zur Vereinigung immer größerer Einheiten zu einem Ganzen, sich zeigend im Sexual- und Ichtrieb, und das Gegenstück, die Neigung, das organisch Lebende in einen leblosen Zustand zurückzuführen, den Todestrieb, d.h. die Psychoanalyse sieht die kulturellen Umbildungen gesteuert von den mächtigen Triebkräften, die unverändert und nur langsam bezähmt durch kulturelle Entwicklungen der unbeweglichen Wurzel der Triebkräfte verhaftet bleiben. Die Ergänzung des Marxismus zu einer wirklichen Gesellschaftskunde ist für die Psychoanalyse undenkbar, denn nach Freud gibt es streng genommen nur zwei Wissenschaften: die Psychologie, reine und angewandte, und die Naturkunde.

Ich muß unbedingt noch erwähnen, daß René König mit Georg Meistermann gemeinsam eine herzhafte streitbare Kumpanei bildete für alle möglichen Angriffe auf öffentliche und private Mängel, die sich innerhalb der Gesellschaft der 50er und 60er Jahre entwickelten. Daß sie beide gleichzeitig in der Lage waren, selbst gegeneinander zu fechten etwa über die Probleme des Katholizismus und des Atheismus, doch stets in Einigkeit gegen den Nationalsozialismus. In diesem Kampf waren sie erfolgreich, wenn ich es im Nachhinein betrachte und bedenke, auf welche unscheinbare Weise sie halfen bei mehreren Gelegenheiten, Unrecht rückgängig zu machen.

Nicht zu vergessen die Abende, die wir miteinander verbracht haben, hier in Köln, aber auch in Montagnola, und in der Nähe von Rom, gemeinsam mit seiner lieben Frau Irmgard. Es waren Stunden, Tage, Wochen, in denen es auf Zeit und auf Leistung und auf Rechthaben nicht mehr ankam. Wir lebten miteinander.

König liebte Bilder. Er liebte köstliche Speisen, schöne Weine und dies in Gesellschaft von Freunden. René hatte zwei Gestalten, die des reifen und erwachsenen Mannes, des Wissenschaftlers, des kämpferischen Aufklärers. Und gleichzeitig spielte er mit der Natürlichkeit eines Kindes, das sich entfaltet und bezähmt und so das Chaos bewältigt. Daß er wie ein Mann und auch wie ein Kind sein konnte, hat seiner wissenschaftlichen Arbeit eine größere Weite und auch eine dauerhafte Verständlichkeit gebracht.

König war dem Fortschritt gegenüber skeptisch. Er bezweifelte die menschliche Fähigkeit zur Vermeidung von Ideologien und zur Wahrnehmung der Realität. Dennoch flößte er das Vertrauen ein, man könne etwas beitragen im Kampf gegen das gefährlich Irreale. Ich grüße ihn mit großer Dankbarkeit und mit der Erinnerung an Fülle, Schönheit und Eintracht.

René Königs Afghanistan Mission

Von Willy Kraus

In großer Dankbarkeit, in Respekt und Zuneigung möchte ich Ihnen, lieber Herr König, zu Ihrem 85. Geburtstag herzliche Glückwünsche übermitteln. Ich tue dies auch im Namen aller meiner Kollegen und Kolleginnen, die sich mit Ihnen insbesondere durch das "Unternehmen Afghanistan - Kabul" so eng verbunden fühlen. Eingeschlossen sind natürlich auch unsere afghanischen Kollegen, die gegenwärtig als Flüchtlinge bei uns weilen und auf den Tag warten, an dem sie wieder in ihre Heimatland zurückkehren können.

In Dankbarkeit denke ich häufig daran zurück, daß ich als junger Kölner Privatdozent immer wieder Ihren guten Rat einholen konnte. So waren mir auch Ihre Ratschläge vor Antritt eines längeren Aufenthaltes als Rockefeller Fellow in Baltimore und Stanford eine ganz große, wertvolle Hilfe. Die bereits zu dieser Zeit bestehenden sehr persönlichen Kontakte sind dann bald im Verlaufe der Abwicklung der "Kabul-Partnerschaft" noch viel enger geworden.

Als 1961 die Wirtschafts- und Sozialwissenschaftliche Fakultät der Universität zu Köln im Rahmen des multilateralen Universitätsaufbaues in Kabul internationale Verpflichtungen zu übernehmen hatte - gemeinsam mit den Universitäten in Bonn, Lyon, Wyoming und Nebraska, mit der Sorbonne, der Columbia-University, der Technischen Hochschule in Moskau und der Al-Azhar in Kairo - da war allen Beteiligten wohl vollkommen klar, daß nicht nur die guten Ratschläge von René König unverzichtbar waren, sondern daß das ganze Unternehmen nur im Falle seiner Mitwirkung erfolgreich durchgeführt und abgeschlossen werden könne.

René König hat sich ohne Zögern zur Verfügung gestellt. Keiner der mit diesem umfassenden Afghanistan-Projekt Befaßten hat aber in der Anfangsphase auch nur im entferntesten daran gedacht, daß über die persönlichen Bindungen hinaus Afghanistan, seine Universität, seine liebenswerte Bevölkerung, seine Geschichte und Kultur uns für viele Jahre und Jahrzehnte vereinen, faszinieren, in Atem halten und schließlich auch mit Sorgen, Mitgefühl, Schmerz und Trauer erfüllen würden.

Durch René König ist das Engagement in Kabul zu einem langfristigen, wohldurchdachten modellhaften Programm der Bildungspolitik geworden, das flexibel der Lehre und Forschung in einem Lande Rechnung getragen hat, das noch fest in den Traditionen des islamisch-sunnitischen Staates verankert war, kaum wesentliche Veränderungen zeigte und außerdem einen Vielvölkerstaat der Paschtunen, der Hasarees, der Tadschiken und Usbeken, der

Kirgisen und Turkmenen, der Hindu, Uiguren und Kafiren bildete. In der einzigen Universität des Landes prallten natürlich alle bestehenden Gegensätze und Rivalitäten offen und hart aufeinander und allen Verantwortlichen - Afghanen wie auch europäischen, amerikanischen und russischen Gästen - mußte nicht nur daran gelegen sein, alles zu vermeiden, was zur Vergrößerung der Gegensätze beitragen konnte, sondern auch um eine vernünftige Austarierung aller Gegensätze bemüht zu sein.

Das setzte doch wohl über gediegenes Fachwissen hinaus ausreichende Kenntnisse über Geschichte und Kultur des Landes, Verständnis für die gegebenen Verhältnisse sowie ein Gespür für angemessenes Verhalten voraus.

Alle Beteiligten an der Afghanistan-Mission sind der festen Überzeugung, daß das sich über viele Jahre erstreckende erfolgreiche Kabul-Engagement in erster Linie René König zu verdanken ist. Seine Weltoffenheit, sein sprachlicher Zugang zum Farsi und Dari, seine großen Kenntnisse über die bewegte Geschichte und die ausgeprägten Lebensformen des Orients in der Kleidung, im Hausrat, in den Gesten und Verhaltensformen, seine große Bewunderung der kulturellen Überlagerungen hephtalitischer, griechisch-baktrischer, frühislamischer, hinduistischer und timuridischer Kulturelemente - vor allen Dingen aber sein einfühlsames Verständnis für die Menschen am Hindukusch - haben ganz erheblich dazu beigetragen.

Ich erinnere mich noch sehr genau an die Ankunft von René König in Kabul im Sommer 1962, um sich an Ort und Stelle ein Bild über die Verhältnisse an der Universität zu verschaffen und mit der deutschen Dozentengruppe den weiteren Verlauf der Partnerschaft zu erörtern. Am Tage nach seiner Ankunft wollte er sich in der Stadt Kabul umsehen - alleine, auch ohne Dolmetscher. Wir haben nach seiner Rückkehr nur staunen können, wie er innerhalb weniger Stunden in dieser ihm fremden Stadt Zugang zu wichtigen aussagekräftigen Institutionen und Personen gefunden hatte. Er hatte an einer Gerichtsverhandlung teilgenommen. Er hatte das Büro des Bürgermeisters aufgesucht. Außerdem war noch Zeit verblieben, den Basar in Augenschein zu nehmen - wenn ich mich nicht irre, war es zur Hauptsache der nicht nur sehenswerte Gewürzbasar, der ihn besonders angelockt hatte.

Ich sollte auch erwähnen, daß die Mitglieder der Dozentengruppe bei dieser Gelegenheit gespürt haben, wie warmherzig, wie fürsorglich und auch wie nachdrücklich René König ihre Interessen in der Kölner Fakultät vertreten hat. Das war keineswegs so selbstverständlich - angesichts der Tatsache, daß jene, die draußen tätig sind, zu Hause leicht vergessen werden.

Als Beauftragter der Fakultät für alle Kabul-Fragen und Vorsitzender der Kabul-Kommission hat René König dann viele Jahre lang mit einem großen Aufwand an Zeit und Kraft die Fortentwicklung der partnerschaftlichen Beziehungen intensiv gefördert. Bürokraten mußten immer wieder überzeugt werden, daß Bonn nicht Kabul war. Um die erforderlichen Haushaltsmittel mußte gerungen werden. Personelle Entscheidungen waren zu fällen. Lehrmittel und Ausrüstungen bis hin zu Jeeps mußten beschafft und nach Kabul zum Versand gebracht werden. Für afghanische Studenten wurden deutsche Lehrbücher übersetzt. Eine eigene Schriftenreihe "Afghanische Studien" wurde aufgelegt, die inzwischen eine ganze Reihe beachtenswerter Beiträge aufzuweisen hat. Für afghanische Dozenten wurden Weiterbildungsmöglichkeiten in Deutschland geschaffen. Ein großer Teil der afghanischen Kollegen hat nach und nach in der Bundesrepublik promoviert.

All dies wurde durch die kommunistische Machtübernahme in Afghanistan und durch den Einmarsch der russischen Invasionstruppen jäh unterbrochen. Unseren Leuten wurde die Weiterarbeit in Afghanistan verwehrt. Unsere afghanischen Kollegen wurden verhaftet und gefoltert, sofern es ihnen nicht gelang, noch rechtzeitig das Land zu verlassen.

Es ist verschiedentlich die Auffassung vertreten worden, daß daher der ganze Afghanistan-Einsatz und -Aufwand vergeblich gewesen sei. Die gewaltigen Kraftanstrengungen seien durch äußere Umstände wirkungslos geworden. Ich glaube dies nicht. Unsere parteipolitisch ideologisch ausgerichteten Nachfolger aus der ehemaligen DDR haben wohl nicht die intellektuelle und moralische Kraft besessen, das Geschaffene und Erreichte beiseite zu schieben oder gar auszulöschen. Außerdem hat das Kabuler Regime durch seinen uns wohlbekannten stellvertretenden Ministerpräsidenten Dr. Sarabi inzwischen angefragt, ob wir nicht unsere Arbeit wieder aufnehmen bzw. wieder fortsetzen wollen. Ich bin heute überzeugt, daß dies eines Tages auch der Fall sein wird.

Im Geiste René Königs wird dieses Werk weitergeführt und vollendet werden. Diese meine feste Überzeugung sollte zugleich meine konkrete Geburtstagsgabe sein.

Von Peter Atteslander

Das große Interesse, das René König und sein Werk in unverminderter Form genießen, führt zuweilen zu erstaunlichen Vereinnahmungen, so geschehen durch Bernhard Plé in seinem Buch Wissenschaft und säkulare Mission: "Mit der von König betriebenen Einführung der empirischen Sozialforschung, die für die Forschungslage in Deutschland maßgebend wurde, hat das missionarische Programm der Rockefeller Foundation Dank ihrer Hilfen und Anregungen für dieses Unternehmen eine eigenständige westdeutsche Fortführung gefunden" (Plé 1990, S. 278).

König also im Solde der Amerikaner, getragen von deren Sendungsbewußtsein? Eine wahrlich abenteuerliche Verschwörungstheorie - als hätte er nicht schon 1925 als Student der Islamistik in Wien Karl Bühler, Marie Jahoda und Paul Lazarsfeld und mit ihnen die Anfänge der europäischen empirischen Sozialforschung kennengelernt (vgl. König 1980).

René Königs Lebenswerk ist in seinem umfassenden Wissen und durch die vielfältigen Wurzeln seiner Erkenntnisse im ganz wörtlichen Sinne ein 'cultural lag' in der Soziologie von heute, die sich als aufgesplittete Wissenschaft von Spezialisten zeigt. So wären Mißdeutungen, kleine und große, in erster Linie eine Folge eingeschränkter Perspektiven. Auf der Suche zum Verständnis von René König und seinem Lebenswerk bin ich auf einen Ausspruch gestoßen, der zumindest mir vieles verständlich macht. Im Festvortrag, den er am 6. Oktober 1988 während des von den deutschen, österreichischen und schweizerischen Soziologiegesellschaften gemeinsam veranstalteten Soziologentages in der völlig überfüllten Aula in Zürich hielt, zurückgekehrt, wenn auch nur für Stunden, an die Stätte seines früheren Wirkens, berief er sich ganz zu Beginn auf Georg Simmel und den von ihm beschriebenen Begriff des "Fremden". Es folgte der Satz: "Einer, der von außen kommt und sich im neuen Milieu niederlassen will, ist immer gezeichnet" (König 1989, S. 113).

Das 'Von-Außen-Kommen' ist mit Ortswechsel verbunden. An anderer Stelle schreibt René König: "Da zudem das entscheidende Ereignis meines Lebens eine zwangsweise Ortsveränderung war, wie man das Problem der Exilierung und der Emigration bezeichnen kann, unternahm ich den Versuch, meine intellektuelle Entwicklung zum Soziologen durch geordnete Aneinanderreihung der verschiedenen Plätze darzustellen, an denen ich die wichtigsten Etappen meines Lebens verbrachte" (König 1980, S. 4). Dies gilt, wie ich meine, nicht nur für das Konzept seiner intellektuellen Autobiographie "Leben im Widerspruch", sondern ist Schlüssel zu seinem ganzen Leben. Geographischer Ortswechsel, gepaart mit seiner scharfen Beobachtungsgabe und feinfühligen Reaktion auf die Umgebung führen auch zum Wechsel des intellektuellen Topos. Es ist für jene schwierig, die außerordentlich reiche und fruchtbare Lebenserfahrung und Wissensakkumulation mitzuvollziehen, die im Grunde die Erfahrung des Von-Außen-Kommens nicht kennen.

Auch meine Perspektive ist selbstredend eingeschränkt und ich möchte mir nicht in vermessener Weise ein Urteil über Leben und Werk anmaßen, sondern in großer Dankbarkeit, die ich mit vielen meiner Kollegen teile, angesichts von vier umfänglichen Festschriften und drei eigenen Lebensberichten René Königs selbst, nur einige Anmerkungen aus persönlichem Miterleben anzeigen. Ich habe sie unter drei Ortsangaben gestellt.

Zürich 8, Hallenstraße 21

Wenn man die äußerst geschäftige Seefeldstraße - der Soziologe würde deren Wohnbevölkerung als durchmischt mit hohem Ausländeranteil und zahlreichen alleinstehenden Damen, kurz als 'Quartier in Transition' bezeichnet haben - durch ein Tor verließ, befiel einen die Ruhe. Rechter Hand, etwas zurückgesetzt, war ein Mehrfamilienhaus, Hallenstraße 21. Im zweiten Stock rechts bewohnte die Familie König eine 3 1/2-Zimmer-Wohnung. Bücher wohin man sah, oft noch, wo man sich hinsetzen wollte. Das Arbeitszimmer, eine große Sperrholzplatte auf zwei "Architektenböcken". Bücher: links, rechts, oben, unten. Wenn René König sich erheben wollte, mußte er einige wegrükken. Auch bei Tisch, in der Wohndiele, brauchte man sich nur umzudrehen, um zum einen oder anderen Buch zu greifen.

Ich spreche von 1947. König hatte ich allerdings schon vor Beginn meines Studiums gelesen. Da ich keine Ahnung hatte, was ich studieren sollte, gab mir der akademische Berufsberater - wir waren die erste experimentelle Klasse - einen Artikel über Familiensoziologie. Als ich dessen Autor im überfüllten Hörsaal 101 zum ersten Mal zu Gesicht bekam, war ich von seinem Vortrag gebannt.

Obwohl René König an zwei Fakultäten Pflichtvorlesungen hielt, sah man sich, auch als wir massive Initiativen organisierten, keineswegs veranlaßt, ihm einen Lehrstuhl einzurichten. Dem damaligen Regierungsrat (Kultusminister) Vaterlaus war möglicherweise ein Brief der Philosophischen Fakultät I aus dem Jahre 1925 bekannt, wo es, bezogen auf den damaligen Soziologiedozenten Eleuteropoulos, hieß: "Sie (die Philosophische Fakultät) ist nach wie vor der Meinung, daß die Errichtung einer Professur für Soziologie, sei es an ihrer Fakultät, sei es an der Rechts- und Staatswissenschaftlichen Fakultät wünschenswert sei, doch möchte sie nicht ... aus rein persönlicher Veranlassung

die Schaffung einer Professur beantragen" (Hoffmann-Nowotny 1989, S. 3).
König war offensichtlich zu erfolgreich und zu beliebt bei den Studenten.

Mit großer Aufmerksamkeit pflegten wir in seinen Magistralvorlesungen
das Umblättern der eng von oben bis unten und bis an den Rand beschriebenen dünnen Blätter des jeweiligen Stenoblocks zu beachten, sowie den
Augenblick, wenn das ganze mit einem Spiraldraht zusammengefaßte völlig
umgedreht werden mußte, weil auch die Rückseiten beschriftet waren. Böse
Zungen behaupteten, daß er eigentlich nur einen einzigen Stenoblock beschriftet hätte, im übrigen aber äußerst eloquent extemporiere. Das Extempo-
rieren war mindestens dann hör- und sichtbar, wenn er mit Blick in den Osten
auf den Villenhügel des Zürichbergs weisend, nicht nur in den Vorlesungen
über die Frühschriften von Marx "von denen da oben" sprach. Später in Köln
erhielt ich endgültige Gewißheit: es gab wohl Hunderte von Stenoblocks.

Wir alle ahnten damals nicht, unter welchen beengten materiellen Bedingungen König das Pensum eines vollen Ordinariats durchzog, mit dem wohlfeilen, da gehaltsneutralen "Titularprofessor" versehen. Ein Ausspruch Freyers
traf wohl auf das Zürich dieser Jahre zu: "Die Schweizer hatten eine Gesell-
schaftsordnung, darum brauchten sie keine Gesellschaftswissenschaft" (König
1984, S. 6).

1948 war ich als Studentenvertreter für den ersten Professorenaustausch
zwischen den Universitäten Köln und Zürich verantwortlich. Ich habe nach
Rücksprache mit meinen Kommilitonen René König und den Staatsrechtler
Werner Kägi vorgeschlagen. Den Gegenbesuch machten Leopold von Wiese
und der damalige Rektor der Universität Köln, Hermann Jahrreiß. Im für
Besatzungsmächte reservierten Eisenbahnwagen fuhren wir nach Köln. Über
das ungeheure Interesse, das René König dort entgegengebracht wurde - Werner Kägi war die Angelegenheit zu ungewiß und er telegraphierte seine
Absage - ist in Königs Memoiren nachzulesen.

Unauslöschlich sind mir die Gespräche in Erinnerung geblieben, die wir,
kilometerweise über öde Trümmerfelder schreitend, führten. Hinter dem
Hauptbahnhof stießen wir auf den gigantischen Schwarzmarkt. Zu nennen
wäre der ausgemergelte Concierge des Hotels beim Bahnhof - wir nannten
ihn Spitzmaus; er ging kurz darauf in die Breite wie Hefeteig. Wir erlebten
die leeren Läden und das ebenso breiige wie undefinierbare Mensaessen.
Während unseres Besuches wurde die Währungsreform verkündet. Den Stich-
tag verbrachten wir bei Leopold von Wiese in Bad Godesberg, der uns auf
die Godesburg schickte, weil es ihm peinlich war, unser Angebot, mit ihm
für das Kopfgeld Schlange zu stehen, anzunehmen. Anderntags füllten sich
die Schaufenster. Klapprige, uralte Tempo-Lastwagen fuhren durch die kopf-
steinbepflasterten Straßen. Ich erinnere mich an zwei besonders: der eine
voller Kinderwagen, der andere voller Klosettschüsseln. Über Nacht ver-
schwand der Schwarzmarkt.

René König und ich verlebten dann zwei völlig bargeldlose Tage. Auch die Militärregierung, unter deren Verantwortung die Universität gestellt war, hatte weder Geld noch Bahnfahrkarten. Vorbei die Zeit, da man mit der Bahn bis zu 200 km fuhr, um zwei Kilo Kartoffeln einzukaufen.

Zurück in Zürich war ich forthin sehr oft bei Königs an der Hallenstraße und dies in mancherlei Funktionen, darunter die des Babysitters, immer aber als Kostgänger und Zuhörer, wenn Gäste kamen. Da erst habe ich erfahren, daß René König und seine Frau Irmgard neben dem minimalen Einkommen aus den Lehraufträgen ihren Lebensunterhalt mit Übersetzungen von Kriminalromanen, dem Schreiben von Buchbesprechungen und Zeitungsartikeln zusammenschuften mußten. Wie das überhaupt machbar war, ist mir heute noch ein Rätsel, und nur im Nachhinein schleichen sich Vermutungen ein, die mit bestimmten Strukturen einhergehen. So daß ich etwa gegen Monatsende des öfteren gebeten wurde, beim Metzger und beim Comestibles--Geschäft Biancchi bestimmte Dinge abzuholen, mit dem Hinweis "bitte anschreiben". Der Koch König zauberte anschließend Köstlichstes aus abenteuerlichen, weil wohlfeilen Ingredienzen.

Es verkehrten bei Königs Schriftsteller wie der österreichische Dramatiker Fritz Hochwälder, Redakteure, allen voran François Bondy, Werner Rings, dann Robert Jungk und natürlich seine Doktoranden Ernest Zahn, Jiri Nehnevajsa, Rinaldo Aldina, Hans Ulrich Beck, Ernst Kux, später Rolf Bigler, Hans Weiss, Max Leutenegger. Wir wuchsen zu einer verschworenen Bande zusammen und versuchten, ohne jegliche Mittel, empirische Forschung unter wahrlich abenteuerlichen, ich würde heute sagen unzumutbaren, Umständen durchzuführen. Die Arbeiten sind in Königs Memoiren einzeln erwähnt. Sie waren der Anfang empirischer Sozialforschung, zumindest in Zürich, und ich versichere an Eides Statt, daß von Ford oder Rockefeller Foundations zu jener Zeit keine Rede war.

In seiner Autobiographie "Leben im Widerspruch" erwähnt René König (S. 141), daß der damalige Stadtpräsident Landolt äußerte, da Zürich keine Großstadt sei, sei Forschung dieser Art nicht nötig. Ich darf dazu anmerken, daß René König mit mir im Erkerzimmer des Stadthauses am Limmatquai um einen Forschungsbeitrag für meine empirische Untersuchung der Zuzügler in die Stadt Zürich ersuchte. Von einer solchen war leider keine Rede. Da jedem Bürger frei stand für 50 Rappen eine Adresse aus der Einwohnerkartei käuflich zu erwerben - Datenschutz war unbekannt -, hielten wir es beide damals für einen großen Erfolg, daß angesichts der etwa 800 durch Stichprobe zu eruierenden Adressen der Preis von 50 auf 30 Rappen reduziert werden konnte. Die Mittel hatte ich mir, ähnlich wie viele meiner Kollegen, in der Folge in Nachtarbeit bei der Sihlpost Zürich zusammengejobbt.

Wer von uns Doktoranden ein Buch kaufte, sprach es mit anderen ab, so daß wir untereinander mit möglichst wenig Mitteln über möglichst viele

Lehrbücher verfügten. Ein Vorstoß bei der Erziehungsdirektion, uns wenigstens einen Raum für unsere eigenen Bücher zur Verfügung zu stellen,
scheiterte ebenso wie der, wenigstens die Universitätsbibliothek mit modernen
soziologischen Büchern aufzustocken. Es blieb uns nur das Sozialarchiv (nahe
der ehedem Züricher Wohnung Lenins gelegen) und eben René Königs Privatbibliothek.

Als teilnehmender Beobachter an Königs Tafel erstaunte mich immer
wieder die ungeheure Treffsicherheit, in Blitzesschnelle ein Buch hinter dem
Rücken hervorzuziehen, um mit sicherem Griff die Seite und die richtige
Stelle mit dem Zeigefinger zu markieren. Diese Erfahrung hat mich etwas
später beinahe den Verstand gekostet. Ich erhielt nämlich mit dem Thema für
die viertägige schriftliche Hausaufgabe im Staatsexamen gleich ein Buch von
Georges Gurvitch mitgeliefert - in französisch, versteht sich. Als ich die
entsprechenden Seiten, auf die sich die Prüfungsfrage bezog, aufgeschnitten
hatte, verbreitete sich Entsetzen. Ich zweifelte zunächst am Text und dann
am Verstand meines Lehrers, schließlich und nachhaltig an mir selbst. Die
Frage nach der Bedeutung der "Small Group" in Gurvitchs Konzept der
Mikrosoziologie war aufgrund des Textes nicht lösbar. Nach zwei völlig
schlaflosen Nächten begann ich schließlich zu schreiben. Um nicht leeres
Papier abgeben zu müssen, begann ich mit: "Unter Annahme Gurvitch hätte
geschrieben...".

Kurz nach Abgabe der Arbeit ein Telefonanruf von König: "Kommen Sie
so rasch wie möglich in die Hallenstraße." In einer Eingebung nahm ich die
zweite Auflage des Buches von Gurvitch unter den Arm und stieg in die
Straßenbahn. Bei Königs angekommen, der sichere Griff mit dem raschen
Zeigefinger auf die Stelle in der ersten Auflage. Gurvitch hatte genau diese
Stelle in der zweiten Auflage ins Gegenteil verändert, zum größten Erstaunen
René Königs, der von diesem Augenblick an in ähnlichen Situationen kaum
mehr unaufgeschnittene Bücher verwendete.

Es gab zwei Zürichs in den Jahren nach Ende des Zweiten Weltkriegs.
Noch waren viele Emigranten in der Stadt. Das Schauspielhaus war ohne
Zweifel die führende deutschsprachige Bühne Europas. Im Theaterrestaurant
am Pfauen pflegte sich der "Schutzverband deutscher Schriftsteller in der
Schweiz" zu treffen, der gelegentlich auch junge Schweizer zum Vortrag
einlud. Als einer der Verantwortlichen für das studentische Kulturprogramm
verkehrte ich wie selbstverständlich mit Fritz von Unruh und Max Brod.
Werner Fink haben wir zum ersten halbwegs erlaubten Kabarettauftritt im
Urania verholfen. Die wohl beschwingteste Einführung, die ich je gehalten
hatte, war im Auditorium Maximum der ETH, als ich Carl Zuckmayer
ansagen durfte, der mich mehr oder weniger gezwungen hatte, vorher in der
Studentenvertretung mit ihm zusammen eine recht große, blecherne Hipp--

Bottle mit hausgebranntem Schnaps auszutrinken. In einer Baseler Klinik starb zu der Zeit Wolfgang Borchert, Autor des Stückes "Draußen vor der Tür".

Etwas trockener ging es zu, wenn ich von den Manns ins Hotel 'Baur au Lac' zur Vorbesprechung seiner Vorträge, zum Tee gebeten wurde. Ich erinnere mich, daß Frau Mann mich bat, etwa ein Dutzend dicke Übersee-- Luftpost-Briefe zur Post zu bringen - sie waren nicht frankiert. Als ich die Höhe des Portos erfuhr, lief ich zurück zum Hotel und übergab das Schrifttum zur weiteren Behandlung dem Portier.

Gerate ich nun selbst unter den Satz René Königs: "Der Schweizer hat zu Zeiten eine fast bestürzende Fähigkeit zum bekennenden Realismus" (König 1980, S. 143)? Zum intellektuellen Zürich gehörte auch der junge Max Frisch. Es war in der Tat eine Stadt im Aufbruch, aber doch, wie Ernest Zahn sagen würde, eine versäulte Gesellschaft. Selbst Cafés in unmittelbarer Nachbarschaft wurden von so unterschiedlichen Menschen frequentiert, daß Welten sie trennte. René König verkehrte im 'du Lac', dessen Stammrunde er auch seine Schrift 'Soziologie heute' widmete. Die Nicht-Emigranten dagegen hatten ihre Plätze im 'Odeon', wo so Gewaltige wie der Literaturchef der Neuen Zürcher Zeitung, Eduard Korrodi, Hof hielten, zu dem der eine oder andere Hochschullehrer sich erst nach langen Initiationsriten dazusetzen durfte. In der 'Kronenhalle', gerade über die Straße schließlich, tafelte schon damals das Zürich mit Geld. Neben der Stadt im Aufbruch, gab es eben das andere Zürich, für das Landolt nicht nur Stadtoberhaupt war, sondern es auch mit der Unnachgiebigkeit zwinglianischer Moralität repräsentierte.

Wenn René König sich bis heute der Schweiz in existentieller Weise verbunden fühlt, dann mit jener Schweiz, die sich damals als Möglichkeit, als Entwurf abzeichnete, die freilich die merkantile Macht des zweiten ganz anderen Zürichs nicht mitzureißen vermochte.

Der junge Friedrich Dürrenmatt schreckte die Bourgeoisie mit seinen ersten Stücken, Therese Giehse spielte unnachahmlich die Mutter Courage von Bertolt Brecht, der selbstverständlich auch des öfteren in Zürich zu sehen und zu sprechen war.

Das andere, kleinliche Zürich erwies sich als dauerhafter und obsiegte im Wettstreit um die geistige Liberalität. Für mich durchaus folgerichtig sehe ich dem letzten öffentlichen Auftritt Friedrich Dürrenmatts im 'Park im Grünen', bei Zürich, als er zu Ehren von Václav Havel von der Schweiz als einem Gefängnis sprach, in dem die Gefangenen zugleich ihre Wärter seien. Unter diesem Zürich haben viele gelitten, leiden viele bis heute, eine wenig wohl auch René König.

Ich kann mir vorstellen, daß René König trotz seiner materiellen Situation nur deshalb nicht verzagte, weil er sich in eine unsichtbare Bruderschaft der Exilierten und in die Gruppe seiner engagierten Schüler eingebunden fühlte.

Königs Azimut in Zürich und damit in der Schweiz waren die Universität, das Seefeldquartier und eben nicht die Bahnhofstraße.

Menschen, die das Exil miteinander teilen, lernen das Teilen an sich. Dies als Hinweis darauf, um der ungestellten Frage eine Antwort zu geben, wie es denn möglich war, ohne Mittel eine so umfassende Bibliothek, wie sie an der Hallenstraße 21 aufgestapelt war, zu erwerben. Dies setzte Planung und Freunde voraus. Wenn wesentliche und teure amerikanische Bücher über Stadtsoziologie in den Bibliotheken fehlten, bat ein halbes Jahr vor Beginn des entsprechenden Seminars ein bekannter Redakteur bei den Verlagen um Besprechungsexemplare, die René König in der Folge rezensierte. Ich spreche von der "Weltwoche", deren Redakteur François Bondy war. Er war wie viele andere zwar nicht im Exil, war Schweizer, gehörte indes zu jenen Intellektuellen, die im Grunde ein kulturelles Maquis bildeten. Jedes Maquis bedarf eines erheblichen Anteils an ortsansässigen Eingeborenen, um mit den Exilierten und Fremden erfolgreich zu sein. Das Maquis der Nachkriegsjahre hat sich leider längst aufgelöst und sich auf die ganze Welt verteilt.

René König ist nie Schweizer geworden, insofern es um die formelle Einbürgerung ging und durch einen Paß zu dokumentieren wäre. Jenem ersten Zürich aber blieb er bis heute verbunden. In diesem Sinne ist er Schweizer geblieben, ohne es je geworden zu sein. Kein Wunder angesichts seiner Herkunft und seines Lebenslaufs. Die multikulturelle Alltäglichkeit der Schweiz ist durchaus als reale Utopie für ein Europa der Regionen zu sehen.

Eines ist noch nachzutragen. Wie war es bei den geschilderten Verhältnissen möglich, den ersten Weltkongreß der neugegründeten Internationalen Gesellschaft für Soziologie im Jahre 1950 nach Zürich zu bringen? Ich kann es nur dem außerordentlichen Engagement, im Grunde einer Maquis-Stimmung zuschreiben, die den Impetus, durch Krieg getrennte Fachkollegen endlich wieder an einen Tisch zu bringen, übermächtig werden ließ und für finanzielle Risiken unsensibel machte. Diese Leistung René Königs kann nicht genügend hervorgehoben und gewürdigt werden.

390 Oak Ave., Ithaca, New York

Wohnhaft unter dieser Adresse, erhielt ich im Herbst 1953 einen Anruf der Rockefeller Foundation, N.Y.C., ich möchte mich doch anderntags bei Leland de Vinney einfinden, das Flugticket liege bereit. Es würde sich um den Amerika-Aufenthalt meines ehemaligen Lehrers, René König, handeln. Ich hatte mit dieser ehrwürdigen Stiftung ansonsten nichts zu tun, bestieg eine alte, von Studenten, ehemaligen Kriegspiloten, gesteuerten, DC 3 der "Mowhak-Airlines", auf einem Feld in der Nähe des Campus. So wurde ich in der Tat, wie im Band "Praktische Sozialforschung II" (S. 12) vermerkt, nicht nur in Bezug auf das Buch, wohl aber auf René König selbst, "Verbindungs-mann in den Vereinigten Staaten" (König 1956, S. 156).

Aus den ursprünglich geplanten drei Tagen Cornell University wurden viele Wochen. Die Aufenthalte in Cornell und später in Ann Arbor, über die René König selbst ausführlich berichtet, vermittelten ihm bezüglich der empirischen Sozialforschung wohl entscheidende Impulse. Den wichtigsten möchte ich wie folgt beschreiben: Quantitative Methoden sind untrennbar mit qualitativen verbunden.

Die Königs wohnten in einer Stiftung, die sich Telluride nannte, wurden aber in der Tat von obiger Adresse, an der ich wohnte, gesteuert. Dies im wahrsten Sinne des Wortes, denn ich war der Einzige, der des Autofahrens mächtig war und überdies über einen secondhand Ford, Modell 48, verfügte. Dies ist auch Grund für die nachfolgende Anmerkung, die in den ansonsten wohldokumentierten wissenschaftlichen Aktivitäten Königs wohlweislich fehlen muß.

Wir haben beide bei George Homans in Harvard nicht nur das Neueste über gruppendynamische Theorien erfahren, sondern sie dann auch zum Teil selbst erprobt. Insbesondere auf der unendlich langen Reise von Ithaca über Washington nach Florida in den Weihnachtstagen 1953 hat sich die Kom-petenzhierarchie, zumindest bezüglich des Reisens und Autofahrens, merklich von meinem Lehrer auf mich verlagert. Da es uns des weiteren unmöglich war, irgendwo unterzukommen, auch nicht bei einsamen "Bed and Break-fast"-Witwen, steuerte ich den Wagen ohne längeren Aufenthalt mehr als 1000 Meilen, zum Teil durch den Nebel, der die ausgedehnten Sümpfe links und rechts nur vermuten ließ. Endlos und schnurstracks, der mittleren weißen Leitlinie folgend, fuhren wir bis nach Clearwater Beach, Florida.

Meine diesbezügliche Leistung mißbrauchte ich in den folgenden Tagen dazu, mir das Frühstück ans Bett bringen zu lassen. Ich spielte mit Irmgard König Schach, während René König eifrig kleine Muscheln für das von ihm zu bereitende Mittagsmahl sammelte. Ich mußte diese Rolle wohl etwas über-trieben haben, denn nach zwei Tagen wurde ich gebeten, Irmgard in die Kunst des Autofahrens einzuweihen.

Vorher aber geschah etwas Unvergeßliches. Am Weihnachtstage fuhren wir unter sternenklarem Himmel, wie viele andere auch, am Strand entlang, bis der Wagen plötzlich einzusinken begann: Moving Sand. Rasch alarmierten Hilfsbereite den ortsansässigen Abschlepper. Obwohl Heiligabend, fuhr er nach einer guten halben Stunde zu uns her, überhörte freilich unsere Warnun-gen, nicht weiterzufahren mit dem Hinweis, sich seit Kindesbeinen bestens auszukennen, und versank selber. Ich erinnere mich nicht mehr, wie lange wir geschoben, gegraben und gezogen haben. George, so glaube ich, hieß der Abschlepper, stellte uns keine Rechnung, allerdings unter der Auflage, nichts weiterzuerzählen.

Zumindest für mich hat jene weihnachtliche Nacht etwas Symbolisches: Moving-Sand ist nicht sichtbar, aber äußerst perfide. Vieles in René Königs Werk ist unermüdliches Warnen vor gesellschaftlichen Strömungen, die der Erscheinung des Moving-Sand sehr ähnlich sind. An obiger Adresse entstand eine Freundschaft, die bis heute lebt.

Nietzschestraße 1, Köln-Lindenthal

Im Spätherbst 1954 offerierte mir René König die Stelle eines Projektleiters. So kam ich von Cornell nach Köln und bezog sein Vorzimmer. Nun erlebte ich täglich, daß kein Fachkollege, der etwas auf sich hielt, aus der weiten Welt nach Europa oder Deutschland kam, ohne König seine Aufwartung zu machen. Da ich als teilnehmender Beobachter genügend Schulung erfahren hatte, kann ich bezeugen, daß wohl der überwiegende Teil der Schreibkapazität der Sekretärin nicht dem Tippen eigener Manuskripte galt, sondern der unermeßlichen Korrespondenz. König hat einen großen Teil seiner Arbeitszeit damit verbracht, Menschen miteinander in Verbindung zu bringen, sie für Ideen zu begeistern. Ich behaupte, daß sich kaum ein anderer Wissenschaftler so kontinuierlich und ausgiebig im Dienste anderer und der Sache fühlte, die er für richtig hielt, wie René König. In diesem Sinne war er in der Tat missionarisch tätig. Freilich ohne fremden Auftrag und ohne Sendungsbewußtsein.

Durch dieses Vorzimmer geleitete ich viele zu René König. Vom Klassiker der Soziometrie, Jacob Moreno, etwa bis zu einem jungen, schmächtigen Assistenten aus Saarbrücken, der sich als Ralf Dahrendorf vorstellte. Erwin Scheuch war als Hilfsassistent im Hauptgebäude in einem fensterlosen schmalen Raum untergebracht, so zumindest habe ich ihn in Erinnerung, äußerst beschäftigt mit Stapeln von Hollerithlochkarten, Tabellen und Fragebögen. Eine Untersuchung schien die andere zu jagen, derweil Peter Heintz, Privatdozent, sein Manuskript 'Soziale Vorurteile' zu Ende brachte. Werktags pflegte ich mit Hans Albert vom Stock unter uns im Dozentenzimmer der Mensa zu speisen, wo wir einen so ausführlichen Plan für ein gemeinsames Buch mit dem Titel "Assistenz und Existenz" besprachen, daß wir es schließlich für unnötig hielten, es zu schreiben, uns gegenseitig jedoch für die Zukunft bis zum heutigen Tag zubilligten, gelegentlich daraus zu zitieren.

Wenn ich als Ortsbestimmung einmal mehr eine Wohnadresse und nicht jene des Instituts nenne, so deshalb, weil der Arbeitstag meist erst an der Königschen Tafel endete. Wer in Geschäften der Soziologie in Köln weilte, war in den überwiegenden Fällen abends auch bei Königs zu treffen. Nicht über die vielen Großen der Disziplin sei hier die Rede, sondern über einen Vorfall, der mir unvergeßlich ist. Eines Abends, die zweite Flasche Rotwein stand auf dem Tisch, bat mich René König, ein Formular durchzulesen. Er hatte sich nach einigem Widerstreben zur Anmeldung seiner Wiedergutmachungs-Ansprüche durchgerungen. Er sah sich außerstande, eine Frage zu beantworten. Bei mehrfachem Durchlesen befand auch ich, daß der ganze amtliche Fragebogen nicht für Opfer der Nazis, sondern für Deutsche, die in alliierte Gefangenschaft geraten sind, bestimmt war. Es war die Zeit, als auch Emma Göring Ansprüche anmeldete. Es war dasselbe Formular, mit dem die Witwe Freislers ihre Pension erwirkte.

In solchen Augenblicken fühlte sich René König im Lande seiner Geburt wiederum als Fremder. Das Exil endet nicht mit einer Rückkehr. Es bleibt ein Rest unüberwindbar erlebter Verletzungen. Es bleiben zerstörte Hoffnungen und vor allem verlorene Freunde. In diesem Sinne nur ist zu verstehen, daß König in seinem bereits erwähnten Zürcher Vortrag im Jahre 1988 die Rückkehr nach Deutschland im Grunde als zweite Emigration bezeichnete: "Ich bin also kein Heimkehrer im einfachen Wortsinn, sondern ich bin als anderer Mensch, der ich in der Schweiz geworden bin, in ein neues Land gekommen" (König 1989, S. 126).

Einmal mehr also René König, der von außen kommt. Diese innere Distanz ist möglicherweise der Beweggrund für seine besondere Sensibilität im Erfassen von Widersprüchen, auch der eigenen. Sie verhindert ein billiges Angepaßtsein, ist im Grunde Widerstand nicht um dessen selbst willen, sondern als Position des steten Hinterfragens von Macht und Gewohnheit, Quelle auch seines Engagements. Es sind dies in der Tat Merkmale des Maquis. Es führte auch gleichsam zum Zwang, "Menschen, die durch Welten getrennt scheinen, einander näherzubringen" (König 1980, S. 12). René König weist immer wieder darauf hin, daß abendländischer Humanismus des Eurozentrismus zu entkleiden sei, damit wir einen Schritt näher zur Verwirklichung einer globalen Humanität kommen.

Ein Wort noch zu einem anderen Thema: Oft wird von einer Kölner Schule gesprochen, deren Vater René König sei. Der "Fremde" ist ungeeignet zur Bildung von Schulen, so ist der Begriff Schule für das, was König bewirkt hat, in meinen Augen falsch. Die Soziologie in Deutschland ist durchsetzt von Menschen, die er in der einen oder anderen Form bleibend beeinflußt hat. Seine Wirkung ist so vielfältig, daß es schwierig ist, sie erschöpfend zu dokumentieren und nachzuzeichnen. Seine Art war Schulung des Geistes, nicht Schaffen von Schule als Institution.

König hat auch nie Lehrstuhlpolitik betrieben. Wie wir wissen, waren gerade enge Mitarbeiter und Schüler bisweilen nicht ohne ein Austragen von Konflikten mit ihm verbunden geblieben. Manchen von uns führte erst die Unruhe der Nichtanpassung zur Erfahrung der ungeheuren Bandbreite der Interessen und der intellektuellen Liberalität Königs. Seine Wirkung weit über das Fachgebiet hinaus ist durch sein unermüdliches Engagement für öffentliche Wissenschaft zu erklären. "Wir können die Verbreitung unserer Befunde nicht irgendwelchen Interpreten überlassen, sondern wir müssen es selbst tun", vermerkt er in den Soziologischen Orientierungen (König 1965, S. 13).

* * * * *

Angesichts des vereinigten Deutschlands haben einige Kollegen, die hier anwesend sind, in dankenswerter Weise eine Initiative zur Erforschung des sozialen und politischen Wandels im Zuge der Integration der DDR-Gesellschaft ergriffen. Sie streben die Einrichtung eines Schwerpunktprogrammes an. Wenn dies gelingt, so nicht zuletzt durch die Anstöße, die René König vor vielen Jahren selbst gegeben hat. Einige Kollegen, ich möchte vor allem Ulrich Beck nennen, haben gefunden, daß das gegenwärtige Projekt noch gewinnen könnte, wenn qualitative Aspekte der Forschung stärker zum Zuge kommen könnten. Diese Untersuchungen sollen René König gewidmet werden.

René König hat mir einmal während eines Spaziergang in Ithaca gesagt, daß wir Europäer eigentlich die Graeculi der Neuen Welt seien. Sind wir Soziologen angesichts der auf uns zukommenden Probleme, auch in der alten Welt, angesichts eines sich formierenden Europas der Zweckverbände, im Grunde nicht allesamt als Graeculi und Intellektuelle stärker gefordert denn als Wissenschaftler?

Mehr noch als für das ungemein vielfältige, in wesentlichen Bereichen noch kaum richtig abgeerntete Werk René Königs, haben wir ihm für die Fragen zu danken, die er uns heute noch stellt und die uns verpflichten, mehr zu sein als nur Soziologen.

Literatur

Hoffmann-Nowotny, Hans-Joachim: Soziologie in Zürich, Informationsschrift der Universität Zürich, Nr. 6, 1989.

König, René (Hrsg.): Beobachtung und Experiment in der Sozialforschung. Praktische Sozialforschung, Köln 1956. [Nr. 41]

König, René: Soziologische Orientierungen, Köln 1965. [Nr. 9]

König, René: Leben im Widerspruch, München 1980. [Nr. 20]

König, René: Über das vermeintliche Ende der deutschen Soziologie vor der Machtergreifung des Nationalsozialismus, in: KZfSS, 36, 1984. [Nr. 283]

König, René: Identität und Anpassung im Exil, in: *Max Haller, Hans-Joachim Hoffmann-Nowotny* und *Wolfgang Zapf*: Kultur und Gesellschaft, Frankfurt a.M./New York 1989. [Nr. 291]

Plé, Bernhard: Wissenschaft und säkuläre Mission, Stuttgart 1990.

Kollegen, Freunde und Schüler erinnern

Begegnung mit René König
oder: Soziologie, die es (so) nicht mehr geben wird

Von Günter Albrecht

> Zwei Jahrzehnde kostest du mir: Zehn Jahre verlor ich,
> Dich zu begreifen, und zehn, mich zu befreien von dir.
> (J. W. v. Goethe, Xenien)

Der ehrenvollen Einladung, anläßlich des 85. Geburtstages von René König über die ganz persönlichen Erfahrungen und Erlebnisse mit diesem letzten großen deutschen Soziologen zu berichten, konnte ich mich nicht entziehen, obwohl es mir - wie offensichtlich auch anderen Kollegen - nicht leicht fällt, mich dieser Aufgabe zu stellen. Unter den vielen Gründen, die es dafür gibt, möchte ich nur einige wenige nennen.

Erstens fürchte ich die Gefahr, durch Rückgriff auf ganz persönliche Erlebnisse und Empfindungen und durch Darlegung dessen, was René König für mich selbst bedeutet hat und bedeutet, die eigene Person zu sehr in den Vordergrund zu rücken und damit in jene Praktiken zu verfallen, die mir bei manchem Kollegen in den letzten Jahren so verachtenswert erschienen sind, nämlich durch Assoziation der eigenen Person mit den "großen alten Männern" des Faches und durch Vermarktung ihrer Schriften an deren Ruhm und Größe in ganz unverdienter Weise zu partizipieren. Zweitens zwingt die Rückbesinnung auf die eigene wissenschaftliche Jugend und all die schönen Hoffnungen, zu denen man vielleicht Anlaß gegeben zu haben glaubte, immer auch zum Blick auf die mehr oder weniger triste Gegenwart, auf die Distanz der eigenen Person zu dem Ideal eines kosmopolitischen, umfassend gebildeten, kreativen und produktiven Soziologen, wie er mir in dieser Vollendung nur in der Person von René König begegnet ist. Drittens spielt die nachhaltige Betroffenheit durch die für mich in ganz besonders hohem Maße gegebene identitätsstiftende Auseinandersetzung mit der Persönlichkeit René Königs eine große Rolle für mein Zögern.

Ich werde mich auf einige wenige Erlebnisse konzentrieren und wähle dazu die ersten, ganz frühen Kontakte mit René König, die noch vor meinem Studium liegen und meinen verschlungenen Weg zur Soziologie beschreiben.

Während der Gymnasialzeit, in der meine Interessen zwischen naturwissenschaftlichen und geisteswissenschaftlichen Präferenzen schwankten, bildeten sich zeitweilig besondere Schwerpunkte bei der Philosophie und der Geographie, unter besonderer Betonung der Stadt- und Regionalplanung heraus, die meinen Philosophielehrer veranlaßten, mir das Studium der Soziologie zu empfehlen, zumal in Köln, wo ich zu studieren gedachte, eine ganz besondere Koryphäe des Faches, ein Mann namens König, lehre, der im übrigen ein Fischer-Lexikon "Soziologie" verfaßt habe, das einen hervorragenden Einblick in eine für meine Berufspläne zentrale Materie gäbe. Da auch noch 1961/62 die Soziologie für deutsche Abiturienten ein Fach war, das fast so exotisch zu sein schien wie Sinologie, war meine Meinung zu diesem Fach sehr skeptisch, und ein Blick in das besagte Fischer-Lexikon "Soziologie" hat mich eher verschreckt als gelockt. Seine großen Qualitäten habe ich erst später schätzen gelernt. So wurde aus dem ersten Versuch einer Annäherung an das Fach Soziologie und an die Person René König nichts.

Statt dessen fiel nach längerem Schwanken zwischen Medizin und Chemie auf der einen und Germanistik, Geschichte und Geographie als Fächern für das Lehramt an höheren Schulen auf der anderen Seite die Entscheidung für die letzteren, die ich durch freiwillige Ausflüge in die Geologie und Ethnologie sowie vorgeschriebene Studienanteile von Pädagogik und Philosophie ergänzte. Aber der Weg zur Soziologie war offensichtlich nicht zu vermeiden.

Im Fache Germanistik beispielsweise mußte ich mich in einem Proseminar mit der mittelhochdeutschen Sprache beschäftigen und die "Mär vom Meier Helmbrecht" in einem Seminar bearbeiten. Wer sie kennt, wird sich erinnern, daß die Hauptfigur - ein Bauernsohn -, des tristen Landlebens und der Fron der harten Landarbeit überdrüssig, versucht, ihren Stand zu wechseln und Raubritter zu werden. Sie ist bemüht, den gewandelten Status durch Wandel der Kleidung zu symbolisieren, und verstößt damit gegen die mittelalterliche Kleiderordnung etc. Der Dozent verwies auf die sozialgeschichtlichen Hintergründe solcher Ordnungen, vor allem aber auf die allgemeinen gesellschaftlichen Aspekte von Kleidung und Mode, und stellte mit nachdrücklicher Anerkennung fest, entsprechende Erkenntnisse stelle die Soziologie zur Verfügung, und ein besonders anerkannter Kölner Kollege namens René König habe in den letzten Jahren dazu interessante Schriften publiziert,[1] die man sich unbe-

---

1   Gemeint war wohl der Beitrag "Die Mode in der menschlichen Gesellschaft", in: René König und
     Peter W. Schuppisser (Hrsg.), Die Mode in der menschlichen Gesellschaft, mit einem Geleitwort
     von Christian Dior, Zürich 1958, S. 103-221, dem eine ganze Reihe von weiteren Ausarbeitungen und
     Aktualisierungen folgten, nämlich u.a.: Kleider und Leute. Zur Soziologie der Mode, Frankfurt/M.
     1967; Macht und Reiz der Mode, Düsseldorf/Wien 1971; sowie die sehr weitgehende Überarbeitung
     der zuvor genannten Schrift: Menschheit auf dem Laufsteg. Die Mode im Zivilisationsprozeß, München und Wien 1985.

dingt ansehen müsse, wenn man nicht sogar besser daran täte, die Vorlesungen des Kollegen zu besuchen.

Damit aber nicht genug. Ich hatte das Glück, eine Vorlesung des bedeutenden Kölner Historikers Theodor Schieder über Grundfragen der Geschichtswissenschaft besuchen zu dürfen, der sich insbesondere mit den grundlagentheoretischen Arbeiten der deutschen Historiker um die Jahrhundertwende beschäftigte[2] und dabei intensiv auf die "Historik" von Droysen, aber auch die einschlägigen Schriften zur historischen Methodologie von Bernheim (1908) einging. Bernheim[3] zog mit aller Entschiedenheit gegen ein Verständnis des Verhältnisses von Geschichte und Soziologie zu Felde, wie es in Emile Durkheims "Regeln der soziologischen Methode" entwickelt worden war, sofern dort der Geschichte überhaupt der Rang einer Wissenschaft zugebilligt wurde. Bernheim hatte mit großer Sicherheit die zentrale Problematik von individuellem Akteur und Kollektivbewußtsein und von Einzelfakten und Gesetzmäßigkeiten der Entwicklung herausgestellt und nicht schlecht gegen Durkheim polemisiert. Schieder verhielt sich dazu sehr vorsichtig, verwies aber mit großer Nachdrücklichkeit darauf, daß jeder, der sich stärker für diese vertrackte Problematik interessiere, unbedingt die "Regeln" selbst, vor allem aber die ganz vorzügliche Einleitung von René König lesen müsse.[4]

Da das Studium für das höhere Lehramt damals mit der Verpflichtung verbunden war, auch bestimmte Veranstaltungen in der Philosophie und der Pädagogik zu absolvieren, blieben mir die damals üblichen Vorlesungen und Seminare zur Ideengeschichte der Pädagogik nicht erspart, die sich nahezu notorisch durch die Verbreitung einer geradezu lähmenden Langeweile auszeichneten. Nur an wenigen Stellen wurde sie durchbrochen. An ein solches Ereignis kann ich mehr sehr gut erinnern. Damals machte einer der etwas aufgeweckteren Pädagogen bei seinen Darlegungen über jene Instanzen, die

---

2   Theodor Schieder zeichnete sich bei all diesen Darlegungen durch eine außerordentliche Anstrengung aus, die Diskussionen zwischen Geschichtswissenschaft, Philosophie, Wissenschaftstheorie und Soziologie zusammenzuführen, und erzielte damit ein theoretisches Reflexionsniveau, das sonst in der damaligen deutschen Geschichtswissenschaft äußerst selten, aber auch in der Soziologie eher die Ausnahme als die Regel war. Schieders Hinweise auf Reinhard Wittram und Reinhart Koselleck hätten sehr hilfreich sein können, doch vermochte ich sie damals noch nicht hinreichend zu nutzen. Das Verhältnis von Schieder und König war - so weit ich das aus der damaligen "Froschperspektive" wahrnehmen konnte - von gegenseitigem Respekt gekennzeichnet, aber eine umfassende Kooperation kam wohl nicht zustande. Bedeutsam dürfte für die moderne deutsche Geschichtswissenschaft jedoch geworden sein, daß so bedeutende Historiker wie Wolfgang J. Mommsen und Hans-Ulrich Wehler in Köln im Spannungsfeld zwischen Geschichte und Soziologie, verkörpert durch Schieder und König, ihr Rüstzeug entwickeln konnten.

3   Vgl. Ernst Bernheim, Lehrbuch der Historischen Methode und der Geschichtsphilosophie, unveränderter Nachdruck der 5. u. 6. Aufl., München und Leipzig 1914, insb. S. 666f.

4   Wie eng die Vertrautheit mit den Arbeiten Königs damals gewesen sein muß, ließ sich daran ablesen, daß Schieder Königs Einführung in die "Regeln" schon im Abstand von nur einem Jahr nach ihrem Erscheinen genau kannte.

wir heute Sozialisationsinstanzen nennen, auf die fundamentale Bedeutung der Familie und der Familienstruktur für den Erziehungsprozeß aufmerksam und bezog sich dabei - neben einigen Verweisen auf die damals wohl mehr beachteten Schriften Helmut Schelskys - im Detail auf verschiedene Arbeiten von René König[5] und stellte dessen Analysen so spannend dar, daß ich schlagartig erkannte, welche Bedeutung ein Studium der Soziologie für zukünftige Lehramtsanwärter haben könnte.

Allmählich geriet ich in Zweifel, ob meine bisherige Fächerwahl klug gewesen war.

Diese Zweifel erhielten unverhofft weitere Nahrung. Auf meiner Suche nach sinnvollen Ergänzungen meines Fächerkanons geriet ich auch in die Völkerkunde und mehr oder weniger zufällig in eine Veranstaltung des Ethnologen Helmut Petri über die schriftlosen Urvölker Australiens und wähnte mich hier vor der scheinbar europazentristischen und auf moderne Gesellschaften fixierten Soziologie sicher. Aber ich sollte mich irren. Es dauerte gar nicht lange und Petri legte dar, daß in Zusammenhang mit der Deutung der Intichiuma-Zeremonie eines der Urvölker Australiens einer der bedeutendsten Soziologen, nämlich Emile Durkheim, eine außerordentlich interessante religionssoziologische Theorie entfaltet habe, die zwar teilweise von falschen Fakten ausgehe und nach heutigem Kenntnisstand nicht zu halten sei, aber nichtsdestoweniger deutlich mache, wie innig Ethnologie und Soziologie zusammenhingen und wie wichtig soziologische Theorie für die Entwicklung einer modernen Ethnologie sei; aber das könne man alles viel besser bei jemandem lernen, der sich seit Jahrzehnten mit dieser Materie beschäftige und über die Religionssoziologie Emile Durkheims arbeite, nämlich bei René König.[6]

Die letzten Zweifel, daß die Soziologie - für mich damals nahezu allein verkörpert durch René König - das Fach meiner Wahl sein müßte, wurden schließlich in einem Seminar zur Siedlungsgeographie ausgeräumt. Bestimmte kleine, weilerartige Siedlungen in Jugoslawien, die sich zudem durch eine besondere Anordnung zwischen Gehöft und Flur auszeichneten und zunächst

---

5   Dies war schon deshalb erstaunlich, weil die einschlägigen Schriften Königs dazu teilweise an eher versteckten Stellen erschienen waren; so z.B. René König, Materialien zur Soziologie der Familie, Bern 1946; René König, Überorganisation der Familie als Gefährdung der seelischen Gesundheit, in: Maria Pfister-Ammende (Hrsg., unter Mitarbeit von F. Alexander, A. Baumgarten u.a.), Die Psychohygiene. Grundlagen und Ziele, Bern 1949, S. 130-144. Natürlich bezog der betreffende Pädagogik-Dozent sein Wissen eher aus dem Lehrbuch-Text: René König, Soziologie der Familie, in: Arnold Gehlen und Helmut Schelsky (Hrsg.), Soziologie. Ein Lehr-und Handbuch zur modernen Gesellschaftskunde, Düsseldorf und Köln 1955, S. 119-156.

6   Auch hier erstaunt, wie innig die damaligen Kollegen mit den Arbeiten Königs vertraut gewesen sein müssen bzw. wie schnell sie diese zur Kenntnis nahmen, denn diese Hinweise Petris bezogen sich auf René König, Über die Religionssoziologie bei Emile Durkheim, in: Dietrich Goldschmidt und Joachim Matthes (Hrsg.), Probleme der Religionssoziologie, Sonderheft 6 der KZfSS, Opladen 1962, S. 36-49, und wurden schon in Veranstaltungen des SS 1962 und des WS 1962/63 gegeben.

schwer deutbar zu sein schienen, stellten sich - so die Geographen - bei näherer Betrachtung durch die Familiensoziologen als Ausdruck eines bestimmten Typs von Großfamilie dar, der sog. Zadruga. Wer einen informativen Überblick dazu gewinnen wollte, wurde auf die einschlägigen Arbeiten von René König zur Familiensoziologie verwiesen. Damit aber nicht genug: Ein Vergleich der theoretischen Ärmlichkeit damaliger stadtgeographischer Arbeiten mit dem uns empfohlenen Band von König über die Gemeinde[7] und mit den dort entwickelten Ideen über das Verhältnis von Geographie, Sozialökologie und Soziologie, die alle Phänomene in einem ganz neuen Licht erscheinen ließen,[8] machte die Entscheidung unumgänglich: Die Soziologie sollte mein Fach werden und René König mein Lehrer, da er immer dann, wenn ich etwas wirklich spannend fand, präsent war.

Allerdings, die Enttäuschung über das neue Studienfach war zunächst groß. Sicher, die große Vorlesung über die Ursprünge von Familie, Recht, Staat und Gesellschaft war überaus faszinierend, die Rhetorik René Königs, seine Souveränität, die Breite des dargebotenen Wissens ungemein beeindruckend. Was mich aber außerordentlich irritierte, dann aber auch bald sehr frustrierte, waren die Seminare und Übungen - soweit sie nicht von König selbst abgehalten wurden, und das waren leider doch sehr viele. Ich traute meinen Ohren nicht, weil die Seminarleiter und einige wenige "Experten" unter den Studierenden sich in einem Idiom zu unterhalten schienen, dessen ich nicht mächtig war. Zwar kamen in ihren Sätzen gelegentlich einige Vokabeln vor, die mir phonetisch vertraut vorkamen, die aber offensichtlich ihre Bedeutung gewandelt hatten. Ich erinnere noch sehr gut die unglaubliche Frequenz, mit der mein Ohr das Wort "Bezugsrahmen" ertragen mußte, und will auf andere Beispiele nicht eingehen. Einige Zeit später lernte ich auseinanderzuhalten, daß ich es hier mit zwei eigentümlichen Fremdsprachen zu tun hatte, die irgendwie allerdings ineinander übergingen und die man wohl "Parsonianisch" oder "Albertanisch" hätte nennen können.

Kurz und gut: Die Seminarveranstaltungen waren ziemlich gräßlich, die Mehrheit der WiSo-Studenten, die Soziologie als Wahlpflichtfach hatten, war an der ganzen Sache herzlich wenig interessiert, und die wenigen wirklichen "Soziologiestudenten" gerierten sich in Übereinstimmung mit der Mehrheit der Lehrenden als eine kleine Elite - mit einem Sonderwissen und einer Geheimsprache, die an den eigentlichen, inhaltlichen Aspekten eines Problems nur geringes Interesse zu haben schien, sondern sie nur zum willkommenen Anlaß nahm, ihre Sprachspiele zu zelebrieren.

---

7   René König, Grundformen der Gesellschaft: Die Gemeinde, Reinbek 1958.

8   Besonders bedeutsam war dabei für mich, daß René König durch Rückgriff auf Durkheim und seine direkten und indirekten Schüler zeigen konnte, daß die Geographie durchaus theoriehaltig sein kann und die gerade von deutschen Soziologen gegenüber der Geographie häufig gezeigte Überheblichkeit unangemessen sein dürfte.

Die hier versammelten ein wenig älteren Kollegen, in deren Seminaren ich gesessen habe, mögen es mir verzeihen: Ich habe dieses Milieu und diese Kooperationsformen gehaßt, und ein Teil meines auch heute immer aufbrechenden Ekels über den dominanten Wissenschaftsbetrieb geht auf diese Kölner Erfahrungen zurück. Dabei möchte ich ganz nachdrücklich der Gerechtigkeit wegen betonen, daß sich die meisten Lehrveranstaltungen bei genauerer Betrachtung auf hohem wissenschaftlichen Niveau bewegten und daß die betreffenden Kollegen sich außerordentlich bemühten, den neuesten Stand des Wissens zu vermitteln, ja häufig Ideen einbrachten, die erst viele Jahre später im Fach Anerkennung fanden. Mein großes Unbehagen an der Soziologie des "Kölner Mittelbaues" dürfte daher - "objektiv" gesehen - nur wegen des intellektuellen Habitus der damaligen Zeit berechtigt gewesen sein, aber es war abgrundtief.

Meine zuerst so hoffnungsvolle Begegnung mit der Soziologie im zweiten Anlauf wäre schon nach wenigen Wochen beendet gewesen, wenn der außerordentliche Eindruck durch die Persönlichkeit René Königs, durch die Breite seines Wissens, durch seine Fähigkeit, Verbindungen herzustellen, die aus disparaten Einzeleinsichten ganz neue Interpretationen entstehen lassen, und durch seine ungeheure Inspiration mich nicht derart gefesselt hätten.

So blieb ich bei der Stange, und nach einem Semester war ich studentische Hilfskraft. Zunächst in einem Projekt von Gerhard Kunz, dem ich nicht nur deshalb manches zu verdanken habe. Dann - rekrutiert durch Fritz Sack, der als kritischer Gesprächspartner für mich trotz mancher Differenz noch heute sehr wichtig ist - als Hilfskraft im Forschungsinstitut für Soziologie als "Mädchen für alles", mit all den guten und schlechten Seiten einer solchen Rolle. Die unmittelbare Zuordnung zu René König hat mir sicher auf der einen Seite eine gelegentlich unzumutbare Arbeitsbelastung aufgebürdet, da er seine eigene erschreckende Arbeitsdisziplin und seine Rigorosität gegen sich selbst nicht selten zur Legitimation nahm, diese auch von anderen zu fordern. Ich habe sicher auch mehr als einmal seinen "heiligen", aber nicht immer ganz gerechten Zorn ertragen müssen, da ein immer anwesender "Benjamin" sich als Blitzableiter geradezu anbot. Aber dem steht natürlich gegenüber, daß ich durch die sehr enge persönliche Beziehung, durch die Möglichkeit mitzuerleben, wie ein großer Wissenschaftler seine Arbeit organisiert, wie er sich sein Rohmaterial beschafft, es aufbereitet, strukturiert und in einen ersten Entwurf umsetzt, nachbessert und kreativ mit seinem eigenen Wissen umgeht, unglaublich viel für mich gelernt habe, ganz abgesehen von der Chance, das wissenschaftliche Handwerkszeug zu erlernen.

Ganz besonders möchte ich natürlich hervorheben, daß René König mich durch den enormen und sicher nicht ganz gerechtfertigten Vertrauensvorschuß in bezug auf meine wissenschaftliche Kompetenz in meinem Selbstvertrauen ganz außerordentlich bestärkt, aber natürlich auch einem Erwartungsdruck an mich selbst ausgesetzt hat, der mir als "Karrieretreibsatz" gedient hat, an dem ich aber auch heute noch zu tragen habe.

Ohne jede Übertreibung darf und muß ich also sagen, daß ich das, was ich heute bin, weitestgehend durch René König geworden bin. Dies wird mir deutlich, wenn ich die eigenen Forschungsthemen der letzten Jahrzehnte rekapituliere und mich frage, wodurch ich zu ihnen angeregt worden bin. Dies gilt für meine Beschäftigung mit Migrationsfragen, mit der Armutsproblematik, die jahrelangen Forschungen über Nichtseßhaftigkeit, zu denen mich König durch die Hinweise auf die interessante Studie von Nels Anderson indirekt animiert hat, die sozial- und stadtökologischen Fragen, die mich lange beschäftigt haben, die kriminalsoziologischen Untersuchungen im Rahmen des Bielefelder Sonderforschungsbereichs 227, bei denen es u.a. um die prekäre Funktion der informellen sozialen Kontrolle in der Familie und anderen Primärgruppen für die Bewältigung delinquenter Episoden geht.

Aber auch in einer anderen Hinsicht trage ich an dem Erbe meiner wissenschaftlichen Sozialisation durch René König, der schon zu Anfang der 60er Jahre ein Programm der Soziologie formuliert hat, das sich auf der einen Seite von Ideologie, Utopie und Gesellschaftstheorie deutlich absetzt und nichts als Soziologie zu betreiben bemüht ist, sich aber nicht in den Elfenbeinturm der Wissenschaft einsperren will, sondern Verantwortung zu tragen bereit ist. 1962 schrieb König über Soziologie und empirische Sozialforschung: "Einmal erfaßt, wird die Sonde der Wissenschaft zu einer Verpflichtung, die ihre Adepten nicht mehr losläßt. Da sie die Möglichkeit eröffnet, jene Verhältnisse zu durchleuchten, in denen die Menschenwürde unter Umständen gefährdet ist, wird auch die Anwendung dieses Instrumentes nicht mehr in unser Belieben gestellt. Sie wird ebenfalls zur Pflicht."[9]

Schon damals beschrieb König die Dilemmata, in die die angewandte Soziologie geraten kann; sei es, daß sie sich kritiklos den Verwertungsinteressen von Verwaltungen und Regierenden aussetzt oder daß sie sich durch enge Allianzen mit Ideologien und Utopien die Chance ihrer Selbstentfaltung raubt. Klangen die Überlegungen und Forderungen Königs damals vielleicht etwas akademisch, so hat sich in diesen 30 Jahren doch vieles getan. Seit 20 Jahren habe ich eine Professur inne, die mich dazu verpflichtet, Diplomsoziologen praxisbezogen auszubilden, und gerate dadurch immer wieder in den Widerspruch zwischen der Forderung nach unmittelbar handhabbarem Handlungswissen und der eigenen Verpflichtung auf ein Soziologieprogramm, wie ich es bei René König als Verpflichtung internalisiert habe. Das ist nicht leicht auszuhalten, aber ich hoffe, daß ich den strengen wissenschaftlichen, aber auch ethischen Forderungen Königs hinreichend entsprochen habe, in

---

9   René König, Einleitung, in: Ders.(Hrsg.), Handbuch der empirischen Sozialforschung, Bd. 1, 1. Aufl. Stuttgart 1962, S. 16.

denen er sich ganz offensichtlich an Emile Durkheims Leben orientiert hat, denn was er 1958 über diesen gesagt hat, gilt nach meinen Erfahrungen mit René König in hohem Maße für diesen selbst: "Darum besitzt auch Durkheims Wissenschaft eine lebendige Tiefe und Hintergründigkeit, die selbst in den abstraktesten und fernstliegenden Untersuchungen noch ein Echo dieser disziplinären Auseinandersetzung nachhallen läßt. Nicht eine substantieller Verarmung des Lebens läßt ihn sich auf die Position der strengen Wissenschaft zurückziehen, sondern ein energischer Wille zur gestalthaften Überwindung der Sinnlosigkeit des Daseins, ein Wille, der sich zu anderer Zeit, in einem anderen Menschen vielleicht in Form eines Kunstwerkes oder auch einer religiösen Gesetzgebung manifestiert hätte."[10]

Es erfüllt mich mit einer tiefen Resignation, daß unser Fach Gelehrte des Formates von René König nicht mehr hervorzubringen scheint. Vieles, was sich seit Jahren in den Vordergrund drängt, kann sich an diesem Maßstab nicht annähernd messen, aber tönt sehr aufdringlich. Ich kann mir, lieber René König, vorstellen, daß das schwer auszuhalten ist. Ich empfehle Dir, wenn ich mir das erlauben darf, einen Altersspruch Goethes:

> "Sonst: wie die Alten sungen,
> So zwitscherten die Jungen;
> Jetzt: wie die Jungen singen,
> Soll's bei den Alten klingen.
> Bei solchem Lied und Reigen
> Das Beste - ruhn und schweigen."

---

10   René König, Emile Durkheim (1858-1917), in: KZfSS, Bd. 10, 1958; zitiert nach René König, Emile Durkheim zur Diskussion, München 1978, S. 120.

"QUO VADIS REX?"

Von Heine von Alemann

I

Oktober 1964. Nach drei Semestern Studium zunächst in Freiburg, dann in Frankfurt betrete ich erstmals das Hauptgebäude der Universität zu Köln, um mich als Soziologiestudent einzuschreiben. Zwar sind meine Eltern bereits seit sechs Jahren in Köln wohnhaft, habe ich in Köln das Abitur absolviert, aber die Universität habe ich bisher noch nicht betreten. In Frankfurt hatte ich mich entschlossen, in Köln weiterzustudieren, um möglichst viel empirische Sozialforschung in mein Soziologiestudium aufnehmen zu können.

Im Eingangsbereich des Hauptgebäudes ist ein Tisch aufgebaut, ein großes Transparent ist an ihm befestigt. Es trägt die Inschrift "Quo vadis rex?" Einige Studenten sitzen dahinter. Eine Unterschriftensammlung wird veranstaltet. Natürlich trage ich mich gleich in die Liste ein, nachdem ich mich bei den Studenten am Tisch kundig gemacht habe, worum es geht.

Es geht um offenbar Wichtiges. Um nichts weniger als die Zukunft der Soziologie in Köln. René König habe einen Ruf nach Linz erhalten, an eine noch in Gründung befindliche Wirtschaftsuniversität. Das Land tue nichts, ihn in Köln zu halten. Die Unterschriftensammlung solle helfen, seinen Bleibeverhandlungen Nachdruck zu verleihen.

Ich betrete erstmals meine neue Hochschule und gleich geht es um Soziologie. Soziologie betreiben: Das ist offenbar an eine Person geknüpft. Ich habe keine Ahnung, wer bei der Fachschaft die Drahtzieher der Unterschriftensammlung sind (und mir ist dies bis heute nicht bekannt). Es soll hier auch keine Deutung dieser Episode versucht werden. Meines Wissens hat keiner der Beteiligten einen Bericht über diese proprofessorale Demonstration veröffentlicht. Wir befinden uns noch in der Zeit vor '68, es handelt sich fast noch um einen Ausklang der 50er Jahre. Mir gibt diese Aktivität das Gefühl: Hier gehörst Du hin, hier geht es auch im biographischen Sinne um Soziologie.

Einige Tage später findet eine Fachschaftsversammlung statt, bei der ich René König zum ersten Mal sehe. Er wiegelt ab. Nimmt die Unterschriftensammlung als etwas ganz Normales hin; ja, er geht gar nicht auf sie ein. Die Bleibeverhandlungen seien noch im Gange; er hoffe auf ihren Erfolg. Selbstverständlich werde er in Köln niemanden persönlich im Stich lassen. Also: Business as usual - bis zum Entscheid der Verhandlungen.

Der Nachfolger René Königs auf dem Lehrstuhl, Friedhelm Neidhardt, staunt nicht schlecht, als er bei seinem Amtsantritt in Köln 1971 eine "Erbschaft" von insgesamt acht Assistenten vorfindet, die zur persönlichen "Ausstattung" des Lehrstuhls gehören - die sich René König bei mehrfachen Bleibeverhandlungen vom Ministerium ertrotzt hat. Natürlich können diese Stellen nun nicht mehr persönlich nur einem Ordinarius (diesen Titel gibt es im übrigen nicht mehr) zugeordnet werden, sondern die Stellen werden unter den drei Kölner Lehrstuhlinhabern aufgeteilt.

Mit diesen Stellen wurde in Köln die Soziologie alimentiert. Diese vielen Assistenten und die ihnen zugeordneten studentischen Hilfskräfte haben selbständig arbeitend empirische Sozialforschung betrieben. Learning by doing war die Devise dieser praktischen Sozialforschung. Köln war - wie bereits mehrfach bemerkt wurde - wahrscheinlich die soziologisch am besten durchleuchtete (beforschte) Großstadt der Bundesrepublik.

II

Redaktionssekretär der "Kölner Zeitschrift für Soziologie und Sozialpsychologie" wurde ich im Jahre 1978 auf Vorschlag von Neidhardt, weil eine Vertragsverlängerung meines Vorgängers Axel Schmalfuß schlechterdings nicht mehr möglich war, der diese Position als studentische Hilfskraft seit vielen Jahren innegehabt hatte. Zuvor hatte ich praktisch keinen direkten Kontakt zu René König, hatte ihn bis dato nur in Vorlesungen und weit von ferne wahrgenommen, obwohl ich vielfach in Projekten mitgearbeitet hatte. Darunter ein ganzes Jahr in den Garagen im Hinterhaus des Forschungs- instituts für Soziologie an der Jugendkriminalitäts-Studie, die Fritz Sack leitete. Fritz Sack hielt sich in den USA auf, so daß wir auch ohne seine direkte Anleitung an den verschiedenen Datenerhebungen arbeiteten (im Keller des Kölner Jugendamtes). Ich habe ihn erst sehr viel später kennen- gelernt. Er selbst kannte viele der Mitarbeiter bei den Verkodungen dieser Studie gar nicht. Mit einigen Kollegen erfanden wir die Art und Weise, mit farbigen Stecknadeln die örtlichen Schwerpunkte der Jugendkriminalität auf einem Kölner Stadtplan sichtbar zu machen. Später nahm ich u.a. an der von Karl-Dieter Opp betreuten Münzautomaten-Studie in Kölner Kneipen teil. Überhaupt arbeiteten in Köln alle Leute, die ich kannte, an irgendwelchen empirischen Forschungsprojekten, die uns alle ständig in Atem hielten.

Die Tätigkeit als "Redaktionssekretär" der Kölner Zeitschrift für Soziologie führte zu einer sehr engen Zusammenarbeit mit (dem bereits emeritierten) René König. Mithin war ich der letzte seiner vielen Mitarbeiter und Assi- stenten. Er nahm alle Veröffentlichungen, die er betreute, sehr ernst. Die KZfSS insbesondere war ein wichtiges Element seiner Tätigkeit als Vermittler eines bestimmten Bildes, das er vom Fach hatte. Es war für ihn selbstver- ständlich, daß der Herausgeber in der Zeitschrift das Wort ergreift. Freilich

tat er dies in Maßen, vor allem wurde die Zeitschrift dadurch nicht zu einem
nur einer bestimmten Linie oder Richtung verpflichteten Blatt. Ganz im
Gegenteil: Wann immer er witterte, daß eine derartige Gefahr drohte, wurde
er hellwach und versuchte die Weichen so zu stellen, daß eine Horizont-
Verengung der Zeitschrift ausgeschlossen würde. So wurde noch durch ihn
initiiert, daß die Herausgeberschaft der Zeitschrift von der Alleinregie in ein
Dreiergremium transformiert wurde - mit der Absicht, daß die Personen auch
unterschiedliche Strömungen des Faches repräsentierten, zugleich aber
konsensfähig sein sollten.

"Wir sind doch keine Volkshochschule" pflegte René König zu sagen, wenn
es darum ging, ein Manuskript zu veröffentlichen, das zwar eine interessante
Idee präsentierte, in dem aber nicht immer alle Standards avancierter Forschungstechniken rigoros eingehalten wurden, und das von da aus durchaus
verbesserungswürdig erscheinen konnte. Andererseits war er sehr pingelig,
was Fehler im Manuskript und Genauigkeit der Argumentation anbetraf. Da
zitierte ein Autor aus einer sehr entfernten chinesischen Quelle eine ellenlange
Aufzählung, in der Gliederungspunkt B fehlte, obwohl A, C und D aufgeführt
waren. Erst König erspähte dies bei der Schlußredaktion des Textes und
monierte sofort. Der Autor reagierte zunächst unter Rekurs auf die Unvoll-
ständigkeit der Quelle. Dies könne nicht sein, so König. Der Autor wird zur
erneuten Suche in seinen Unterlagen genötigt. Es versteht sich, daß dies unter
Zeitdruck geschieht, die Telefonate zwischen Redakteur und Herausgeber
sich irgendwann zwischen neun Uhr morgens und elf Uhr abends während
sieben Tagen der Woche zutragen können ("ein Hochschullehrer ist immer im
Dienst"). Siehe da: Der Autor wird geständig und findet schließlich die
Gliederungspunkte. Ergebnis: der Aufsatz erscheint vollständiger als vom
Autor eingereicht. Und es versteht sich auch, daß der Leser der Zeitschrift
nichts von derartigen Interventionen und Redaktionen am Text bemerkt.

Diese Mischung von laisser faire auf der einen und fast übergroßer
Genauigkeit auf der anderen Seite war nicht immer leicht zu prognostizieren.
Da war vielfach deutlich die erzieherische Absicht mit im Spiel, das ständige
Präsenthalten von Kriterien, was nur durch dauernde Spannungserhaltung
gelingen kann. In der Zeitschrift war er ständig auf der Jagd nach Fehlern:
Jeder gefundene Fehler wurde umstandslos beim Namen genannt. Damit
konnte er einem Redaktionssekretär mächtig auf die Nerven gehen. Er schien
alles zu sehen. Morgens um neun rief er dann an. "Ja, die senile Bettflucht",
die halte ihn wach, seit fünf Uhr morgens habe er bereits einige Manuskripte
in den Fahnen durchgesehen, nun sei noch dies und das zu erledigen; außerdem könne ich dann, nachdem alles durchgesehen sei, nachmittags zu Hause
in Widdersdorf alle Fahnen abholen.

III

René König wirkte auf andere ein; er war Lehrer und Vermittler. Er ließ seinen Assistenten sehr große Freiräume; aber sie mußten auch vieles zu-, klein- und abarbeiten. "Von Türen, die sich öffnen" heißt einer der Aufsätze René Königs; diese Metapher war für ihn zugleich lebensweltliches Programm, Projekt und Aufgabe: Türen zu öffnen für seine Mitarbeiter, die freilich immer auch selbst mitspielen mußten, sich bewähren und beweisen sollten. Er hielt sich selbst auf diese Art der Förderung viel zugute - und war dann gar nicht enttäuschungsfest, wenn er Undankbarkeit witterte bei denen, deren wesentliche Förderung er bei sich selbst vermutete.

Schüler, Studenten, Mitarbeiter erhielten von René König zunächst einmal einen außerordentlichen Vertrauenskredit. Er wurde quasi als ein Vorschuß auf spätere Leistungen gewährt. Freilich blieben die Erwartungen auch durchaus diffus, worin diese Leistungen bestehen könnten. Eine dieser Leistungen konnte auch darin liegen, bei Dritten zu bestehen. Dies bedeutete außerordentliche Freiheit und Freiraum, aber auch Ungewißheit. Die Freiheit bestand gerade darin, sich in Feldern zu tummeln, die für René König selbst neu waren, die er selbst nicht vertrat. Sich in den Feldern des Meisters zu tummeln, war aber im Grunde tabu. Wer hätte ihm auch schon das Wasser dazu reichen können? Aber mit der Tummelei in fremdem Gebiet war das Risiko verbunden, aus dem Fahrwasser der eigentlichen Schule herauszuschwimmen. Viele nahmen die helfende Hand dann gar nicht wahr, die sie wieder in die Strömung zurückziehen wollte, wenn sie in Strudel und Untiefen gerieten - was im übrigen nicht ohne Gewalt abgehen kann. So kam es durchaus zu Grenzverletzungen. Dies ging bis an jene Grenze, bei der die Schüler teilweise später das genaue Gegenteil seiner Botschaften zu verwirklichen schienen.

Immer wieder bestand René König auf dem Unterschied zwischen Methodik der Forschung und Forschungstechnik. Gerade der technischen Virtuosität mißtraute er zutiefst, wenn sie sich in "bloßer" Technik verlor und dabei die Fragestellung aus den Augen zu verlieren drohte. Die Breite seiner Interessen ließ viele der Mitarbeiter vergessen, wo er eigentlich herkam. Da schrumpfte bei manchen Schülern vieles auf Handwerkszeug ein, was so gar nicht gemeint war. Die Orientierung an der biographischen Methode und (vor allem teilnehmender) Beobachtung, die Bedeutung, die er journalistischen Observationstechniken (Stichwort "muck raking") beimaß, seine Förderung der Psychoanalyse, die eigene geistige Herkunft aus Philosophie, Kunstwissenschaft und Ethnologie - dies alles sind Orientierungen, die ihn von der Standardmethodologie der Umfrageforschung weit entfernten. Typisch für ihn ist auch, daß er Poppers Buch über die offene Gesellschaft sehr früh rezipierte, daß er sich von der Wissenschaftstheorie Poppers aber deutlich fernhielt. Nicht zuletzt deshalb betonte er Mertons Schlagwort von den "theories of the middle range". Auch die Umsetzung Poppers durch Hans Albert lag König im Grunde nicht. Diejenige Gruppe seiner Studenten, die sich schließlich definitiv dem methodologischen Individualismus verschrieb, gar einem Reduktionismus der Soziologie das Wort redete, hatte nichts mehr mit Königs eigenen Ansichten gemein - dies waren dann auch Richtungen, die später grundsätzlich das soziologische Erbe Durkheims ablehnten. Gerade aber dieses Erbe einer ganzheitlichen Soziologie (die immer wieder die sozialen Totalphänomene: Familie, Gemeinde usw. untersucht) hatte René König in Köln verankern wollen.

René König ging in seiner Toleranz sehr weit. Die Mitarbeiter sollten sich die Soziologie eigenständig und eigenhändig aneignen. Wenn sie erst einmal flügge waren, erhielten sie wenig (oder keine) direkte Anleitung (mehr), arbeiteten sie auf eigene Gefahr. So konnten sie sich vielfältigen Strömungen hingeben. Es gab so etwas wie die Gefahr, sich zu stark an den unmittelbaren Themen Königs zu orientieren. Dies betraf vor allem Durkheim. Der beste deutsche Durkheim-Spezialist René König brachte unter seinen Studenten nur ganz wenige Durkheim-Kenner und Durkheim-Anhänger hervor. So war ich schockiert, als ich ca. 1975 Durkheims "Formes élémentaires de la vie religieuse" aus der Seminarbibliothek im sechsten Stockwerk des Wiso-Hochhauses entlieh: unaufgeschnitten und mithin offenbar ungelesen! (Ich habe das Buch dann mit einer Schneidemaschine bearbeitet.) Erst 1981 kam die deutsche Übersetzung auf den Markt. Es war dies lange vor der Zeit der Klassikerwelle der 80er Jahre. Durkheim galt eben als verarbeitet, man kannte ihn aus Königs Vorlesung, warum sollte man ihn also selbst lesen, womöglich gar im französischen Original. Der "Selbstmord" wurde in Seminaren gelegentlich nur in den empirischen Teilen gelesen, die eigentliche Theorie in den letzten Kapiteln des Buches wurde in manchen Seminaren ausgelassen. Manchmal wurde er nach der englischen Ausgabe zitiert (was König jedesmal wütend machte). Diese Hinweise zeigen, daß sich Teile der empirischen Sozialforschung Kölns bei den Schülern fast eher zu einer Art von Sozialphysik entwickelten. So wundert es eigentlich nicht, daß sich René König nach seiner Emeritierung einige Jahre lang im eigenen Lande subjektiv teilweise ganz befremdlich vorkam. An seine Herkunft aus Kunstwissenschaft und Kulturanthropologie konnte René König erst nach der Emeritierung mit eigenen Studien (z.B. über die Navajos) wieder anknüpfen. Nur wenige Schüler folgten ihm hier. Auch die enge Verknüpfung zur Psychoanalyse (z.B. als Mitherausgeber der Zeitschrift Psyche) machte ihn fast zum Fremdling inmitten der empirischen Sozialforschung in Köln.

IV

In Köln, um Köln und um Köln herum hat René König nicht nur für die Soziologie vieles bewirkt. Die vielen Bleibeverhandlungen haben ein institutionelles Muster der projektorientierten Forschungsinstitute hervorgebracht, das flexibel war und nicht in institutionelle Sklerose zerfiel. Die Frage "Quo vadis rex?" bleibt aber offen und sie richtet sich - quasi im Umkehrschluß - vor allem auch an die Schüler. Viele der Schüler kennen die Wege René Königs eigentlich gar nicht, sie wissen kaum, woher er kam und welche Wege er beschreiten wollte. Im Handbuch der empirischen Sozialforschung sind verschiedene Forschungsthemen versammelt, die dem harten Kern des Methodologismus fremd war, Biographieforschung oder ökologische Soziologie zum Beispiel.

Soziale Totalphänomene wie die Gemeinde, die Familie oder auch ganze Kulturen (insbesondere bedrohter Völker): Das waren für René König wichtige Forschungsgebiete. Eine ganzheitliche Soziologie, die mit analytischem Scharfsinn und professionell betrieben wird, die zugleich ökologisch ausgerichtet ist und in der Folgeprobleme rationalen Handelns in alle Überlegungen aufgenommen werden. So eventuell könnte man einige der Schwerpunkte im Werk Königs nennen. Dies Werk selbst ist in sich unabgeschlossen, da alle Formen der Geschlossenheit für René König ein Greuel darstellten. Die Arbeit an konkreten Problemen und an den Aufgaben des Tages hatte immer Priorität. Der Entwurf einer abstrakten allgemeinen soziologischen Theorie hatte in seinen Augen nichts produktives für sich. Diese Grundhaltung spiegelt sich nun auch im Werk selbst, das offene und anschlußfähige Themen aufweist.

Krisenwissenschaft, Oppositionswissenschaft, die Erforschung sozialer Probleme: Selbstaufklärung der Gesellschaft mittels wissenschaftlicher Forschung, das sind die Aufgaben der bisherigen Soziologie, wie sie König sah, und die offenkundigen gesellschaftlichen Krisen in den untergehenden sozialistischen Ländern und in der dritten Welt werden den Soziologen noch ganz neue Herausforderungen stellen.

"Quo vadis rex?" - diese Frage hat sich insofern beantwortet als René König weit über seine Emeritierung hinaus in Köln geblieben ist und hier seine Heimat und - bei aller Weltoffenheit und Weltbürgerlichkeit - "symbolische Ortsbezogenheit" fand. Königs Toleranz machte es möglich, daß alle seine Studenten und Schüler eigene Wege gehen konnten. Ob sie alle noch Königs Wege gehen, das ist sicher eine offene Frage.

Erkenntnis und Offenheit

Von Hans Benninghaus und Nico Stehr

Wer René König als akademischen Lehrer und Autor kennt, wird unsere Auffassung teilen, daß sein wissenschaftliches Werk durch Erkenntnis und
Offenheit gekennzeichnet ist; wer König auch persönlich begegnet ist, weiß,
daß Erkenntnis und Offenheit Prinzipien sind, die sein ganzes Leben durch-
dringen. Die Art und Weise, wie König Soziologie lebt, ist in einem umfassenden und bedeutenden Sinn durch dieses interdependente Begriffspaar
charakterisiert, dessen prägende Kraft sich nicht nur innerhalb der wissenschaftlichen Tätigkeit entfaltet - bei der Wahl der Forschungsthemen, bei der
Suche nach angemessenen Methoden, beim Umgang mit Forschungsergebnissen, bei der Pflege menschlicher Beziehungen zu Studenten, Mitarbeitern und
Kollegen -, sondern auch jenseits der Grenzen des Wissenschaftsbetriebs
wirksam ist. Mit anderen Worten: Die Frage nach dem Schnittpunkt, in dem
René Königs Persönlichkeit, seine wissenschaftlichen Aktivitäten, die
Leistungen seines Gelehrtenlebens und sein Ethos zusammentreffen, kann
nicht ohne Verweis auf die Relevanz und Gleichzeitigkeit seines Strebens nach
Offenheit und Erkenntnis geklärt werden.

Königs Wirken als Wissenschaftler und der Ertrag seiner wissenschaftlichen Arbeit sollten stets im Spannungsfeld dieser Ziele gesehen werden. Es
verbinden sich bei ihm - häufig bestärkt und verstärkt durch besondere
historische Umstände und sicherlich oft im Gegensatz zum herrschenden
Selbstverständnis und zur gängigen Praxis des Wissenschaftsbetriebs in
Deutschland - das Bemühen um Erkenntniserweiterung auf der Grundlage
methodischer Prinzipien der Offenheit und die Absicht zur Verwertung der
Ergebnisse mit dem Ziel der Stärkung der politischen, ganz entschieden
demokratischen Strukturen und Prozessen der Gesellschaft, in der Offenheit
ebenfalls Prinzip und Voraussetzung legitimen sozialen Handelns ist.

Während man in Deutschland von Zeit zu Zeit, vor allem in den Geistes-
und Sozialwissenschaften, einen Typ von Forschung antrifft, bei dem theoretische Entwürfe und empirische Ergebnisse immer wieder interpretiert, wenn
nicht zelebriert werden, statt als nächste Schritte verstanden zu werden, hat
König stets versucht, Erkenntnis und Offenheit als sich gegenseitig bedingen-
de Prinzipien bei der Lösung theoretischer und praktischer Probleme anzuwenden.

Erkenntnis ist offen, und Offenheit macht Erkenntnis möglich. Allerdings
darf dies nicht dahingehend verstanden werden, als rechtfertige das Ethos
der Offenheit, aus welchen Gründen auch immer, das "anything goes" oder

als mache es das "anything goes" faktisch möglich. Vielmehr ist die Existenz und Beachtung von Regeln eine notwendige Voraussetzung nicht nur des Erkenntnisfortschritts, sondern auch der persönlichen und politischen Freiheit. Wer mit Königs Denken vertraut ist, weiß, daß er nie Vertreter eines naiven Relativismus war. Das Diktum des "alles geht" oder die These von der radikalen Offenheit ist aus soziologischer Sicht ein Unding. Daß nicht alles geht, ist eine elementare Einsicht. Jedes durch Offenheit gekennzeichnete Erkenntnisstreben hat seine Grenzen. Die Verteidigung der Offenheit des Erkenntnisprozesses hat dort ihre Grenzen, wo Offenheit lahmgelegt werden soll. In jedem historischen Moment geht eben nur Bestimmtes. König ist immer dafür eingetreten, daß vieles geht und daß man vieles tolerieren und sogar fördern muß, daß aber der nächste Schritt nicht ausgeschlossen wird.

Wenn sich König in der Nachkriegszeit wie kein zweiter für die Verbreitung der empirischen Sozialforschung und den systematischen Ausbau der empirischen Soziologie an den Universitäten einsetzte, so geschah das nicht, wie gelegentlich aus abstrusen ideologischen Gründen behauptet wurde, als eine Art Erfüllungsleistung im Dienste amerikanischer imperialer Großmachtwünsche, sondern aus dem Bestreben, das Rüstzeug der empirischen Sozialforschung für die Erkenntnisgewinnung nutzbar zu machen. Was immer man von der empirischen Sozialforschung erhoffen oder befürchten mag, sie ist außerstande, geschlossene Weltbilder zu liefern; indem sie mehrere Zugänge zur sozialen Realität bietet, ist sie eher Garant der Offenheit und Instrument des Weitermachens im Erkenntnisprozeß.

Selbstverständlich ist König niemals Verfechter eines kruden Empirismus gewesen. Die Erprobung sozialwissenschaftlicher Forschungs-"Techniken" ist für ihn nicht identisch mit der "Methode" der Soziologie. Wer meint, er könne das Forschungsinstrumentarium als allgemein disponibel betrachten und ohne Rücksicht auf Gegenstand oder Umstände anwenden, gilt ihm als "Forschungstechnokrat". Die Offenheit des Erkenntnisprozesses verliert sich bei ihm nicht an die vorgebliche Autorität der Tatsachen. Unbestritten ist, daß Offenheit ihren Preis fordert und mit einem Risiko verbunden ist. Während man sehr wohl von Offenheit als Motor des Erkenntnisprozesses sprechen kann, birgt sie die Gefahr überzogener oder unzulässiger Interpretationen eingeschlagener Wege und zu Tage geförderter Ergebnisse. Eine strenge Abschottung gegen Ambivalenz, alternative Interpretationsweisen und sekundäre Einsichten kann zwar bis zu einem gewissen Grad die Beliebigkeit der Verwendung von Ergebnissen durch Dritte eingrenzen, hat aber zur Folge, daß die Rezeption von Erkenntnis auf eine Wiederholung des einmal als richtig Erkannten hinausläuft. Einer solchen Abschottung und Eingrenzung hat König nie das Wort geredet.

Die prinzipielle Offenheit im Erkenntnisprozeß impliziert, daß nur vorläufige Lösungen zu erwarten sind. Aber dies allein rechtfertigt nicht, daß man vorschnell aufgibt. Denn vorläufige Lösungen lassen neue Lösungen zu. Es ist die Bereitschaft zur Aufgabe von Theorien und zur Entlassung von Begriffen aus festgefahrenen kognitiven Traditionen, die intellektuelle Kreativität ausmacht. Königs Ablehnung grandioser, umfassender und damit geschlossener Theorien der Gesellschaft muß in diesem Sinn verstanden werden.

Dem Ethos der Offenheit widerspricht die Existenz einer Schule, zumindest das Vorhandensein einer intellektuellen Schulgemeinschaft und Denktradition herkömmlichen Zuschnitts. Sucht man im Falle Königs nach einer solchen Schule, so stellt man sehr bald fest, daß es sie nicht gibt. Wer bereit ist, das Fehlen geistiger Zwänge als Tugend der reziproken Prinzipien Erkenntnis und Offenheit anzusehen, kommt nicht umhin, René König als Verdienst anzurechnen, keinerlei Anlaß für eine Schulenbildung gegeben zu haben.

Andererseits besteht kein Zweifel daran, daß sein Wirken deutliche Spuren hinterlassen hat, auch wenn man nicht genau sagen kann, wo die Spuren verlaufen. (Dies scheint das Schicksal aller undoktrinären intellektuellen Beeinflussung zu sein: Die Quelle der zur Selbstverständlichkeit gewordenen Erkenntnis gerät in Vergessenheit, verdrängt von dem Bemühen, jede (vermeintlich) neue Erkenntnis als Eigenleistung und -verdienst auszugeben. Obwohl als hohe Tugend gepriesen, ist kognitive Spurensicherung im Wissenschaftsalltag eher Ritual.) Sicherlich gibt es nur wenige "Schüler", die nicht beteuern würden, sehr viel von ihm gelernt zu haben und sehr stark von ihm beeinflußt worden zu sein, und es steht außer Frage, daß ganze Studentengenerationen von seiner Anziehungs- und Ausstrahlungskraft beeindruckt wurden. René Königs Wirkung basiert darauf, daß er stets als intellektuelle und moralische Autorität anerkannt wurde. Diesen Status erlangte er nicht durch Ämter, Titel und Würden, die ihm reichlich zuteil wurden, sondern kraft seines enzyklopädischen Wissens, seines analytischen Verstandes, seines unbestechlichen Urteils - und seiner prinzipiellen Offenheit im Erkenntnisprozeß.

Wenn man auch nicht genau sagen kann, worin René Königs intellektueller Einfluß besteht und wie weit dieser reicht, so kann man doch präzise angeben, worauf seine Wirkung als vortragender, nie vorlesender Hochschullehrer beruhte: Es war unmöglich, von ihm nicht gefesselt zu sein. Als glänzender Rhetor und Meister des freien (und freimütigen) Sprechens, ausgestattet mit einem guten Schuß Weltläufigkeit, fiel es ihm leicht, seine Hörerschaft für sich einzunehmen und eine gespannte Aufmerksamkeit zu erzeugen. Bei seinem Vortrag befreite er sich nicht nur von jedem Text, sofern er überhaupt einen Text benutzte, sondern auch von Pult und Podium, um unentwegt, ständig Blickkontakt zu wechselnden Hörergruppen suchend, vor dem Auditorium hin und her zu schreiten. Dabei war er äußerst anregend und herausfordernd, oft überspitzt (nach der Devise, daß eine neue Erkenntnis auf die

Spitze getrieben werden muß, um das Neue an ihr hervortreten zu lassen), stets meinungsfreudig, mitunter polemisch, immer klug - aber niemals langweilig oder fade.

König hat das Prinzip der Offenheit im Erkenntnisprozeß vielfach betont und seine Beachtung von sich, den Mitarbeitern und Studenten eingefordert. So hat er immer wieder die Ausblendung des romanischen Kulturkreises aus der deutschen Soziologie beklagt und die mangelnde Offenheit für das französische Geistesleben moniert. Er wurde nicht müde, den Eurozentrismus der Erste-Welt-Länder, insbesondere der Deutschen, zu kritisieren. Den Ehrgeiz junger deutscher Soziologen, ihre amerikanischen Kollegen zu imitieren, quittierte er mit der spöttischen Formel vom deutsch-amerikanischen Provinzialismus, der so tue, als gäbe es außer diesen beiden Ländern nichts anderes in der Welt. In seiner Aufgeschlossenheit für die Probleme der Dritten Welt ließ er sich nie übertreffen. Seine fortgesetzten Forschungsarbeiten über die Navajo-Indianer in Arizona bezeugen ein anhaltendes Interesse an den Ursachen und Folgen der Unterprivilegierung, in diesem Fall der amerikanischen Ureinwohner, denen das empörende Schicksal widerfährt, in ihrem eigenen Land eine diskriminierte Minderheit zu sein.

Diese Weltoffenheit und dieses Engagement kommen nicht von ungefähr. König hat, wie er freimütig bekennt, viele "Probleme" der Soziologie sehr unmittelbar am eigenen Leibe erfahren. Für ihn ist Soziologie kein intellektuelles Abenteuer gewesen, sondern ein leidvoller Weg durch eine ununterbrochene Reihe immer neuer "sozialer Probleme". Das entscheidende Ereignis in seinem Leben war, wie er es nennt, eine "zwangsweise Ortsveränderung" von 1938 bis 1949, d.h. seine Emigration, mit der er sich Hitlers Schergen durch Flucht entzog. Daß König zu den wenigen Hochschullehrern gehörte, die dem Nationalsozialismus getrotzt hatten, statt sich mit ihm zu arrangieren, sicherte ihm ein hohes Maß an Glaubwürdigkeit und Sympathie bei den Studenten. Seine "saubere" Biographie verlieh ihm den Status einer moralischen Instanz, die das Recht hatte, das Wiedereindringen zahlloser erwiesener Nationalsozialisten in den akademischen Lehrbetrieb - wie in das politische Leben - der Nachkriegszeit zu geißeln. Keiner verstand uns besser als er, wenn er die studentische Protestbewegung der sechziger Jahre als nicht stattgefundene Vergangenheitsbewältigung deutete, nämlich so: Die deutschen Studenten waren im Grunde gar nicht unruhig; sie wollten nur 'wissen', warum sie in einem geteilten Deutschland leben mußten; warum es nicht mehr unbedingt ein Vorzug war, Deutscher zu sein; warum von so vielen Verbrechen getuschelt wurde, ohne sie offen anzuprangern; warum immer wieder Leute aus den unrühmlichen alten Zeiten auch im neuen Deutschland aufsteigen konnten; warum kein Mensch ein Nazi gewesen sein wollte, obwohl doch so vieles geschehen war, wie man allmählich erfuhr.

Wenn der Satz "Einmal Emigrant, immer Emigrant" nicht ganz falsch ist, gibt es Grund zu der Annahme, daß König als Fremder nach Deutschland zurückkehrte. Tatsächlich sprechen viele seiner Bekundungen dafür, daß er sich in diesem Land nie restlos geborgen fühlte. Da Fremdheit ein konstitutives Element für Offenheit ist und Offenheit konstitutiv für vielfältige Einsichten in die gesellschaftliche Wirklichkeit ist, drängt sich die düstere Vermutung auf, daß Königs große Schaffenskraft und Fruchtbarkeit, der Reichtum und der Ertrag seines Forscherlebens zum Teil mit der ihm aufgezwungenen Fremdheit bezahlt wurde - wofür wir ihm besonders dankbar sein müßten.

Empirische Soziologie in praktischer Absicht

Von Günter Büschges

"Sociology can do something, will do something, by putting
in the hands of social engineers not just statistical facts, not
just unordered items of experience, not just vague generaliza-
tions, but tested theoretical tools which will work in practical
applications. That is our faith. In that faith, we are proud to
be sociologists."

(Samuel Stouffer)

Dieses Bekenntnis Samuel Stouffers, den René König bei seiner ersten
Amerikareise persönlich näher kennenlernte, beruht auf der unaufhebbaren
Interdependenz von Theorie, Empirie und Praxis und verweist zugleich auf
die metaphysische Verankerung von Wissenschaftsprogrammen. Es charakterisiert als *Leitmotiv* - nach meiner Erfahrung - auch Königs professionelles
Wirken als akademischer Lehrer, als empirischer Sozialforscher und als
wissenschaftlicher Schriftsteller: König betrieb *Soziologie*, der Tradition
rationaler Aufklärung verpflichtet, stets *in praktischer Absicht*, wobei für ihn
Soziologie überhaupt nur als empirische Soziologie möglich war, als eine der
intersubjektiven Kontrolle unterworfene, auf die Erfassung der geschichtlich-
gesellschaftlichen Wirklichkeit ausgerichtete, theoretisch fundierte und
zugleich den sozialen Problemen zugewandte *empirische Sozialforschung*. Dies
wird bereits in seiner Habilitationsschrift bei der Erörterung des Verhältnisses
von Gesellschaftslehre und Soziologie deutlich sowie im Rahmen seiner
kritischen Würdigung von Emile Durkheims Beitrag zur Grundlegung der
Soziologie als empirischer Einzelwissenschaft. Es kommt aber besonders in
jener Einleitung zum Ausdruck, die er unter dem Titel "Praktische Sozialforschung" dem Lehrbuch über das Interview (Köln 1952) vorausschickte,
mit dem erstmals eine deutschsprachige Einführung in die modernen Methoden der empirischen Sozialforschung einer breiteren Öffentlichkeit zugänglich
gemacht wurde. Hier betont König mit Nachdruck (S. 46): "Die Sozialforschung entspringt bestimmten Nöten des Alltags und aus der Praxis; ihre
Bestätigung findet sie wiederum in der Praxis. Zwischen diesem Anfang und
diesem Ende liegt allerdings ein oft sehr umfangreiches theoretisches Zwi-
schenspiel, das seine Wirkungen sowohl in der Erschließung neuer Daten als
auch in der Gestaltung neuer praktischer Aufgaben bemerkbar macht."

Diese Vorstellung korrespondiert dem vierteiligem Schema der Entwicklung wissenschaftlicher Erkenntnisse, das Karl R. Popper[1] in seiner Arthur-Holly-Compton-Gedächtnisvorlesung entwarf: Ausgehend von einem als lösungsbedürftig empfundenen Problem wird eine vorläufige theoretische Lösung gesucht; diese wird zum Zwecke der Fehlerbeseitigung mit der Wirklichkeit konfrontiert, woraus in der Regel neue Definitionen des Problems und neue theoretische Lösungsversuche resultieren. Die von König stets vertretene Forderung nach prinzipieller Offenheit von Erkenntnisprozessen wie von Planungssystemen ist die logische und in seinen Augen zugleich allein humanitären Werten gerecht werdende, Integrität wie Unabhängigkeit des aufgeklärten Individuums gewährleistende Konsequenz.

Für meinen Weg zur Soziologie als empirischer Einzelwissenschaft, zur sozialpolitischen Praxis und von dort - nach fast zwei Jahrzehnten - zurück zu Forschung und Lehre an der Universität war die Begegnung mit König entscheidend. Allerdings war diese Begegnung nicht Resultat eines wohldurchdachten, auf zureichenden Informationen beruhenden, in Kenntnis aller Präferenzen entworfenen, der Tauglichkeit der gewählten Mittel und wie der Begehbarkeit der ins Auge gefaßten Wege sichern, zukünftige berufliche Chancen zutreffend antizipierenden Karriereplanes, sondern eher - wie so oft im Leben - unbeabsichtigtes Beiprodukt absichtsgeleiteten Handelns: Nach mehr als zweijähriger entmutigender, durch abschlägige Bescheide seitens der angeschriebenen Universitäten gekennzeichneter Wartezeit, die auf die Sonderreifeprüfung für Kriegsteilnehmer und die Kaufmannsgehilfenprüfung folgte und während der ich als Buchhalter im Büro meines Vaters tätig war, erhielt ich Anfang 1949 gleichzeitig von zwei Universitäten die Zulassung zum Studium der Wirtschafts- und Sozialwissenschaften: von *Frankfurt* und *Köln*. Beide Großstädte lagen noch weithin in Trümmern; die Lebensbedingungen sowie die Studien- und Arbeitsmöglichkeiten waren gleichermaßen katastrophal; beide Universitäten waren von meinem Elternhaus, der so kurz nach der Währungsreform unerläßlichen Versorgungsbasis, gleich weit entfernt sowie in gleicher Reisezeit mit der Dampflok zu erreichen. In der theoretischen wie empirischen Orientierung der Soziologie war der für die weitere Entwicklung dieses Faches in Deutschland so wesentliche Unterschied zwischen der später sog. *Frankfurter Schule* und der *Kölner Schule* nicht absehbar: Max Horkheimer und Theodor W. Adorno waren noch nicht nach Frankfurt zurückgekehrt, König lehrte als Honorarprofessor in Zürich und sein Ruf nach Köln war keineswegs sicher. Auch galt mein Interesse damals

---

1   Poppers Werk The Open Society and It's Enemies (London 1945) stellte König bereits kurz nach
    Erscheinen im St. Galler Tagblatt - u. a. wegen der darin durchweg zu findenden Betonung eines
    selbstverantwortlichen, sozialmoralischen Leitideen verpflichteten menschlichen Handelns sowie der
    Notwendigkeit eines piecemeal social engineering - zustimmend und unter Bezugnahme auf die Ent-
    wicklung der nordamerikanischen Soziologie vor.

neben den Wirtschaftswissenschaften vornehmlich der Sozialgeschichte, der Sozialphilosophie, der Sozialpolitik sowie der christlichen Soziallehre. Von diesen Disziplinen erhoffte ich Antworten auf die sozialen Fragen der ersten Nachkriegszeit und zugleich Anhaltspunkte für die Aufarbeitung meiner Erfahrungen unter dem nationalsozialistischen Regime. So befand ich mich in einer Entscheidungssituation wie seinerzeit *Buridans Esel*, das *paretianische* Modell der *logischen Handlungen* konnte folglich nicht zum Zuge kommen.

Da mir, der Herkunft meiner Familie entsprechend, die *rheinische* Lebensart näher lag als die *hessische* und da mir ein in Köln studierender Freund einen Schlafplatz in einem Luftschutzbunker zu besorgen versprach, gab ich schließlich *aus guten Gründen* Köln den Vorzug und begann dort zum Sommersemester 1949 mit dem Studium: eine Entscheidung, deren Tragweite für meinen weiteren Lebensweg ich nicht einmal ahnen konnte. Diese praktische Erfahrung bestätigt empirisch Königs immer wieder und in wechselnden Zusammenhängen gemachte Aussage: Es gibt kein soziales Schicksal, welches die zukünftige Entwicklung naturnotwendig bestimmt; diese ist dem eigenen Willen unterworfen und kann von ihm mit geformt werden, so daß wir dauernd gehalten sind, uns zu entscheiden; allerdings können wir nicht sicher sein, ob uns die intendierte Lösung gelingt, weil die Zukunft offen und prinzipiell unvorhersehbar ist.

Als König zum Wintersemester 1949 Leopold von Wiese nachfolgte und eine Vorlesung zum Thema *Gegenwartsprobleme der Soziologie nach dem Zweiten Weltkrieg* ankündigte, veranlaßte mich Neugier, einmal hineinzuschauen. Ich erlebte einen jugendlich wirkenden, selbstbewußten, brillant formulierenden, analytischen Verstand mit enzyklopädischem Wissen verbindenden, theoretische Reflexion und empirische Deskription kombinierenden, wirtschafts- und sozialgeschichtliche Zusammenhänge aufzeigenden, ideengeschichtliche Bezüge systematisch erörternden, historizistischen wie szientistischen Wissenschaftskonzeptionen gleichermaßen skeptisch gegenüberstehenden, von Problemen der geschichtlich-gesellschaftlichen Wirklichkeit ausgehenden, durch seine Erscheinung und die Art seines Vortrages faszinierenden, mit der nationalsozialistischen Vergangenheit kritisch umgehenden und dem Stereotyp eines deutschen Professors geradezu widersprechenden Hochschullehrer. Unter Einbezug nicht nur der deutschen und der europäischen, sondern auch der englischen und der amerikanischen Literatur setzte er sich intensiv und argumentativ mit dem *Marxismus* in seinen verschiedenen Spielarten - insbesondere auch dem stalinistischen Bolschewismus -, mit den *historisch-existenzialistischen Soziallehren* sowie mit solchen *Planungssystemen* auseinander, die auf die ordnende *Gestaltung ganzer Gesellschaften* orientiert an einer als gültig unterstellten *Ganzheitsidee* nach einem rationalen Plan abzielten, und erörterte deren Wirkungen für die Menschen, deren persönliche und politische Freiheiten, im Falle ihrer Umsetzung in praktische

Politik. Mit Pierre-Joseph Proudhon, William F. Ogburn, Popper u.a. setzte er diesen *geschlossenen Systemen* - angesichts weltweiten *sozialen Wandels* und der stets zu bewältigenden Aufgabe der (auch aktiv zu begreifenden)*Anpassung* an sich verändernde soziale Situationen und Institutionen - die Idee der *offenen Gesellschaft* und der *stückweisen, jederzeit Revision ermöglichenden Planung* entgegen, für die *eine Soziologie als Krisen- und Wirklichkeitswissenschaft* die jeweils neu zu prüfenden *wissenschaftlichen Grundlagen* zu liefern habe.

Schon bald stand für mich fest, daß ich hier nicht nur einem Hochschullehrer begegnet war, der mich als kosmopolitisch orientierte, in nahezu allen europäischen Kultursprachen bewanderte Persönlichkeit faszinierte, sondern der gerade jene Fragen erörterte, die mich bewegten, und der soziale Probleme theoretisch so zu definieren versuchte, daß sie angemessen analysiert und einer praktischen Lösung zugeführt werden konnten. Darüber hinaus vertrat er eine wissenschaftliche Disziplin, die meinen Erwartungen näher stand als die bislang ins Auge gefaßten Fächer und die eine nicht nur wissenschaftlich, sondern auch berufspraktisch umsetzbare Kombination mit Nationalökonomie und Sozialpolitik erlaubte. Da ich angesichts meiner Kaufmannsgehilfenprüfung und zweijähriger kaufmännischer Tätigkeit auf eine intensive Beschäftigung mit weiten Teilen der Betriebswirtschaftslehre - in Königs Worten "eine künstlich aufgewertete bessere kaufmännische Lehre mit akademischen Ambitionen" (1984, S. 197) - verzichten und die Examensvorbereitung dem Repetitor anvertrauen konnte, wandte ich mich mit ganzer Kraft der Soziologie zu, besuchte bis zum Diplomexamen im Sommer 1952 nicht nur alle Vorlesungen und Seminare Königs (bis zu sechs Wochenstunden im Semester), sondern auch soziologisch relevante Lehrveranstaltungen, die v. Wiese und Alfred Müller-Armack sowie einige Gastprofessoren anboten. Angesichts des eklatanten Mangels an einschlägiger wissenschaftlicher Literatur machte ich dabei von meinen Stenographiekenntnissen sehr ausgiebig Gebrauch und arbeitete die Vorlesungs- und Seminarmitschriften aus. Auf diese Weise wurde mir eine breite Wissensbasis vermittelt, deren langfristiger Wert als Investition mir erst so recht bewußt wurde, als ich im Jahre 1968 - ein Angebot Hansjürgen Daheims aufgreifend - meine Position als leitender Angestellter eines textilindustriellen Großunternehmens mit der Position eines akademischen Rates am Lehrstuhl für Soziologie der Universität Regensburg vertauschte und schon zwei Jahre später einem Ruf auf eine H3-Professur an die neugegründete Fakultät für Soziologie der Universität Bielefeld folgte.

Da König angesichts der Wohnungsnot für mehrere Jahre als *Spagatprofessor* zwischen Zürich und Köln pendelte (eine bei den damaligen Verkehrsverhältnissen zeitraubende und wenig komfortable Angelegenheit), stand er seinen Studenten, deren Anzahl kontinuierlich zunahm, auch außerhalb der Sprechstunden mit Rat und Tat zur Verfügung. Seine Hilfsbereit-

schaft ging in Verbindung mit seiner Liberalität so weit, daß er mich z. B.
ermutigte, dem Vorschlag von Theodor Beste (Ordinarius für Industrielle
Betriebswirtschaftslehre) folgend eine Diplomarbeit über den Werkmeister
im Industriebetrieb in dessen Seminar anzufertigen, jedoch mit deutlich be-
triebssoziologischer Ausrichtung, und sich erbot, mir dabei nicht nur mit
seinem Rat zur Seite zu stehen, sondern mir auch die einschlägige deutschsprachige, französische und anglo-amerikanische Literatur zugänglich zu machen: Die Folge war eine unmittelbar an das Diplomexamen anschließende
Anstellung als Betriebssoziologe in der sozialpolitischen Abteilung eines textilindustriellen Großbetriebs nahe bei Köln, was mir die Möglichkeit bot, auch
weiterhin mit König sowie seinen Mitarbeitern und Doktoranden in Kontakt
zu bleiben und neben der Berufstätigkeit eine Dissertation zu wagen.

Obwohl ihm noch auf Jahre hin für Forschungszwecke lediglich die
spartanische Ausstattung des Soziologischen Seminars mit Personal und Sach-
mitteln zur Verfügung stand, weil im wesentlich besser ausgestatteten
Forschungsinstitut für Sozialwissenschaften bis 1955 Leopold von Wiese mit
seinen Mitarbeitern residierte, drang König bei seinen Studenten darauf, daß
sie sich auf das oftmals mühselige und zermürbende Geschäft empirischer
Sozialforschung einließen und in ihren Arbeiten darum bemühten, Theorie
und Empirie zu verknüpfen. Auch die im Herbst 1953 von König im Dokto-
randen-Kolloquium vorgeschlagene, von den Teilnehmern angesichts der
Schwierigkeiten und Probleme, die bei Erwin K. Scheuchs gerade abgeschlos-
sener Studie über das Interview zu bewältigen waren, eher mit Skepsis als mit
Enthusiasmus betrachtete Kölner Parallel-Erhebung zum Thema *Familie und
Freizeit* entsprach diesem Verständnis von Soziologie. Mit ihrer Hilfe sollten
im Rahmen einer lokalen Feldstudie die drei, für Repräsentativerhebungen
der empirischen Sozialforschung in erster Linie in Frage kommenden Aus-
wahlverfahren auf ihre Wirksamkeit und ihre Eignung für soziologische Erhebungen überprüft werde. Dies Forschungsprojekt wurde bereits im Herbst
1954 unter der Leitung von René König und Erwin K. Scheuch durchgeführt,
unterstützt von Dietrich Rüschemeyer und getragen von Diplomanden und
Doktoranden, und mit Mitteln des Forschungsinstituts finanziert.

Mir oblag dabei die Aufgabe, im Rahmen einer Dissertation Voraussetzungen, Möglichkeiten und Grenzen der Gebietsauswahl als Auswahlme-
thode in der empirischen Sozialforschung zu testen. Nachdem ich ihm die
Resultate meines Literaturstudiums zusammen mit der Konzeption der
methodologischen Studie vorgelegt hatte, veranlaßte mich König, das Thema
Gebietsauswahl allgemeiner und umfassender anzugehen und sowohl die
Geschichte der praktischen Anwendung repräsentativer Auswahlen als auch
die mathematisch-statistischen Grundlagen nebst deren sachlichen Voraussetzungen einzubeziehen. Ich ließ mich darauf ein und verzögerte damit, ohne
Königs Unterstützung zu verlieren und mir sein Wohlwollen zu verscherzen,

die Fertigstellung der Dissertation um fast sieben Jahre. Zum einen lag dies daran, daß ich an der Dissertation nur neben meiner mich meist mehr als 50 Wochenstunden in Anspruch nehmenden und lediglich drei Wochen Jahresurlaub zulassenden Berufstätigkeit arbeiten konnte, zum anderen daran, daß ich nie Statistik studiert hatte und mir deswegen die mathematisch-statistischen wie die soziologischen Grundlagen im Selbststudium aneignen mußte, ehe ich sie weiterentwickeln konnte. Ein doppelter, für meinen weiteren Lebensweg bedeutsamer Effekt war die Folge: Zum einen blieb ich in permanentem Kontakt mit König und seinen Mitarbeitern, zum anderen konnte ich schließlich ein opus magnum vorlegen, das für die weitere Hochschulkarriere dienlich war.

Wie nachhaltig und prägend die Begegnung mit König war, ist mir bei der Vorbereitung dieser sehr persönlich gefärbten Gedanken wieder bewußt geworden. So stellte ich z. B. bei der Lektüre von Vorlesungs- und Seminarmitschriften fest, daß die in meiner Nürnberger Antrittsvorlesung im Mai 1983 entwickelte und begründete Unterscheidung einer dreifachen Zielsetzung praktischer Verwertung soziologischen Wissens: der *soziologischen Aufklärung*, der *soziologischen Orientierung* und der *sozio-technischen Anleitung* - letztlich auf frühe Anregungen Königs zurückgeht, ein Sachverhalt, der mir so sehr entfallen war, daß ich ihn noch nicht einmal in einer Fußnote erwähnte. Vielleicht ist dies ein nicht intendiertes, aber billigend von ihm in Kauf genommenes Ergebnis der Maxime, Studenten zur Selbständigkeit im Denken zu erziehen und als moralischer Aufklärer so zur Überwindung der Unmündigkeit beizutragen.

Literatur

Büschges, Günter: Empirische Soziologie und soziale Praxis, in: Sozialwissenschaften und Berufspraxis, 8, 1985, S. 61-86.

König, René: Praktische Sozialforschung, in: *Ders.* u.a. (Hrsg.), Das Interview. Praktische Sozialforschung I, Köln 1952, S. 15-36. [Nr. 39]

König, René: Kritik der historisch-existentialistischen Soziologie, München 1975 (abgefaßt 1937). [Nr. 17]

König, René: Leben im Widerspruch, Frankfurt/M. 1984. [Nr. 20]

Popper, Karl R.: The Open Society and It's Enemies, London 1945 (deutsch zuerst: Bern 1946).

Popper, Karl R.: Über Wolken und Uhren, in: *Ders.*, Objektive Erkenntnis, Hamburg 1973, S. 230 - 282 (zuerst englisch 1966).

Stouffer, Samuel, et al. (Hrsg.): Studies in Social Psychology in World War II, 4 Bde, Princeton 1949/50.

Institute "an" der Universität:
Deutung, Erinnerung, Geschichte

Von Hansjürgen Daheim

Drei Institute hat René König in den 50er und 60er Jahren an der Universität Köln gegründet und bis zu seiner Emeritierung 1974 geleitet: Das erste war 1958 die soziologische Abteilung des Instituts für Mittelstandsforschung, das "Mittelstandsinstitut", wie wir totum pro parte sagten. Anfang der 60er Jahre folgte die militärsoziologische Forschungsgruppe. Am Ende der 60er Jahre kam es zu einer weiteren Gründung: dem Institut zur Erforschung sozialer Chancen.

Meinen Beitrag zu dem damit angedeuteten Thema möchte ich durch zwei berufsbiographische Hinweise legitimieren: Im Mittelstandsinstitut war ich von 1958 an für acht Jahre Königs Assistent. Das Institut zur Erforschung sozialer Chancen leite ich seit kurzem, nachdem ich seinem wissenschaftlichen Beirat fast zwei Jahrzehnte angehört habe.

René König als Gründer dieser Institute - das kann nicht Erinnerung, sondern nur der Versuch einer Deutung sein, die in diesen Gründungen wesentlich eine Konsequenz seines Soziologieprogramms sieht, nicht einfach nur den Aufbau von Forschungskapazität, als dafür Mittel zu haben waren. Was König mit der Gründung des Mittelstandsinstituts wollte, hat er mehrfach, auch in Vorworten zu Institutspublikationen, unter Verweis auf "Soziologie heute" (1949) dargelegt. Hier hatte er im Rahmen einer Soziologie als "Gegenwartswissenschaft" und bezogen auf die Klassenproblematik industriell-kapitalistischer Gesellschaften einen ausgesprochen empirischen, und das konnte damals nur heißen: einen statistisch fundierten, Beitrag zu der kurz nach dem Krieg noch lebhaften Mittelstandsdiskussion geleistet. Das war der Rahmen für die Arbeit im Mittelstandsinstitut: empirische Untersuchungen zu Berufen und Betriebsformen, ausgehend von der These der Konstanz der Mittelklassen. Daneben oder in Ergänzung deutete König ganz zu Anfang unter Hinweis auf François Simiands "Cours d'économie politique" (1928-30) noch eine eher wirtschaftssoziologische Perspektive an. Er ist darauf aber nicht mehr zurückgekommen, und wir waren voll mit der schichtungs- und mit der berufssoziologischen Perspektive beschäftigt. Die zentrale Bedeutung dieser letzteren für die Institutsarbeit ergab sich beinahe zwingend aus der Abfassung eines einschlägigen Artikels für das "Handbuch".

Man kann aber den Zusammenhang von Institutsgründung und Programm einer Soziologie als Gegenwartswissenschaft prinzipieller aufzeigen, etwa vom Vorwort des "Handbuchs der empirischen Sozialforschung" (1962) her. König orientiert hier die Soziologie auf die Analyse gesellschaftlicher Probleme bei emphatischem Wertbezug und kritischem Anspruch. Damit nimmt er, aus meiner Sicht, die besten Traditionen der historischen Soziologie der Zwischenkriegszeit auf. Er setzt sich aber zugleich auch von diesen ab, indem er darauf besteht, daß rationale Kritik und Problemanalyse der empirischen Sozialforschung als Grundlage bedürfen. Impliziert ist damit die Absage an eine szientistische Auffassung von Soziologie: Die Verbindung der Rolle des Wissenschaftlers mit der des Intellektuellen ist verlangt. Impliziert ist im übrigen auch ein Verhältnis von Soziologie und Praxis, dessen komplexe Bestimmung manches von dem anspricht, was der Sache und dem Wort nach, Anfang der 80er Jahre in der Verwendungsforschung zentral wurde.

Bei diesem Soziologieprogramm ist die Gründung von Forschungsinstituten mit der Aufgabe einer sozusagen konstruktiven Kritik der gesellschaftlichen Praxis nur konsequent, wenn sich dazu eine Chance bietet. Eine solche ergab sich in der zweiten Hälfte der 50er Jahre, als das Bundesministerium für Wirtschaft bereit war, ein Mittelstandsinstitut an den Universitäten Köln und Bonn einzurichten. König ergriff sie, unangesehen der Einsicht, daß die selbständigen Mittelschichten zu dieser Zeit nicht gerade ein erstrangiges gesellschaftliches Problem darstellten. Unangesehen wohl auch der anfangs naheliegenden Vermutung, daß manifeste Funktion für das Ministerium sein könnte, lästige Forderungen der Verbände durch Forschung für einige Jahre abzuweisen; später hat es versucht, das Institut gezielt zur Erweiterung seiner Informationsbasis einzusetzen. König setzte gegenüber alledem zu Recht auf die latenten Funktionen der durch das Institut ermöglichten Forschung: Aufklärung über die Wirklichkeit und ihre Interpretation, wobei in der damaligen Situation schon die Ergänzung der wirtschaftswissenschaftlichen Perspektive der Mittelstandsforschung durch eine soziologische positiv zu werten war.

Für die Mitarbeiter, und damit beginne ich die Erinnerung, spielten Überlegungen zur Institutsgründung keine Rolle. Für uns, jedenfalls für mich, bedeutete Soziologie wesentlich empirisch-theoretische Sozialforschung und wir sahen im Mittelstandsinstitut in der Hauptsache dazu eine Chance, zumal es für Kölner Verhältnisse erstmals nicht nur Stellen, sondern sogar einen Forschungsetat gab, aus dem sich nicht nur die Kosten empirischer Diplomarbeiten und Dissertationen decken, sondern durch Konversion von Einsparungen auch Repräsentativumfragen finanzieren ließen. Sicher war uns bewußt, daß wir im Sinne von "Soziologie heute" an einem "Probleminventarium" unserer Gesellschaft arbeiteten. Die Vorstellungen von Kritik blieben aber auf sporadische Ideologiekritik beschränkt, nicht zuletzt, weil der Wertbezug von der Sache her doch sehr indirekt war. Wir konzentrierten uns auf die berufs-, professions- und unternehmenssoziologischen Untersuchungen.

René König als Institutsdirektor - das ist der Kern meiner Erinnerung an einen Leitungsstil, wie er nur an der alten Universität möglich war und

der mich nachhaltig beeindruckt hat: ein "Chef", dessen Autorität auf hoher
Fachkompetenz beruht, der die Erwartungen an die Assistenten schon durch
sein Handeln ausdrückt, und der ihnen im Vertrauen auf eine entsprechende
Erwiderung Autonomie bei der Arbeit einräumt und die Kontrolle in einer
akademisch-indirekten Weise ausübt. Nun hatte dieser Stil wohl noch ein
weiteres strukturelles Fundament: dazu gehörte sicher die räumliche Distanz
des Mittelstandsinstituts vom Forschungsinstitut für Soziologie in der Zülpicher Straße, und wohl auch, daß unsere Themen etwas im Windschatten von
Königs eigener Arbeit in den 60er Jahren lagen. Im Vergleich zu den Assistenten in den anderen Abteilungen des Mittelstandsinstituts hatten wir
durchaus das Gefühl einer gewissen Privilegierung.

Konkret bedeutete Königs Leitungsstil, daß wir die Diplomarbeiten und
Dissertationen selbständig betreuten und daß wir die Themen der empirischen
Arbeiten, die wir als Gruppe unternahmen, selbst wählten. Die Kontrolle
erfolgte über die Besprechung von Examensarbeiten und Publikationsvor-
schlägen. König intervenierte auch nicht in unser etwas angestrengtes Bemühen um die Parsons-Rezeption, das sich in einem für Außenstehende sicher
unangenehmen Jargon manifestierte. Für ihn war vieles, was wir zum Zwecke
einer genauen Begrifflichkeit formulierten, ein Fall von "Scholastik"; er buchte
das aber generös auf das Konto der "Selbstklärung". Bei alledem wußten wir,
daß wir produktiv zu sein, also eine angemessene Anzahl akzeptabler Publikationen vorzulegen hatten. Die ziemlich große Zahl an Buchveröffentlichungen,
die König in der Autobiographie nennt, scheint Zufriedenheit in diesem
Punkt anzuzeigen. Wir haben im übrigen auch auf andere Weise glattgestellt:
Nach dem Auszug des Forschungsinstituts aus der Meister-Ekkehart-Straße
wurde das konviviale Zentrum der Stärkung der Solidarität unter Königs
Mitarbeiterinnen und Mitarbeitern in das Mittelstandsinstitut verlegt.

Schwierigkeiten mit König als Direktor, wenn man von solchen sprechen
will, gab es im Zusammenhang der "Administration", wie er diesen Teil der
Tätigkeit nannte. Zu Königs Leitungsstil gehörte auch, daß er dafür möglichst
keine Zeit aufwenden wollte, um es aus Assistentensicht direkt zu sagen. Nun
ließ es sich natürlich gelegentlich nicht vermeiden, den Direktor zu behelligen.
Im Alltag war das unproblematisch: König bestellte mich für 18 Uhr in die
Zülpicher Straße und lud mich ein, ihn beim abendlichen Einkaufsgang zu
begleiten. Dabei war zur Besprechung genügend Zeit. Aber wenn man von
König einen halben Tag wollte, was ein- oder zweimal jährlich vorkam, wenn
das Ministerium seine Kontrollbefugnisse ausübte, war das je länger desto
mühsamer. Und da mußte er dann wohl auch einmal indirekt, nämlich über
einen anderen Abteilungsdirektor motiviert werden, die Zeit zu opfern.

Wenn ich nun auf das Institut zur Erforschung sozialer Chancen zu
sprechen komme, geht es eher um Geschichte als um Erinnerung. Daher weise
ich auch gleich auf die schlechte Quellenlage hin: es gibt für die ersten Jahre

nur wenige Dokumente, und Experteninterviews sind schwierig und wenig ergiebig. Meine Ausführungen werden also schon aus diesem Grund etwas vage bleiben.

Geht man unbefangen vom Institutsnamen und der satzungsmäßig fixierten Aufgabenstellung aus, dann hat man eine geradezu klassische Formulierung von Königs Soziologieprogramm: "Untersuchungen (durchzuführen) zu Problemen der Ungleichheit sozialer Chancen, ihren Ursachen und den Möglichkeiten ihrer Überwindung mit den Mitteln der empirischen Sozialforschung". Im Gründungsprogramm von 1971 wurde das dann konkretisiert auf die mit Beruf und Berufsausbildung gegebenen Chancen. Bis in die Wortwahl scheint es auch Verweise auf die Wertbezüge und den gesellschaftsgestalterischen Optimismus zu Beginn der sozialliberalen Koalition zu geben. Tatsächlich gingen der Einrichtung einer "Arbeitsstelle Berufsforschungsinstitut" 1969 aber Überlegungen bei König und dem damaligen Staatssekretär Brandt voraus, die wohl bis über die Mitte der 60er Jahre zurückreichen. Den heutigen Namen erhielt das Institut zur deutlichen Unterscheidung vom Institut für Arbeitsmarkt- und Berufsforschung. Die, anders als beim Mittelstandsinstitut, gewählte aufwendige Organisationsstruktur, bei der sich zwischen Staat und Institut ein Trägerverein schiebt, dem auch Gewerkschaften und Arbeitgeber angehören, zeitweise sogar die Stadt Köln, könnte eine beabsichtigte größere Nähe zu gesellschaftlichen Kräften und zu Gesellschaftspolitik andeuten. Darüber läßt sich heute nichts Sicheres mehr sagen. Sicher scheint mir aber zu sein, daß diese Organisationsstruktur die Grundlage für die erfolgreichen Bemühungen war, das Institut über die mageren 80er Jahre zu bringen, wenn dabei auch der Forschungsetat stark geschrumpft ist.

Ich versuche mit aller Vorsicht einige Bemerkungen zu machen über die Arbeit des Instituts und über das Verhältnis zu René König, seinem ersten Direktor. Zunächst hatte das Institut in mancher Hinsicht nicht so gute Startbedingungen wie die beiden anderen. Das, was König selbst eine "veritable Kulturrevolution" genannt hat, machte natürlich vor der Tür des Instituts nicht halt: Es gab bis über die Mitte der 70er Jahre hinaus unter den Mitarbeiterinnen und Mitarbeitern Auseinandersetzungen über die theoretische Orientierung wie auch über die Institutsorganisation. Das alles stellte zwar Königs Soziologieprogramm nicht grundsätzlich in Frage, wollte aber doch andere Akzentsetzungen und war vor allem mit seinem Leitungsstil wenig kompatibel. Ich verzichte auf eine weitergehende Deutung, meine aber, daß daraus verständlich wird, daß dieses Institut im Unterschied zu den beiden anderen Gründungen in "Leben im Widerspruch" nicht erwähnt wird: In dieser Form war es nicht Königs Institut.

Nun ist das aber nur die eine Seite. Die andere ist, daß trotz dieser Auseinandersetzungen gearbeitet worden ist, und zwar an aktuellen und relevanten gesellschaftlichen Problemen: So wurden, um nur dies zu erwähnen, im Institut sehr früh Fragen der Arbeitslosigkeit und der Umschulung untersucht, und es wurde sehr bald eine Längsschnittuntersuchung zu Bildung, Berufswahl und Erwerbstätigkeit begonnen, deren letzte Welle jetzt projektiert wird. Und schon um die Mitte der 70er Jahre gab es eine Reihe von Publikationen, die unter Sozialwissenschaftlern und Praktikern beachtet wurden.

Inzwischen ist ein reichliches Jahrzehnt vergangen. Von den damaligen Akteuren sind nur noch wenige im Institut, die Themen der damaligen Auseinandersetzung sind nicht mehr aktuell und es wird auf der Linie von Königs Soziologieprogramm, wenn ich mir eine Bewertung erlauben darf, erfolgreich geforscht. Ich meine, daß René König an der letzten seiner Gründungen nicht vorbeisehen muß.

Traditionen und Neubeginn

Von Jürgen Friedrichs

Nach all den ehrenden Reden für René König erscheint es mir gerechtfertigt, ihn aus der Sicht dessen zu würdigen, der seit wenigen Monaten die Ehre hat, Direktor desjenigen Instituts zu sein, dem René König eine so hohe Reputation verlieh. Das Forschungsinstitut für Soziologie begann am 1. April 1919 seine Arbeit. Es war das erste sozialwissenschaftliche Institut und - gestatten Sie mir die Ironie - wurde einen Monat vor der Gründung der Hamburger Universität eröffnet. Initiiert wurde es durch den damaligen Oberbürgermeister von Köln, Konrad Adenauer. Ziel war es, "frei und tendenzlos" die "soziale Frage" zu erforschen, und, wie es weiter in einem Brief Adenauers heißt, "Umfang und Ursachen sozialer Schäden". Es hatte drei Abteilungen: eine sozialpolitische (Staatsminister Hugo Lindemann), eine sozialrechtliche (Theodor Brauer) und eine soziologische (Leopold von Wiese, kurzfristig Max Scheler). Die empirischen Forschungen waren nicht zahlreich, sie beschränkten sich auf Studien von Gewerkschaftssekretären und Verkäuferinnen im Einzelhandel. Das große Verdienst von Leopold von Wiese war es jedoch, von hier aus die Geschäfte der Deutschen Gesellschaft für Soziologie zu führen und die Kölner Vierteljahreshefte für Soziologie gegründet und herausgegeben zu haben. Letzteres war die "kontinuierlichste Aufgabe des Forschungsinstitutes", wie Heine von Alemann schreibt.

1934 wurde das Institut geschlossen, weil es sich nicht den Interessen der Nazis beugen wollte, es in ein "Institut für deutschen Sozialismus" zu transformieren. 1945 wurde das Institut neu eröffnet; es hieß kurzfristig "Forschungsinstitut für Sozial- und Verwaltungswissenschaften". Bis 1960 wurden aus seinen drei Abteilungen mehrere eigenständige Institute:
- die sozialrechtliche Abteilung wurde zum Forschungsinstitut für Sozialrecht in der Rechtswissenschaftlichen Fakultät,
- die sozialpolitische Abteilung wurde zu einem Forschungsinstitut für Sozialpolitik und einem Institut für Wohnungsrecht und Wohnungswirtschaft, beide an der Wirtschafts- und Sozialwissenschaftlichen Fakultät,
- die soziologische Abteilung wurde zum Forschungsinstitut für Soziologie und blieb als eigenes Institut ebenfalls in der WiSo-Fakultät.
Alle vier Institute finden sich noch heute im Vorlesungsverzeichnis des laufenden Semesters.

Aus Zürich im Jahre 1949 berufen, folgte René König Leopold von Wiese auf dessen Lehrstuhl und als Direktor des Institutes. Wegen der "großen

Wohnungsnot in Köln", wie König in seiner Autobiographie schreibt, über-
siedelte seine Familie erst vier Jahre später nach Köln.

Nach 1960 begann die wohl fruchtbarste Zeit des Instituts und zugleich
eine entscheidende Phase der deutschen Soziologie überhaupt. König betrieb
Forschung und mehr noch, er weitete das Institut durch Sub-Institute aus:
dem Forschungsinstitut wurden Abteilungen für Massenkommunikationsforschung (Alphons Silbermann), eine psychoanalytische Abteilung (Edeltraud
Meistermann-Seeger) und eine wehrsoziologische Forschungsgruppe (Rolf
Ziegler, Wolfgang Sodeur, Hans Benninghaus) angegliedert; unabhängig davon
entstanden das Institut für Mittelstandsforschung (Hansjürgen Daheim) - mit
einem Arbeitskreis für Rechtssoziologie (Wolfgang Kaupen) - , und das
Institut zur Erforschung sozialer Chancen; hinzukamen Drittmittelprojekte,
an denen viele Assistenten und jüngere Forscher arbeiteten.

Der Ruf des Institutes, der zunächst der Ruf René Königs war, gründete
sich nun auf die Arbeiten seiner Mitarbeiter, ebenso aber auch auf die
Publikationen Königs. Mit einer, in seiner Autobiographie treffend beschriebenen Folgerichtigkeit, veröffentlichte er die "Praktische Sozialforschung", die "Soziologie" und das "Handbuch der empirischen Sozialforschung",
um nur einige Arbeiten zu nennen. Er und seine Mitarbeiter machten die
Soziologie in Köln zu *dem* Zentrum theoriegeleiteter empirischer Sozialforschung in Deutschland.

Wiewohl sich viele seiner Mitarbeiter, die heute Professoren von selbst
großem Ansehen sind, der Chance, dort gearbeitet zu haben, bewußt sein
dürfen, möchte ich doch kurz auf die Außenwirkung dieser "Kölner Schule"
eingehen. Ich studierte damals in Hamburg: Soziologie bei Heinz Kluth, vor
allem aber Sozialpsychologie bei Peter R. Hofstätter. Von der Mitte des
Studiums an gab es einen festen Zirkel, der sich auch ständig privat traf und
wissenschaftlich diskutierte. Es waren Rolf Klima, Hartmut Lüdtke, Bernd
Buchhofer, Hans-Peter Tews. Die Entscheidung, "Frankfurt oder Köln" war
längst für Köln und dem kritischen Rationalismus gefallen. Methodologie bzw.
Wissenschaftstheorie und empirische Forschung waren unsere Themen. Die
Arbeiten der Kölner Schule, auch dort, wo sie Parsons-lastig waren, wurden
intensiv rezipiert. Was hingegen in Dortmund geschah, war von geringem
Interesse, ebenso die Frage, ob die Mittelstandsgesellschaft nivelliert sei und
mit welcher Form von Zwiebel sie abgebildet werden könne.

Größere Erfolge hatten wir, wenn wir in soziologischen Oberseminaren
die Referenten nach ihrer Theorie fragten und erwartungsgemäß Aussagen
erhielten, die wir nicht als Hypothesen gelten lassen konnten. Zu meinem
Vergnügen habe ich inzwischen festgestellt, daß dieses Spiel in dem gegenwärtigen Oberseminar in Köln noch immer funktioniert.

Zurück zu René König: Die Außenwirkung seiner Person, seiner Publikationen und seiner Mitarbeiter waren sehr hoch, isolierten aber auch vom Rest

der soziologischen Republik. Davon hat sich bis heute etwas erhalten, wenngleich die längst entstandenen und von Erwin K. Scheuch erweiterten Netzwerke die Republik überdecken dürften.

René König hat sein Ziel, ein Institut ähnlich wie dem der Detroit Area Study aufzubauen, erreicht, wenn nicht gar aufgrund seines hohen Einflusses übertroffen. Ein kluger Wissenschaftler, zudem ein Weltmann, ein Europäer und was wir nicht vergessen sollten: auch einer der wenigen, der standhaft auf jene gezeigt hat, die unser Fach während der Nazizeit korrumpiert haben. Auch dafür gebührt ihm der tiefe Dank der jüngeren Generation.

Nach der Emeritierung von René König übernahm Friedhelm Neidhardt 1976 das Institut und den Lehrstuhl. Die Forschung wird auf einer schmaleren Basis weitergetrieben, aber die vielfältigen Aktivitäten, die König zu verbinden verstand, wurden nicht mehr aufrechterhalten. Jeder Nachfolger hätte es schwer gehabt und Vergleiche sind unangemessen. Zweifellos war es aber eher an Erwin K. Scheuch und später Hartmut Esser, den Ruf der Kölner Schule fortzuführen.

Als nun Vierter in der Kette der Direktoren des Forschungsinstitutes ist es für mich fast einfacher. Dennoch kann auch ich mich der Verpflichtung, den von Leopold von Wiese begründeten und von René König geschaffenen Ruf des Institutes zu mehren, nicht entziehen. Dies war auch einer der wichtigsten Gründe, den Ruf an die Universität zu Köln anzunehmen. Ich bin fest davon überzeugt, daß diese Verpflichtung zugleich eine ungewöhnliche Chance ist, die nicht nur von mir, sondern auch meinen Mitarbeiterinnen und Mitarbeitern gesehen wird. Die Kollegen Scheuch und Weede wissen dies. Es wird vor allem dem Urteil der hier Anwesenden überlassen bleiben, in einigen Jahren zu beurteilen, inwieweit es uns gelungen ist, dieses Versprechen einzulösen.

Vorerst möchte ich mit einer Frage enden. Sie geht auf den Anfang des Institutes zurück. In seiner Rede vor der Stadtverordnetenversammlung von Köln sagt Konrad Adenauer am 6. März 1918, das Institut solle drei Forschungsrichtungen verfolgen: "eine auf christlichem, eine auf sozialistischem Boden stehende und eine, die sich dem verfeinerten kapitalistischen Unternehmensstandpunkt nähert". Müssen wir wohl auch das einhalten?

Ethnologie als Widerspruch?

Von Dieter Fröhlich

Was Ethnologie nun genau ist, bleibt unentschieden: Kulturanthropologie, Sozialanthropologie, Ethno-Soziologie, Entwicklungssoziologie, oder ein integraler Bestandteil von Soziologie? René König hat zu allen diesen Konzepten veröffentlicht und dabei Abgrenzungsversuche unternommen. Sie sind alle nicht ganz trennscharf, aber auf akademische Feinheiten kommt es hier nicht an. Was er mit Ethnologie letztlich meint, erschließt sich aus seinen Schriften eher indirekt: einmal über die immer wiederkehrende Figur des Fremden - der Fremde als Person, aber auch die fremde Kultur. Dies könnte der eine, eher persönlich gefärbte Teil seines ethnologischen Interesses sein. Der akademische Impetus für Ethnologie liegt hingegen in seinem Verständnis von Soziologie: Sie muß **alle** Formen menschlichen Zusammenlebens umfassen und darf sich nicht nur auf die modernen Gesellschaften beschränken, will sie zur Aufklärung der conditio humana beitragen.

Beides - die Rolle des Fremden und des interkulturell vergleichenden Forschers - ist ihm auf den Leib geschrieben. Seine Biographie bürgt dafür: Fremd zu sein im eigenen Land mußte er frühzeitig lernen. Durch die Eltern halb Franzose, halb Deutscher wuchs er zu "Erbfeindschaftszeiten" in Deutschland auf. Seine Autobiographie gibt nicht im entferntesten die schlimmen Erfahrungen eines "Franzosen" in einer deutschen Schule während des ersten Weltkrieges wider. Es waren traumatische Erlebnisse eines jungen Menschen, die ihn geprägt haben und die ihn in Deutschland nie ganz heimisch werden ließen. Sein Fremdsein erschöpfte sich jedoch nicht in dieser Negativität. Zu Kindheit und Jugend gehört auch das Aufwachsen in einem - wie man heute sagt - multikulturellen Milieu: Über die mütterliche Seite die Erfahrung der französisch-lateinischen Kultur, über die Verwandtschaft und den Beruf des Vaters - ein Ingenieur, der häufig im Ausland den Bau von Fabriken überwachte - häufige und intensive Kontakte mit dem Slawentum, mit jüdischer Kultur und wiederum mit dem Mittelmeerraum.

Das Studium vertiefte seine multikulturelle Prägung: Neben den Hauptfächern Philosophie und Psychologie studierte er im Nebenfach Islamistik und orientalische Sprachen. Ungewöhnlich für die damalige Zeit unternahm er in den zwanziger Jahren Reisen in den Maghreb und den Nahen Osten, insbesondere in die Türkei. Türkisch in lateinischer Sprache lesen zu müssen war ihm in den sechziger Jahren ein Graus; die arabische Schreibweise war ihm geläufiger. Sein Berliner Universitätslehrer Richard Thurnwald verstärkte René Königs Nähe zur Ethnologie. Thurnwalds "Menschliche Gesellschaft in ihren ethno-soziologischen Grundlagen" spannte den thematischen Bogen der Soziologie ganz selbstverständlich von den "Primitiven" bis in die Neuzeit. Die intensive Beschäftigung mit Durkheim und seiner Schule verbürgte einen ebenso umfassenden Ansatz: Um die Moderne zu verstehen, muß man bei den Anfängen menschlicher Kultur beginnen. Seine große Vorlesung "Über den Ursprung von Familie, Wirtschaft, Recht und Staat", die wir alle gehört haben, enthielt ganz natürlich die Forschungsergebnisse der Ethnologie und belegt die große Spannweite seines Soziologieverständnisses.

René Königs weiterer Lebensweg verstärkt die Idee des Fremden wie des Weltbürgers, der in allen Kulturen zu Hause ist. Zuerst ist es die Erfahrung des Exils in der Schweiz - wiederum eine neue Kultur, ein erneutes Lockern bereits sehr verzweigter kultureller Wurzeln, gleichzeitig ein weiteres Fuß-fassen. Nach dem Zweiten Weltkrieg dann, als gestandener und anerkannter Wissenschaftler, wurde die Welt sein Aktionsfeld, mit haltenden Wurzeln in Köln und später auch in Italien. Über viele berufliche und private Kontakte und häufige Gastprofessuren wurden die USA fast ein weiteres Zuhause. Sein Beruf führte ihn aber auch in die Länder der Dritten Welt, am häufigsten nach Afghanistan.

Afghanistan und der Südwesten der USA wurden dann die beiden Weltre-gionen, an denen sich sein ethnologisches Interesse am nachhaltigsten fest-setzte. Diese regionalen Interessen wurden früh geweckt, wobei zeitliche Prioritäten kaum auszumachen sind: Für Afghanistan sprechen seine Islami-stik-Studien, vielleicht auch die Erinnerung an die Tatsache, daß er 1928 im Hause seines Onkels den ersten Reformer Afghanistans, König Amanullah, persönlich kennenlernte. Aber die Faszination durch die Indianer im Süd-westen der USA ist gleich alt und datiert aus seiner Beschäftigung mit den Werken Richard Thurnwalds und Emile Durkheims und seiner Schule noch während des Studiums. Sind zeitliche Präferenzen nicht auszumachen, so doch die Qualität des Engagements. Es ist die Differenz zwischen Kopf und Gefühl: Der Kopf steht für Afghanistan, ein wissenschaftliches Interesse an alten Hochkulturen und akademisch kodifizierter Gesellschaftsanalyse. Die Indianer des amerikanischen Südwestens hingegen sprachen in emotional an; ihnen nä-herte er sich mit einem gewissen "romantischen Element".

Man kann sagen: Afghanistan kannte er im Prinzip schon sehr gut, bevor er sich auch institutionell auf dieses Land einließ: als eine der treibenden Kräfte der Ausbildungspartnerschaft zwischen den Universitäten Kabul und Köln, die auf deutscher Seite bald um die Universitäten Bochum und Bonn erweitert wurde. Diese Partnerschaft betreute er von 1962 bis zum politischen Umsturz 1978, kurz vor der sowjetischen Invasion im Jahre 1979. Mit diesem Engagement waren fast jährliche Verwaltungsreisen, Gastprofessuren und Forschungsaufenthalte verbunden. Bei gemeinsamen Reisen durch das Land wurde "alter" Vorlesungsstoff wieder lebendig: Man erlebte das Funktionieren

ethnischer Würfelung, des Durcheinandersiedelns verschiedener ethnischer
Gruppen. Durkheims segmentäre Gesellschaft war plötzlich Realität, die
Funktion von (mangelnder) Arbeitsteilung einsichtig. Für Theorien ethnischer
Überschichtung und Staatsentstehung gab es Anschauungsmaterial, ebenso
für die Geschichte der Stadt. Afghanistan - das war zum Leben erwachte
Wissenschaft "über den Ursprung von Familie, Wirtschaft, Recht und Staat".

Afghanistan war Bestätigung; die Indianer im Südwesten der USA hingegen Neugier, ein bißchen "Romantizismus" und später der Wunsch, eine alte
Kultur vor dem Sog der Zivilisation schützen zu wollen. Auch in diesem
Engagement standen frühe Einflüsse aus dem Studium (Thurnwald und Durkheim) Pate. Sein ursprüngliches Interesse galt den Pueblo-Indianern, den
seßhaften Zunis und Hopis, von denen sich Europaflüchtlinge frühzeitig
angezogen fühlten. Aber es erging ihm wie dem Anthropologen Clyde Kluckhohn: Die Ruhe und Ausgeglichenheit der Pueblo-Bewohner, ihre kleine
Gestalt, ihre äußere Rundlichkeit und ihr stoischer Gleichmut, waren dann
doch nicht seine Sache. Als viel interessanter erwiesen sich die hageren,
hochaufgeschossenen, schlanken Navahos in ihrer "nervigen Unrast und auf-
brausenden Unberechenbarkeit", ihre isolierte Lebensweise und ihr ausgepräg-
tes Einzelgängertum: "Ich wollte ursprünglich zu den Pueblo-Indianern... und
landete schließlich ... bei den Navahos." Den etwas räuberischen, individuali-
stischen Navahos galt lange Jahre sein ethnologisches Interesse in den USA.

Über sie hat er zwei Bücher geschrieben, mit einem zentralen Anliegen:
Läßt sich eine alte, archaische und noch relativ intakte Kultur inmitten der
Zivilisation erhalten? Wie weit darf Akkulturation gehen? Sind die Werte der
weißen amerikanischen Welt unbedingt auf jeden und alles zu stülpen? Weit
entfernt von Zivilisationskritik hat sich René König nie ganz entscheiden
können, wie weit Anpassung und Akkulturation letztlich gehen sollen. Er sieht
die Zwänge und die Entwicklungen zu wachsender kultureller Vereinheitlich-
ung, aber er schätzt sie nicht. Er ist ein Advokat der Vielfalt und der kulturellen Farbenfreude, und er versucht, sie zu erhalten. Ihn faszinieren Subkulturen, Minoritäten, Zwischenlagen - schließlich ist er in ihnen groß geworden. Sein Engagement für die Erhaltung der Navahokultur ist ein Stück
Widerstand, Widerspruch gegen das globale industrie-kulturelle Gleichmaß,
fast ein Plädoyer für Gegenakkulturation. Auch ein Stück Widerstand gegen
die Rationalisierung, gegen die Entzauberung der Welt steckt in diesem
Plädoyer.

Auch wenn René Königs Verhältnis zu Afghanistan distanzierter ist als
sein Interesse für die Navahos - ganz emotionsfrei ist es nicht. Seit Beginn
seines Afghanistan-Engagements plante er eine größere vergleichende
Untersuchung zwischen dieser Kultur und den Indianerkulturen des amerikanischen Südwesten, mit ähnlichem Impetus: Wie lassen sich autochthone
Kulturelemente trotz sozialen Wandels erhalten? Wie sind die Folgen eines

"beängstigend eindimensionalen Denkens" zu vermeiden, wonach alle gesellschaftlichen Entwicklungen "stets nach demselben Schema" erfolgen müßten,
"als gebe es keine autonomen Alternativen"? Zu diesem Werk ist es nie
gekommen. Die sowjetische Invasion von 1979 hat es verhindert.

Kunst als eine Äußerungsform von Kultur - auch sie ein starkes Band
sowohl zu Afghanistan als zu den Navahos des amerikanischen Südwestens.
René Königs Affinität zur Kunst datiert seit seinen Studientagen. Bedeutende
Künstler gehörten zu ihren Lebzeiten zu seinen Freunden, und im Rahmen
seines Faches hat er auch über Kunst publiziert. In Afghanistan zogen ihn
vor allem die zentralasiatischen Teppiche an; bei den Indianern alter Stammes-
schmuck und gewebte Zeremonial-Teppiche. Sein Kölner Haus enthält einige
erlesene Stücke. Ihr Arrangement läßt letztlich erkennen, für welche Kultur
er sich gefühlsmäßig eher entschieden hat: Die hochkulturellen zentralasiatischen Brücken schmücken (profan) den Boden, ein indianischer Teppich
ziert eine Wand und bildet einen Blickfang - ist er zu kostbar (oder heilig),
um betreten zu werden?

Solange wir ihn kennen, zeigt uns René König, wozu sich Schmuck auch
eignet: zum Widerspruch. Wer ihn kennt, kennt ihn nicht ohne Navaho-
Schmuck. Mit diesem unverzichtbarem Kleidungsaccessoire bewegt er sich
seit vielen Jahrzehnten zwanglos zu vielen Gelegenheiten. Und in der etwas
tristen, konventionellen Nachkriegszeit war dies ein erfreulicher Farbtupfer
und eine kleine Provokation. Heute ist es dies nicht mehr - anything goes in
der Mode. Eine späte Genugtuung für einen, der sich ganz früh entschlossen
hatte, "ein Nicht-Konformist zu werden". Vielleicht auch ein Teilsieg René
Königs im Kampf um Vielfalt und gegen Anpassung?

René König - aus Zürich

Von Hans-Joachim Hoffmann-Nowotny

Wenn ich versuche, zu einem Mosaik unterschiedlicher Personenbeschreibungen, die sich zu einem Gesamtbild des Menschen und Wissenschaftlers René König zusammenfügen, beizutragen, so gibt es dafür mindestens drei verschiedene Motive, ein kulturelles, ein persönliches und ein strukturelles, womit auch gleichzeitig die Grunddimensionen soziologischer Analyse, Struktur, Kultur und Person angesprochen sind.

Das erste Motiv bedarf keiner näheren Erläuterung. Die akademische Kultur gebietet es, einer Persönlichkeit, die im Wiederaufbau der Soziologie nach dem Zweiten Weltkrieg und in Jahrzehnten danach das Fach und seine Ausrichtung entscheidend mitgeprägt hat, die gebührende Reverenz zu erweisen.

Diese Aufgabe habe ich allerdings nicht aus Pflichtgefühl, sondern vielmehr aus Neigung übernommen (ich könnte auch sagen: "aus Zuneigung"), gibt sie mir doch Gelegenheit, einen Menschen zu würdigen, dem ich mich seit langem auch persönlich verbunden weiß und der für mich entscheidende Weichen gestellt hat. René König war nicht nur - das etwas aus der Mode geratene Wort verwende ich gerne - mein Lehrer, sondern ist auch dafür mitverantwortlich - ohne daß, so hoffe ich, ihn jemals jemand dafür zur Verantwortung ziehen wird -, daß ich mich überhaupt dem Studium der Soziologie zuwandte. Auf dem zweiten Bildungsweg an die Universität gekommen, im ersten Studienjahr ein der Orientierungsfindung dienendes studium generale absolvierend, brachte mich eher der Zufall als eine konkrete Absicht auch in eine Vorlesung Königs. Das, was sozial mit mir geschehen war, fand hier eine soziologische Deutung, die mich faszinierte und mich für das Studium der Soziologie entscheiden ließ. Hätte damals (1961) jemand gesagt, Soziologie könne auch ein (mein) Beruf werden, so hätte ich dies für eine realitätsferne und sehr unwahrscheinliche Perspektive gehalten. Schließlich war man im "Hauptfach" Diplom-Volkswirt und dieser Abschluß eröffnete allemal auch eine berufliche Perspektive. 1966 war dieser Abschluß mit einer Diplom-Arbeit bei René König erreicht. Als er mir nach der mündlichen Prüfung anbot, als Assistent in sein Institut einzutreten, - in dem ich schon zwei Jahre als studentischer Mitarbeiter gearbeitet hatte - mußte ich beichten, daß ich mich schon nach Zürich verpflichtet hatte. "Jüngling" war seine Reaktion, "werden Sie mein Nachfolger in Zürich": ein prophetisches Wort. Mit diesen persönlichen Reminiszenzen ist das zweite Motiv für diesen Beitrag aus Zürich genannt.

Ein drittes Motiv ergibt sich schließlich daraus, daß René König die Soziologie in Zürich in mehrfacher Weise mitgeprägt hat. Hier ist etwas weiter auszuholen. Ehe die Soziologie im Jahre 1966 - mehr als 100 Jahre nach dem Tode Auguste Comtes, der die wissenschaftliche Beschäftigung mit dem Sozialen auf den Begriff "sociologie" brachte - an der Universität Zürich voll institutionalisiert wurde, verzeichnete sie eine wechselvolle Vorgeschichte, zu der auch René König gehört. Diese Vorgeschichte beginnt mit Abraham Eleutheropoulos (geboren 1873 in Konstantinopel - gestorben 1963 in Athen), der sich 1896 (also im jugendlichen Alter von 23 Jahren!) an der I. Sektion der Philosophischen Fakultät für Philosophie habilitierte und bis Ende der 20er Jahre abwechselnd an der Philosophischen Fakultät und an der Rechts- und staatswissenschaftlichen Fakultät Vorlesungen über Soziologie hielt. Seinen Bemühungen um eine besoldete Stelle (1909), um die Erteilung eines ständigen Lehrauftrags (1911) oder gar um die Schaffung einer Professur für Soziologie (1925) war allerdings kein Erfolg beschieden: Alle entsprechenden Anträge wurden abgelehnt. 1915 wurde Eleutheropoulos in Zürich zum Titularprofessor ernannt und schließlich 1930 an die Universität von Tessaloniki berufen. In Hans Barths Nekrolog heißt es, daß Eleutheropoulos, sich "als Vorkämpfer der um ihre akademische Anerkennung ringenden Wissenschaft (von der Gesellschaft)" empfinden durfte.

Fast 20 Jahre nachdem Eleutheropoulos Zürich verlassen hatte, betrat in der Person von René König ein weiterer Vorkämpfer (mit ähnlichem Schicksal) die Bühne der Universität Zürich. Nach seiner Emigration in die Schweiz (1937) habilitierte er sich im Jahre 1938 an der Philosophischen Fakultät I für Philosophie mit besonderer Berücksichtigung der Soziologie. Als Privatdozent hatte er bald eine kleine und "verschworene" Zahl von Schülern um sich versammelt, die mir mit Begeisterung von seinen Lehrveranstaltungen und endlosen Diskussionen im privaten Kreis berichteten und entfaltete auch eine rege wissenschaftlich-publizistische Tätigkeit. In Zürich verfaßte er unter anderem die Bücher "Niccolo Machiavelli. Zur Krisenanalyse einer Zeitwende" (1941), "Sizilien" (1943), "Materialien zur Soziologie der Familie" (1946) und "Soziologie heute" (1949).

Bei denjenigen, die über sein weiteres Schicksal zu entscheiden hatten, war die Begeisterung eher geteilt. Die Tatsache zum Beispiel, daß er eine Machiavelli-Interpretation vertrat, die der eines berühmten und einflußreichen Fakultätsmitglieds diametral entgegengesetzt war, wirkte sich nicht unbedingt zu seinen Gunsten aus. So bleiben auch seine Versuche, in Zürich eine dauerhafte Position zu erhalten, ohne Erfolg. Für ihn galt wohl ähnliches wie für Eleutheropoulos, zu dessen Bitte um Errichtung einer Professur für Soziologie die Philosophische Fakultät I 1925 vermerkt hatte: "Sie (die Philosophische Fakultät) ist nach wie vor der Meinung, daß die Errichtung einer Professur für Soziologie, sei es an ihrer Fakultät, sei es an der rechts-

und staatswissenschaftlichen Fakultät wünschenswert sei, ... doch möchte sie
nicht ... aus rein persönlicher Veranlassung die Schaffung einer Professur
beantragen." König wurde 1947 zum Titularprofessor ernannt und folgte 1949
einem Ruf als Ordinarius für Soziologie an die Universität Köln, wo er seine
bekannte, äußerst fruchtbare, international vielfach anerkannte Tätigkeit
entfaltete. Zum Abschied aus Zürich organisierte er 1950 hier den ersten
Weltkongreß der International Sociological Association, zu deren Begründern
er zählt.

Auch wenn es aufgrund von Faktorenkonstellationen im Bereich von
"Kultur" und "Struktur" des Zürichs der vierziger Jahre René König - oder
soll man besser sagen: Zürich - nicht vergönnt war, daß er zum direkten
Begründer der Soziologie als eines in Lehrstuhl und Institut etablierten Faches
wurde, so war seine Spur in Zürich mit seinem Fortgang nicht gelöscht.

Peter Heintz, der 1966 auf die erste ordentliche Professur für Soziologie
an der Philosophischen Fakultät I der Universität Zürich berufen und
gleichzeitig zum ersten Direktor des Soziologischen Instituts ernannt wurde,
war - wie ich - über René König zur Soziologie gekommen. Nachdem er als
Nationalökonom mit einer Untersuchung über den Inflationsbegriff promoviert hatte, geriet auch er in den "Bannkreis" von René König und entschied
sich für die Soziologie. Er folgte ihm von Zürich nach Köln, wo er bei König
als Assistent arbeitete und sich 1953 habilitierte. Es soll nicht verschwiegen
werden, daß ihr persönliches Verhältnis von Spannungen gekennzeichnet war,
die allerdings der wechselseitigen Hochachtung vor den fachlichen Leistungen
des anderen keinen Abbruch tat. Während unserer langjährigen Zusammenarbeit in Zürich hat mir Peter Heintz immer wieder mit großer Begeisterung
von der "heroischen" Zeit der Soziologie in Zürich und der Faszination
berichtet, die König auf seine Schüler ausstrahlte.

1974 wurde ich selbst in Zürich zum Extraordinarius, 1975 zum Ordinarius
für Soziologie gewählt und seit dieser Zeit hatte - bis zum viel zu frühen Tode
von Peter Heintz im Jahre 1983 - das Soziologische Institut gar zwei Leiter,
die aus der Schule von René König kamen.

Es ist also nicht übertrieben, wenn ich ihn als Vater der Zürcher Soziologie
bezeichne. Daß Kinder dann zwar oft eigene Wege gehen, weiß niemand
besser als ein Familiensoziologe, der René König ja auch ist. Daß Vorbilder
aber prägen, ist ebenso gewiß; und so ist es z. B. vielleicht nicht nur Zufall,
daß die Familiensoziologie in Zürich einen gewichtigen Forschungsschwer-
punkt darstellt, oder daß - auch dafür steht ja der Name René Königs -
empirische Forschung und, im Zusammenhang damit, eine konsequente
Ausbildung in den Methoden der empirischen Sozialforschung in Zürich einen
breiten Raum einnehmen.

Anläßlich des gemeinsamen Kongresses der Deutschen, der Österreichischen und der Schweizerischen Gesellschaft für Soziologie, den ich 1988 in

Zürich organisiert habe, konnten wir ihn auf meinen Vorschlag für den Festvortrag in der Aula gewinnen, in dem er unter dem Titel "Identität und Anpassung im Exil" in bewegender Weise über seine Zeit in Zürich berichtete.

Soziologie jenseits von Metaphysik und Werturteilen

Von Hans J. Hummell

Nachdem ich an der Universität zu Köln als Studienanfänger zwei Semester Nationalökonomie studiert hatte, hielt ich trotz des Baus der Berliner Mauer an meinen Plänen fest, mit dem Wintersemester 1961/62 mein Studium in Berlin mit dem Schwerpunkt in Politikwissenschaft fortzusetzen. In Köln war ich mit der Soziologie lediglich über einige wenige Vorlesungen des Emeritus Leopold von Wiese, dessen Namen ich von der Gymnasialzeit her kannte, in Kontakt gekommen bzw. eher indirekt über die "sozial-ökonomische Verhaltensforschung" von Günter Schmölders, dessen finanzwissenschaftliche Vorlesungen für alle Studierenden der Volkswirtschaftslehre Pflichtveranstaltungen waren.

Im Unterschied zum Otto-Suhr-Institut waren damals an der Freien Universität Berlin Soziologie und Politikwissenschaft weder institutionell noch personell differenziert. So blieb es nicht aus, daß ich Lehrveranstaltungen zur Soziologie besuchte. In diesen stellte ich fest, daß René König als ein Wissenschaftler mit einem klar konturierten Profil bekannt war. So wurde in Veranstaltungen zur sozialwissenschaftlichen Methodenlehre, u.a. von der Privatdozentin Renate Mayntz, wiederholt auf einschlägige Passagen aus dem noch im Druck befindlichen "Handbuch der empirischen Sozialforschung" zitiert. Otto Stammer, der über Familiensoziologie las, erklärte zu Beginn unumwunden, daß er diese Vorlesung eigentlich nur deshalb übernommen habe, weil kein anderer dazu bereit gewesen sei; eigentlich sei er jedoch fachlich nicht in der Lage, sich zu dieser Thematik kompetent zu äußern, so daß er sich erlaube, ausführlich aus den Schriften seines Kölner Kollegen René König zu zitieren; was er dann auch in großem Maße tat. In Köln hatte ich zwar von König gehört, jedoch keine seiner Vorlesungen besucht; so erfuhr ich Näheres über ihn erst an jener Universität, an die ich von Köln kommend gelangt war.

Während des Wintersemesters 1961/62 veranstaltete die FU eine Folge von öffentlichen Abendvorträgen zum Thema "Freiheit als Problem der Wissenschaft". An einem dieser Abende hielt René König einen Vortrag über "Freiheit und Selbstentfremdung in soziologischer Sicht" (vgl. König 1971). Obwohl ich Einzelheiten seiner Ausführungen nicht mehr erinnern kann, ist mir seine "Botschaft" bis heute gegenwärtig, war sie doch damals für mich etwas Neues. Unbekannt war mir bis dahin die von König geübte Art einer Kritik der zeitgenössischen Gesellschafts- und Kulturkritik, die vornehmlich darin bestand, durch sozialhistorische, ethnologische und anthropologische Vergleiche eine allgemeine Perspektive zu gewinnen, aus der dann die sich als Sachbehauptungen mit einem Allgemeingültigkeitsanspruch auftretenden Thesen der Kulturkritik als interessengesteuerte, wertende Verallgemeinerungen sehr partikulärer Einzelerfahrungen und Einzelerkenntnisse,[1] d.h. als Vorurteile bzw. Ideologien, destruiert wurden.

Für einen jungen Menschen, der in den 50er Jahren durch eine zwar solide, aber recht elitäre und konservative Gymnasialausbildung gegangen war, und dementsprechend die Thesen der Kulturkritik vom "Verlust der Mitte", dem "Aufstand der Massen", der "Einsamen Masse" oder - zur Zeit von Königs Vortrag, soziologisch gewendet - von der "ärgerlichen Tatsache der Gesellschaft" für bare Münze gehalten hatte, war diese Kritik der Kulturkritik völlig neu. Im geistigen Klima der Adenauer-Ära reagierte ein Teil des Bürgertums auf die Katastrophe des Nationalsozialismus mit der Rückkehr zu einem verwaschenen "Deutschen Idealismus", dem ein nüchterner, unpathetischer Rationalismus und Empirismus (um gar nicht erst vom logischen Positivismus und Behaviorismus zu reden) suspekt erschienen, wenn letztere nicht sogar direkt als Produkt der Okkupation durch die Westmächte angesehen wurden. Zwei Episoden mögen das erläutern. Ich erinnere mich noch an die Schilderung eines von mir hoch verehrten Deutsch-Lehrers, von dem wir u.a. in die Romantik, die Philosophie Nietzsches, "das Tragische" "schlechthin", den Expressionismus und den Ästhetizismus eines Gottfried Benn eingeführt wurden, der nach Kriegsende die Chance, als Philosophie-Professor an ein US-College zu gehen, nach seiner von mir damals als überzeugend angesehenen Begründung allein deshalb ablehnte, weil ihm dort zugemutet wurde, über John Dewey und Pragmatismus zu lehren.

Einem weiteren Gymnasiallehrer, der später mit einer Arbeit über J.G. Fichte promovierte, und dem ich es verdanke, über Erich Rothacker an Probleme der Geschichtsphilosophie herangeführt worden zu sein, berichtete ich wenige Semester später, daß ich nun in Köln bei René König Soziologie studiere. Anläßlich eines Besuchs, bei welchem ich das "Fischer-Lexikon Soziologie" bei ihm auf dem Tisch vorfand, wurde ich in eine Diskussion drüber verwickelt, inwieweit eine empirische Soziologie, die nichts als Soziologie sein will, lediglich Korrelationen zwischen "bloß" "äußerlich" wahrnehmbaren Phänomenen ohne jeden "Sinn" konstatieren könne, eine Auseinandersetzung, der ich ziemlich hilflos gegenüberstand.[2]

---

1   König pflegte zu sagen, daß diese "einzig an Universalisierung ihres jeweils eigenen Geltungsanspruches interessiert und damit gegen alle anderen Wertentscheidungen" gerichtet sind (vgl. König 1964).

2   Allerdings hätte ein Blick in das Kapitel über "Methoden" im Fischer-Lexikon zu einer differenzierteren Sichtweise des Verhältnisses von "Korrelation", "Kausalität" und "Sinn" Anlaß geben können, wenn man nur bereit gewesen wäre, sich dem Problem einer empirischen Soziologie unvoreingenommen und frei von der "deutschen Ideologie" zuzuwenden.

Nach Rückkehr an die Universität zu Köln besuchte ich regelmäßig Königs große vierstündige Vorlesung am Dienstag- und Mittwochmorgen sowie seine Dienstagabendvorlesung. Hier wurden wir in die uns bis dahin unbekannte Welt der "saisonalen Variationen des Eskimo-Lebens", des "Vorrangs der rechten Hand", der Tauschverhältnisse auf den Trobriand-Inseln, der seelischen Aspekte einer Hack-Ordnung unter Hühnern oder das Ritual des "Bingens" in einem Industriebetrieb eingeführt.

Mit dem Ausgang der Ära der Adenauerschen "Kanzlerdemokratie" schienen in der Bundesrepublik die restaurativen Tendenzen immer stärker zuzunehmen.[3] Es begann die Zeit, in der führende Politiker diejenigen, die sie glaubten als "Intellektuelle" verunglimpfen zu können, als "Pinscher" bezeichneten, oder öffentlich von "Humanitätsduselei" geredet werden konnte, als Adenauers Spiel mit dem Amt des Bundespräsidenten deutliche Zeichen setzte, als in einem Urteil des Bundesverfassungsgerichtes zur Einführung eines Bundesfernsehens der Bundesregierung "bundesfeindliches Verhalten" bescheinigt wurde, als die "Spiegel-Affäre" noch unmittelbar präsent war. Gleichzeitig wurde von den Unionsparteien das "C" zunehmend auf Hochglanz poliert. Diese Entwicklung wurde für mich insbesondere im Zusammenhang mit der Diskussion über eine Liberalisierung des Strafrechts von Bedeutung, speziell des politischen und des Sexualstrafrechts. Zu dieser Zeit bildete sich die von ihren Gegnern als "Gottlosenverband" titulierte "Humanistische Union". 1963 gründete einer ihrer Initiatoren, Gerhard Szczesny, mit dem "Jahrbuch für kritische Aufklärung" unter dem Titel "Club Voltaire" in dem von ihm gegründeten Verlag ein Forum für eine nicht christlich gebundene intellektuelle Opposition.[4] Von diesem Jahrbuch kamen 1965 und 1967 jeweils Folgebände heraus. Danach schien der bundesrepublikanische Bedarf

---

3   Vgl. zu dieser Entwicklung auch das Kapitel "Zurück nach Deutschland" in René König Autobiographie (1980).

4   Gerhard Szczesny schreibt zur Eröffnung von Club Voltaire. Jahrbuch für kritische Aufklärung, Band 1 (München 1963), daß es darum gehe, "Autoren zu vereinen und in den Blick zu rücken, deren Wirken die vorgeschobensten Positionen westlichen Erkenntnis- und Humanitätsstrebens markiert, sich aber außerhalb der christlichen Vorstellungswelt vollzieht" (S. 11). Er beklagt die "Tatsache, daß die unser öffentliches Leben und Bewußtsein beherrschenden Ideologien das 'Christliche' zur geltenden Norm erhoben und alle außerhalb dieser Norm befindlichen einzelnen und Gruppen in eine Außenseiterposition gedrängt haben... Wer unsere Presse liest..., die Proklamationen der Parteien und der großen Verbände studiert, wird den Schluß garnicht vermeiden können, daß alles, was respektabel ist, in dieser neuen deutschen Demokratie, was zur Elite gehört und auf der Höhe der Zeit bleiben will, aus tiefster christlicher Überzeugung denkt, wirkt, hofft und plant" (S. 13). "Wer nicht darauf verzichtet..., die christlichen Propagandisten unwidersprochen gewähren zu lassen, sieht sich unversehens als subversives Element und unbelehrbaren Kulturkämpfer angeprangert und für alles Unheil der vergangenen und der kommenden Jahrzehnte verantwortlich gemacht" (S. 14). "Die neuerliche Gefährdung unserer demokratischen Entwicklung durch ein Zusammenspiel der politischen und der weltanschaulich-kulturellen Gegenaufklärung, die beide darauf aus sind, die Deutschen wieder zu autoritären Denk- und Lebensformen zurückzuziehen, ist mit Händen zu greifen" (S. 14f.).

an "kritischer Aufklärung" gedeckt zu sein. In diesen Bänden publizierten u.a. in der Strafrechtsdiskussion engagierte Personen wie Fritz Bauer, Alexander Mitscherlich oder Werner Maihofer; unter den Schriftstellern waren Max Bense, Jean Améry und Rolf Hochhuth zu finden; unter den Philosophen waren Hans Albert und Ernst Topitsch mit jeweils mehreren Beiträgen vertreten, aber auch Karl Löwith, Paul K. Feyerabend sowie Karl R. Popper und aus dem ehemaligen Wiener Kreis Herbert Feigl und Rudolf Carnap. Der erste Band enthielt einen Nachdruck von René Königs Abhandlung über die Religionssoziologie Emile Durkheims.

Ebenfalls 1963 erschien im Szczesny-Verlag das Werk eines Soziologen, den wir durch René König kennengelernt hatten, und dem neben Alfred Vierkandt, Marcel Mauss und Maurice Halbwachs das "Handbuch der empirischen Sozialforschung" (Band I) mit den Worten gewidmet wurde: Theodor Geiger "Der den Weg ging von der Phänomenologie zur Empirie, dem Vertreter einer 'furchtlosen Sozialwissenschaft'". Geigers Buch "Demokratie ohne Dogma" war 1950 verfaßt worden und 1960 in den Acta Jutlandica unter dem Titel "Die Gesellschaft zwischen Pathos und Nüchternheit" erschienen.

Die Quintessenz von Geigers Analyse läßt sich auf folgende Formel bringen: "Zwischenmenschliche Sympathie ist eine wärmende Glut - Leidenschaft für einen Wert ist verzehrend prasselnde Lohe. Wo Menschen im Zeichen des Wertpathos vereint sind, führt nicht Einigkeit nach innen, sondern Haß nach außen das Wort. Wertpathos, verdichtet in geschiedenen Fronten, wird zu einem furchtbaren Sprengstoff, zur gesellschaftszerstörenden Kraft" (Geiger 1963, S. 191). "Da zersplitterte Metaphysik nicht sozial bindet, sondern zersetzt, und da der Mensch anders als in Gesellschaft mit Seinesgleichen nicht leben kann, ist die allgemeine Absage an jegliche - kollektive sowohl als persönliche - Metaphysik eine zwar radikale, aber heilsame Reform" (S. 273).

Ich war spontan von der Richtigkeit dieser Analyse so sehr überzeugt, daß ich in meinem Überschwang die erste Gelegenheit zu einer empirischen Umsetzung wahrnahm. Diese bot sich als studentischer Praktikant in der Soziologischen Abteilung des Instituts für Mittelstandsforschung, als ich im Zusammenhang mit der Durchführung empirischer Erhebungen unter Ärzten bzw. Juristen an der Fragebogenentwicklung mitarbeiten konnte. Mit mäßigem Erfolg versuchte ich damals, meine Kolleginnen und Kollegen zu überzeugen, daß es für eine Analyse der ideologischen Positionen dieser beiden Professionen unbedingt erforderlich wäre, ein Meßinstrument zur Erfassung von "Metaphysik-Anfälligkeit" als einer sehr allgemeinen Orientierung zu entwickeln.

Wie kann man sich nun mit dem Verhältnis von metaphysischem Denken und seinem Gegenpol: "wissenschaftlichem Denken", bzw. dem Verhältnis von Metaphysik und Wissenschaft systematisch beschäftigen? Ein Weg führt über die Suche nach einem Kriterium der Abgrenzung zwischen Wissenschaft und Metaphysik direkt in die Wissenschaftstheorie und zu sprachlogischen Analysen wissenschaftlicher und nicht-wissenschaftlicher Aussagensysteme. Dieser Weg führt insbesondere in die Philosophie des Wiener Kreises, vor allem zu Rudolf Carnap, der 1928 eindrucksvoll anhand einiger sprachlicher Figuren der Heideggerschen Existenzialontologie erläuterte, zu welchen "Scheinproblemen in der Philosophie" ein nicht durch explizite Regeln normierter Gebrauch der Sprache führen kann, sowie des weiteren zu Karl R. Popper, der das von ihm als "Problem Kants" bezeichnete Abgrenzungsproblem als zentrales Problem einer kritisch-rationalen Wissenschaftsphilosophie betrachtet hat.[5]

Ein zweiter Weg wurde durch Königs ausführliche Rekurse auf das angebahnt, was in der Soziologie seit Emile Durkheim unter "représentations collectives" verstanden wird; und hier wiederum insbesondere zu den "magisch" und religiös geprägten Vorstellungssystemen schriftloser Kulturen, welche in der Kultur- und Sozialanthroplogie als "primitive Gesellschaften" bezeichnet werden. Dies führte mich zu meinem ersten akademischen Projekt größeren Umfangs, nämlich einer Studie über die Besonderheiten der "primitiven Mentalität", und zwar entlang der Diskussion in der französischen Soziologie seit Emile Durkheim. Im Kölner Klima hatten Konzeptionen, die die magischen und religiösen Vorstellungssysteme schriftloser Kulturen aus eurozentrischer Sicht als superstitiösen Aberglauben abqualifizierten, eine geringe Geltung. So lehnte ich mich eng an die Hypothesen von Claude Lévi-Strauss an, der von der "pensée sauvage" eine derart hohe Meinung hatte, daß er sie in formaler Hinsicht der analytischen Vorgehensweise der "pensée domestiquée" des wissenschaftlichen Denkens gleichstellte. Wenn aber in einer solchen Perspektive logisch-formale Unterschiede minimiert bzw. als nicht existent ausgewiesen wurden, dann mußten im Vergleich dazu die empirischen Züge wissenschaftlichen Denkens noch weitaus stärker akzentuiert werden als dies in einer Soziologie, die sich als "empirische Sozialforschung" verstand, der Fall war.

Erst langsam wurde mir klar, daß syntaktisch-semantische Untersuchungen, seien sie logischer Art, wie sie im Umkreis des Wiener Kreises betrieben wurden, oder seien sie empirischer Art, wofür Ernst Topitschs Studien zur Struktur der Weltanschauungen standen, und wie ich es versucht hatte, ihre Grenzen haben. Selbst wenn es gelungen wäre, Strukturunterschiede zwischen wissenschaftlichen und nicht-wissenschaftlichen Aussagensystemen überzeugend herauszuarbeiten, so folgt daraus noch sehr wenig für das Handeln außerhalb und innerhalb der Wissenschaftlergemeinschaft. Das Handeln aller

---

5   Im übrigen kursierte in Köln unter Studierenden das Gerücht, daß René König, wenn er auch vielleicht nicht aus dem Wiener Kreis hervorgegangen sei, ihm jedoch nahe gestanden habe.

rational argumentierenden Personen, und nicht nur speziell der Wissenschaftler, hängt ganz wesentlich davon ab, wie sie sich mit Aussagensystemen ganz allgemein auseinandersetzen, welche Haltung sie ihnen gegenüber einnehmen. Wenn wir wollen, können wir jedes System zu einem weltanschaulichem Dogma erstarren lassen - um mit Hans Albert zu sprechen: Immunisierungsstrategien sind immer möglich -; umgekehrt können oft Aussagensysteme, die irgendwelchen spezifizierten Kriterien von "Wissenschaftlichkeit" nicht genügen, durch rationale Kritik auch für die "Wissenschaft" fruchtbar gemacht werden. "Wissenschaftlichkeit" macht sich damit weniger fest an den eigentümlichen Struktureigenschaften von Aussagensystemen, sondern an den Haltungen, die Wissenschaftler den Aussagen gegenüber einnehmen, sie ist also vornehmlich eine Frage der wissenschaftlichen Methode[6] sowie der wissenschaftlichen Ethik. Derartige Haltungen und Bereitschaften hängen ab von Traditionen und letztere wiederum stabilisieren sich über Institutionen.

In wieweit die Haltung des Wissenschaftlers eine Frage der wissenschaftlichen Methode und der wissenschaftlichen Ethik ist, hat René König an der Problematik des Postulats der Werturteilsfreiheit sehr deutlich gemacht. In einem Aufsatz, der zur der 100-jährigen Wiederkehr von Max Webers Geburtstag erschien, führt er aus, daß die Entscheidung für eine wertfreie Sozialwissenschaft eine Wertentscheidung besonderer Art ist. "Die eigentliche Problematik der Werturteilsfreiheit sozialwissenschaftlicher Erkenntnis taucht ... erst auf in der Entgegensetzung der Rationalität in der Methode und Ethik einerseits und aller anderen Wertpositionen andererseits. Damit wird nur eines postuliert, daß die Wertentscheidung zur Rationalität eine andere Bedeutung hat als alle übrigen Wertentscheidungen. Die Differenz wird hergestellt durch das von der Rationalität nicht ablösbare Moment der *Kritik*, in der die Folgen eines beliebigen Mittels an einer rationalen Idee von Menschlichkeit gemessen werden. Schlechterdings keine der anderen Wertentscheidungen kann dies Moment aufweisen, so daß sie alle nur versuchen, ihren Wert als Wert universaler Natur zu setzen, alle anderen Werte damit notwendigerweise zu entwerten und damit einen Kampf der Werte zu provozieren, in dem ein Ende grundsätzlich nicht abzusehen ist. Darum ist auch die Durchsetzung aller beliebigen Werte immer mit der Verletzung jeweils anderer Werte verbunden. Einzig die Realisierung der Zweckrationalität vermag mit ihrem Blick auf die Folgen ihre eigenen Grenzen kritisch abzustecken sowie sie die menschliche Substanz verletzt, weil Kritik ihr nicht äußerlich, sondern inhärent ist" (König 1964, S. 24; Kursivsatz hier und im folgenden im Original, H.J.H.). Aus "der Perspektive der Rationalität" hat diese Entscheidung "allen anderen eines voraus...: sie sieht auf die Folgen, was keine sonstige Wertentscheidung

---

6   Wobei René König immer großen Wert darauf gelegt hat, Fragen der Methode von solchen der Forschungstechniken zu unterscheiden, welche im allgemeinen gegenstandsspezifisch sind.

tut, da alle anderen einzig an der Universalisierung ihres jeweils eigenen Geltungsanspruchs interessiert und damit *gegen alle anderen Wertentscheidungen sind"* (ebd., S. 22f.). Damit gilt: Die "Forderung nach Werturteilsfreiheit (erfolgt) aus der ethischen Zurückweisung oder Ablehnung der *Folgen* jenes Denkens..., das der Forderung wie der Wirklichkeit nach in Werturteilen gründet" (ebd., S. 16).

Literatur

Theodor Geiger: Demokratie ohne Dogma. Die Gesellschaft zwischen Pathos und Nüchternheit, München: Szczesny Verlag 1963.

René König: Einige Überlegungen zur Frage der "Werturteilsfreiheit" bei Max Weber, in: KZfSS, 16, 1964, S. 1-29. [Nr. 178]

René König: Freiheit und Selbstentfremdung in soziologischer Sicht, in:*Ders.*, Studien zur Soziologie, Frankfurt 1971, S. 69-86. [Nr. 12, Nr. 168]

René König: Leben im Widerspruch. Versuch einer intellektuellen Autobiographie, München 1980. [Nr. 20]

Gerhard Szczesny: Club Voltaire. Jahrbuch für kritische Aufklärung, Bd. I, München: Szczesny Verlag 1963.

Soziologischer Moralist der offenen Gesellschaft

Von Gerhard Kunz

> Einzig moralisch zerissene Zeiten
> sind auf dem Gebiet der Moral kreativ.
> (Emile Durkheim)

Vorbemerkungen

René König hat nicht nur meine intellektuelle Lebensgeschichte, die wissenschaftliche Laufbahn und den soziologietheoretischen Werdegang mit seiner
Intellektualität, seinem enzyklopädischen Weltverständnis und seinen diszi-
plinübergreifenden Annäherungen an die soziale Wirklichkeit nachhaltig beeinflußt, es waren darüber hinaus wesentlich auch sein individuelles Verständnis von Soziologie als Moralwissenschaft Durkheimscher Prägung und
sein Selbstverständnis der Person des Soziologen als Moralist.[1]

Die theoretische Unvereinbarkeit zwischen Sein und Sollen galt ihm als
praktisch nur auflösbar in der rationalen Gewissensentscheidung des Einzelnen, dem die unreflektierte Berufung auf die deskriptive Geltung sozialer
Normen und institutioneller Verhaltenskomplexe allenfalls psychische Ent-
lastung zu bieten vermöge. Auch den Weg einer nur methodologischen und
moralischen Reflexion nach Luhmannscher Art (1990)[2] der Relation von
Erkennen und Handeln oder jenen der bekenntnismäßigen Fundierung von

---

1   Der Begriff des "soziologischen Moralisten" wurde den Untersuchungen von Gerhard Hess (1932)
    entlehnt. In der Studie über "Alain (Emile Chartier) in der Reihe der französischen Moralisten"
    unterscheidet er daneben den "psychologischen" und den "ethischen Moralisten". Der soziologische
    Moralist ist danach der unparteiische oder wertende Beobachter, der um eine möglichst wirklichkeitsnahe
    Beschreibung der gesellschaftlichen Verhältnisse bemüht ist. Den Begriff der "offenen Gesellschaft"
    von Popper habe ich in Kenntnis des Besprechungs-Essays von René König im St. Galler Tagblatt
    (1946) gewählt; es dürfte meines Wissens die erste deutschsprachige Rezeption des Buches von Popper
    The Open Society and it's Enemies gewesen sein, dessen deutsche Übersetzung erst 1957/58 in Deutschland
    erschienen ist. Ich habe diesen Titel für die schriftliche Fassung meines Vortrages gewählt, weil er
    nach meinem Verständnis recht genau das Programm einer Soziologie kennzeichnet, wie es René
    König als Lehrer, Forscher und Autor vertreten und gelebt hat.
    Das dem Beitrag vorangestellte Zitat habe ich bei Réne König gefunden (1976, S. 363); es stammt
    aus dem nachgelassenen Schriften von Emile Durkheim.
2   In diesem Zusammenhang möchte ich auf die Rede von Niklas Luhmann verweisen, die er anläßlich
    der Verleihung des Hegelpreises 1989 gehalten hat. Wer die Rede aufmerksam liest, wird nicht sonderlich
    überascht sein, daß Julian Nida-Rümlein den Soziologen Luhmann in das gerade erschienene
    Kröner-Lexikon Philosophie der Gegenwart aufgenommen hat - was René König jetzt nicht, und wohl
    auch in Zukunft nicht widerfahren dürfte.

Grundwerturteilen nach neokantianischem Muster (Weisser 1954ff.)[3] hat er sich und anderen als Ausweg aus konkret und praktisch erlebten sozialen Dilemmata nicht zugestanden.

Fürwahr ein strenger Begriff von Aufklärung, der auch die moralische Verantwortung des einzelnen Wissenschaftlers zu einem regulativen Element der Soziologie als empirischer Einzelwissenschaft macht. Und fürwahr keine einfach einzulösende Verpflichtung: Eine wissenschaftliche Aporie lebenspraktisch bewältigen zu sollen, ohne auf eine kritische Gesellschaftstheorie Frankfurter Provenienz zurückgreifen oder Probleme moralisch-ethisch wertender Entscheidungen umstandslos an die Politik delegieren zu können. Doch eine "offene Gesellschaft", wie sie René König 1946 anläßlich des kurz zuvor erschienen Buches von Karl R. Popper "The Open Society and it's Enemies" (1944) in zwei Beiträgen im St. Galler Tagblatt mit Vehemenz vertritt, verlangt nach seiner Auffassung vom Sozialwissenschaftler ein sozialtheoretisch angeleitetes verantwortungsethisches Handeln, das an konkreten Situationen orientiert bleibt.

Im folgenden möchte ich meine eigenen Begegnungen, Beobachtungen und individuellen Erfahrungen beispielhaft nachzeichnen - an der Person des Lehrers, des Forschers und des Autors René König.

Der Hochschullehrer als Moralist

Es muß irgendwann im Sommersemester 1954 gewesen sein, meinem viertem Semester in Köln, als mich mein langjähriger, enger Freund Klaus-Günther Sippel mitnahm in eine Veranstaltung von René König, von dem ich bis dahin allenfalls den Namen aus dem Vorlesungsverzeichnis kannte. Ich studierte zu jener Zeit Sozialpolitik bei Gerhard Weisser, bei dem ich später dann auch eine Diplomarbeit über die öffentliche Fürsorge angefertigt habe, empirisch untersucht am Beispiel meiner Heimatstadt Bochum.

Bei Gerhard Weisser wurde mir die konkrete Vorstellung einer gerechteren Gesellschaft vermittelt, erlebte ich ein sozialdemokratisch gegründetes, von abwägender Leidenschaftlichkeit geprägtes gesellschaftspolitisches Engagement für eine Sozialpolitik im Dienste der Schwachen und sozial Benachteiligten. Bei René König wurde mir die Einsicht nahegebracht, daß der Weg dahin nur über ein differenziertes Verständnis von Gesellschaft und die empirische Analyse konkreter sozialer Problemen gehen kann, ihrer Erscheinungsformen ebenso wie ihrer Entstehungsbedingungen. In den Hauptse-

---

3   In dieser Einschätzung beziehe ich mich neben den Veröffentlichungen von Gerhard Weisser auch auf eigene Veranstaltungsmitschriften.

minaren von Gerhard Weisser wurde ich Zeuge scharfer intellektueller Auseinandersetzungen zwischen ihm und seinem Assistenten Hans Albert über Notwendigkeit und Möglichkeit einer empirischen Sozialpolitik auf wissen - schaftlich-normativer Grundlage. René König brachte mir die relativierende Überzeugung nahe, daß methodologische Reflexionen und Dispute niemals Selbstzweck sein dürften, sich vielmehr in letzter Konsequenz immer an gesellschaftlichen Sachverhalten zu entscheiden hätten, gerade "bei einer Wissenschaft, die der Praxis so nahe verhaftet ist wie die Soziologie..." (1965, S. 92).

In ihrer vehementen Kritik am Modellplatonismus der theoretischen Nationalökonomie stimmten König und Weisser völlig überein und vermittel- ten mir die bis heute wirksame Erkenntnis und Grundüberzeugung, daß über die unsichtbare Hand des Marktes allein das Problem einer gerechten Ordnung menschlichen Zusammenlebens nicht lösbar ist. René König weist der Erzie- hung des Menschen, der "socialisation méthodique", wie Durkheim sie versteht und von der "socialisation" abgrenzt, die zentrale Bedeutung in einer offenen Gesellschaft zu, die dadurch ausgezeichnet ist, "daß der Mensch in ihr sein gesellschaftliches Leben selbstverantwortlich in die Hände nimmt" (1946).

Es dürfte diese tiefe Überzeugung René Königs sein, die ihn theoretisch in der Auseinandersetzung mit den Utilitaristen Partei ergreifen läßt für Talcott Parsons (1984, S. 101) und dessen grundlegende Auffassung, daß sich eine Gesellschaft über zentrale Werte integriert - die praktisch sein Handeln als Hochschullehrer zeitlebens geprägt hat; ihn in seiner Autobiographie gar vom "'Eros' des Lehrens" sprechen läßt (1984, S. 212). Wer René König im Hörsaal erlebt hat, erinnert und weiß sehr genau, was damit gemeint ist.

Wie er sich wesentlich in seiner Auffassung des akademischen Lehrens von Max Dessoir geprägt sieht (1984), so habe ich auf meinem Erfahrungs- hintergrund versucht, Soziologie an Pädagogen aus einer ganz anderen als gemeinhin üblichen Vorstellung der "Kölner Schule" heraus zu vermitteln. Was über die soziologischen Inhalte und Forschungsmethoden hinaus grund- sätzlich meint, über die Bedingungen und Folgen theoretischer und sozialer Vorurteile aufzuklären - im Sinne einer offenen, pluralistischen Gesellschaft.

Der Sozialforscher zwischen Professionalität und Moralität

Die vor allem von außen so wahrgenommene "Kölner Schule der Soziologie" ist über eine Spanne von fünfundzwanzig Jahren hinweg wesentlich geformt worden von der Person René Königs, der sich von Beginn seiner Lehrtätigkeit an in Zürich immer als empirisch arbeitender Forscher verstanden hat; der ungezählte empirische Studien angeregt und eine Vielzahl von akademischen und praktischen Sozialforschern nach dem Prinzip des "learning by doing"

ausgebildet hat. Dies ist allgemein bekannt, ablesbar an den nach Hunderten
zählenden Publikationen, Dissertationen und Diplomarbeiten seiner Schüler,
nachzulesen aber auch in seiner intellektuellen Autobiographie.

Eine ganz andere Leistung der Kölner - Ausdruck eines institutionellen
und persönlichen Altruismus - findet bei ihm jedoch keine besondere
Erwähnung: die Bereitstellung von Forschungsressourcen für fremde Projekte;
so etwa bei international vergleichenden Untersuchungen, zu der auch die
von Kadushin und im Auftrag der UNESCO Ende der sechziger Jahre durchgeführte "Brain-drain-Studie" gehört. Ich habe René König nie nach den
Gründen gefragt, warum die Episode in seiner Autobiographie unerwähnt
bleibt, obwohl ich es angesichts der besonderen Problematik gerade dieser
Forschung hätte tun sollen. Ich übernahm allerdings auch bald nach den
Ereignissen einen Lehrstuhl für Soziologie an der Pädagogischen Hochschule
in Köln.

Was macht nun die Begebenheiten aus dem Jahre 1969 und darin eine ganz
bestimmte Episode so bedeutsam, daß ich sie zur Charakterisierung des
Forschers und nicht nur des "soziologischen", sondern ebenso des "ethischen
Moralisten" (Hess 1932), heranziehe? Bei der Antwort werde ich mich bewußt
auf eine Beschreibung beschränken. Einige wenige Tatsachen zunächst zur
Vorgeschichte. Ziel der Studie war es herauszufinden, warum die in westlichen Industrieländern ausgebildeten Akademiker nicht in ihre Heimatländer
zurückkehrten. Zu den in der Bundesrepublik Befragten gehörten auch
persische Studenten. Für die Gesamtheit der Bundesländer wurde die Erhe-
bung zentral vom "Forschungsinstitut für Soziologie" in Köln organisiert.

Zeitlich lag die Feldarbeit etwa ein Jahr nach dem Schah-Besuch in Berlin
und den sich daran anschließenden bundesweiten studentischen Protest-
aktionen. Einmal auf die Befragung aufmerksam geworden, erinnerten sich
deutsche und iranische Kommilitonen an die Bespitzelungspraxis der berüch-
tigten persischen Geheimpolizei. Und der Verdacht auf studentischer Seite
war nur zu naheliegend, daß ein individueller Datenschutz absolut nicht zu
gewährleisten sei; und wenn doch, in jedem Fall die später öffentlich zugänglichen Forschungsergebnisse gegen die in ihrer überwiegenden Mehrheit
schahkritischen bis -feindlichen Studenten würden verwandt werden können.

Es organisierten sich, vor allem in Frankfurt, studentische Basisgruppen
mit dem Ziel, die Weiterführung der Felderhebungen zu verhindern und die
bereits in Köln vorhandenen Fragebögen zu vernichten. Inzwischen waren
auch Presse und Rundfunk aufmerksam geworden; und die Kölner Lokal-
presse glaubte, den angeblich politisch naiven Empirismus der Kölner Schule
kritisieren zu müssen. In einem scharf formulierten Rundfunkkommentar

griff Ivo Frenzel René König persönlich an;[4] dieser konnte sich nicht wehren, er weilte zu jener Zeit in Genzano di Roma.

Die inzwischen in Köln unmittelbar bevorstehende Institutsbesetzung konnte verhindert werden - allerdings um den Preis der Nicht-Weiterführung der Forschung. Dies rief den ungarischen Soziologen Alexander Szalai, zugleich Direktor bei der UNESCO, auf den Plan; es kam einige Wochen später zu einer denkwürdigen Sitzung im Forschungsinstitut für Soziologie an der Zülpicherstraße. An ihr nahmen neben den Vertretern der Basisgruppen, Alexander Szalai, René König u.a. auch ich die ganze Zeit über teil.

Alexander Szalai war, von seinen forschungspolitischen Interessen her nur zu verständlich, mit dem Ziel in die Verhandlungen gegangen, wenigstens die bereits ausgefüllten Fragebögen freizubekommen. Diese lagerten mittlerweile in einem Panzerschrank mit zwei voneinander unabhängigen Schließsystemen, waren damit also nur zugänglich bei einer Einigung der Kontrahenten: Basisgruppen auf der einen, Sozialforscher auf der anderen - und Alexander Szalai in einer konkret zunächst undefinierten Rolle. Die Verhandlungen über die Zugänglichkeit des Materials und die Weiterführung der Felderhebung entwickelte sich mit zunehmender Dauer nach dem Muster eines Null-Summen-Spiels: Vernichtung der Erhebungsunterlagen oder aber Auswertung und Weiterführung des Projekts.

Der Aushandlungsprozeß hatte sich zäh immer weiter hingezogen, als Alexander Szalai dem rechts neben ihm sitzenden Wortführer der Basisgruppen ein Blatt hinschob und sich dabei an die Gruppe insgesamt mit der leichthin artikulierten Aufforderung wandte: "Er würde doch zu gern wissen, mit wem er hier verhandle." Hatten die Basisgruppen schon mit wachsendem Unverständnis auf die Argumente des ihnen als Marxist bekannten Alexander Szalai für eine Weiterführung der "Brain-drain"-Untersuchung reagiert, so wurden sie von der Erwartung, ihre Namen preisgeben zu sollen, absolut überrascht und waren völlig irritiert. In dieser Situation wandte sich René König an den links neben ihm sitzenden Alexander Szalai mit dem fast geflüsterten Rat: "Forget it!" Bald danach ging man auseinander, ohne einen weiteren Einigungstermin vereinbart zu haben. Jahre später habe ich erfahren, daß die Fragebögen der iranischen Studenten vernichtet worden waren.

Statt dem in der Wissenschaftsgemeinschaft unstrittigen Prinzip "Freiheit der Forschung" autoritativ Geltung zu verschaffen oder auf den realen Erfolg

---

4   Ivo Frenzel wird übrigens von René König in seiner Autobiographie ausdrücklich für die Betreuung des 1958 erstmals erschienenen "Lexikon der Soziologie" gedankt: "Ich benutze die Gelegenheit, um dem damaligen Herausgeber der Reihe, Ivo Frenzel, dafür zu danken, daß er mir erlaubte, nicht etwa ein Buch ad usum delphini zu produzieren, sondern völlig kompromißlos das Niveau zu wahren das die heutige Soziologie erreicht hat" (1984, S. 207). In einem Telefongespräch, und zwar vor meinem Vortrag, angesprochen auf den seinerzeitigen Kommentar, erklärte Frenzel die Polemik mit den allgemeinen Zeitumständen Ende der sechziger Jahre.

eines diskurstheoretisch angeleiteten Handelns mit unbestimmten Zeithorizon-
ten zu warten, hatte sich René König in einer konkreten, realen Spannungs-
situation und der Entscheidungs-Alternative zwischen moralisch Verantwort-
barem und wissenschaftlich Vertretbarem als praktischer Moralist erwiesen:
den abstrakten Prinzipien wissenschaftlicher Sozialforschung damit als Person
moralisch-ethische Grenzen gesetzt.

Schreiben als moralisches Engagement

Was René König mit Bezug auf Durkheim gesagt hat, das gilt auch für ihn
selbst: "Sein Leben ist sein Werk" (1976, S. 314).

Im Vortrag während des Symposiums am 5. Juli 1991 habe ich unter dem
Titel "Der Soziologe als Autor" drei Texte nur kurz angesprochen und die Aus-
führung der Ideen und Überlegungen auf die schriftliche Fassung verschoben.
Inzwischen liegt die Bibliographie der Veröffentlichungen von René König
vor, und mir werden die Schwierigkeiten eines solchen Vorhabens über-
deutlich. Es ging und geht mir natürlich nicht um den Versuch einer Text-
interpretation; das sollte Berufeneren, zu einem späteren Zeitpunkt und im
Kontext des Gesamtwerkes vorbehalten bleiben. Mich an René König zu
erinnern, an seine Einflüsse auf meine Biographie, mein Verständnis von
Soziologie und die Art ihrer Vermittlung, würde jedoch ohne Einbeziehung
des "Soziologen als Autor" unvollständig sein. An dieser Stelle kann es
allerdings nur um eine erste, grobe Skizze dessen gehen, was mich an den drei
Texten nachhaltig beeindruckt hat.

Der erste Text ist in den "Soziologischen Orientierungen" (1965) erschienen; wo König in der Einleitung betont, daß es in "pluralistischen Gesellschaften nicht nur zwei oder drei Moralen, sondern deren tausende" gibt, um
im Anschluß als seine "fundamentale Wertentscheidung" herauszustellen, "sich
ganz und gar einem aktiven und realistischen Humanismus verschrieben zu
haben" (S. 11). Der ausgewählte Beitrag "Die Grenzen der Soziologie" kann
durchgehend gelesen werden als Absage an jeglichen sozialen und theoretischen Totalitätsanspruch 'seiner Disziplin', die er zugleich leidenschaftlich
und nüchtern an ein breites Publikum zu vermitteln suchte. René König war
bei vielen Gelegenheiten dabei weniger ein Vertreter der bürgerlichen
Aufklärung als ein Vertreter der Aufklärung der Bürger durch Soziologie.

Der zweite Text ist der "Kölner Zeitschrift für Soziologie und Sozialpsychologie" entnommen und verweist schon mit der Überschrift auf einen
charakteristischen Wesenszug des wissenschaftlichen Denkens von René
König: Ablehnung jeder Art geschlossener Wissenssysteme, in den Worten
von K.R. Popper: der Welt drei, und das auch in einer der wohl grundlegend-
sten Fragen der Soziologie, wie der Humanwissenschaften überhaupt: "Einige

Überlegungen zur Frage der 'Werturteilsfreiheit' bei Max Weber" (1964, S. 1-29). Offenheit des Denkens darf jedoch keinesfalls mit Beliebigkeit verwechselt werden, im Gegenteil. Bei René König gehören Intellekt und Methode zusammen, sind der Damm gegen Irrationalismus und Fundamentalismus. Wenn ich darum diesen Beitrag in der Ausbildung angehender Pädagogen eingesetzt habe, dann seltener, um die Position von René König im Werturteilsstreit, als vielmehr die prototypischen Unterschiede zwischen pädagogischem und soziologischem Denken und Handeln und ferner Königs Verständnis von Methode als rational-analytischem Denken in Gesamtzusammenhängen herauszuarbeiten.

Beim dritten Text handelt es sich um ein Gespräch zwischen Wolf Schönleitner und René König, das 1988 in dem von Studenten herausgegebenen Band erschienen ist: "Nachhilfe zur Erinnerung - 600 Jahre Universität zu Köln". In dieser bewußt als Streitschrift angelegten Veröffentlichung unterscheidet sich die Wiedergabe des Gesprächs in vielerlei Hinsicht von den anderen Beiträgen, worauf an dieser Stelle nicht eingegangen werden kann; und auch nur verkürzt und mit wenigen Strichen kann kann hier skizziert werden, was mich an diesem Gespräch mit dem Soziologen René König bleibend beeindruckt. Zunächst und vor allem: Der hochbetagte Bürger und Wissenschaftler weist sich als Vertreter einer engagierten Soziologie aus, der er zeitlebens war. Und ein zweites und zumindest ebenso Wichtiges: Wenn René König angesichts der politischen und gesellschaftlichen Verhältnisse in Deutschland und darüber hinaus und seiner Einsicht in die geringen Möglichkeiten der Soziologie "die Welt nicht nur interpretieren, sondern verändern zu können" - wobei er in dieser, aber eben nur in dieser Hinsicht keinen Unterschied zwischen Marx und Durkheim sieht (1976, S. 318) -, nie verzweifelte, verbittert wurde, dann vor allem aus folgendem Grunde: Seine Hoffnung blieb bis ins hohe Alter ungebrochen, im Geiste der Humanität über die Aufklärung junger Menschen auf die Gesellschaft einwirken zu können. Und die Studenten hörten auf ihn, weil er immer konkret war und sich nie scheute, mit klaren Worten etwa auf 'braune Wahlverwandschaften' zu verweisen - ohne sich sein Denken von der anderen Seite verkürzen oder sich ideologisch einseitig in Anspruch nehmen zu lassen. Umgekehrt würde er einem versteckten Ideologieverdacht, das Gespräch sei doch in einem Band beim Pahl-Rugenstein-Verlag erschienen, vermutlich entgegenhalten: 'Nun lesen Sie doch erst einmal genau, was ich gesagt habe!' Oder in vergleichbaren Fällen: 'Geschrieben habe!'

Zwei Varianten der "offenen Gesellschaft": Versuch eines Resümees

Angeregt durch die Beiträge im St. Galler Tagblatt habe ich bei meinen Vorbereitungen auf den Vortrag am 5. Juli 1991 noch einmal sehr intensiv im "Versuch einer intellektuellen Autobiographie" von René König und in "Ausgangspunkte: Meine intellektuelle Entwicklung" von Karl Raimund Popper nachgelesen. Zwischen beiden, im ersten Jahrzehnt des Jahrhunderts geborenen Humanwissenschaftlern, war der Besprechungs-Essay von König wohl die namentlich belegte erste Berührung. Nach meiner Kenntnis haben sie danach, in den folgenden 45 Jahren und bis heute bewußt keine besondere, intensive, die Form der wissenschaftlichen Auseinandersetzung suchende Notiz voneinander genommen. Meine eigene wissenschaftliche und persönliche Entwicklung haben jedoch beide nachhaltig geprägt.

Zwischen ihnen gibt es sicher zahlreiche Unterschiede, der vielleicht wichtigste: Popper ist der an der Norm der logischen Widerspruchsfreiheit von Theorien und dem Ideal ihrer kontrollierten empirischen Prüfbarkeit orientierte strenge Epistemologe; René König ist dies mit Sicherheit nicht. Ähnlich und zugleich unterschiedlich waren und sind sie in ihrer Humanität: Popper der moralisch handelnde Wissenschaftler (Tübinger Erklärung); König der Moralist, der zwischen Wissenschaft und Lebenswelt keine durchgehend präzisen und expliziten Demarkationslinien zieht. Als Soziologe, der Pädagogen ausbildet - und das ist meine Hauptprofession -, verstehe ich mich in der Tradition von René König; als empirisch-analytischer Sozialforscher versuche ich, dem Wissenschaftsprogramm des kritischen Rationalismus zu folgen.

In der beiden gemeinsamen Liberalität, ihrem übereinstimmenden Kantschen Verständnis von Vernunft, ihren konkreten Vorstellungen von einer offenen Gesellschaft, in der man Argumente und Theorien erprobt und nicht mit Menschen experimentiert, und ihrem Verdikt gegenüber jeder Art von totalitärer Herrschaft sind sozialphilosophische Ideen einer Theorie der Praxis und der praktischen Gesellschaftsveränderung jenseits von utopischen Weltentwürfen angesprochen, mit denen sich der Soziologe als Bürger und der Bürger als Soziologe sehr wohl in einer pluralistischen Gesellschaft zurechtfinden kann.

Literatur

Hess, Gerhard: Alain (Emile Chartier) in der Reihe der französischen Moralisten, Berlin 1932.

König, René: Die "offene Gesellschaft" und ihre Feinde, in: St. Galler Tagblatt, 16. und 18. Dezember 1946. [Nr. 386]

König, René: Einige Überlegungen zur Frage der "Werturteilsfreiheit" bei Max Weber, in: KZfSS, 16, 1964, S. 1-29. [Nr. 178]

König, René: Soziologische Orientierungen, Köln/Berlin 1964. [Nr. 9]

König, René: Emile Durkheim. Der Soziologe als Moralist, in: *Dirk Käsler* (Hrsg.), Klassiker des soziologischen Denkens. Band I, Von Comte bis Durkheim, München 1976, S. 312-364. [Nr. 263]

König, René: Leben im Widerspruch, Versuch einer intellektuellen Autobiographie, Frankfurt/M. 1984. [Nr. 20]

König, René: "Tout va très bien ...", René König über Emigration und Nachkriegssoziologie. Ein Gespräch mit Wolf Schönleitner, in: *Wolfgang Blaschke* u.a. (Hrsg.), Nachhilfe zur Erinnerung. 600 Jahre Universität zu Köln, Köln 1988, S. 139-158. [Nr. 673]

Nida-Rümelin, Julian (Hrsg.): Philosophie der Gegenwart. In Einzeldarstellungen. Von Adorno bis v. Wright, Stuttgart 1991.

Luhmann, Niklas: Paradigm lost: Über die ethische Reflexion der Moral. Rede von Niklas Luhmann anläßlich der Verleihung des Hegel-Preises 1989. Laudatio von Robert Spaemann. Niklas Luhmanns Herausforderung der Philosophie, Frankfurt/M. 1990.

Popper, Karl Raimund: Ausgangspunkte: Meine intellektuelle Entwicklung, Hamburg 1979

Weisser, Gerhard: Zur Erkenntniskritik der Urteile über den Wert sozialer Gebilde und Prozesse, in: KZfSS, 6, 1953/54, S. 16-30 (mit einem "Nachwort 1962" versehen wieder abgedruckt in: *Hans Albert* (Hrsg.), Werturteilsstreit, Darmstadt 1971).

Frische Luft durch geöffnete Fenster
René König 1951 und später

Von M. Rainer Lepsius

Im Sommersemester 1951 studierte ich in Köln - René Königs wegen. Ich hatte in München Vorträge von ihm gehört und wollte ihn nun verstehen: eine neue Stimme im Nachkriegsdeutschland mit ungewohnter Phonetik und aufbegehrendem Rhythmus. Er provozierte gerne. Wenn kein Widerspruch kam, faßte er Verdacht. Er redete gegen Feinde, die er manchmal beim Namen nannte, und die dann etwa Othmar Spann oder Hans Freyer hießen. Doch diese waren nicht meine Feinde - ich kannte sie gar nicht. Es waren seine Feinde aus den zwanziger und dreißiger Jahren. Damals hatten sich seine Persönlichkeit, seine Überzeugung und wissenschaftliche Orientierung geformt.

Aber ich lebte ja 20 Jahre später und in einer anderen Konstellation. Mein Interesse richtete sich auf eine "kognitive Befreiung" vom Nationalsozialismus und der weit darüber hinausgreifenden traditionellen deutschen Vorstellungs- und Wertewelt. Letztere war gerade in Abwehr der diktatorischen und brutalen Elemente des Nationalsozialismus gepflegt und verinnerlicht worden: die antidemokratischen Ideen einer spezifisch deutschen politischen Ordnung, die Leugnung von Konflikten und die Sucht nach "Gemeinschaft", die Verpflichtung auf ein verfahrensmäßig nicht kontrollierbares Gemeinwohl, die Hypostasierung von Kollektivbegriffen, insbesondere des Volkes, die Verinnerlichung von Bildungsgütern bei gleichzeitiger moralischer Indifferenz gegenüber der politischen Kultur, um nur einige Beispiele zu nennen. Aus dieser Motivation hatte ich Interesse an der Soziologie gewonnen. Sie versprach, über die Analyse der Wirklichkeit Vorstellungen und Denkkategorien zu korrigieren. Es kam ja nicht nur darauf an, nationalsozialistische Verbrechen als Verbrechen zu akzeptieren, den extremen Nationalismus abzulehnen, autoritäre Ordnungsmodelle abzuwerten, es kam darauf an, Konstitution und Funktion von wertbesetzten Ordnungskategorien zu erkennen. Das Verhägnis geschlossener Diktaturen liegt auch darin, daß selbst der Opponent des Regimes auf Dauer mit den Kategorien, die das Regime propagiert, zu denken beginnt.

Das war meine Brücke zu René König über den Generationenabstand hinweg. Ihm war Soziologie eine Methode, um Vorstellungen anzugreifen und zu zerstören, deren Realitätsbezug entweder nie bestanden hatte oder längst verschwunden war, wie er das in seinem Buch Soziologie heute (Zürich 1949) ausführte. Angesichts des außerordentlichen Maßes von Ausblendung der

Wirklichkeit während des Nationalsozialismus war Soziologie als empirisch kontrollierte Wirklichkeitswahrnehmung damals besonders aktuell. Daraus bezog auch König seinen Impetus. Über eine Vielzahl von Beispielen auch ethnographischer Art betonte König die große Vielfalt und Plastizität sozialer Verhaltensweisen, um die Einsicht zu vermitteln, daß wertbesetzte Vorstellungen keineswegs die Realität und ihre Bedingungen erfassen. Kannibalismus, so sagte er, sei ein Staatsbegräbnis erster Klasse, die amerikanische Einstellung zum Job sei einer modernen Gesellschaft angemessener als die deutsche Berufsidee, Unehelichkeit sei keine Frage der Moral, sondern der Sozialstruktur. Alle derartigen - damals provozierenden - Formulierungen zielten darauf ab, vermeintlich "Selbstverständliches" zu problematisieren. Provokation als Didaktik, Verfremdung als Innovation, Destruktion als Rekonstruktion - René König öffnete Fenster, durch die frische Luft strömte.

Ich wußte damals nicht immer, woher der Wind kam, aber ich spürte den Luftzug. Von König ging eine eigentümliche Dynamik aus, in der Sprache, in der Gestik, in der Aktivität, in der fast grimmigen Entschlossenheit, die er manchmal zeigte. Auch diese persönliche Dynamik hatte etwas Erfrischendes. Der Nationalsozialismus und der Krieg hatten Uniformen produziert, einen äußeren Anpassungszwang und eine innere Lethargie. Der Handlungsraum war gespalten zwischen kollektiv normierten Vorgaben und privaten Überlebensstrategien. Öffentlichkeit und Privatheit fielen auseinander, im schlimmsten Fall zersetzte die Öffentlichkeit die Privatheit und zerstörte damit auch die Nischen subjektiver Individualität. René König eröffnete Räume für Abweichung, Widerspruch, Individualität und Subjektivität.

Getragen war diese Haltung durch Königs Überzeugung von einer aufklärenden Wirkung der Soziologie. Mit seinen Worten aus dem Jahre 1949: "Soziologie als Gegenwarts-'Wissenschaft'... will kämpfen mit dem Unsinn dieses Lebens auf ihre Weise ... sie kennt kein 'Absolutes'... sie ist weder Meta-Politik noch Meta-Biologie. Das ewig Relative, der unaufhörlich sich umwälzende Prozeß gesellschaftlichen Werdens ist ihr einziges Feld. Und wenn sie nach festen Werten Ausschau hält, so sucht sie diese auch nicht in einem 'Reich der Freiheit', das einzig für die Religion und Metaphysik zugänglich ist, sondern ausschließlich in dem Rahmen, der durch die zwischenmenschlichen Beziehungen und ihre Ordnungen in Brauch, Sitte und Recht abgesteckt wird. Sie ist Zukunftsgestaltung im Dienste sozial-moralischer Leitideen, die mit den Worten 'Freiheit' und 'Menschenwürde' umschrieben sind" (Soziologie heute, Zürich 1949, S. 37, 122f.).

In den damals noch recht provinziell dem deutschen Idealismus und Historismus verhafteten Kultur- und Sozialwissenschaften fiel König auf durch seine internationale Belesenheit. Wer kannte damals schon Poppers "Offene Gesellschaft", wem war Durkheim mehr als ein Repräsentant des "Soziologismus", wer wußte etwas von der amerikanischen Soziologie? Die

Rezeption der internationalen wissenschaftlichen Entwicklung begann etwa 1950 - nach 15 Jahren der Abschließung. René König hat mehr als jeder andere Soziologe für die Rezeption des internationalen Wissensstandes und die Verbreitung der Methoden der empirischen Sozialforschung in Deutschland getan.

Dahinter stand seine Überzeugung: Der Irrweg der deutschen Entwicklung sei wesentlich verursacht durch den Glauben an Gesellschaftsmythologien von rechts und links. Die durch diese verursachten Verformungen der Wirklichkeitswahrnehmung habe zu der Irrationalität und Inhumanität des Nationalsozialismus geführt. Er sah die Vertreter solcher Mythologien noch immer am Werk. Mit Mißtrauen und Erbitterung witterte er "Dunkelmänner aller Art, die auf der antiaufklärerischen Welle munter oben schwimmen", und zwar nicht nur in den zwanziger Jahren, für die er das in seinem berühmten Aufsatz über die Soziologie der zwanziger Jahre beschrieben hatte, sondern auch in der Gegenwart. "Freischwebender Geist war mir in Sizilien verdächtig geworden. Schlimmer noch als freischwebender Geist aber ist Geist auf der Flucht, der sich schattenhaft verliert im unzugänglichen Dickicht des Gewissens, der die Oberwelt... wiederholt in einer Gräberwelt, die nur eine Mietskaserne der Toten ist" (René König, Sizilien, München 1950, S. 66). Der radikale Kampf gegen die Geschichtsphilosophen war von ihm gedacht - und von mir auch so empfunden - als ein Beitrag zur "geistigen Befreiung vom Nationalsozialismus" und seinen intellektuellen Stützen. Das war die Position, die er später in der Einleitung zum Fischer Lexikon Soziologie 1958 verdichtete in der berühmten und umstrittenen Formulierung von der "Soziologie, die nichts als Soziologie ist". Man hat König oft des empirischen Positivismus und der Amerikanisierung der deutschen Soziologie geziehen. Diese Vorwürfe verkennen die zutiefst aus der Verarbeitung der deutschen Traditionen abgeleiteten Entscheidungen Königs für einen Humanismus aus der Kooperation freier Menschen für die "Selbstdomestikation der Menschheit".

Die Faszination Königs lag aber fast mehr in seiner Persönlichkeit als in seiner Soziologie. Letztere war ihm ja nur ein Mittel zur Entfaltung der sozial-moralischen Persönlichkeit zum Schutz der immer bedrohten Integrität und Solidarität von Menschen. Sein Habitus war sicher nicht der eines deutschen Professors - den er gerne ironisierte - sondern der eines französischen Intellektuellen. Er argumentierte mit rascher Pointe und auf einem selbstverständlich vorausgesetzten Bildungsstand. Und wenn er Salat, Tomaten und Kräuter einkaufte, dachte man, Köln-Lindenthal läge auf der "rive gauche". Ich kannte damals seine Biographie natürlich noch kaum, wußte nur, daß er in Zürich wohnte, aus Deutschland emigriert war, in Köln als ein Fremder wirkte und zur neuen Bundesrepublik in mißtrauischer Distanz stand, in einer selbststrukturierten Welt lebte und viele Freunde in allen Ländern hatte. Mit großer Generosität öffnete er mir - und vielen anderen - den

Zugang zu seinen Freunden, häufig Juden und Emigranten. Durch seine Vermittlung habe ich in England und - später - in Amerika viele Menschen kennengelernt, die mir nicht nur hilfreich waren, sondern die mir eine Offenheit entgegenbrachten, weil ich mich auf René König berufen konnte. René König war und ist mir das Beispiel einer autonomen Persönlichkeit - damals 1951 und heute.

René Königs Altruismus

Von Günther Lüschen

René König in Dimensionen des Altruismus zu interpretieren, erscheint aus zwei Gründen angebracht: Der Begriff wurde (zum einen) aus der Soziologie in die Ethik eingebracht und beschreibt im Gegensatz zum Egoismus das am Mitmenschen orientierte moralische Verhalten. Altruismus beschreibt und erklärt (zum anderen) René Königs Verhalten auf vielfältige Weise. Das soll vor allem an Hand der im folgenden zu berichtenden Ereignisse demonstriert werden.

Ob er sich selbst als altruistisch verstehen würde, vermag ich nicht zu sagen. Geäußert hat er sich dazu explizit nicht. Vielleicht würde er den Begriff für sich selbst deshalb nicht akzeptieren, weil dieser den gesellschaftlichen Bezug vernachlässigt. Vielleicht würde er ihn aber gerade deshalb für sich begrüßen, weil er selbst in mitmenschlichen Beziehungen und Begegnungen das Individuelle und nicht das Gesellschaftliche in den Vordergrund stellte. Nicht was jemand repräsentiert, sondern was er selbst als Person ist, bleibt für René König entscheidend.

Sich selbst als altruistisch zu charakterisieren, hätte ihm übrigens völlig ferngelegen. Hier ist nämlich auf einen feinen Unterschied aufmerksam zu machen, den jene, die ihn nur oberflächlich kannten, oft nicht entdeckt haben. René König war und ist eine Person, die in der persönlichen Begegnung und Unterhaltung immer Mittelpunkt ist. Es ist faszinierend, aus seiner reichen Lebenserfahrung die Fülle an Ereignissen, Personen und Strukturen zu erkennen, denen er zugehörte. Das fängt mit seinen Kindertagen an, betrifft seine Familie und geht über Studienzeiten, Aufenthalte in allen möglichen Ländern bis hin zu Berichten über Fakultät, Kollegen und Mitarbeiter. Er ist dabei in seinen Erzählungen vollkommen eins mit den ihn umgebenden Strukturen; er berichtet aus seiner Warte. Das ist egozentrisch, egoistisch in der Absicht ist es nie. Darauf angesprochen, würde er sofort altruistische Positionen gegenüber dem anderen in seiner Umwelt beziehen. Natürlich mit der Ausnahme all jener, deren Verhalten oder Überzeugung er moralisch nicht akzeptierte. Davon gab es eine ganze Reihe. Altruistisch war er also nur dann, wenn es Person und womöglich Situation erlaubten. Die letztere Feststellung ist, wie wir noch sehen werden, sicherlich falsch, denn oft hat er sich altruistisch verhalten, wenn es die Situation eigentlich nicht erlaubte oder nicht erforderte. Meine eigenen Erfahrungen mit ihm betreffen genau diesen Punkt.

Es ist für die Einschätzung der ersten Situation nicht unwichtig zu wissen, daß ich bei René König nicht direkt studiert und Vorlesungen gehört habe, sondern mit einem Doktorat in philosophischer Soziologie aus Graz nach Köln zurückkam, wo ich zuvor in der damals von der wirtschafts- und sozialwissenschaftlichen streng geschiedenen philosophischen Fakultät studierte. Ich wurde trotzdem vorbehaltlos aufgenommen und fühle mich als Teil der Kölner Schule nicht zuletzt durch René Königs Altruismus, der auch Teil dieser Schule war und ist.

Dies begann in der folgenden Weise: René König wurde als Gutachter für meine Dissertation bestellt. Ich bewarb mich damals um ein Stipendium des Auswärtigen Amtes für die USA. Aus heutiger Sicht war die mit Jugendfragen befaßte empirische Arbeit nichts Besonderes; ich hatte sie zudem weitgehend autodidaktisch angefertigt. Trotzdem passierte es mir, bevor ich René König überhaupt persönlich kannte, daß ich des morgens in Bad Godesberg durch Eilpost aufgeweckt wurde und René König mich brieflich bat, ihn umgehend zu besuchen. Er bot mir bei diesem Besuch nicht nur an, daß er mir bei meinen Plänen in den USA helfen würde, sondern erklärte zusätzlich, daß ich mich bei ihm habilitieren könne (dazu ist es allerdings durch meine Berufung an die Universität Illinois nicht gekommen).

Einige Jahre später, als ich inzwischen ein Forschungsprojekt am Forschungsinstitut für Soziologie leitete, ereignete sich diese Begebenheit: René König hatte den Auftrag erhalten, eine Expertise zum Thema Jugend und Familie für den Bundesfamilienbericht zu erstellen, und mir diese Arbeit weitergegeben. Als diese nach einer Anfangs- und Abschlußbesprechung zwischen uns eingereicht wurde, sollte sie publiziert werden. René König schlug vor, mich allein als Autor zu nennen, da ich schließlich die Arbeit gemacht hätte. Darauf wollten sich Verlag und Ministerium nicht einlassen, weil er Vertragspartner sei. Schließlich setzte er durch, daß wir beide als Autoren angeführt wurden und zwar in der alphabetisch falschen Reihenfolge Lüschen/König. Dazu von ihm wörtlich die Bemerkung: "Dann weiß auch jeder, daß ich dabei nichts getan habe." Allerdings war die Arbeit nun keineswegs ohne seinen Einfluß verfaßt worden. Diese spontane Bemerkung charakterisiert aber erneut die Art seines Altruismus.

Ich würde an dieser Stelle gern mehr erzählen. Von Bedeutung sind auf jeden Fall Ereignisse während seiner Emigration, von denen wir gar nichts oder nur vom Hörensagen wissen. So sein Einsatz für holländische Flüchtlinge vor dem Nationalsozialismus in der Schweiz, für die er eine hohe Auszeichnung der Niederlande erhielt. Man hätte gerade in seiner Schweizer Zeit erwarten können, daß er sich angesichts einer insgesamt schwierigen materiellen Lage ganz auf seine eigenen Interessen konzentriert hätte. Das war jedoch in jeder Hinsicht nicht der Fall: Organisationen wie die International Sociological Association (ISA) verdanken diesen Aktivitäten gar einen Teil ihrer

Existenz und viele Personen in der Emigration erhielten so Hilfe und Zuspruch.

Neben René König habe ich in meinem Leben einige ungewöhnliche Männer kennengelernt: Werner Bitte und Edgar Hunger, zwei meiner Lehrer; meine Sport-Mentoren Nikolaus Bernett und Carl Diem; Konstantin Radakovic und Ferdinand Weinhandl, meine Doktorväter; nach meiner ersten Begegnung mit René König lernte ich später Gregory Stone, Morris Janowitz, Werner Landecker, Theodor Newcomb, Guy Swanson, Kalevi Heinilä, Aleksander Nowikow und Kyuzu Takenoshita kennen, wobei jeder dieser Namen für ein ganz bestimmtes Programm steht. Aber so etwas wie dem Altruismus René Königs war und ist mir bei keiner anderen Persönlichkeit begegnet - vielleicht mit der einen Ausnahme von Nikolaus Bernett, der mit der Devise lebte, "nur, was Du für andere tust, bestimmt den Wert Deines Lebens": Das ist Altruismus in Reinkultur und zwar auf eine sehr schlichte Art, die sich schon in der Formulierung bestätigt. Der Altruismus René Königs war und ist differenzierter und wohl eher auf individuelle Schicksale und Einzelprobleme gerichtet. René König lebt zudem entscheidend und borgt anderen oft über Gebühr von der eigenen Substanz seiner Person.

Die Grundlage dieser Haltung, die rational und emotional zugleich ist, ist in einem Verständnis von sozialer Beziehung und Gesellschaft gegründet, die man im kategorischen Imperativ bei Kant zu suchen veranlaßt sein mag. Der Altruismus Königs geht weiter und über das Phänomen des Gleichgewichts in sozialer Beziehung hinaus. Er hat eher missionarische, fast religiös anmutende Dimensionen. Er ist dabei rational, weil er nicht allein auf Glauben und Emotionalität gegründet ist, sondern über den aktiven Vorstoß, Eingehen des Risikos in der persönlichen Beziehung Gesellschaft an sich bzw. deren Integration positiv zu verändern sucht. Nicht immer sind solche Erwartungen im sozialen Prozeß für René König bestätigt worden. Er war bisweilen verletzt und reagierte deshalb gereizt vor allem auf persönliche Beziehungen, die durch Haltung oder Autorität der anderen Seite gestört waren. Aus seinem Altruismus erwuchs nämlich auch Anspruch und Erwartung. Aber neben René Königs implizierter Absicht auf soziale Reform und Verbesserung dieser Welt und Gesellschaft war es auch das Bemühen der Person René Königs, sich mitzuteilen, zu geben - wissenschaftlich und in der persönlichen Beziehung.

Der Altruismus René Königs hat neben der moralisch-gesellschaftlichen Orientierung, neben der persönlich-sozialen Begegnung, die alle vielfältig aus seiner Lebensgeschichte begründbar sind, schließlich jene Dimension, die vieles von dem aufzeigt, was auch in der Altruismus-Forschung und ihrer Kritik eine Rolle gespielt hat. Hier schließt sich über das Soziologisch-Politische hinaus in der Betonung des Individuums beim Gegenüber und bei sich selbst eine Dimension auf, die originär Person und Gestalt René König ist und wo aus Anlage und individueller Entscheidung eine Persönlichkeit Wirklichkeit geworden ist, die uns in vielfältiger Weise angerührt und geprägt hat.

Die große Schar seiner Schüler, deren Haltung und von ihnen vertretene Werte, sowie die Wirkung des von ihm vorgelegten Werkes einschließlich der vielfältigen Anstöße, die er der Profession Soziologie national und international gab, sind beredtes Zeugnis dafür, daß dieser Altruismus weiterhin wirkt. Der große persönliche Einsatz, das physische und geistige Engagement dieses Altruismus sind dabei für viele unsichtbar befördert und in vielfältiger Weise ermöglicht worden durch seine Ehefrau Irmgard König, die ihm seit nunmehr fast 50 Jahren mit großem Verständnis zur Seite steht. Von seinen Mitarbeitern wären eine ganze Reihe zu nennen, die diesen Altruismus unterstützten und ihn ihrerseits weitergaben. Für viele, die René König geprägt hat, die die Persönlichkeit Königs in dieser Hinsicht annahmen und diesen Teil Kölner Soziologie unterstützten, nenne ich nur zwei: Ilse Gaentzsch geb. Meyer, die Sekretärin am Institut, und Gerhard Kunz, der immer die Interessen anderer vor seine eigenen in seiner Zeit als Mitarbeiter am Forschungsinstitut für Soziologie und schließlich am Seminar für Soziologie stellte.

Ich habe René König einmal darüber berichtet, mit welcher Selbstverständlichkeit ich von allen Mitarbeitern des Forschungsinstituts für Soziologie aufgenommen worden sei. In der Tat überkommt mich fast etwas Rührung, wenn ich daran denke und mit allem Zweifel suchend, niemanden identifizieren kann, der mich nicht akzeptiert oder mir nicht geholfen hätte, wenn ich darum bat. René König war sich der Bedeutung solcher Orientierung der Subkultur Kölner Soziologie wohl bewußt. Es hätte ihn doch sehr gewundert, wenn meine Erfahrung irgendwo nicht der Fall gewesen wäre, meinte er dazu. Offensichtlich hatte Altruismus in der Hierarchie der von ihm vertretenen und aktiv weitergegebenen Werte eine hohe Position.

Der von ihm mit Überzeugung vertretene und in vielen Situationen nicht nur in Köln gelebte Altruismus ist für René König schließlich nicht ganz problemlos. Nach der Emeritierung und einer danach ganz ungewöhnlich fruchtbaren publizistischen Schaffensperiode erwartet man von ihm heute, daß er seinen Lebensabend genießt. Jemandem, dem zu geben Inhalt seines Lebens war, fällt solche Umstellung nicht leicht. Wir alle hoffen, daß er genau diesen Schritt vom Altruismus zu mehr Egoismus zu gehen vermag. Es wäre nicht einmal ein Leben ohne Altruismus, denn seinen Freunden und Schülern bedeutet seine bloße Existenz allein menschlich und professionell so viel, daß sie daraus Orientierung und Ermunterung beziehen. Daß er nunmehr meint, sein Gedächtnis bereite ihm große Probleme, ist wohl nur auf dem Hintergrund eines Anspruchs erklärlich, der in früheren Zeiten jene Realität bedeutete, daß man im Forschungsinstitut nicht ein Lexikon, sondern René König befragte. "König fragen" war zu dieser Zeit die lakonische Antwort

bei ungelösten Problemen im Institut und eben auch neben seinem univer-
salistischen Wissen gespeist von der realistischen Erwartung, daß er auch sein
Wissen generös teilen und mitteilen würde. Tatsächlich zeichnet er sich auch
heute weiterhin durch Einsicht und informiertes Urteil aus, das denen, die
mit ihm zu tun haben, wichtig ist.

Erfahrungen mit R.K.

Von Friedhelm Neidhardt

Freundesfreunde. - Ich hatte es von Anfang an ziemlich leicht mit ihm. Als ich ihn kennenlernte, war ich für ihn "Martin Boltes junger Mann". Und den Bolte mochte er. Der hat ihm in Amerika das Autofahren beigebracht.

Entweder / Oder. - Ich kenne niemanden, der zu Sachen und zu Personen so restlos wie er "Ja" und "Nein" sagen kann. Die mittleren Valeurs liegen ihm nicht, und er hat wenig Sinn für Ambivalenzen. Kein "Liebhaber des Halbschattens" (Andersch).

"Leben im Widerspruch". - Diese Selbstdeutung ließe sich mit Zitationsanalysen unterstützen. Die einen zitieren eher, was ihnen gefällt, die anderen, was ihnen mißfällt. R.K. gehört zu den letzteren. Auch im Umgang mit Literatur ist er mehr Jäger als Sammler. Hat viele zur Strecke gebracht.

Bildung. - Adorno hält er für ungebildet. Der habe bei einem Zitat aus der Ilias (flink hat er's memoriert) einen völlig falschen Casus des Griechischen benutzt.

Seele. - Wir besuchten in Genzano di Roma Gustav René Hocke, diskutierten Gides Tagebücher, stritten über dessen Selbstbenommenheit. R.K. voller Abscheu: "Ich bin ein Grieche. Ich habe keine Seele."

Prioritäten. - Seine Leistungen hängen auch mit einer Kunst der Verdrängung zusammen. Ich war mal dabei, als er zwei Tage ein Telegramm liegen ließ, weil es ihm gerade nicht in den Kram paßte, es sich anzuschauen.

Absolutismus. - Mehrmals hat er mir vorgehalten, daß ich in der "Kölner Zeitschrift" mich selber so wenig veröffentliche. Ein Herausgeber müsse den Ton angeben. Er fand nichts dagegen, daß sich der Dirigent immer auch noch ans Klavier setzt. Er selber konnte das - durfte es wohl auch.

Konstruktivismus. - Auch wenn ich mehr erlebt hatte als er, konnte er mehr erzählen als ich. Kleinigkeiten kann er wichtig machen.

Sinnlichkeit. - Es macht ungeheuer Spaß, mit ihm zu essen. Und wenn er kocht, ist er vergnügt wie sonst nur im Umgang mit Katzen.

Ansprüche. - Je älter er wird, umso mehr sieht er an seiner Wirkung vor allem deren Grenzen. Er kann sich damit nicht abfinden. Was ich ihm seit langem wünsche: "das Lächeln des Akrobaten am Schluß" (Valéry).

Abschied. - Wenn wir ihn besucht hatten, ging er uns nach bis vor die Tür und auf die Straße. Er sah uns nach, bis wir verschwunden waren. Wir drehen uns immer noch um.

Re-Iteration: René König, Sizilien und wir

Von Horst Reimann

"Gastlich empfingen den Fremdling einst Siziliens Küsten,
Und er wandelte froh wie in den Fluren der Heimat"
Johann Gottfried Seume (1802)

Obwohl ich kein "leibhaftiger" Schüler René Königs in Zürich, Köln oder anderswo gewesen bin, war und ist er für mich doch eine prägende und nicht nur akademische Leitfigur von großer Bedeutung. Als ich 1952 und durchaus unfreiwillig, von Leipzig kommend in Heidelberg Aufnahme fand und damit existentiell ein Kapitel abschloß, was für viele meiner damaligen Kommilitonen an der Universität Leipzig erst mit der "Wende" möglich war, hatte ich mich zwar außerdem in Köln beworben (das war damals bei dem vielfachen N.C. noch nötig!), erhielt aber meine (Wieder-)Zulassung zum Studium in Heidelberg noch vor Köln. So ergab es sich, daß ich statt von René König nun von Alfred Weber, Alexander Rüstow und Hans von Eckardt in die Soziologie enkulturiert wurde, die eine ganz andere als die zu Köln gelehrte war.

Zunächst war ich allerdings als mittelloser Flüchtling und Grenzgänger (damals war man als solcher tatsächlich ein Parkscher "marginal man" im "Westen") auf außeruniversitäre Erwerbsarbeit angewiesen, die ich bei der Firma Lanz in Mannheim absolvierte, so daß ich mehr auf das Selbststudium setzen mußte und daher nicht so ohne weiteres zum Heidelberger Kultur-Soziologen sozialisiert werden konnte. Die soziale Praxis in einem Landmaschinen-Werk und die Pendelei zwischen dem Fabriktor und den akademischen Gefilden Alt-Heidelbergs ließen mich stärker zur Empirie tendieren als das sonst vielleicht der Fall gewesen wäre. So erfolgte meine erste Begegnung mit René König ganz literarisch als dem damaligen Protagonisten einer international orientierten empirischen Sozialforschung. In diesem Sinne wurde René König auch zu meinem eigentlichen Doktorvater: In der Auseinandersetzung mit meinem eigenen Schicksal entstand meine Heidelberger Dissertation über die Probleme der jugendlichen Flüchtlinge aus Mitteldeutschland im Westen - eine empirische Analyse mit Beobachtung, umfangreichen Interviews (dem "Königsweg" der Sozialforschung) und Gruppendiskussionsverfahren. Das war in Heidelberg damals durchaus ein eher ungewöhnliches Elaborat, zumindest in seinem empirischen Teil ganz und gar auf König eingestellt... Übrigens veranlaßte ich seinerzeit auch, noch als Student, daß im damaligen Heidelberger "Institut für Publizistik", dem eigentlichen soziologischen Institut (Reimann 1990), die Kölner Zeitschrift,

"Königs Hauspostille", für die Institutsbibliothek angeschafft wurde! Ich reüssierte mit der gewissermaßen fremdorientierten Schrift und wurde 1957 am gleichen Institut Assistent, das ich während eines dreijährigen "Interregnums" (nach dem Tod von Hans von Eckardt 1957) bis 1960 als akademisches Waisenkind verwaltete. Trotz meiner hohen Wertschätzung für Alfred Weber, der kurz darauf 1958 ebenfalls starb, bemühte ich mich um eine stärkere fachsoziologische und vor allem empirische Ausrichtung der Soziologie-Studenten in meinen Lehrveranstaltungen. Königs Schriften und Ansichten wurden in dieser Zeit dort ziemlich populär.

Mehr beiläufig stieß ich auf Königs Schrift "Sizilien" (1943 erstmals, 1950 wieder erschienen und 1957 nochmals aufgelegt) und war von dieser großartigen Beschreibung einer großartigen Landschaft und Gesellschaft so begeistert, daß ich beschloß, so bald es mir ermöglicht würde, mit meinem Seminar zu "Trinakriens Schöner" (Seume [1801/02] 1974, S. 437, "Trauer der Ceres") zu ziehen. Die Lust dazu war mir schon früh gekommen, da ich mit den Schriften des berühmten Spaziergängers nach Syrakus schon als Schüler vertraut war, weil Poserna, sein Geburtsort, nicht weit von den Stätten meiner Kindheit entfernt lag. Als gebürtiger Hallenser teilte ich übrigens viele Lokationen, wenn auch mit zeitlicher Verzögerung, mit René König, nämlich Halle, Danzig (meine Großeltern lebten in Zoppot im Freistaat Danzig, ehe sie später nach Berlin zogen), Berlin (einer meiner Studienorte). Da auch in der gegenwärtigen Soziologie raum-zeitliche Erfahrungen wieder stärker berücksichtigt werden, fühle ich mich mit meinen späteren sizilischen Abenteuern René König wissenschaftlich und menschlich besonders nahe. Ich wurde nicht nur durch René König dazu motiviert, schließlich eine ganze Sizilien-Euphorie in Heidelberg zu entfachen, sondern meine auch, daß mit der ganzheitlichen soziologisch-kulturanthropologischen (Fremd-)Beschreibung dieser "heroischen" Region Teile jener Soziologie-Tradition wiederbelebt werden konnten, die bereits Herbert Spencer mit seiner deskriptiven Soziologie eingeleitet hatte. Ich halte im übrigen René Königs Sizilien-Studie für eine seiner "Schlüssel-Schriften", in der es ihm gelungen ist, seine eigentlichen Intentionen dichtester Beschreibung und in vieler Hinsicht damit zugleich sich selbst (als Wissenschaftler und Schriftsteller) zu verwirklichen. In einem weiteren Verständnis ist René König für mich "immer in Sizilien" geblieben.

In den Jahren des schrittweisen Emigrierens aus dem ihm unerträglich gewordenen "Großdeutschland" ins Schweizer Exil wurde Sizilien René Königs (1980, S. 107ff.) "Zwischenland", in dem er zur Besinnung und zu sich selbst fand. Er durchforschte die schicksalsträchtige Insel auf den Spuren Goethes, Seumes und anderer berühmter Sizilien-Fahrer und -wanderer. Bei seinen ausgedehnten Sizilienreisen in den Jahren 1934, 1935 und 1936 ließ er nach eigenem Bekunden (1980, S. 354) Rom gewissermaßen am Wege liegen, im Zug nach dem Süden. Die Begegnung mit Sizilien wurde für ihn zu einem

Erlebnis besonderer Art, das er bereits im Februar 1936 zu einem Essay verdichtete, aus dem 1941/42 ein ganzes Buch wurde (erschienen 1943). Das wurde denn auch keine Reisebeschreibung, sondern König schuf mit seinem Sizilien-Buch ein Genre sui generis: Nämlich wissenschaftliche Ganzheits-Analyse in schriftstellerischem Gewand und mehrschichtig angelegt. Um die Sprachlosigkeit und das Ausgeliefertsein der Sizilianer verstehbar zu vermitteln, bediente er sich der "Ästhetik der Chiffre und des Fragments" (1980, S. 111), wobei ihm die facettenreiche sizilianische Mosaikkunst verschiedener Epochen Vorbild war. So wird der Ätna zum "Symbol für das ständig gegenwärtige Hereinstehen der Transzendenz in den Alltag" (1980, S. 110). Viel spricht dafür, daß Königs Sizilien-Buch, das von "Städten und Höhlen, von Fels und Lava, und von der großen Freiheit des Vulkans" handelt, im Stilmittel literarischer Verkleidung das wissenschaftliche und existentielle Credo des reisigen Weltbürgers, Polyhistors und eben auch unkonventionellen Gesellschaftsbeobachters und -beschreibers enthält, was sich freilich nicht jedem gleich erschließen mag, wie die Publikationsgeschichte dieses schließlich doch sehr erfolgreichen Buches beweist. In erster Linie glaube ich, daß für den fachwissenschaftlichen Begleiter Königs auf seinen Pfaden nach dem Süden der weite Horizont am bestechendsten ist. Da fügen sich Soziologie und Ethnologie (König 1984) wie selbstverständlich zu einer Einheit; diese enge Verknüpfung der beiden Disziplinen war ihm aus seinen Berliner Studien (bei Richard Thurnwald) vertraut. Er hat vor allem, neben dem anderen Thurnwald-Schüler W. E. Mühlmann, diese reiche ethno-soziologische Tradition der englischen (von Spencer bis Mary Douglas), französischen (von Durkheim bis Lévi-Strauss), niederländischen (u.a. den Hollander, Boissevain) und der amerikanischen Soziologie (W. L. Warner, R. E. Park, W. Thomas u.a.) in der Restitutionsperiode der deutschen Soziologie nach dem Zweiten Weltkrieg repräsentiert. Diese vergleichende Perspektive bedeutet die Einbeziehung prinzipiell aller Welt-Kulturen, nicht nur der Hochkulturen, sondern gerade auch der einfachen und Übergangs-Gesellschaften im Sinne einer global orientierten Sozialwissenschaft; dies impliziert unter pragmatischen Gesichtspunkten Feldforschung "vor Ort" im kulturell heterogenen Milieu, Reflexion der Probleme des Fremdverstehens und - auch in allgemein moralischer Hinsicht - Thematisierung des Ethnozentrismus. Methodologisch gab es da durchaus Unterschiede: Bei René König stärker, wenn auch nicht ausschließlich die Zuwendung zu sozialempirischen Untersuchungsverfahren bei der Primärdaten-Erhebung und Fakten-Sammlung, bei Mühlmann u.a. eher Kulturhermeneutik, Symbolanalyse und qualitativ angelegte (Hoch-)Literaturinterpretation, in jedem Fall aber "Hingabe und Ergriffenheit" (Kurt H. Wolff) im Hinblick auf den Erkenntnisgegenstand. Solche "approaches" lagen durchaus nicht im Trend der deutschen Nachkriegssoziologie. Daher rührt es wohl auch, daß René König vorzugsweise als Sozialempiriker, Familien-

und Gemeindesoziologe, Durkheim-Interpret, Soziologie-Historiker und politischer Soziologe in Deutschland rezipiert und als "Statesman of Sociology" auch hochgeachtet worden ist. Seine kulturvergleichenden empirischen Arbeiten sind dagegen bisher viel zu wenig aufgenommen worden. Vielleicht erleben sie noch eine verdiente Renaissance im Zuge einer fortschreitenden Beschäftigung, auch von Soziologen, mit Problemen mundanen Ausmaßes: Der transkulturellen Kommunikation, der Weltgesellschaft, der Ökologie, der "One World".

René Königs Reisen in die Welt - er hat fast alle bedeutenden Länder dieser Erde in Augenschein genommen - dürfen in einem übertragenen Sinne als Re-Iterationen seiner ersten Begegnung mit Sizilien aufgefaßt werden. Dort hat er, der polyglotte und multikulturell sozialisierte, in vieler Hinsicht fast "besessene" Gesellschaftsanalytiker seine Leidenschaft für diese Art der Kultur-Erkenntnis zunächst, wenn auch früh genug, entdeckt. Seine Untersuchungen in Afghanistan und bei den Navahos sind Variationen dieses Themas. "Sizilien ist der Schlüssel zu allem". Überinterpretiert? Ich glaube nicht.

Wir selbst stapften in seinen Fußspuren: 1960, nach Mühlmanns Berufung nach Heidelberg, bedurfte es kaum einer besonderen Überredungskunst meinerseits, den Kurs der Heidelberger Soziologen für einige Jahre nach Süden zu lenken (Reimann 1990, S. 582ff.). Durch Freundesbeziehungen konnte ich Eduard Wätjen (Ascona), damals heimlicher Generalsekretär Danilo Dolcis, nach Heidelberg einladen. Daraus entstand die erste Soziologie-Exkursion des Heidelberger Instituts (Reimann und Reimann 1964), damals noch, wenn auch mit der notwendigen Distanz, im Gefolge der Dolci Centri-Organisation, die den "Sviluppo dal basso", die Entwicklung von unten (Reimann 1969), unter einem bewußt betriebenen beachtlichen publizistischen Aufwand (wozu auch die in viele Sprachen übersetzten Bücher Danilo Dolcis beitrugen) als Basis-Strategie verfolgte, um die Mezzogiorno-Förderung des Staates ("dall' alto") stärker herauszufordern - mit zunächst einigem Erfolg, wie sich später zeigte. Aus dieser ersten Konfrontation mit den natürlichen Schönheiten, den kulturellen Faszinationen und den katastrophalen sozialen und politischen Zuständen der unterentwickelten Insel-Gesellschaft am Rande Europas - eine "Peripherie-Situation" par excellence - wurde ein intensives Forschungsprogramm für viele Jahre, aus dem schließlich zahlreiche wissenschaftliche Arbeiten über Sizilien resultierten, Dissertationen, Magister-Arbeiten und auch unsere eigenen "Studien zur Gesellschaft und Kultur einer Entwicklungsregion" (1985) - in der Nachfolge Königs! Meine Untersuchung über "Siziliens kleines Volkstheater: Opera dei pupi" (1982) entstand als Hommage für René König, zu dessen 75. Geburtstag. Wir haben diese Forschungen später, von Augsburg aus, auch in anderen Ländern (u.a. Ägypten, Lateinamerika), doch vorzugsweise in kleinen, überschaubaren

Insel-Gesellschaften (Malta, Dominikanische Republik, Puerto Rico) fortgeführt. So wurde schließlich, auch unter modifizierten Auspizien und Bedingungen für Helga Reimann und mich sowie unsere Mitarbeiter und Schüler ("Königs Enkelkinder") René Königs Sizilien-Erfahrung zur Wegweisung (unsere erste Reise im Jahre 1963 nach Sizilien war zugleich unsere Hochzeitsreise) voll Anschauung und Erfülltheit in ein weites Feld.

Zum Schluß sei mir erlaubt, mich selbst zu zitieren, aus einem längeren Portrait-Poem "Königs Weg", das dem großen Lehrer und Freund zum 85. Geburtstag gewidmet ward:

> "SIZILIEN", Königs Schlüssel-Schrift,
> Wo alles das zusammentrifft,
> Was ihm auch dann zu sagen blieb,
> Wenn er in andren Chiffren schrieb.

Literatur

König, René: Sizilien. Ein Buch von Städten und Höhlen, von Fels und Lava und von der großen Freiheit des Vulkans, München 1950. [Nr. 4]

König, René: Leben im Widerspruch, München/Wien 1980. [Nr. 20]

König, René: Soziologie und Ethnologie, in: *Ernst Wilhelm Müller, René König, Klaus-Peter Koepping* und *Paul Drechsel* (Hrsg.), Ethnologie als Sozialwissenschaft, Sonderheft 26 der KZfSS, Opladen 1984, S. 17-35. [Nr. 284]

Reimann, Horst, und *Helga Reimann*: Westsizilien. Eine Entwicklungsregion in Europa, Heidelberg 1964.

Reimann, Horst: Innovation und Partizipation. Diffusionspolitische Erfahrungen aus der Entwicklungsregion Sizilien, in: *René König* (Hrsg.), Aspekte der Entwicklungssoziologie, Sonderheft 13 der KZfSS, Opladen 1969, S. 388-409.

Reimann, Horst: Siziliens kleines Volkstheater: Opera dei pupi. René König zum 75. Geburtstag. Puppenspielkundliche Quellen und Forschungen, Bd. 7, Bochum 1982.

Reimann, Horst, und *Helga Reimann*: Sizilien. Studien zur Gesellschaft und Kultur einer Entwicklungsregion, Augsburg 1985.

Reimann, Horst: Das Heidelberger Institut für Soziologie und Ethnologie (1960 - 1970), in: *Karl-Heinz Kohl, Heinzarnold Muszinski* und *Ivo Strecker* (Hrsg.), Die Vielfalt der Kultur. Ethnologische Aspekte von Verwandtschaft, Kunst und Weltauffassung. Ernst Wilhelm Müller zum 65. Geburtstag, Berlin 1990, S. 572 - 588.

Seume, Johann Gottfried: Spaziergang nach Syrakus im Jahre 1802, in: J.G. Seume, Prosaschriften, Darmstadt 1974, S. 155 - 634.

Einige Anmerkungen zur "Kölner Schule"

Von Heinz Sahner

Der Begriff der zweiten, der sozio-kulturellen Geburt muß in diesem Kreise nicht näher erläutert werden. Für die besondere Spezies des Wissenschaftlers empfiehlt sich jedoch, noch eine weitere Geburt einzuführen. Denn so, wie das Wissenschaftssystem bei uns organisiert ist, internalisiert der junge Wissenschaftler im Laufe seiner Ausbildung ein Normengeflecht, das dem seiner unmittelbaren Umgebung und in besonderer Weise dem des Doktorvaters immer ähnlicher wird. Theorie, Meta-Theorie, theoretisches Modell, die ganze Axiomatik wissenschaftlichen Handelns wird vererbt, wie es vergleichbares nur noch bei der Konfessionszugehörigkeit gibt. Kein Wunder, daß von dieser Versammlung ein solcher Glanz ausgeht - lauter kleine Könige!

Gewiß, es gibt mehr oder weniger große Abweichungen, das sei zur Beruhigung all derer konzediert, die bei dieser Etikettierung Probleme haben sollten. Die Homogenitätsmaße schwanken auch zwischen verschiedenen communities. Zu Zeiten, wo man von einer Dreifaltigkeit der Soziologie sprechen konnte, war die Homogenität 150 Kilometer weiter nordöstlich von Köln etwas geringer und etwa 190 Kilometer weiter südlich wesentlich geringer. Auch im Vergleich zu weiteren Schulen war die Kölner Schule am homogensten. Auch hier sei zur Reduktion von Dissonanz all jenen gesagt, die sich bei diesen Befunden unwohl fühlen sollten, daß es sich nur um Instrumenteneffekte handelt; erst recht implizieren sie keine Aussagen über irgendwelche politischen Haltungen der Schulenangehörigen.

Dieses Geflecht von theoretischen und metatheoretischen Normen hat durchaus die Qualität eines sozialen oder soziologischen (Durkheims Verwendung ist hier nicht einheitlich) Tatbestandes. Er ist mit zwingender Gewalt ausgestattet; und das in vielfältiger Hinsicht. Er wirkt nach innen und nach außen.

Nun könnte man mit Verweis auf die hohe Homogenität der Kölner Schule zu dem Schluß verführt werden, daß es bei dieser Einheitlichkeit kaum Sanktionen gegeben haben dürfte. Weit gefehlt! Wie wir aus dem Durkheimschen Beispiel des Nonnenklosters wissen, wirken gerade bei großer Homogenität geringe Abweichungen umso schwerer. Ich kann mich erinnern, als ich zu Beginn meines Studiums Mitte der 60er Jahre von einem später äußerst fortschrittlichen Amanuensis geringschätzig abgekanzelt wurde, als ich ein Buch von Horkheimer über die bürgerliche Familie auszuleihen wagte. Hiermit wird aber höchstens das Kontinuum der Sanktionen eröffnet, es soll ganz andere gegeben haben. Im übrigen haben selbstverständlich solche geteilten

Wert- und Normensysteme ihre bekannten sozialen und individuellen Vorteile: Sie bieten Wärme und Heimat, fördern die Ausbildung der Identität etc.

Trat man aus diesem Schatten heraus und überschritt den Bannkreis zur Soziologie, die 150 km weiter nördlich bzw. 190 km weiter südlich gelehrt wurde, konnte die Situation prekär werden. Hier zeigte sich, welche Gewalt soziale Tatbestände ausüben können. Das Wort Kulturschock ist nicht zu hart für das, was sich dabei abspielen kann. Vergleichbar mit den Ergebnissen Garfinkelscher Krisenexperimente ist Identitätsverlust zu befürchten. Um hier zu überleben, bedarf es besonderer Anstrengungen. Zwei Strategien sind empirisch zu unterscheiden. Man praktiziert erstens die von der Diaspora her bekannten Strategien. Glaubensbrüder schließen sich enger zusammen, man verpflichtet sich um so intensiver auf die gemeinsamen Werte. Nur im Extremfall ist diese Strategie allerdings bei Einzelkämpfern praktikabel, da sie zu Wirklichkeitsverlust führt (Hess-Syndrom).

Die gegenteilige Karriere besteht darin, daß es einem wie Schuppen von den Augen fällt: Achtung, die anderen haben ja recht. Ergebnis: Gestaltswitch! Aus dem kleinen König wurde so vielleicht ein kleiner Teddy. Die Konversionen waren nicht immer ganz freiwillig, erleichterten aber das Leben, wenn im Grabenkampf der Studentenbewegung, und gerade auch hier stand ja die Kölner Soziologie zur Disposition, oder bei einem Kulturwechsel, die Argumente "schlagartig" beigebracht wurden.

Nach dem kurzen Blick nach innen, nun ein kurzer Blick nach außen auf die Wirkung der Kölner Schule.

Versucht man, einen Überblick über Werk und Wirken von René König zu gewinnen, dann rückt sein Einfluß auf die Nachkriegssoziologie rasch ins Zentrum der Betrachtung. Der Einfluß über Schüler, Schriften und die vielfache Einflußnahme darauf, was heute als Soziologie gelten kann, ist unübersehbar und darf wohl als einzigartig bezeichnet werden. Dieser Prozeß ist noch längst nicht abgeschlossen. Über das, was gestern noch als gut dokumentiert galt, ist heute die Entwicklung schon hinweggeschritten, freilich in einer differenzierteren Weise als gemeinhin angenommen wird.

Werfen wir einen Blick auf die Programmatik, mit der René König angetreten ist (vgl. König 1949, 1958, aber auch 1987). Im wesentlichen wurde hier eine Soziologie entwickelt, die sich als theoriegeleitete empirische Einzelwissenschaft verstand (König 1958, S. 8) und die jenseits einer Theorie der Gesellschaft (ebd., S. 11) anzusiedeln sei, sei sie nun dem linken oder dem rechten Flügel zuzurechnen (ebd., S. 12). Schon mit der empirischen Fundierung wurde allen Varianten einer Soziologie eine Absage erteilt, die Endzeitgewißheit verbreiteten oder die mit einem absoluten Wahrheitsanspruch auftraten. Alle eschatologischen Phantasmagorien waren über Bord zu werfen (1987, S. 20). Analysiert man das Schrifttum der Profession, wie es sich heute darbietet (Sahner 1982, 1991), dann findet man allerdings von dem, was sich einst Frankfurter Schule nannte, kaum noch ein Hauch. Vorbei die Zeiten, in denen die Beiträge häufig mit einem Zitat von Theodor W. Adorno oder Jürgen Habermas - quasi als Duftmarke - eingeleitet wurden, um nur ja so schnell wie möglich alle Zweifel darüber auszuräumen, welchem Glaubensbekenntnis man nahe stand. Eine marxistische Soziologie, lange Zeit zusammen mit der kritischen Theorie das dominierende Modell, ist sang- und klanglos verschwunden, auch aus den sich rasch ausdifferenzierenden Spezialperiodika. Entweder sind diese eingegangen oder sie haben sich anderen Moden zugewandt. Vorbei sind die Zeiten der hypertrophen Grundlagendiskussionen, ebenso wie weitgehend die, in denen entweder immer nur Empirie, Empirie (König 1969, S. 1290; 1979, S. 370) bzw. Theorie, Theorie gestammelt wurde, ohne daß die Propagandisten jemals eine theoretisch geleitete empirische Studie durchgeführt hätten.

Eine von René König noch jüngst geforderte theoretisch und empirisch fundierte Soziologie wird offenbar immer mehr zur Selbstverständlichkeit. Hier zeigt sich wahrlich die befreiende Wirkung einer Soziologie, die die Ziele, damit aber auch den Zwang, der "Irrationalität" preisgegeben hat, um wieder der Aufgabe des Tages nachzugehen, wie René König mit Max Weber zu sagen pflegt.

Skeptisch bin ich allerdings gegenüber der Gültigkeit der These von König, "daß es heute mit nur wenigen Abstrichen eine Weltsoziologie gibt oder eine solche mindestens auf breiter Ebene im Werden ist" (König 1987, S. 437). Die Soziologie stellt sich mir vielmehr heute hinsichtlich ihrer Axiomatik stark fraktioniert dar. Mit den Dichotomien "kollektivistisch versus individualistisch" und "geisteswissenschaftlich versus naturwissenschaftlich" ist diese Vielfalt nur sehr unvollkommen charakterisiert. Manche Unterscheidung erscheint mir jedoch reichlich künstlich, so die zwischen geisteswissenschaftlicher (bzw. qualitativer) und naturwissenschaftlicher Verfahrensweise. So wie letztere nicht ohne Verstehen auskommt, kann die erste letztlich ihre Ähnlichkeit mit der anderen in der Logik des Verfahrens nicht leugnen; beide sind zudem aufeinander bezogen und ergänzen sich. Über alle Richtungen könnte man heute aber das einigende Band der Erfahrung flattern lassen, wenn es da nicht einen einflußreichen Theoretiker gäbe, wiederum etwas weiter nördlich von Köln, dessen Theorien nach Aussagen finsterer Positivisten gar nicht einer empirischen Überprüfung zugänglichen seien. Wie auch immer, wenn auch manches Modell über Bord gegangen ist, so bleibt das Feld soziologischer Modelle doch pluralistisch bestückt - und das ist auch gut so, so lange nämlich kein einzelnes seine überlegene Erklärungskraft unter Beweis gestellt hat.

Zusammenfassend scheint der Schluß erlaubt, daß eine theoretisch und empirisch fundierte Soziologie weitgehend zur Selbstverständlichkeit geworden ist - eine Soziologie, die allerdings vielfältig verwurzelt ist: Ihre Wurzeln hat sie sowohl in der US-amerikanischen als auch in der europäischen und hier besonders in der französischen Soziologie. Eine Soziologie, die aber vor allem die unter den Nationalsozialisten verpönte deutsche Tradition wieder zur Sprache brachte. Was ist da anderes beschrieben als die beeindruckende Wirkung von René König?

Literatur

König, René: Soziologie heute, Zürich 1949. [Nr. 6]

König, René (Hrsg.): Soziologie, Frankfurt a. M. (Fischer-Lexikon) 1958. [Nr. 47]

König, René: Einige Bemerkungen über die Bedeutung der empirischen Forschung in der Soziologie, in: *Ders.*, Handbuch der empirischen Sozialforschung, Zweiter Band. Stuttgart 1969, S. 1278-1292 (2. Aufl. 1979, S. 345-375). [Nr. 224]

König, René: Soziologie in Deutschland. Begründer, Verächter, Verfechter, München/Wien 1987. [Nr. 22]

Sahner, Heinz: Theorie und Forschung. Zur paradigmatischen Struktur der westdeutschen Soziologie und zu ihrem Einfluß auf die Forschung, Opladen 1982.

Sahner, Heinz: Paradigms Gained, Paradigms Lost. Die Entwicklung der Nachkriegssoziologie im Spiegel der Fachzeitschriften - mit besonderer Berücksichtigung der "Sozialen Welt", in: *Peter A. Berger, Michael Kluck* und *H. Peter Ohly*, 40 Jahre Soziale Welt. Autoren- und Sachregister für die Jahrgänge 1-39, Göttingen 1991, S.5-26.

..., daß Wissenschaft Spaß macht
René König zum 85. Geburtstag[*]

Von Erwin K. Scheuch

Die Ehrung für René König erfolgt in zwei Teilen: am Nachmittag in eher konventioneller Weise mit Repräsentanten und einem Empfang. Der Vormittag dagegen soll bewußt betonen, was an König als Person besonders erwähnenswert ist. Er war immer das Gegenteil eines Wissenschaftsbeamten, war ein Mensch, der seine Persönlichkeit vorlebte. Seine Schriften sind nur unvollkommen zu deuten, wenn man nicht auch die Person dazudenkt.

Das ist das Thema des heutigen Morgens: Wir wollen als Zeugen des Wirkens von René König sagen, wie seine Gegenwart damals und später unseren Lebensweg beeinflußt hat. Was mehrere Wissenschaftler jeweils aus ihrer Erfahrung heraus Ihnen mitteilen, ist dann eine Art Mosaik von René König als leidenschaftlichem Menschen, der die Wissenschaft nicht als Routine betrieben hat, sondern als Ausdruck seiner Persönlichkeit.

Wie hat die Begegnung mit René König mein eigenes Leben verändert? Ich kam 1950 aus den Vereinigten Staaten zurück, hatte vorher bei Leopold von Wiese Soziologie gehört - eine sehr ausgedachte, eher artifizielle Soziologie, welche alle Leidenschaften unter Kontrolle hatte. Und dann erlebte ich diesen sprühenden, jungen René König, einen eleganten Menschen, einen Kosmopoliten, der schon von dem Habitus her die Grenzen der deutschen Universität sprengte. Vor allem aber kam eines hinzu: René König hat zwar wiederholt niedergeschrieben, daß er eine Soziologie betreiben wolle, die nur Soziologie sei; aber das, was ihn hier auszeichnete und zu einer zentralen Figur der Kölner Universität werden ließ - eben nicht nur des Faches! -, das war die Fähigkeit, Sozialwissenschaft umfassend und in einem für die Menschen bedeutsamen Sinne darzustellen.

Viele Jahre später ist mir das einmal zugute gekommen, als ich von zwei sehr alten, feinsinnigen Gelehrten in China angesprochen wurde und man mich fragte, wie es denn um den Streit zwischen Pater Koppos und Pater Schmidt aus den 20er Jahren in Wien stünde. Ohne René König wäre ich nicht auskunftsfähig gewesen. Er war in der Lage vorzuführen, wie in der Ethnologie Grundfragen der Soziologie thematisiert wurden; er war in der Lage, die Geistesgeschichte in die Soziologie einzubringen; er war nicht zuletzt - und das hat von Wiese auch zu der Berufung von König mit bewogen - in der

---

[*] Dies ist der Einleitungsvortrag für das Symposium "Ereignisse und Wirkungen" am Vormittag des 5. Juli 1991 im Musiksaal des Hauptgebäudes der Universität zu Köln.

Lage, über den Moment hinaus geschichtlich zu denken. Diese breite Einbettung der Soziologie - teilweise, wie schon gesagt, jenseits seines offiziellen Bekenntnisses - hat mich dann bleibend beeinflußt. Ich habe auch wirklich versucht, Sozialwissenschaft zu betreiben, die "Social Science", wie ich sie zunächst bei den schottischen Moralphilosophen las.

König ist in die Geschichte dieses Faches in diesem Lande als der große Empiriker eingegangen. Aber es war eine Empirie eigener Art - und auch das war prägend -, die nicht die Empirie des Routinelehrbuchs war. Bei René König war es nicht in erster Linie eine Empirie, die einzelne Hypothesen testen will und erst recht nicht Methodologie nur der Methodologie wegen, sondern - aus der Person René Königs selbstverständlich - eine Empirie, die Antwort auf Probleme gibt.

Nie hat René König verstanden, daß man Methodologie nur der Methodologie wegen betreibe. Das hat ihn auch distant bleiben lassen zu den großen wissenschaftstheoretischen Auseinandersetzungen, die das Fach dann um 1960 umtrieb. Ob nun Popper oder Lakatos, Hans Albert oder wer immer: es war ein wissenschaftstheoretischer Disput um seiner selbst willen und nicht als Antwort auf Fragen, die aus der Gesellschaft kommen. Die - wie man heute sagen kann - real existierende Gesellschaft war Königs Problem. Sie wollte er mit Hilfe der Wissenschaft verstehen, und hier wollte er dann als ein Bürger nach Klärung seiner Fragen rückwirken.

Für mich war drittens entscheidend, daß sich König als Emigrant kritisch zu der fehlenden Aufarbeitung der Nazi-Zeit äußerte. Eine solche Äußerung konnte verständlicherweise nicht darauf rechnen, von allen den damit Angesprochenen mit Streicheleinheiten beantwortet zu werden. Nein, Königs Insistieren auf einem Aufarbeiten der Nazi-Zeit verschaffte ihm bittere Feinde. Es war aber nach seinem Lebensweg konsequent und unausweichlich, daß er diese Frage immer wieder aufwerfen mußte. Und die dabei deutlich werdende Zivilcourage war für mich immer wieder Vorbild. König wollte nicht populär sein um der Popularität willen, sondern er wollte das tun, was er für richtig hielt. Dabei ist er in einem Maße Moralist, das nicht allen deutlich ist. Dies ist allerdings derjenige Teil seiner Person, der mir fremder als die anderen ist.

Eine vierte Eigenschaft, die René König im Alltag lebte, war dann für meinen weiteren Weg in der Wahl der Probleme und insbesondere in der Entscheidung, sich in die Öffentlichkeit zu begeben, entscheidend: König war ein Kritiker der Kulturkritik. Die Kulturkritik in den 50er Jahren war voll der Unheilsgemälde über die Vermassung der Menschen, den Untergang der Individuen. René König war in der Lage, hiergegen auch empirisch begründet kritisch aufzutreten. Es war für mich bestürzend zu erleben, wie wenig die Feuilletons, die der Ort der kulturkritischen Auseinandersetzungen sind, sich René König im Vergleich zu anderen Richtungen öffneten. Und es war eine wichtige Lehre zu erfahren, daß der Adressat unserer Art von Kritik der Kritik gar nicht in erster Linie der raisonierendere Teil des Kulturbetriebs sein kann, sondern gleich die Gesellschaft allgemein. Die Kritik der Kultur-kritik ist ein notwendiger Teil soziologischer Tätigkeit, damit Soziologie nicht zur Desinformation wird. Das zu vermeiden, fühlte sich René König auch moralisch angetrieben.

Nicht zuletzt hat René König auf mich tief gewirkt dadurch, daß ihm seine Wissenschaft Spaß macht. Und wenn Gerhard Kunz sagte, daß wir viel arbeiteten - René König arbeitete ungemein viel -, dann wirkte das deshalb nicht abschreckend, weil die Arbeit Freude machte. Die Wissenschaft bei René König war eine fröhliche Wissenschaft.

Zielsetzungen bei der Drittmittelforschung
im Widerstreit

Von Wolfgang Sodeur

I

Um das Ergebnis der Recherchen zum Thema Drittmittelforschung vorwegzu-nehmen: Die Angelegenheit ließ sich nicht hinreichend aufklären. Systemati-sche Aufzeichnungen hat es vermutlich nie gegeben. Gespräche mit zahlrei-chen von René Königs früheren Mitarbeitern ergaben zwar ein relativ einheitliches Bild, einheitlich wurde dabei aber auch betont, daß man (jeweils) den "richtigen Überblick" *nicht* gehabt habe. Anstelle einer systematischen Analyse wollen wir deshalb einerseits kurz beschreiben, wie René König seine Ziele sah und andererseits versuchen, aus subjektiven Erinnerungen - eigenen wie denen anderer Mitarbeiter - zusammenzusetzen, was sich von diesen Zielen realisieren ließ bzw. wo im Konfliktfall Prioritäten gesetzt wurden.

In René Königs Buch "Leben im Widerspruch"[1] sind an verschiedenen Stellen (insb. S. 199f., S. 205f., S. 302) Hinweise zu finden, wie er sich die Forschungsorganisation allgemein und speziell den Umgang mit Drittmittel-forschung vorgestellt hat sowie welche Chancen und auch Gefahren aus seiner Sicht damit verbunden waren.

1. René König betont dort vor allem das Ziel, Forschung zum Gegenstand fortgeschrittener Lehre zu machen: Einmal durch einen geregelten Einbezug qualifizierter Studenten über Diplomarbeiten (Hauptstudium) in größere Forschungsprojekte, zum anderen und vor allem durch die Einbindung der Doktoranden und ihrer Dissertationen in die Arbeiten am Forschungsinstitut: "Wie soll und wie kann man das Lehren der Soziologie mit der Forschung verbinden? Selbstverständlich erforderte das zunächst eine gewisse materielle Ausstattung und entsprechende finanzielle Mittel; dazu aber kam noch die Notwendigkeit einer 'Institution', wie mir Paul F. Lazarsfeld einmal sagte, in deren Rahmen die Forschung organisiert werden konnte. Ohne das riskierte man, daß sich die Forschungsprojekte, je nach den zufälligen Interessen der Studenten unternommen, verzettelten und des Zusammenhangs ermangelten" (S. 199).

---

1   Direkte Zitate stammen im folgenden aus dieser Quelle: René König, Leben im Widerspruch. Versuch einer intellektuellen Autobiographie, München/Berlin 1980. [Nr. 20]

An anderer Stelle heißt es: "1952 und neuerlich 1957 studierte ich eine besonders glückliche (wenn auch sicher teure) Lösung dieser Probleme an der University of Michigan in Ann Arbor, wo man eine Trennung zwischen dem Survey Research Center einerseits (am besten einem Max-Planck-Institut zu vergleichen) und der Detroit Area Study andererseits eingeführt hatte; die letztere unterstand im wesentlichen dem soziologischen Department. Während am ersten fortgeschrittene Forscher und junge Kollegen arbeiteten, wurden am zweiten Projekt Studenten zum Erlernen der Forschungstechniken unter der Leitung ihrer Professoren, u.a. Gerhard Lenski, eingesetzt. Vor allem die zweite Einrichtung war mir immer Vorbild, wenn ich in Köln meine verschiedenen Forschungsprojekte startete, während ich bei Auftragsforschung regelmäßig kommerzielle Institute einschaltete (insbesondere an der von mir geleiteten soziologischen Abteilung des Instituts für Mittelstandsforschung in Köln)" (S. 200).

Im Rahmen einer kurzen Diskussion der Dreiteilung des Studium mit Klagen darüber, daß im zweiten Teil (Hauptstudium) durch zeitliche Begrenzungen der Diplomarbeiten die Verbindung von Forschung und Lehre gestört worden sei, folgt zum Abschluß ein Satz zur Rolle der Forschung im dritten Teil: "Davon unabhängig entwickelte sich c) die Arbeit im Forschungsinstitut, die überwiegend den Studenten im Doktorstudium vorbehalten ist" (S. 206).

2. Ein weiterer, in der Autobiographie jedoch nicht gleichermaßen betonter Punkt ist die Bündelung von Forschungsbemühungen auf längerfristige und koordinierte Ziele hin. Dieser Aspekt wird einmal positiv benannt (S. 199), taucht dann aber in anderen Zusammenhängen gleich mehrfach "defensiv" bei der Abwehr unerwünschter Nebenwirkungen in Verfolgung an sich angestrebter Ziele auf. Gefahren für das Forschungsprogramm des Instituts sieht René König einmal in der Außensteuerung der Themensetzungen bei der Aufnahme von Drittmittelprojekten: "Es wurde mir damals schon mehr und mehr klar, daß häufig die einzige handgreifliche Motivation für die Forschung das zufällige Vorhandensein von Geld ist. Damit wird die wissenschaftliche Motivation zweifellos in die zweite Linie verdrängt. Sehr bald zeigte sich - erst in den Vereinigten Staaten, später auch in Deutschland und in anderen Ländern -, daß entschieden zuviel Geld für die Forschung vorhanden war, so daß das Spielchen begann, wie man vorhandenem Geld entsprechende Forschungen anhängte - anstatt umgekehrt für wohlbegründete Forschungen Geld aufzutreiben" (S. 302).

3. Weitere Gefahren erkennt René König (vor dem Hintergrund konkreter Erfahrungen) vor allem in Restriktionen der Datenverwendung für bzw. der Möglichkeit zur Erweiterung der Themenstellungen von Dissertationsvorhaben bei Drittmittelprojekten. Im Anschluß an Darlegungen zum bereits oben

erwähnten Institut für Mittelstandsforschung führt René König aus: "Im übrigen kam es am Ende zu einem ausgesprochenen Konflikt mit dem Bundeswirtschaftsministerium, das sich weigerte, Dissertationen im Institut zu finanzieren, und statt dessen rein administrative und politische Auftragsarbeit von uns erwartete. Diese naive Art der Wissenschaftspolitik machte sich leider immer mehr in den Behörden breit, so daß ich schon früh begonnen hatte, bei Vertragsabschluß darauf zu drängen, daß die finanzierten Projekte zu Dissertationen ausgebaut werden durften. Das ist ein wichtiger Hemmschuh für das Auswuchern administrativer Routinearbeit und politischen Wunschdenkens im akademischen Bereich. Die gleiche Regel habe ich in der ebenfalls von mir geleiteten Forschungsgruppe über Militärsoziologie befolgt. Auch in diesem Fall hat das Bundesverteidigungsministerium nach meiner Emeritierung die Forschung in eigener Regie übernommen, die Gefahren sind hier wie im anderen Falle die gleichen" (S. 205f.).

Unsere Gliederung der Zitate und mehr noch René Königs darin ausgesprochene Intentionen haben die möglichen Fragen über die Drittmittelforschung am Forschungsinstitut für Soziologie bereits vorstrukturiert: Welche Absichten wurden mit der Drittmittelforschung verfolgt? In welchem Spannungsfeld unterschiedlicher Zielsetzungen und äußerer Restriktionen wurden Entscheidungen über Drittmittelprojekte getroffen? Welche Zielsetzungen obsiegten im Konfliktfall?

II

Tatsächlich scheint es eine durchgehende Zielsetzung im Wirken von René König gewesen zu sein, Forschung zum Gegenstand fortgeschrittener Lehre zu machen. In der Erinnerung vieler seiner früheren Mitarbeiter wird dieses Bemühen jedoch vor einem anderen Hintergrund wahrgenommen: Viel stärker als eine solch relativ abstrakte Zielsetzung wie die Verbindung von Forschung und Lehre haftet in ihren Erinnerungen, daß es René König in erster Linie *um Personen* gegangen sei. Das steht keineswegs im Widerspruch zu den vorher genannten Aspekten, verschiebt aber die Gewichte: Danach war René König zunächst und vor allem daran interessiert, *Personen* zu fördern, die er schätzte und/oder von denen er in der Zukunft besondere Leistungen erwartete. Dazu gehörte eine gewisse Sicherung des finanziellen Rahmens, um ihnen die konzentrierte und zeitlich nicht allzu beschränkte Beschäftigung mit dem Dissertationsthema zu ermöglichen.

An zweiter Stelle - aber darüber sind die Aussagen bereits widersprüchlich - scheinen Vorstellungen über die Inhalte eines Forschungsplans am Institut und seiner Verträglichkeit mit den einzelnen Vorhaben gestanden zu haben, die oft angelehnt waren an besondere Vorleistungen der Kandidaten etwa im Rahmen von Diplomarbeiten. An letzter Stelle erst kamen - wenn man davon überhaupt sprechen kann - Überlegungen zur "Einwerbung von Drittmittteln". Vielleicht kam diesem Punkt auch deshalb eine so geringe Bedeutung zu, weil die Verfügbarkeit solcher Mittel in jener Zeit für René König völlig unproblematisch war; das Interesse der Drittmittelgeber war eher auf *Personen* und nicht auf abstrakte Institutionen bezogen, und René König gehörte zum engeren Kreis jener Persönlichkeiten, auf die sich das Interesse konzentrierte.

Vermutlich ist René König nur sehr selten bei der Drittmittel-Einwerbung initiativ geworden. Das schließt nicht aus, daß die bei ihm tätigen Mitarbeiter sich vor dem Auslaufen ihrer Finanzierung um Folgeaufträge bemüht und sich dabei natürlich auch Königs Einverständnis vergewissert haben. Im Normalfall jedoch sind Angebote zur empirischen Untersuchung eines Gegenstandes an René König *herangetragen* worden.

Es scheint ferner der Normalfall gewesen zu sein, daß nur selten eines dieser an ihn herangetragenen Themen König selbst soweit interessiert hätte, daß er etwa aktiv nach Möglichkeiten zur Realisierung des Angebots gesucht hätte. Die Angebote allein bewirkten zunächst meist nichts. Aber König behielt sie im Gedächtnis, wie so ungeheuer vieles andere, und nutzte sie erst, wenn sich über sein Interesse an Personen ein Anlaß dazu bot.

So erinnert sich der Verfasser z.B. an den Fall, daß in einem der größeren und längerfristig finanzierten Projekte am Forschungsinstitut eine Stelle unbesetzt war. René König wurde vorgeschlagen, sie mit einem gerade im Diplomexamen befindlichen Studenten zu besetzten: Ja richtig, der X habe doch eine sehr interessante Arbeit geschrieben! Nein, mit dem habe er nach dem Examen ganz andere Pläne, da liege doch ein Angebot von Z vor, und X sei genau der Richtige, das Thema zu bearbeiten. Sofort begann die emsige Suche nach dem Angebot, die sich über Tage erstreckte, weil es schon vor vielen Monaten eingegangen, bisher unentschieden und vermutlich über eine formale Bestätigung hinaus unbeachtet geblieben war. Als sich das Angebot zu Königs Bedauern nicht mehr realisieren ließ, wurde der Kandidat doch im erstgenannten Projekt beschäftigt.

Das Beispiel darf als Einzelfall nicht überbewertet werden, weist aber vermutlich auf "typische" Sachverhalte hin. In mancher Hinsicht typisch erscheint dieser Fall nicht nur im Hinblick auf René Königs vorrangige Personen-Orientierung, sondern auch auf sein Bemühen, bei der Annahme von Drittmitteln die inhaltlichen Rahmenbedingungen zu gestalten, in diesem Fall vor allem im Einklang mit den persönlichen Forschungsschwerpunkten des Kandidaten. Schließlich verweist das Beispiel auf Beschränkungen im Rahmen eines Forschungsbetriebes, die ihren Preis über Kompromisse erfordern: Am Ende wird der Kandidat in einem Projekt beschäftigt, das nach

Königs früherer Einschätzung *kein Optimum* darstellte im Hinblick auf die bisherige und künftig erwartete inhaltliche Arbeit des Kandidaten.

Ganz eindeutig hat René König das Spiel, "vorhandenem Geld Forschung anzuhängen", nicht mitgespielt. Ganz im Gegenteil stand er Angeboten auf Drittmittelfinanzierung von Projekten in der Regel ziemlich gleichgültig, zumindest aber nicht sonderlich interessiert gegenüber.

Es war aber offensichtlich *auch nicht* die Regel, daß René König für vorgängig festgelegte Forschungsziele Forschungsmittel erschlossen und dann geeignete Mitarbeiter gesucht hätte. Vielleicht kann man die von ihm eingegangenen Kompromisse zwischen den eigenen Forschungszielen, den durch Drittmittelangebote realisierbaren Untersuchungsthemen und dem Wunsch auf Förderung qualifizierter Studenten in Abwandlung des oben genannten Zitats so formulieren: Er hängte den Studenten, die er fördern wollte, bei möglichst weitgehender Beachtung ihrer Interessen und Vorleistungen Forschungsmöglichkeiten (-Projekte) und Gelder zu deren Realisierung an.

Dabei spielte der Gesichtspunkt der "Versorgung" der Kandidaten mit dem Ziel, ihnen für eine angemessene Zeit eine konzentrierte und relativ "ungestörte" Forschungstätigkeit - nicht zuletzt mit Einfluß auf deren Qualität - zu ermöglichen, eine besondere Rolle. So war König entsetzt, als der Verfasser etwa ein halbes Jahr vor Abschluß seiner Dissertation (bei Verfügbarkeit eines möglichen Nachfolgers, den auch König schätzte) aus einem Drittmittelprojekt ausschied, weil er die dort zu Beginn einer neuen Projektphase erforderliche Arbeit nicht mit den Arbeiten im Endstadium der Dissertation vermischen wollte. Ich erinnere mich immer noch mit einem Gefühl der Wärme an diese Situation, in der König Gesichtspunkte einer vernünftigen mittelfristigen Organisation der Projektarbeiten am Institut gegenüber vermeintlich dringenden persönlichen Belangen eines Mitarbeiters hintanstellen wollte. Eindeutige Prioritäten dieser Art waren wohl nicht zuletzt durch seine eigenen Erfahrungen in einer langen und sicher nicht leichten Zeit finanzieller Ungewißheit im Exil geprägt.

Offensichtlich hat René König also seine inhaltlichen Vorstellungen über eine Ausrichtung des Forschungsprogramms am Institut nicht konsequent "exekutiert", sondern sie gegenüber anderen Zielsetzungen vielfältig abgewogen und dann oft auch zurückgestellt. Es gibt Hinweise, daß ihm dies nicht immer leicht gefallen ist. Es scheint, daß konfliktäre Entscheidungen dieser Art im Ergebnis überwiegend zugunsten einer "Förderung von Personen" ausgegangen sind. Positiv gewendet hat dies eine ganz ungewöhnliche Vielfalt an Forschungsthemen und -Richtungen in René Königs Umfeld erzeugt. Viele seiner damaligen Mitarbeiter haben dies auch heute noch als äußerst anregend in Erinnerung und sind ihm dafür dankbar.

René König und die Kunst
Eine Skizze

Von Hans Peter Thurn

I

Welche Bedeutung die Kunst für René König biographisch und wissenschaftlich hatte, wird jeder gewahr, der auf seine Anfänge zurückblickt. Sein erstes Buch, 1931 in Leipzig erschienen, greift argumentativ weit über die im Titel angekündigte Thematik hinaus. Zwar durchleuchtet es tatsächlich "Die naturalistische Ästhetik in Frankreich und ihre Auflösung" und bietet dem Untertitel entsprechend einen "Beitrag zur systemwissenschaftlichen Betrachtung der Künstlerästhetik". Doch eröffnet König darüberhinaus eine für die damalige Zeit durchaus ungewöhnliche Perspektive, indem er anhand der wichtigsten Autoren des 19. Jahrhunderts die Entstehung der Kunstsoziologie in Frankreich beschreibt und deutet. Auguste Comte, Pierre-Joseph Proudhon, Hippolyte Taine, die Brüder Goncourt und Jean-Marie Guyau gelten ihm im Zusammenspiel mit mancherlei Schriftstellern und bildenden Künstlern zu Recht als die Wegbereiter einer neuen Sicht sowohl auf die Kunst als auch auf die sie hervorbringende und prägende Wirklichkeit. Ihnen gebührt neben einigen französischen und schottischen Vorläufern des 18. Jahrhunderts das Verdienst, der Kunst im Lichte eines neuen Wirklichkeitsverständnisses einen den kulturellen und sozialen Wandlungen der Epoche angemessenen Erkenntnisrang zuzusprechen und darüber hinaus zur Fundierung der die (nicht nur künstlerischen) Veränderungsprobleme durchleuchtenden soziologischen Wissenschaft beizutragen.

Die Methode, deren sich König im Verfolg derartiger Fragen schon in dieser frühen Untersuchung bedient, ist (wie er in seiner Autobiographie nochmals betont hat) "vergleichend": ihm stellten "die künstlerische und die soziale Realität die gleichen logischen Probleme" (Leben im Widerspruch, S. 92). Indem er systematisch nach den Wechselbeziehungen von Kunst und Sozialwelt fragt, nimmt er beide gleichermaßen hermeneutisch ernst und vermeidet in seiner Analyse jede Art von Reduktionismus. Im Gegenteil: Mit Bezugnahmen auch auf Max Weber und Georg Simmel weitet er die Problemsicht aus, differenziert die Fragestellungen und verschafft so der Kunstsoziologie eine zeitgerechte argumentative Komplexität. Künstlerische Äußerungen aller Art gelten König als Wissensformen und Anschauungsleistungen, deren Bildcharakter hinsichtlich seiner Wirklichkeitsgehalte und Möglichkeitsverweise ebenso epochenbedeutsam ist wie derjenige der sozialen

Lebensformen selbst. Wie angesichts solcher semantischer Entsprechungen, aber auch Abweichungen, Kunst und Sozialwelt korrespondieren: dies herauszufinden ist Aufgabe einer systematischen Strukturanalyse. Daß dabei sowohl die soziale Realität als auch die Kunstwelt in ihrer pluralen Verfasstheit wie Wechselbezüglichkeit zutagetreten, ist für König gewiß und Zeichen seiner Ablehnung jeglichen Einheitsdenkens. Wie hier so erhebt er auch in den übrigen diesbezüglichen Schriften der frühen dreißiger Jahre die Forderung nach einer empirisch fundierten, auf positiven (d.h. in ihrem Wirklichkeitsbezug nachvollziehbaren) Forschungen aufbauenden Kunstsoziologie, konkret: nach einer "soziologischen Kunststrukturlehre", die sich anzubinden hätte "an das feinausgearbeitete Kategoriensystem der soziologischen Rechts-, Sprach- und Wirtschaftswissenschaft", wie es in einer ausführlichen Besprechung René Königs zu Karl Dunkmanns Lehrbuch der Soziologie heißt (König 1933, S. 68).

Dieser Entwurf einer Kunstsoziologie, die in die Fachentwicklung eingebettet ist, überwindet mithin in Königs Denken schon sehr bald die Grenzen, welche durch die Themenvorgabe der ersten Buchpublikation gesteckt waren. Daß Max Dessoir eine vorwiegend soziologisch argumentierende Arbeit, die den Boden seines Faches, der Philosophie, doch eigentlich schon verlassen hatte, gleichwohl als Dissertation akzeptierte, ja den Verfasser gar zur weiteren Arbeit in der eingeschlagenen Richtung ermunterte und ihn darin auch publizistisch unterstützte, zeugt von seiner intellektuellen sowie akademischen Offenheit und begründete das ehrende Andenken, das sein Schüler ihm zeitlebens bewahrte. Zu verstehen ist diese Entwicklung aber auch vor dem Hintergrund zeitgenössischer Kunsterfahrungen. Die künstlerischen Aufbruchsbewegungen, die das 20. Jahrhundert so nachhaltig prägten, waren in jenen Jahren noch ganz gegenwärtig und miterlebbar. Berlin, wo König seine Doktorarbeit und seine frühen Aufsätze verfasste, quirlte in den zwanziger Jahren ebenso wie Paris, des Autors zweite geistige Heimat, über von Innovationen und Sensationen, die es nahelegten, auf die neuen Kunsterlebnisse auch neue Antworten der Wissenschaft zu suchen. Gerade angesichts dieser Vervielfältigung der künstlerischen ebenso wie der sozialen Realität erteilt das Buch von 1931 den seinerzeit vieldiskutierten ideologischen Rezepten einer stärkeren schöpferischen Anbindung der Kunst an die Gesellschaft eine deutliche Absage. So besehen, artikulierte es auch Königs Protest gegen den marxistischen Kunstdogmatismus, zumal gegen die Widerspiegelungstheorie und gegen die Realismusdebatte. Hinwendung zur Wirklichkeit, sei es der Kunst, sei es des sozialen Lebens, das hieß für René König schon damals, sich wahrnehmungsbereit zu öffnen bei Vermeidung jeglicher Art von augenverschließenden Vor-Urteilen.

II

René König hat verschiedentlich betont, daß er immmer wieder "in der Kunst ... den entscheidenden Anstoß" fand, der ihm bildlich, in der Anschauung etwas nahebrachte, das er in der Folgezeit "mit intellektuellen Mitteln nachvollziehen mußte" (Leben im Widerspruch, S. 109). Als Erfahrungsformen erschlossen ihm zumal bildende Kunst und Literatur die Welt in den Modi von Wirklichkeit und Möglichkeit, dienten ihm mithin als Anregungsmedien und Übungsfelder der Sinneswahrnehmung. "Mit den Sinnen denken": dieses Motto von Louis Aragon war stets auch eine Maxime von René König. Die Kunst in ihren vielerlei Erscheinungsformen bot ihm dazu eine Chance, die er nicht minder im täglichen Leben als in der Sozialwissenschaft gewahrt und wahrgenommen wissen wollte. In dieser Haltung tritt Königs Wunsch nach ebenso unmittelbarer wie plastischer Welterfahrung zutage, sein Bemühen um direkten sensorischen Zugang zur Wirklichkeit, sein Bedürfnis, eigentätig ein möglichst umfassendes, vielsinniges Bild von den Menschen, ihren Äußerungen, Artefakten, Lebensformen zu gewinnen. Darin spricht sich die Überzeugung aus, daß im Menschen die Bildvorstellung umfassender tätig ist als die Verbalisierung, daß das Auge vor dem Wort rangiert, daß die optische Intelligenz des Menschen weiter ausgreift als seine Sprachmacht. Weshalb auch König stets (und schon in seinem frühesten Buch) für eine anthropologische Fundierung der Kunst- wie der Sozialwissenschaft plädierte. Von der Forderung nach der Anschaulichkeit allen Denkens wie jedweder Äußerung ist er zeitlebens nicht abgegangen.

Wie sehr sich Königs Denken an visueller Erfahrung entzündete, bezeugt Karl Löwith, indem er in seinem Emigrationsbericht einen Brief Königs aus dem Jahre 1937 zitiert, in dem dieser seine Einsicht in die Mentalität der Deutschen unter dem Nationalsozialismus schildert: "Es geht einem dies auf, wenn man solche Dinge sieht wie neulich in der Berliner Illustrierten. Es gab da eine Bildreportage: "Das Gesicht des Deutschen bei der Führerrede". Ich habe nie in den letzten Jahren ein so katastrophales Dokument des heutigen Zustands in Deutschland gesehen. Sie sahen mehrere Fotos aus Werkstätten, Restaurants, Kinos, Versammlungssälen etc. Und in allen Gesichtern derselbe niederdrückende Ausdruck von völliger Apathie und Laufenlassen, von Energielosigkeit, das Eingesehene oder auch nur dunkel Gespürte, wenn nicht vor aller Welt laut zu sagen, so doch wenigstens sich einzugestehen. Es war wirklich angreifend und erschütternd, diese Bilder zu sehen" (Löwith 1986, S. 128).

Die Devise, Erkenntnis auf Anschauung auch in der wissenschaftlichen Arbeit zu gründen, da diese ein Prinzip des menschlichen Lebens ganz generell ist, hat sich König schon während seiner Berliner Studienzeit eingeprägt. An der dortigen Universität nämlich lehrte seit 1920 Wolfgang

Köhler, der Begründer der späterhin weltweite Bedeutung erringenden Gestaltpsychologie. Seine Thesen fanden wohl Eingang in die Diskussionen auch am Lehrstuhl Max Dessoirs, zumal dieser neben Philosophie und Kunstwissenschaft auch Psychologie lehrte und neuen Entwicklungen gegenüber stets aufgeschlossen war. Köhler seinerseits befürwortete später das Habilitationsvorhaben Königs, das sich jedoch zerschlug, weil Köhler sich wie König dem Zugriff der Nationalsozialisten durch Emigration entziehen mußte, während Alfred Vierkandt Lehrverbot erhielt.

Gleichwohl: Wolfgang Köhlers Überlegungen bezüglich der zentralen Funktion von Strukturprozessen der Gestaltwahrnehmung für die menschliche (wie für die tierische) Lebensführung zeitigten anhaltende Folgen in Königs Denken und Forschen. Was ein anderer prominenter Adept Köhlers, Rudolf Arnheim, auf den einprägsamen Nenner "Anschauliches Denken" brachte, ist die Leitformel auch von René Königs Prinzip der (möglichst: teilnehmenden) "Beobachtung". In ihr hatte sich später in Köln jeder zu schulen, der Sozialforschung ernsthaft und mit Aussicht auf diskutable Ergebnisse betreiben wollte. Im Kern besteht solches Beobachten aus kontrolliertem, registrierendem, genauem und geduldigem Hin-Sehen auf Farben, Formen, Figuren und Wechselbezüge von Lebensprozessen sowie aus der gedanklichen Veranschaulichung des auch jenseits der Worte Erschauten. Die Nähe dieser wissenschaftlichen Bemühung zur künstlerischen hat König in einer ungedruckten autobiographischen Skizze festgehalten, in der er über seine "eigene Position als Forscher" nachdachte: "Beobachtung ist gewissermaßen die Elementarstufe der Erkenntnis. Als solche hat sie viel Verwandtes mit dem Sehen des Malers. Sie hat vor allem mit ihm gemeinsam die Selektivität... So ist wissenschaftliches Sehen keineswegs, wie man so oft hören kann, passiv. Im Gegenteil: es ist zuhöchst aktiv."

III

Für den Sohn einer Französin, der sich von Kindesbeinen an alljährlich zu Verwandtenbesuchen in Paris aufhielt, lag es nahe, sich der Literatur- und Geistesgeschichte Frankreichs auch studierend zuzuwenden. Daß sich der Horizont seiner Interessen auf diesem Wege rasch und nachhaltig ausweitete, bezeugt René Königs enzyklopädische Neugier. Dementsprechend hält sich seine literatursoziologische Dissertation keineswegs an die üblichen Gattungsgrenzen, sondern wirft Schlaglichter auch auf die Theorie und Praxis von Malerei und Gebrauchskunst. Themen wie Mode und Schmuck, die König zeitlebens interessierten, die sich später zu teilweise großangelegten, immer wieder aufgegriffenen Untersuchungen ausfalten, tauchen in seinem ersten Buch bereits auf. Einzig die Musik erfährt hier wie künftig keinerlei Auf-

merksamkeit, wohingegen der Film König in der Folge zumal in seinen doku-
mentarischen Varianten sowie als ethnosoziologisches Erkenntnismittel immer
wieder in seinen Bann zieht.

Der familiengeschichtliche Hintergrund von René Königs Kunstinteresse
ist jedoch nicht nur matrilinear aufweisbar. Auch väterlicherseits werden Anregungen und Prägungen wirksam geworden sein. Vom Gefallen seines Vaters
zumal am Theater hat König selbst berichtet. Sein Halbbruder Gustav Fröhlich
wählte die Schauspielerei als Beruf, wurde nach Bühnenanfängen bekannt vor
allem als Filmdarsteller und Filmregisseur. Eine Cousine väterlicherseits,
Brigitte König, wirkte lebenslang an zahlreichen Theatern, über viele Jahre
gemeinsam mit ihrem Partner Karl Streck, im Charakterfach. Ein entlegener
Vorfahr soll als Verfasser von Dramen regional namhaft geworden sein.

So speist sich die Hinwendung René Königs zur Kunst aus mancherlei
familiären Quellen. Bei aller Vielfalt der Dispositionen wurde er jedoch
vorrangig ein homme de lettres. Wohl wissend um den Rang der Bilderfahrung
für die Lebensgestaltung, vollzog sich seine schöpferische Eigentätigkeit im
Wort. Gerne bewegte er sich von den Anfängen an im Kreise von Literaten,
suchte er und fand die Freundschaft von Schriftstellern. Schon in Danzig
wurde der dort als Bahnbeamter einem Brotberuf nachgehende deutsch-pol-
nische Romancier Stanislaw Przybyszewski sein Mentor. In Berlin zählten der
früh verstorbene Lyriker Wolfgang Hellmert sowie Klaus Mann zu seinen
engsten Gefährten. Werner Ziegenfuß, der sich im gleichen Kreis bewegte,
ging wie René König den Weg von der Literaturanalyse und Kunstbetrachtung
zur allgemeinen Soziologie. Der seinerzeit einsetzende Dialog mit Gustav René
Hocke, einem nicht minder frankophonen und italophilen Literaten, währte
bis Anfang der achtziger Jahre. In Wien und Zürich erwiesen sich die
österreichischen Dramatiker Franz Theodor Csokor und Fritz Hochwälder als
bereichernde Gesprächspartner.

Der Emigrant René König verdiente in Zürich seinen Lebensunterhalt
mit literarischen Übersetzungen, deren eine, "Die Malavoglia" von Giovanni
Verga, zahlreiche Neuauflagen erfuhr und ihrem Verfasser noch 1967 einen
Preis eintrug. Diese Arbeiten und ihre Resonanz bezeugen, daß König das
literarische Handwerk verstand und sich darin stetig verbesserte. Schon damals
erfüllte er (wie später als Herausgeber der Kölner Zeitschrift für Soziologie
und Sozialpsychologie) seine Rolle als Vermittler engagiert, präzise und
effizient. Die Qualität seines Tuns bestätigte ganz ohne sein Wissen abermals
Karl Löwith, indem er ihn anlässlich der Betreuung seines Nietzsche-Buches
für Gerhard Bahlsens Verlag "Die Runde" einen "persönlich interessierten
Lektor" nannte (Löwith 1986, S. 104).

Wertschätzung hegte man in der Familie Königs seit jeher ebenfalls für
Maler und Bildhauer. Der Umgang mit Gemälden und Plastiken war selbstverständlich. Noch heute hängt ein sensitives Landschaftsbild von Ulrich Leman,

einem Mitglied der Künstlervereinigung "Das Junge Rheinland", vom Vater in den zwanziger Jahren erworben, blickfangend in René Königs Kölner Haus. Der Plastiker Fritz Wotruba vermittelte ihm während der Züricher Freundschaftsjahre Ateliereinblicke in die Freuden und Leiden des künstlerischen Schaffens. Georg Meistermann, schon in der Kölner Aufbruchsphase nach 1950 mit ihm in Kontakt gekommen, erschloß ihm eine neue, überraschende Sicht auf seine farbformierende Gratwanderung zwischen Figuration und Abstraktion. Durch Gustav René Hocke lernte König schließlich in Italien den Maler Gerhard Hoehme kennen, mit dem ihn alsbald ein intensiver Dialog verband, der sich zwar oft an den Kunstwerken selbst entzündete, doch immer wieder thematisch weit über diese hinausgriff. Im brieflichen Gedankenaustausch mit Hoehme fragt König sich 1978 rückblickend, "wieso ich in meinem Leben seit jeher ein besonderes Verhältnis außer zu Bildhauern vor allem zu Malern gehabt hatte?" Die Antwort ergibt sich abermals aus Königs Anthropologie: "Die Malerei ... war für mich die eigentlichste Ausdrucksform des Menschen, da der Mensch ein Wesen ist, das aus dem Auge lebt." In Hoehmes malerischem und plastischem Konzept der Beziehungsdarstellung, der "Relationen", fand König überdies eine Analogie zu eigenen Einsichten. Wird doch im Werk des Künstlers "das sonst Unsichtbare sichtbar gemacht..., indem "Relationen" erscheinen, die ja nicht in den Dingen, sondern in den Leerräumen zwischen ihnen wesen. Diese Aufgabe ist übrigens der soziologischen Erkenntnis völlig parallel; denn Gesellschaft ist nichts, auf das man die Hand legen könnte, sondern sie lebt ausschließlich in Relationen zwischen den Entitäten der Menschen."

IV

Die Besetzung Frankreichs durch die Nationalsozialisten versperrte dem politischen Emigranten neben der Rückkehr nach Deutschland nun ebenfalls den Zugang zu seiner zweiten geistigen Heimat. Einen Ausgleich für diesen Verlust schuf sich René König durch die stärkere Hinwendung nach Italien. Auf Reisen bis hinunter nach Sizilien erschloß er sich Kultur, Politig fandk und Gesellschaft, Geschichte und Gegenwart der Halbinsel. Diese Verlagerung der Orientierung schärft Königs Blick für eine Haltung, die er in jenen Jahren "Krisenanalyse" nennt und die zugleich einen Wendepunkt in seiner persönlichen und wissenschaftlichen Biographie markiert. Denn Italien gerät ihm zum ästhetischen sowie künstlerischen Erlebnisfeld und überdies zum Anschauungsort eines unwiderruflichen zivilisatorischen Umbruchs. Diese Erfahrung einer "Zeitenwende" hat König in zwei bedeutenden, literarisch anspruchsvollen und analytisch eleganten Schriften verarbeitet, deren kunstsoziologischer Charakter unübersehbar ist: den Büchern über Machiavelli (1941) und über Sizilien (1943). Im Arbeitsgang von jenem zu diesem schreitet König zugleich von der Individualbetrachtung zur Regionalanalyse, von der Geschichte in die Gegenwart, vom Einzelnen zum Allgemeinen fort. Noch einmal wird die Welt auf ihre Artifizialität wie auf ihre Profanität hin geprüft, wird Machiavelli als Künstler durchschaut, wird der "Principe" als Buch einer resignativen Kunst durchblättert, offenbart sich der konfliktreiche Kunstcharakter der sizilianischen Kulturlandschaft. Doch nicht damit Kunst und Lebenswirklichkeit argumentativ durchmischt oder gar miteinander verwechselt würden, schreibt König dies alles nieder, sondern ganz im Gegenteil um sie genauer trennen zu können, um ihre Eigenheiten und Widersprüche besser zu erkennen. Nach Vollendung dieser in bildreicher Sprache geschriebenen und darum so anschaulichen Werke sieht ihr Verfasser klareren Blicks auf die Welt und trifft seine Entscheidung, indem er sich endgültig der Soziologie als unmittelbarer Wirklichkeitswissenschaft zuwendet.

So sind diese "italienischen" Bücher Königs auch Zeugnisse einer Desillusionierung wie der Läuterung zu einer künstlerisch geschulten, aber nunmehr unverstellten Empirie. Von einer Metaphorik des Abschieds durchzogen, spricht aus ihnen zugleich der Entschluß zu einem geistigen Neubeginn. Die nächsten beiden Bücher René Königs werden den Begriff "Soziologie" deutlich im Titel tragen. Wie der Freund Karl Löwith mit seinem 1936 in Luzern erschienenen Werk über Jacob Burckhardt, hat sich mithin auch König die Erarbeitung seiner skeptischen Problematisierung der menschlichen Lebenswelt keineswegs leicht gemacht. König wird Löwiths Buch gekannt haben; der Geist Burckhardts wie seines Interpreten durchweht in jenen Jahren die Schriften des werdenden Soziologen. Noch die späte Widmung der Habilitationsschrift bringt die geistige und persönliche Besonderheit dieser Beziehung Königs zu Löwith in der parallelen Suche nach Neuorientierung dankbar zum Ausdruck.

Doch wäre René König ein schlechter Historiker gewesen und kein guter Soziologe geworden, hätte er nicht schon damals und fürderhin um den Einschluß der Kontinuität auch ins Diskontinuierliche gewußt. Daher bleibt ihm bei aller soziologischen Wirklichkeitsanalyse in den kommenden Jahren sein Kunstinteresse durchaus erhalten. Allerdings ändern sich dessen szientifische Vorzeichen, indem nun ebenfalls der Kunst und den Künstlern empirische Fragen gestellt werden. Davon zeugt die gemeinsam mit Alphons Silbermann durchgeführte, 1964 veröffentlichte Untersuchung "Der unversorgte selbständige Künstler" nicht minder als mancherlei kurzer Vortrag und Aufsatz, die hernach in die "Soziologischen Orientierungen" Eingang finden. Gleichzeitig verlagert sich jedoch Königs Interessenschwerpunkt unverkennbar von der Hoch- in die Gebrauchskunst. Dabei werden die künstlerischen Hervorbringungen sozusagen dichter an den Alltag herangerückt, müssen sich mit den Problemen der konkreten Lebensgestaltung konfrontieren lassen.

Nicht mehr wird nun, wie vormals, die Wirklichkeit durch die Brille der Kunst betrachtet, sondern von der Realität des Daseins her wird, wie im Blick auf die Mode, ins Auge gefasst, was an ihr "Kunst" ist und was künstlerischer Gestaltungswille in ihr, für sie oder auch gegen sie vermag. Dieser Perspektivenwechsel offenbart: René König hat sich vom Kunstanalytiker zu einem Soziologen gewandelt, der die Bedeutung kultureller Fragen nicht vergessen hat. Nie auch verleugnete er seine Anfänge, seine Sichtveränderung und die Kontinuität darin. Im Bewußtsein des erfahrenen Reichtums und in der Hoffnung, ihn zur schöpferischen Veranschaulichung der Lebens genutzt zu haben, konnte er "zugeben, daß ich meinen Weg zur Soziologie über die Kunst gefunden habe" (Leben im Widerspruch, S. 34).

Literatur

Argan, Giulio Carlo, und *Hans Peter Thurn*: Gerhard Hoehme. Werk und Zeit 1948-1983, Stuttgart und Zürich 1983.

Arnheim, Rudolf: Anschauliches Denken. Zur Einheit von Bild und Begriff, Köln 1972.

Dessoir, Max: Buch der Erinnerung, Stuttgart 1946.

Fröhlich, Gustav: Waren das Zeiten. Mein Film-Heldenleben, München/Berlin 1982/83.

Hommage à Gustav René Hocke. Die Welt als Labyrinth, Viersen 1989.

Jaeger, Siegfried: Gestaltpsychologie - Wolfgang Köhler und seine Zeit, Berlin 1990.

König, René: Die naturalistische Ästhetik in Frankreich und ihre Auflösung, Leipzig 1931. [Nr. 1]

König, René: Rezension zu Karl Dunkmann (Hrsg.), Lehrbuch der Soziologie und Sozialphilosophie, Berlin 1931, in: Zeitschrift für Ästhetik und allgemeine Kunstwissenschaft, Jg. 27, 1933, S. 66-70. [Nr. 369]

König, René: Niccolo Machiavelli. Zur Krisenanalyse einer Zeitenwende, Erlenbach-Zürich 1941. [Nr. 3]

König, René: Sizilien. Ein Buch von Städten und Höhlen, von Fels und Lava und von der großen Freiheit des Vulkans, Zürich 1943. [Nr. 4]

König, René: Brief an Gerhard Hoehme vom 18.12.1978 (unveröffentlicht).

König, René: Leben im Widerspruch, München und Wien 1980. [Nr. 20]

Löwith, Karl: Jacob Burckhardt. Der Mensch inmitten der Geschichte, Luzern 1936 (Neuausgabe in: Sämtliche Schriften, Band 7, Stuttgart 1984).

Löwith, Karl: Mein Leben in Deutschland vor und nach 1933. Ein Bericht (1940), Stuttgart 1986.

Przybyszewski, Stanislaw: Erinnerungen an das literarische Berlin, München 1965.

Gehört René König zur "Kölner Schule"?

Von Johannes Weiß

I

René König wird in der Historiographie der deutschen Nachkriegssoziologie, sehr zu Recht, als Begründer und spiritus rector der "Kölner Schule" geführt. Vermittelst dieser Schulgründung hat René König - nicht allein, aber sehr viel entschiedener als andere Schulhäupter - die Soziologie in der Bundesrepublik als empirische und als strenge Wissenschaft durchgesetzt und im großen Maßstab organisiert. Die Meinung, die innerhalb und außerhalb der Kölner Schule gelegentlich den Charakter eines Gründungsmythos hatte, damit sei die Soziologie in Deutschland überhaupt zum ersten Mal als strikte Erfahrungswissenschaft aufgefaßt und betrieben worden, ist allerdings ganz falsch. In Wahrheit ist ein solches Verständnis von Soziologie bei sehr bedeutenden der deutschen soziologischen Klassiker - insbesondere bei Max Weber und Ferdinand Tönnies - in einer exemplarischen, höchst anspruchsvollen und konsequenten Form vorgeprägt worden. Daß es sich, auch vor 1933, nicht hat durchsetzen können, sondern, ganz im Gegenteil, aufs oberflächlichste kritiert oder ganz vergessen wurde, ist ein anderes, tatsächlich mit der deutschen Malaise zusammenhängendes Thema.

Das Spezifikum der Kölner Schule bestand darin, den in den westlichen Gesellschaften, insbesondere in den Vereinigten Staaten, erreichten Stand der methodischen und theoretischen Verselbständigung und Durchbildung der Soziologie als maßgebend zu behaupten und als Ausgangsbedingung der eigenen Arbeit zu betrachten. Es galt als ausgemacht, daß damit die via regia vorgezeichnet sei, auf der die Soziologie sich als Fachwissenschaft und Profession eigener Art und Legitimität würde etablieren und, nicht zu vergessen, in ihrer praktisch-politischen Nützlichkeit (für eine neue, demokratische Gesellschaft) würde erweisen können. In diesem Sinne war es ganz einleuchtend, daß René König viele seiner Schüler zur "Lehre" in die Vereinigten Staaten schickte und dabei auch in Kauf nahm, daß einige von ihnen den Weg zurück weder suchten noch fanden. Auch gehört hierher, was damals unter Studenten erzählt wurde: Von einigen Lehrenden - nicht von René König selbst, sondern wohl eher von einigen jüngeren Heißspornen - werde empfohlen, Max Weber tunlichst in englischer Übersetzung zu lesen. Se non è vero, è ben trovato: Warum sollten sich die der deutschen Sprache überhaupt und auch noch dem Weber-Deutsch anhaftenden Dunkelheiten und Überschwenglichkeiten nicht auf diese Weise zum Verschwinden bringen lassen?

II

Soviel in groben Zügen zur gängigen Selbst- und Fremdwahrnehmung resp. zur folk-lore der Kölner Schule. Daran ist viel Wahres, und doch ist es nicht einmal die halbe Wahrheit. Was insbesondere die Bedeutung und Wirkung René Königs angeht, so deckt sie bestenfalls den vergleichsweise kleinen Teil seiner Arbeit, der sich in den programmatischen Äußerungen zur empirischen Sozialforschung und ihrer Methodik sowie in seinen Bemühungen um die materielle und institutionelle Basis empirischer Untersuchungen niedergeschlagen hat. Es ist dies der Teil, der es im wesentlichen mit der Förderung der soziologischen Forschung *anderer* (z.B. in der Drittmittelforschung) zu tun hat. Die Arbeiten dagegen, in denen König seine ureigensten Interessen und Fähigkeiten zur Entfaltung brachte, fügten sich, bei aller prinzipiellen Bindung an das erfahrungswissenschaftliche Programm, dem an einen bestimmten und vermeintlich wohlerprobten Methodenkanon gebundenen Verständnis von Soziologie nicht, weder in ihren kulturgeschichtlichen und kulturanthropologischen Dimensionen noch in ihrer, noch so kritischen, Sensibilität für philosophische Probleme.

III

Dies nun gilt a fortiori für René König als *akademischen Lehrer*. Hier ist vorweg zu sagen, daß ein beträchtlicher Teil des großen Ansehens und Einflusses von König nicht in seinen wissenschaftsorganisatorischen Leistungen und auch nicht in seinen Veröffentlichungen, sondern in seiner Lehrtätigkeit gründet. Der Umstand, daß sich diese Seite seiner Wirksamkeit am schwersten nachzeichnen und in ihrem relativen Gewicht messen läßt, ändert daran nichts. Unter denen jedenfalls, die in jener glorreichen Zeit in Köln studiert und bei René König gehört, Scheine erworben und Examina abgelegt haben, ist die Auffassung allgemein, daß sich die Gelehrsamkeit und die Inspirationskraft dieses Soziologen nur in der Lehre voll entfaltet habe. Vor allem in seinen großen Vorlesungen kam alles zusammen, was so viele, weit über den engeren Schülerkreis hinaus, dauerhaft beeindruckt und für die Soziologie - besser: für eine *solche* Soziologie - eingenommen hat: die Breite des Wissens, die geistige Lebendigkeit und Offenheit, die große Vertrautheit mit vielen Kulturen und Sprachen, der weltläufige, kosmopolitische Habitus, die Erschließung nicht nur der angelsächsischen, sondern gerade auch der französischen Denktraditionen, schließlich, nicht zu vergessen, das - dezidiert aufklärerische - politische Engagement. Keine der damals und späterhin üblichen Selbst- und Fremdetikettierungen der "Kölner Schule" trifft auch

nur annähernd das, was der akademische Lehrer René König seinen Hörern
vermittelt und wozu er sie ermuntert hat.

IV

In einem den Problemen der Dialektik gewidmeten Hauptseminar begab es
sich, daß ein studentischer Referent - wohl in der Annahme, so dem genius
loci den erwünschten Tribut zu zollen - sich die Hegel-Kritik noch leichter
machen wollte als Karl R. Popper (in "Was ist Dialektik?") und also behaupte-
te, dieser Philosoph lasse selbst elementarste Kenntnisse der formalen Logik
vermissen. Das war jedoch nicht nach René Königs Geschmack; er hielt es
vielmehr mit der, von einem anderen Studenten sehr heftig vorgetragenen
Meinung, daß die Auseinandersetzung mit Hegel ein gehöriges Maß an
intellektueller Anstrengung erfordere und verdiene.

V

Derartiger Geschichten gäbe es, des bin ich sicher, viele zu erzählen, vor allem
wohl von solchen Ehemaligen, die 'von außen', insbesondere aus der philosophischen Fakultät, zur Soziologie fanden. Es wären Geschichten, die von der
Liberalität und der intellektuellen Neugierde dieses akademischen Lehrers
handelten (der sich doch zugleich zu entschiedensten Gegnerschaften, zumal
in politischen Dingen, bekannte), aber auch davon, daß die Soziologie genau
da am produktivsten und nützlichsten ist, wo sie sich nicht ängstlich oder
verkrampft auf ihren Fach-Kern zurückzieht, sondern, in der ruhigen Gewißheit dieses Kernbestandes, an ihren Fach-*Grenzen* operiert. Es mag viele
Äußerungen von René König geben, die ganz anders klingen und, in ihrem
Kontext, auch anders gemeint waren. Dies würde, im schlimmsten Falle, aber
nur bedeuten, daß auch diese Gelehrtenpersönlichkeit sich keiner Normal-
und Normvorstellung von Soziologie fügte, die eigene eingeschlossen, und
daß sie nur deshalb so bedeutend und so einflußreich sein konnte.

VI

Wie also steht es mit der Titelfrage? Klar ist, daß sich eine bejahende Antwort
eben nicht von selbst versteht, doch eine apodiktisch verneinende ist wohl
auch nicht plausibel. Was aber spricht dagegen festzustellen, daß René König
der Begründer und spiritus rector der "Kölner Schule" gewesen ist, daß er ihr
als solcher - wie alle Schulgründer - in einem ganz besonderen, "dialektischen"

Sinne angehörte, daß aber damit bei weitem nicht alles und vermutlich nicht einmal das Wichtigste über ihn gesagt ist?

Zwischen Zürich und Amsterdam:
René König und mein eigener Weg

Von Ernest Zahn

Wenn René König beim Rückblick auf seine Zürcher Jahre schreibt, daß die Tätigkeit eines Privatdozenten "an sich" darin besteht, "sich zu Lasten seiner Zuhörer in der von ihm vertretenen Disziplin auszubilden", so kann ich bescheinigen, daß mein damaliges Zuhören keine Last, sondern ein Vergnügen war. Der Privatdozent war natürlich längst professorabel. Ich selber habe mich in seiner Vorlesung unter anderem als Stenograph ausgebildet und meine soziologischen Kürzel erfunden. Es gab ja noch keine modernen Lehrbücher, von teuren angelsächsischen abgesehen. Ein tagebuchartiges Schreibheft mit steifem Deckel wurde mein selbstgeschriebenes, mein mitgeschriebenes Lehrbuch der Soziologie von König. Es hatte an die hundert numerierte Seiten mit breiten Margen, auf denen mit der Zeit Ergänzungen, Literaturangaben und eigene Kommentare hinzukamen. Der Text wurde durch farbige Unterstreichungen übersichtlich (freilich nur für mich). Ich besaß dieses kuriose Vademecum lange, tat es erst weg, als König mir mit seiner Widmung "das erste Exemplar" seines Fischer Lexikons schenkte (ich war gerade bei ihm, als er es vom Verlag empfangen hatte).

Die Vorlesungen in Zürich hörte ich zunächst noch sozusagen schwarz, denn von einer Immatrikulation und einer Aufenthaltserlaubnis in der Schweiz zu Studienzwecken konnte noch keine Rede sein. Dazu mußte man nachweisen können, daß man nicht mittellos war. König konzedierte mir den Status des Gasthörers, so daß ich nicht "illegal" bei ihm herumsaß. Aber er tat noch mehr. Es interessierte ihn, was unsereins tat und trieb. Ich erinnere mich an manches noch sehr genau, und wenn ich jetzt aufgefordert werde, über "die Person René König" zu schreiben, darüber, wie er "Soziologie gelebt" hat, ist es mir unmöglich, den eigenen Lebensweg auszuklammern. Unwillkürlich wird die Sache zu eigenen Memoiren.

Ich kann nicht mehr sagen, wann es war, daß ich mich nach der Vorlesung bei ihm vorstellte, doch ich weiß noch, daß er mir vorschlug, ihn auf dem Weg von der Uni hinunter zum Bellevue zu begleiten. Er hatte es ja meistens eilig, darum aber nicht weniger Zeit für uns. Der Kontakt war gleich so, daß ich ihm erzählen konnte (was natürlich gar nicht meine Absicht gewesen war), daß ich in einer Seidenweberei am Albis Schwierigkeiten mit der Arbeitsbewilligung gehabt hatte und jetzt im Montagebüro einer Zürcher Turbinenfabrik arbeitete. Ich sagte ihm auch, daß ich ihm am Wochenende im Petit Palais des vornehmen Hotels am See den Café crème servieren könnte, wenn er Lust verspüren sollte, sich dorthin zu begeben. Doch so etwas war damals auch für René König ein Luxus. Er lud mich statt dessen in seine Wohnung ein. Dort bekam ich später eine Vorstellung davon, wie er zu arbeiten pflegte. Sein Geld verdiente er bekanntlich unter anderem mit Zeitungsartikeln und Übersetzungen. Er hatte auch mit der Vorbereitung eines "Lexikons für Zeitungsleser" zu tun und schlug mir vor, dafür die Stichworte zusammenzusuchen. Das Aufsuchen und Erläutern solcher Stichworte (z.B. Petition) war dem Soziologiestudium förderlicher als das Musiknotenschreiben auf Matrizen für den Töchterchor der Liebfrauenkirche, das mir in den Abendstunden etwas einbrachte. Und nun kam ich auch mit der Schweizerischen Landesplanung in Verbindung.

Damals, in den vierziger Jahren, war die Limmatstadt ja so etwas wie die kulturelle Hauptstadt im deutschsprachigen Europa. Da war eine Menge los, was uns ausländische Studenten anregen, faszinieren konnte. Da gab es berühmte Erstaufführungen im Schauspielhaus, Ausstellungen im Kunsthaus, Künstlerabende in Privathäusern, zahlreiche Vorträge bekannter Gelehrter und Schriftsteller (Wolfgang Pauli, Karl Popper, Harold Nicolson, Arnold Toynbee, Thomas Mann, Carl Zuckmayer, Theodor Plivier, um nur einige Namen zu nennen). Da waren Veranstaltungen wie der Poly-Ball und der Uni-Ball mit in- und ausländischen Jazz Bands in den Wandelhallen (im übrigen dominierten damals noch die französischen Chansons; zur intellektuellen Selbstdarstellung gehörten Gauloises, keine amerikanischen Zigaretten). An der Universität regierten freilich die traditionellen Geisteswissenschaften. Die Soziologie war kein sonderlich geschätztes Fach. Dennoch, ja gerade deshalb ist die Person René König, ist die Wissenschaft von der Gesellschaft, wie er sie vorstellte und uns engagiert nahezubringen verstand, ein nicht wegzudenkender Teil meiner Erinnerung ans damalige Zürich. Im Café Pfauen hing übrigens eine Zeit lang neben einigen Künstlerporträts auch ein Porträt von René König (und ich frage mich, wo es hingekommen ist).

Für die vielen Ausländer in seiner Vorlesung wurde König eine Art Integrationsfigur. Er ging mit seinen Studenten ins Kino, abends im See baden - damals etwas sehr Ungewöhnliches. Übrigens dürfte nur wenigen bekannt sein, daß er auch ein unermüdlicher Langstreckenschwimmer war. Vielleicht trug dies zu seiner Gesundheit und Langlebigkeit bei (nachdem er wegen einer Bronchitis, die man seiner Stimme längst anmerkte, das Kettenrauchen aufgegeben hatte). Eine Schwimmtour in den sechziger Jahren - wir schwammen damals von Felsenklippen bei Ponza eine Riesenstrecke zurück zum Bootshafen - habe ich in besonderer Erinnerung. Obwohl wir dabei natürlich kein Fachgespräch führten, vertraute René mir an, daß er noch einmal ein Buch "Von der Alltagsmoral in der Massengesellschaft" schreiben möchte. Ein Werk von ihm, das diesen Titel führt, ist nicht erschienen, doch mir sind damals seine zentralen Anliegen klar geworden.

Nachdem die 40er Jahre zu Ende gegangen waren, wurde unsere Verbindung kurze Zeit unterbrochen, abgerissen ist sie nie. Als ich mich bei einem unserer niederländischen Industriekonzerne in Rotterdam als management trainee beworben hatte und angenommen worden war, fragte mich ein Vorstandsmitglied, wer denn dieser Professor König sei, den ich als Referenz angegeben hatte. Ich erfuhr dabei, was König in seinem Empfehlungsschreiben geschrieben hatte. Da sollte auf einem Fragebogen die Frage beantwortet werden, ob der Bewerber Mut und Unternehmungsgeist habe. Königs Antwort: Daß er Mut hat, hat er bewiesen. Daß er ihn noch immer hat, zeigt sich daraus, daß er sich bei Ihnen bewirbt! Man schickte mich zunächst zu den Fabriken und Tochtergesellschaften in der neuen Bundesrepublik ("dort wird niemand merken, daß Sie Holländer sind"), und in der Papier- und Verpackungsmittelbranche erhielt ich meine erste Funktion.

König, inzwischen nach Köln berufen, traf ich in Düsseldorf wieder (damals rauchte er noch, doch weil er es sich abgewöhnen wollte, trug er keine Zigaretten bei sich, so daß er auf andere Raucher angewiesen war, bei mir aber nicht in Versuchung kommen konnte). Das Wirtschaftswunder hatte begonnen, die Restauration der Deutschen. Marketing hieß das Schlagwort im Wirtschaftsleben, der Zeitgenosse wurde als anspruchsvoller Verbraucher entdeckt. Jetzt war es König, der mir zuhörte und zuhören wollte, wenn ich etwa von heißsiegelfähigen Papieren und neuen Kunststoffverpackungen erzählte, vor allem aber davon sprach, daß damals viele Leute noch nicht glauben wollten, daß es einmal in jedem Stadtteil Selbstbedienungsläden geben würde oder daß Tiefkühlkost etwas ist, das zu entwickeln sich lohne.

König, für den die Familie ein so zentrales Thema der Soziologie ist, mußte sich auch mit dem Haushalt der Familie befassen und tat es nicht ungern; er ist ja auch ein vorzüglicher Koch, der auch ein Kochbuch schreiben könnte (wir verdanken ihm einige Rezepte: ein einfaches Zwiebel-Eier Gericht hat er allerdings von dem Soziologen Theodore Caplow übernommen, es hat sich in meiner Familie unter dem Namen "Caplowsche Eier" eingebürgert). König wollte in jener Zeit wissen, was die Fabrikanten von Margarine und Waschmitteln in ihrer Industrie- und Marktforschung über sozialen Wandel und Kulturwandel, über die sich ändernden Konsumgewohnheiten und Lebensstile in Erfahrung brachten, wie die "Trends" aussahen. So blieb unser Verhältnis lebendig durch neue, fachliche Interessen. Beide wußten wir, daß Wissenschaft und Wirtschaft sich gegenseitig brauchen, daß soziologische Theorie und Praxis keinen Gegensatz bilden. Ein Ausspruch aus seiner Zürcher Vorlesung war mir immer im Gedächtnis geblieben: Wir brauchen nicht von der soziologischen Theorie her Probleme an die Wirklichkeit heranzutragen. Diese ist es, die uns die Probleme "aufdrängt" und uns zwingt, uns kritisch mit ihnen auseinanderzusetzen. In der Einleitung zum Handbuch der empirischen Sozialforschung hat er diese grundsätzlichen Erkenntnisse näher ausgeführt.

Das Manuskript eines Buches, das ich dann in den letzten beiden Monaten eines USA-Aufenthalts in Colorado verfaßt und König zur Einsicht geschickt hatte (es hieß "Soziologie der Prosperität" und war ein Produkt der 50er Jahre), schickte er gleich an den Verleger Witsch. Ich ahnte damals nicht, daß auch ich noch einmal Professor werden würde (so etwas ist ohne Habilitation nur in den Niederlanden möglich), sonst hätte ich die Sache sicher noch liegen und gedeihen lassen. Nun erschien sie auch gleich in drei Übersetzungen. Jung wie ich war, hatte ich die Zukunft damals sehr optimistisch betrachtet; jetzt halte ich es mit Gramsci, der einmal sagte, er sei Pessimist im Denken (*in pensiero*), doch Optimist im Wollen (*in volontà*).

Das war 1959. Nun waren auch die 50er Jahre zu Ende. Ich war von Rotterdam nach London übergesiedelt, hatte dort eine neue Aufgabe übernommen, inzwischen auch mit Fragen der Arbeitsverhältnisse, der Mitbestimmung, der Führungsorganisation und der Nachwuchsausbildung zu tun gehabt und wurde schließlich auf einen Lehrstuhl nach Amsterdam berufen. Ich sollte an einer wirtschaftswissenschaftlichen Fakultät "Soziologie für Ökonomen" dozieren (nicht zur Ausbildung von Fachsoziologen beitragen), dazu an die Lehrprogramme der "ökonomischen Fächer" Anschluß suchen. Damals wurde mir ein Ausspruch von König in seiner Eigenschaft als Präsident der International Sociological Association in Evian zur Maxime. Wir sollten, so sagte er damals, nicht nur um unser eigenes Fach besorgt sein, sondern vor allem zusehen, daß soziologische Erkenntnisse von den Vertretern aller angewandten Wissenschaften in ihren praktischen Berufen (Ärzten, Architekten, Ingenieuren, Wirtschaftsfachleuten und Verwaltern) rezipiert werden.

Ich fuhr damals oft nach Köln. Nun waren wir Kollegen geworden. Für mich blieb er natürlich der Meister. Irgendwie war es mir auch recht, daß unser Verhältnis ein privates blieb. Die deutschen Universitäten habe ich nie kennengelernt. Die "tiefen weltanschaulich-politischen Zerklüftungen und persönlichen Animositäten" (Scheuch) in der deutschen Soziologie bekam ich natürlich zu spüren, doch sie tangierten mich nicht. Im übrigen glaube ich, daß sie oft mehr noch eine Sache unvereinbarer Persönlichkeitsmerkmale waren als das Ergebnis unterschiedlichen Denkens über Gesellschaft und Politik. Immerhin, auch der Marxist und "Frankfurter" Leo Löwenthal gehörte zum Freundeskreis der Königs; er war freilich längst durch Amerika geprägt.

König seinerseits war oft in den Niederlanden, hielt zahlreiche Vorträge an Universitäten und in der Wirtschaft. Bei Philips in Eindhoven sprach er über Automatisierung, als das Wort "chips" noch unbekannt war. Seine wichtigsten Bücher wurden ins Holländische übersetzt, waren vorher schon von Fachkollegen zitiert worden. Königs Wiederbegründung der deutschen

Soziologie nach dem Krieg, seine Rezeption der amerikanischen Wissenschaft und seine eigenen empirischen Forschungen in Köln wirkten in die Niederlande hinein. König kannte P.J. Bouman, F. van Heek, E. W. Hofstee, A.N.J. den Hollander, J.P. Kruijt und H.D. de Vries Reilingh und unterhielt persönliche Kontakte mit ihnen. Er rezipierte seinerseits die niederländische Soziographie und deren "Amsterdamer Tradition" (S.R. Steinmetz), wovon der Beitrag von de Vries Reilingh im "Handbuch der empirischen Sozialforschung" Zeugnis ablegt. Dieser Beitrag - ein Satz etwa wie der "daß in den Niederlanden von jeher unter 'Geographie' etwas anderes verstanden wurde als die übliche deutsche Landschaftsgeographie unter physiographischer Vormundschaft" - verrät die vorausgegangenen Gespräche des Autors mit dem Herausgeber und dessen Kommentare als spiritus rector. König ist auswärtiges Mitglied der Königlich Niederländischen Akademie der Wissenschaften, was er auch gern vermeldet.

In den Niederlanden ist die Soziologie eigentlich erst nach dem Zweiten Weltkrieg zur wirklichen Entwicklung gekommen. An ihrer theoretischen Begründung, den historischen Auseinandersetzungen mit geschichts- und sozialphilosophischen Systemen und Ideologien haben niederländische Autoren keinen Anteil (an ihnen hätte es gelegen, sich mit den theologischen Staats- und Gesellschaftslehren ihres Landes kritisch zu befassen, etwa der Lehre von Abraham Kuyper; die ideologische Toleranz verhinderte das Aufkommen einer von den Kirchen unabhängigen literarisch-philosophischen Intellektuellenelite, die eine "konfessionelle Ideologiekritik" hätte in Angriff nehmen können). An unseren Universitäten dominierten bis in die Mitte des 20. Jahrhunderts die klassischen Wissenschaften - Naturwissenschaft, Medizin, Jurisprudenz, klassische Philologie und Theologie. Die Verspätung der Sozialwissenschaften ist ein Aspekt niederländischer Kulturgeschichte, die bis in die jüngste Gegenwart durch den dominierenden Einfluß der Kirchen geprägt blieb (auch der Sozialismus ist eine bekenntnisartige Orientierung, die Partei eine Pseudokirche, wie Kruijt sie in seiner empirischen Analyse bezeichnet hat). Das soziale Denken blieb bis in die 60er Jahre "versäult", wie der Fachausdruck lautet, einschließlich der Lehrstühle der Soziologie.

König wußte, daß die Niederlande - Gesellschaft, Landschaft, Kultur, Sprache, Wirtschaft - gerade deshalb ein Tummelplatz für Soziologen sind, beziehungsweise sein können. In meinem Buch über Holland (ich vermelde meinerseits gern, daß er es in seiner Rezension in der Kölner Zeitschrift einen "Volltreffer" nannte) wollte ich einen Beitrag nicht nur zur niederländischen, sondern zur allgemeinen Kultursoziologie liefern (das niederländische Werk ist ausführlicher als das deutsche). René König hat mich, ebensosehr wie Helmuth Plessner, bei dieser Arbeit ermutigt und mir in Gesprächen das Gefühl gegeben, daß ich auf dem richtigen Wege war. So verbindet mich mit ihm eigentlich mein ganzer beruflicher Lebensweg.

"Gelebte Soziologie", das Kennwort dieses Bandes, ist keine Floskel. Bei König meinte es die Affinität von Emigranten, Flüchtlingen und Vertriebenen zu unserem Fach. Unterdessen ist deren Los zur weltweit dominierenden Problematik geworden. Das Schicksal der Millionen, die als Fremdarbeiter, Asylanten oder "boat people" überleben wollen, die keine intellektuelle Neigung zur Selbstdarstellung verspüren, ist die soziale Frage der "Soziologie heute", ganz im Sinne von Königs Buch, das diesen Titel trägt und die Soziologie 1949 als Gegenwartswissenschaft bestimmte.

Eine letzte Bemerkung, die hier nicht fehlen darf: In Holland wird, wenn einer oder eine Geburtstag hat, immer der ganzen Familie gratuliert, insbesondere der Gattin. Aus Renés Biographie ist Irmgard König nicht wegzudenken.

Nachdenken über "K-Faktor 1"

Von Rolf Ziegler

Es wäre wohl merkwürdig, wenn man fast die Hälfte seines erwachsenen Lebens in der Nähe von René König verbracht hätte, ohne davon beeinflußt, wenn nicht gar geprägt worden zu sein. Und doch war dieser Einfluß vielleicht nicht einmal so sehr direkt als vielmehr indirekt vermittelt durch das, was René König hier in Köln aufgebaut, angeregt und sich hat entwickeln lassen. Mag sein, daß diese Betonung der indirekten Einflüsse aus meiner Sicht auch etwas mit der "splendid isolation" des Seminars für Soziologie im 6. Stock des WiSo-Hochhauses zu tun hatte, die zu einer gewissen "Nähe auf Distanz" führte.

Auf René König aufmerksam machte mich als Studienanfänger Bernhard Vogel, der damals bei Alfred Weber und Dolf Sternberger in Heidelberg studierte. Er empfahl mir Köln als einen Ort, wo man eine empirisch orientierte Soziologie studieren könne. Ich erwähne das, weil es zeigt, daß sich bereits Mitte der fünfziger Jahre außerhalb Kölns ein Bild verfestigt hatte. Namen standen damals für Programme, und René König stand eben schon 1955 für das, was vielleicht in der Außenwahrnehmung viel homogener war, als es sich rückblickend tatsächlich entwickelt hat: die Kölner Schule.

Diese Idee einer theoretisch fundierten, methodisch kontrollierten und empirisch prüfbaren und geprüften Soziologie, die nichts als Soziologie ist, kennzeichnete die eine Dimension des Koordinatensystems, das man sehr schnell erkannte. Sie hatte auch eine benennbare Antipode: die Frankfurter Schule. Die andere Orientierungsdimension war - und sie zeigt, daß René König bei aller Akzeptanz des methodologischen Prinzips der Werturteilsfreiheit in seinen wissenschaftspolitischen und politischen Urteilen wertete und wahrlich nicht zu knapp - im Grunde eine gesellschaftspolitische, bei der ebenfalls die Antipoden klar bestimmt waren. Es waren die - vor allem intellektuellen - Feinde einer offenen Gesellschaft, denen René König im Grunde nie verzieh, daß sie das nationalsozialistische Regime unterstützt, mit ihm kollaboriert, davon schlicht (auf Kosten der in die Emigration getriebenen) profitiert, dazu geschwiegen hatten oder - vielleicht die intellektuell schlimmste Sünde - es schlicht nicht begriffen hatten und auch jetzt nicht begreifen wollten.

Diese beiden Antipoden waren immer präsent, wenn auch nicht physisch; denn sie gehörten - wenn mich meine Erinnerung nicht trügt - nicht zu den zahlreichen in- und ausländischen Gästen, die René König nach Köln einlud und die ein lebendiges Bild der aktuellen Soziologie vermittelten und vor allem

eine internationale Orientierung schufen, die dem kosmopolitischen Habitus
René Königs entsprach, dem wohl nichts so zuwider war wie Provinzialismus,
womöglich noch in seiner spezifisch deutschtümelnden Ausprägung. Daß uns
diese internationale Orientierung vor allem die angelsächsische Welt öffnete,
war evident, aber gerade René König wurde nicht müde, die romanische
Kultur und Soziologietradition präsent zu halten. Und er tat dies oft in der
ihm eigenen Art. In einem Seminar referierte ein Student über das Konzept
der Anomie und zitierte dabei (in Englisch) aus dem Werk von Emile Durkheim "The Suicide". König unterbrach ihn sofort und wies darauf hin, daß
der Titel "Le suicide" laute. Etwas irritiert aber offensichtlich nicht sen-
sibilisiert fuhr der Student fort und zitierte kurz darauf aus Durkheims Buch
"The Division of Labor". Da fiel König ihm ins Wort und sagte, indigniert
über soviel Ignoranz: "Mein lieber Herr, Durkheim war Franzose, und Sie
glauben nicht, er hat französisch geschrieben."

Auch wenn René König für eine Soziologie plädierte, die nichts als Soziologie ist, war dies keine spezialistisch verengte Disziplin, sondern gerade den
Studierenden bot er in seinen großen, vierstündigen Vorlesungen - z.B. über
die Entwicklung von Familie, Wirtschaft, Recht und Staat - einen Überblick
und vermittelte Bezüge zu anderen Disziplinen, vor allem der Anthropologie,
der Philosophie und der (Sozial)Geschichte, wie sie selten geworden sind.
Wenn er nach zwei Stunden - mit lebhafter Gestik und Mimik seinen Vortrag
unterstreichend, die Frontseite des Hörsaales zig-mal auf- und abschreitend,
dabei immer wieder am Pult innehaltend und in dem sorgfältig auf einem
DIN A 5 großen Stenogrammblock vorbereiteten Manuskript blätternd - die
großen Tafeln mit Namen, Jahreszahlen, Titeln, Stich- und Fremdwörtern
gefüllt hatte, boten sie den Zuhörern ein anschauliches Bild der Weite und
Fülle des durchmessenen Terrains.

Waren René Königs Vorlesungen bis aufs letzte - trotz freien Vortrages -
vorbereitet, so bestritt er die Seminare in unvorbereiteter Präsenz. Ich entsinne
mich noch genau eines Seminars über die Marxschen Frühschriften - es fand
übrigens einige Jahre vor 1968 statt -, in dem er aus dem Stegreif eine philologische Textexegese mit historischen, geistesgeschichtlichen und philosophischen Exkursen vorgetragen hat, die wohl alle 120 Seminarteilnehmer - so
groß waren damals die Seminare selbst in der Soziologie - tief beeindruckte.

René König war großzügig, und er war es auch in der Notengebung.
Einem Kollegen, der ihn irritiert anrief, weil eine Arbeit, die dieser im
Grunde unter dem Strich fand, von René König mit "befriedigend" bewertet
worden war, antwortete er: "Sie haben völlig Recht Herr Kollege, die Arbeit
ist schlecht, ich habe ja auch eine 3 gegeben." Notengebung war für René
König eben kein bürokratischer Verwaltungsakt oder gar ein disziplinarisches
Mittel, sondern neben der klaren wissenschaftlichen Bewertung immer auch

ein Akt der Gnade, der den Kandidaten vor der Stigmatisierung bewahren wollte.

Selbst dort, wo er aus tiefster Überzeugung eine Arbeit nicht akzeptieren konnte, regelte er das Problem "unbürokratisch", in typisch Königscher Manier, wie die folgende Episode zeigt. Ein Mitarbeiter hatte seine Dissertation geschrieben und vertrat darin eine eindeutig reduktionistische Position. Diesen "Anschlag" auf Emile Durkheim konnte René König nicht akzeptieren. Nachdem er die offiziell noch nicht eingereichte Arbeit gelesen hatte, beschied er den Assistenten kurz und bündig: "Jüngling, diese Arbeit können Sie in den Papierkorb werfen." Auf dieses vernichtende Urteil folgte sofort der Gnadenerweis: "Schreiben Sie doch eine Dissertation über die Forschung, an der Sie gerade arbeiten." Der Mitarbeiter behielt die Nerven, schrieb die Arbeit, ward noch vor Jahresfrist promoviert und verließ Köln. Soweit ich sehe, hat seine akademische Karriere keinen Schaden gelitten.

Die Milde in der Königschen Notenvergabe bedeutete jedoch keinesfalls, daß keine Maßstäbe existierten; im Gegenteil, in einem impliziten Prozeß, der sehr viel mit der von René König ermöglichten und durch seinen patriarchalischen Stil geförderten "Selbststeuerung" und Kooptation der Assistenten und studentischen Hilfskräfte zu tun hatte, bildeten sich doch sehr klare Standards und ein hohes Anspruchsniveau heraus. Auch hierfür ein anschauliches Beispiel. Es war nach meiner Erinnerung ein einziges Mal, daß wir Assistenten die Klausuren korrigieren mußten, als René König sich in Kabul aufhielt und das Prüfungsamt die Noten brauchte. Sonst besorgte er nämlich diese Korrekturen stets selbst, sehr schnell und effizient. Als wir nun das Ergebnis unserer Benotung sahen, die den Spielraum von 1 bis 4 voll ausschöpfte, beschlich uns ein ungutes Gefühl. Wir konnten doch nicht die armen Kandidaten dafür büßen lassen, daß René König gerade dieses einzige Mal nicht selbst zensierte. So verbesserten wir jede Note um den K - Faktor 1, und ich bin sicher, daß wir damit seinem Urteil sehr nahe kamen.

René König nahm es andererseits genau, ja er war in manchen Dingen penibel. Zuallererst galt das für ihn selbst. Er bewältigte ein enormes Arbeitspensum und er ließ keinen Diplomanden oder Doktoranden auf die Bewertung seiner Arbeit, die er alle selbst las, warten. Hier zeigte er ein geradezu sprichwörtlich preußisches Pflichtbewußtsein.

Penibel war er vor allem in Dingen, die mit seiner umfangreichen und bedeutenden Herausgebertätigkeit zusammenhingen, die sicher von anderen, berufeneren Autoren dieses Bandes gewürdigt wird. Ich möchte hier eine Episode darstellen, weil sie diese philologische und editorische Akribie aber auch andere Aspekte des Umgangs mit ihm schlagartig erhellt. Bei der Überarbeitung des Fischer-Lexikons "Soziologie" entstand die Idee, den umfangreicher gewordenen Verweisapparat anders zu organisieren. Die Spezialliteratur sollte wie zuvor bei jedem Stichwort gesondert aufgeführt werden, während die besonders wichtigen und häufig zitierten Werke in eine generelle Bibliographie zusammengefaßt wurden. Auf diese Arbeiten sollte dann bei den einzelnen Stichworten nur noch mit der laufenden Nummer verwiesen werden. Dementsprechend bereiteten wir das Manuskript vor. Es kam, was kommen mußte. Die völlig unfähigen Jünglinge hatten natürlich die wichtigste Literatur vergessen, und René König ergänzte dementsprechend die allgemeine Bibliographie, begnügte sich dabei jedoch nicht mit handschriftlichen Einfügungen, sondern änderte die Numerierung und auch die Nummernverweise bei allen Stichworten. Bei der dritten oder vierten Ergänzung war er schließlich so ärgerlich geworden, daß er uns zitierte und über uns ein geharnischtes Donnerwetter entlud. Darin war von der Ignoranz dieser jungen Leute gegenüber den klassischen soziologischen Werken die Rede, aber auch von der Konventionalstrafe, die er dem Verlag wegen der Überschreitung des Abgabetermins zahlen müsse. Unseren Vorschlag - er möge zunächst alle bibliographischen Ergänzungen einfügen und wir würden dann die Umnumerierung der Verweise besorgen - unterbreiteten wir anscheinend zu früh, denn er verstärkte offensichtlich nur seinen angestauten Unmut, den er einfach los werden wollte. Diese gelegentlichen, reinigenden Gewitter mußte man erdauern; diejenigen etwas häufiger, die sich in seiner unmittelbaren Nähe aufhielten.

Ich habe versucht, mosaikartig einige kennzeichnende Ereignisse im Umgang mit René König zu schildern. Er hat uns gefördert und gefordert. Wir haben manchmal auch über seine liebenswürdigen Schwächen gelächelt und haben uns - einige mehr, manche weniger - an seinen Kanten gerieben, ich hoffe die meisten ohne bleibende Narben. Ich möchte ihm auch an dieser Stelle danken insbesondere dafür, daß er Freiräume gewährte. So begegnete er den methodischen Verfeinerungen und den Erkundungen über die Möglichkeiten der Formalisierung in der Theoriebildung gewiß mit Distanz, einer gehörigen Portion Skepsis und vielleicht auch etwas Belustigung über die "spielerischen Marotten" dieser Jünglinge. Aber dennoch überwog wohlwollende Neugier, was daraus wohl werden könne. Die Mahnung aber war deutlich und unüberhörbar: "Jüngling, nun machen Sie mal richtige Soziologie!"

Autorenverzeichnis

Günter Albrecht, Prof. Dr., Fakultät für Soziologie, Universität Bielefeld

Heine von Alemann, Dr., Forschungsinstitut für Soziologie, Universität zu Köln, Redakteur der Kölner Zeitschrift für Soziologie und Sozialpsychologie

Peter Atteslander, Prof. Dr., Lehrstuhl für Soziologie, Universität Augsburg

Hans Benninghaus, Prof. Dr., Institut für Soziologie, Technische Universität Berlin

Corinna Blümel, M.A., Köln

Anke Brunn, Ministerin für Wissenschaft und Forschung des Landes Nordrhein-Westfalen, Düsseldorf

Günter Büschges, Prof. Dr., Lehrstuhl für Soziologie, Friedrich-Alexander-Universität Erlangen-Nürnberg

Hansjürgen Daheim, Prof. Dr., Fakultät für Soziologie, Universität Bielefeld, zugleich Direktor des ISO-Instituts, Köln

Jürgen Friedrichs, Prof. Dr., Direktor des Forschungsinstituts für Soziologie, Universität zu Köln (seit 1991)

Dieter Fröhlich, Priv.-Doz. Dr., ISO-Institut (Institut zur Erforschung sozialer Chancen - Berufsforschungsinstitut), Köln

Hans-Joachim Hoffmann-Nowotny, Prof. Dr., Soziologisches Institut der Universität Zürich

Hans J. Hummell, Prof. Dr., Fachbereich 1/Soziologie, Universität-Gesamthochschule-Duisburg

Bernhard König, Prof. Dr., Romanisches Seminar, Rektor der Universität zu Köln

Udo Koppelmann, Prof. Dr., Seminar für Allgemeine Betriebswirtschaftslehre, Beschaffung und Produktpolitik, Prodekan der Wirtschafts- und Sozialwissenschaftlichen Fakultät, Universität zu Köln

Willy Kraus, Prof. Dr. Dr. hc., Prof. em. der Ruhr-Universität Bochum

Gerhard Kunz, Prof. Dr., Seminar für Sozialwissenschaften, Universität zu Köln

M. Rainer Lepsius, Prof. Dr., Institut für Soziologie, Universität Heidelberg

Günther Lüschen, Prof. Dr., Institut für Soziologie, Heinrich-Heine Universität Düsseldorf

Edeltrud Meistermann, Prof. Dr., Prof. em. der Psychoanalytischen Abteilung, Forschungsinstitut für Soziologie, Universität zu Köln

Friedhelm Neidhardt, Prof. Dr., Wissenschaftszentrum Berlin für Sozialforschung, Berlin; 1976 bis 1989 Direktor des Forschungsinstituts für Soziologie, Universität zu Köln

Horst Reimann, Prof. Dr., Lehrstuhl für Soziologie und Kommunikationswissenschaft, Universität Augsburg

Heinz Sahner, Prof. Dr., Institut für Sozialwissenschaften, Universität Lüneburg

Erwin K. Scheuch, Prof. Dr., Institut für Angewandte Sozialforschung, Universität zu Köln

Wolfgang Sodeur, Prof. Dr., Fachbereich 1/Empirische Sozialforschung, Universität-Gesamthochschule-Essen

Nico Stehr, Prof. Dr., Department of Sociology, University Edmonton, Kanada

Hans Peter Thurn, Prof. Dr., Staatliche Kunstakademie Düsseldorf

Johannes Weiß, Prof. Dr., Gesamthochschule Kassel-Universität

Ernest Zahn, Prof. Dr., Prof. em. der Universiteit van Amsterdam; Seewen, Schweiz

Rolf Ziegler, Prof. Dr., Institut für Soziologie, Ludwig-Maximilians-Universität, München

Aus dem Programm
Sozialwissenschaften

Heine von Alemann und
Hans Peter Thurn

Soziologie in weltbürgerlicher Absicht

Festschrift für René König zum 75. Geburtstag.

1981. 435 S. Kart.
ISBN 3-531-11547-2

Die wissenschaftliche Arbeit von René König galt und gilt noch immer einer spannungsreichen Vielfalt gesellschaftlicher. Probleme und Phänomene. Die 24 Beiträge der Festschrift spiegeln die wichtigsten Forschungsbereiche René Königs und bezeugen durch den hohen internationalen Rang der Autoren zugleich die Breite seiner wisenschaftlichen Kommunikation und Wirkung. Die Festschrift umfaßt vier Abteilungen: Kultur und Gesellschaft; Politik und Wirtschaft; Soziologische Analysen; Zur Standortbestimmung der Soziologie. Als eine ebenso wertvolle wie aufschlußreiche Ergänzung enthält der Band im Anhang eine umfangreiche Auswahlbibliographie der wissenschaftlichen Veröffentlichungen René Königs.

René König

Indianer wohin?

Alternativen in Arizona.
Skizzen zur Entwicklungssoziologie.

1973. 248 S. Kart.
ISBN 3-531-11200-7

Wie leben nordamerikanische Indianer heute? Sind sie dazu verurteilt, ein folkloristisches Fossil zu bleiben, als Volk zugrunde zu gehen, oder gibt es für sie eine neue Zukunft, ohne ihre Identität zu verlieren? In der vorliegenden Veröffentlichung befaßt sich König mit der Bewußtseinslage und den Problemen – insbesondere wirtschaftlichen – des neuen Indianers.

Ernst-Wilhelm Müller,
René König,
Klaus Peter Koepping und
Paul Drechsel (Hrsg.)

Ethnologie als Sozialwissenschaft

1984. 515 S. (Kölner Zeitschrift für Soziologie und Sozialpsychologie, Sonderheft 26) Kart.
ISBN 3-531-11726-2

Dieses Sonderheft bietet einen weitgespannten Überblick über die internationale Entwicklung, die Arbeitsfelder und die Perspektiven einer sozialwissenschaftlich orientierten Ethnologie. Die Autoren beschreiben die Geschichte des Fachs, stellen die theoretischen Grundlagen dar und untersuchen einzelne Spezialgebiete ethnologischer Forschung in materialreichen Einzelstudien.

WESTDEUTSCHER
VERLAG
OPLADEN · WIESBADEN

Kölner Zeitschrift für Soziologie und Sozialpsychologie

43. Jahrgang 1991   Fischerhubstrauch Gebalt bezarit   1 Y 8147 F · Dezember

Kölner Zeitschrift für Soziologie und Sozialpsychologie

4   Herausgegeben von Friedhelm Neidhardt, M. Rainer Lepsius und Hartmut Esser

Aus dem Inhalt:

Wil Martens: Die Autopoiesis sozialer Systeme

Sidney Tarrow: Kollektives Handeln und politische Gelegenheitsstruktur in Mobilisierungswellen

Hans-Peter Blossfeld und Karl-Ulrich Mayer: Berufsstruktureller Wandel und soziale Ungleichheit. Entsteht in der Bundesrepublik ein neues Dienstleistungsproletariat?

Johann Handl: Zum Wandel der Mobilitätschancen junger Frauen und Männer zwischen 1950 und 1971

Monika Jungbauer-Gans und Rolf Ziegler: Sind Betriebsgründerinnen in der Minderheit benachteiligt?

Theodor Geiger: Homosexualität und Gesellschaft

Franz Höllinger: Frauenerwerbstätigkeit und Wandel der Geschlechtsrollen im internationalen Vergleich

Literaturbesprechungen aus den Bereichen: Allgemeines, Kultursoziologie, Familie und neue Lebensformen, Jugendsoziologie, Wissenschaft und Bildung, Industrie- und Techniksoziologie, Methoden, öffentliche Meinung

Westdeutscher Verlag

Herausgeber: Friedhelm Neidhardt, M. Rainer Lepsius und Hartmut Esser.

Beirat: Alois Hahn, Hans Joas, Siegwart Lindenberg, Walter Müller, Birgitta Nedelmann, Fritz Sack.

Die *Kölner Zeitschrift für Soziologie und Sozialpsychologie* ist die älteste soziologische Fachzeitschrift und nach Umfang und Verbreitung das bei weitem bedeutendste soziologische Fachorgan im deutschen Sprachraum; zudem ist sie, gemessen an ihrem Informationsangebot, die preisgünstigste soziologische Zeitschrift. Sie berichtet überwiegend über die deutsche soziologische Forschung aller Fachrichtungen, vermittelt aber auch regelmäßig Forschungsergebnisse und fachliche Entwicklungen aus vielen Ländern der Welt.

Die *KZfSS* verfolgt das Modell einer soziologischen Universal-Zeitschrift, die sich um umfassende Unterrichtung über die Soziologie bemüht.

Neben jährlich über 40 Aufsätzen, bei denen es sich grundsätzlich um Erstveröffentlichungen handelt, werden ausführlich Literaturberichte sowie in einem umfangreichen Rezensionsteil Besprechungen der deutschen und internationalen Fachliteratur publiziert.

Die *KZfSS* ist ein offenes Forum für soziologische Forschung und Diskussion. Besonderer Wert wird darauf gelegt, den jungen Fachkollegen eine Möglichkeit für die Erstveröffentlichung zu bieten.

Die *KZfSS* erscheint vierteljährlich.

Bezugsbedingungen:
Jahres-Abonnement (1992)
DM 139,—
Jahres-Abonnement für Studenten gegen Studienbescheinigung
DM 78,—
Einzelheft DM 42,—

Die Versandkosten werden zuzüglich zu den genannten Bezugspreisen 1992 berechnet. Preisänderungen vorbehalten.

Alle Bezugspreise und die Versandkosten unterliegen der Peisbindung.

Ein kostenloses Probeheft der „Kölner Zeitschrift für Soziologie und Sozialpsychologie" erhalten Sie in Ihrer Buchhandlung – oder schreiben Sie an den Verlag.

WESTDEUTSCHER VERLAG

OPLADEN · WIESBADEN